本书的出版由国家社会科学基金项目“影响我国消费率偏低的心理与社会因素及对策研究”（项目编号：11BJY118）资助

经济管理学术文库·管理类

我国消费率偏低的心理与社会成因及对策研究

The Phychological and Social Causes of Low Consumption Rate in China

江 林／著

经济管理出版社
ECONOMY & MANAGEMENT PUBLISHING HOUSE

图书在版编目（CIP）数据

我国消费率偏低的心理与社会成因及对策研究/江林著. —北京：经济管理出版社，2016.8
ISBN 978-7-5096-4573-4

Ⅰ. ①我… Ⅱ. ①江… Ⅲ. ①消费心理—研究—中国 Ⅳ. ①F723.5

中国版本图书馆 CIP 数据核字（2016）第 204320 号

组稿编辑：杨 雪
责任编辑：许 艳
责任印制：司东翔
责任校对：王 淼

出版发行：经济管理出版社
（北京市海淀区北蜂窝 8 号中雅大厦 A 座 11 层 100038）
网 址：www. E-mp. com. cn
电 话：(010) 51915602
印 刷：北京九州迅驰传媒文化有限公司
经 销：新华书店
开 本：720mm×1000mm/16
印 张：23.25
字 数：443 千字
版 次：2016 年 11 月第 1 版 2016 年 11 月第 1 次印刷
书 号：ISBN 978-7-5096-4573-4
定 价：69.00 元

前　言

进入21世纪以来，中国经济快速增长的主要动力由投资推动逐渐转向消费需求拉动，消费对经济增长的贡献日益显著。如何建立起扩大消费需求的长效机制，释放居民消费潜力，成为我国经济发展的一项主导型战略和长期国策。然而长期以来，我国却呈现出消费增长乏力、内需不足的局面，直接表现为消费率严重偏低并持续走低。我国消费率远远低于世界平均水平。例如，2003~2007年，我国消费率平均为53.64%，2008~2011年平均为49.67%，2012~2014年平均为49.88%；而同一时期，世界平均消费率一直高于75%。消费率长期偏低的状况不利于我国经济增长方式的转变和国民经济的持续稳定健康发展，也极大地制约了人民生活水平的提高和消费结构的升级。

近年来，国内学者从居民收入、经济政策、社会保障、供求结构、价格、市场秩序等经济学视角对消费率长期偏低的原因及解决路径进行了大量的研究，然而，这些研究多立足于宏观层面，对影响居民个体消费的微观因素重视不够，也缺乏基于消费行为学、心理学、社会学等多学科角度的综合分析。这一研究现状阻碍了对我国消费率偏低的深层次原因的理论探索，也使得政府近年来刺激消费、扩大内需的宏观调控政策未能充分发挥应有的效应，消费率持续走低的状况迟迟得不到改善。因此，如何尽快且有效地扭转消费率偏低的状况，已成为我国当前亟待解决的重大理论和现实问题。

本书采用宏微观相结合、实证分析与质性分析相结合的研究范式，以居民个体消费作为切入点，从居民消费心理角度深入研究个体心理、群体心理、社会文化和政策等多种因素对居民消费意愿的影响作用。本书认为，居民消费率的低位徘徊是抑制消费率上升的直接原因，而消费意愿是影响居民消费率的直接、首要的心理因素。居民消费意愿是一个复杂而综合的心理概念，本书基于焦点小组访谈分析将其概念化为三个维度，即消费数量意愿、消费时间偏好和消费档次选择。同时，通过文献研究、理论分析和深度访谈研究，本书构建了影响消费率的宏微观心理机制的综合性理论分析框架，并进一步提出了影响居民消费意愿的心理及社会文化因素的实证研究模型。

在实地调查中，我们采用纸质问卷和Qualtrics在线调查相结合的方式进行大规模数据收集，并通过描述性统计分析、因子分析、回归分析、多元回归模型、虚拟变量回归模型、方差分析等实证分析技术，对心理因素各变量、社会文化因素各变量以及政府相关政策与居民消费意愿的影响关系进行验证。在此基础上，本书还进一步构建、验证了一些关键心理变量和社会文化变量对消费意愿交互作用的子模型，从而更深入地揭示了影响居民消费意愿的内在心理机制。另外，本书还从性别、年龄、收入、受教育水平、地域等人口统计特征方面对居民优先考虑增加和减少的消费类别支出意愿进行了细致分析，指出了我国居民消费意愿基于人口统计特征的差异性和特殊性。

基于相关实证分析结论，本书从居民个性的开放性不足，主观消费知识水平偏低，消费预期的不确定，消费信任缺失，传统生活方式制约，参照群体影响的抑制，心理账户特征的掣肘，部分家庭较重的财务压力，社会阶层感知偏差，消费政策的不足以及居民在住房、医疗和教育消费领域的刚性特点等方面，全面解析了导致居民消费意愿不足及消费率偏低的心理和社会成因。同时，借鉴世界发达国家和发展中国家在刺激消费、扩大内需方面的成功经验与做法，本书从改变居民消费心理的角度，提出增强居民消费意愿、提升我国消费率水平的政策建议和对策措施。

本书的创新性主要体现在四个方面：①突破了从宏观层面和经济学角度研究消费率的传统思路与局限，开辟了从居民消费心理角度剖析我国消费率偏低问题的宏微观相结合的新范式、新视角；②将影响消费率的宏微观因素及心理机制系统化，首次构建了导致我国消费率偏低的心理因素及社会文化因素的综合性理论分析框架；③基于实证研究结论全面解析了导致我国居民消费意愿不足和消费率偏低的心理与社会成因，填补了从心理与社会文化角度解析我国消费率偏低成因的研究空白；④突破了以往宏观经济主导的对策建议模式，系统提出了多主体参与、多层面共同促进居民消费意愿和提升我国消费率的政策建议与对策措施。

目 录

1 引 言

1.1 研究背景

1.1.1 问题的提出

21 世纪，我国经济发展进入了一个新的历史阶段，即实现国民经济快速增长的主要动力由投资推动转向消费需求拉动，消费成为推动我国经济增长的重要支撑力量。中共十八大报告指出，要“着力培育开放型经济发展新优势，使经济发展更多依靠内需特别是消费需求拉动……要牢牢把握扩大内需这一战略基点，加快建立扩大消费需求长效机制，释放居民消费潜力，保持投资合理增长，扩大国内市场规模”。[①] 2016 年《政府工作报告》中，李克强总理也强调要深挖国内需求潜力，开拓发展更大空间，让消费成为经济发展稳定而持久的支撑力。这表明扩大消费、提高消费需求在国民经济增长中的拉动作用，已经成为我国经济发展的主导性战略和长期国策。

依据马克思社会再生产理论，社会再生产过程“既包括生产消费（直接的生产过程）和作为其媒介的形式转化（从物质方面考察，就是交换），也包含个人消费和作为其媒介的形式转化成交换”，即社会再生产是生产消费和生活消费的统一。社会再生产实现的核心问题在于实现两个补偿，即社会总产品的价值补偿和物质补偿；实现两个补偿的关键条件又在于社会总供给必须等于社会总需求。而生活消费“是最终意义上的消费”，是社会总需求的最终体现。由此，生活消费成为实现和扩大社会再生产的决定性因素。特别是在商品生产过剩、市场供过

① 胡锦涛. 坚定不移沿着中国特色社会主义道路前进，为全面建成小康社会而奋斗——在中国共产党第十八次全国代表大会上的报告［EB/OL］. 人民网，http：//cpc.people.com.cn/n/2012/1118/c64094-19612151-1.html，2012-11-08.

于求的现代市场经济条件下，生活消费或最终消费已成为国民经济实现良性循环的重要先导性因素，合理的最终消费水平不仅有利于促进国民经济的健康发展，而且是实现社会文明与和谐进步的基本条件。

衡量一国生活消费或最终消费合理与否的主要标志是其消费率的高低。所谓消费率是指一国最终消费总额占国内生产总值的比重，它由居民消费率（居民消费额占 GDP 的比重）和政府消费率（政府消费额占 GDP 的比重）两部分组成。消费率是衡量最终消费对国民经济增长贡献作用的重要指标，也是反映经济发展动力、社会发展水平等状况的基本尺度。

当前中国经济增长已由短缺经济时代的资源供给约束转变为消费需求约束，消费对经济增长的作用日益显著。然而长期以来，我国却呈现消费增长乏力、内需不足的局面，直接表现为消费率严重偏低并持续走低，不仅大大低于欧美发达国家水平，而且低于世界平均水平乃至发展中国家水平。根据著名的发展经济学家钱纳里的“标准结构”来衡量，当一国人均国民收入达到 1000 美元时，消费率应为 76.5%左右，居民消费率在 62%左右比较合理。[①] 而我国 1999 年人均 GDP（2005 年不变价美元）首次突破 1000 美元（1037 美元）时消费率为 62.67%，居民消费率则仅为 46.34%；同年世界人均收入（2005 年不变价美元）为 6403 美元，消费率高达 60.1%，我国与世界平均水平差距悬殊。近年来这一趋势并未得到有效扭转，2014 年我国人均 GDP（2010 年不变价美元）达到 6032.6 美元，收入水平大幅提升，消费率反而只达到了 51.42%。与此同时，2014 年世界人均 GDP（2010 年不变价美元）达到 10031.2 美元，消费率高达 72.6%，差距日益增大。

我国消费率长期偏低的状况严重抑制了消费需求对经济的导向和拉动作用，阻碍了我国由投资、出口推动型向消费需求拉动型的经济增长模式的转变，不仅不利于国民经济的持续稳定健康发展，而且严重制约了社会消费结构升级和人民生活水平的提高。因此，如何尽快扭转消费率偏低的状况，是我国当前亟待解决的重大理论和现实问题。

我国消费率长期偏低的状况已经引起政府部门和理论界的高度关注，近年来许多学者对其形成原因及解决路径进行了多方面研究。然而，总体而言，国内学者大多沿袭国际学术界的传统研究思路，即从经济学的单一角度考察消费率偏低的成因及对策，而缺乏从消费者行为学、心理学、社会学等多学科角度进行的综合分析。这一研究现状阻碍了对我国消费率偏低的深层次原因的挖掘，也使得政府近年来刺激消费、扩大内需的宏观调控政策与措施未能充分发挥应有效应，消

① 霍利斯·钱纳里，莫尔塞斯·塞尔昆. 发展的格局 1950~1970 [M]. 北京：中国财政经济出版社，1989：22.

费率持续走低的状况迟迟得不到改善。鉴于理论研究的困境和我国经济发展的客观要求，本书从以下两个基本命题出发，对我国消费率偏低的成因及对策进行全新视角和方法的研究：

命题一：居民消费是最终消费的主体，居民消费意愿不足是导致我国居民消费率及消费率偏低的关键心理成因。

命题二：居民作为消费行为主体，其消费意愿受到个体心理、群体心理及社会文化等多方面因素的影响。

基于上述命题，本书旨在以消费者行为理论为基础，综合经济学、心理学、社会心理学、社会学、市场营销学等多学科相关理论与最新研究成果，在国际比较借鉴的基础上紧密联系中国国情与消费实践，采用以实证研究为主、定性分析与定量分析相结合的研究方法，着重从中国消费者的个体心理、群体心理及社会文化环境等非经济因素的角度探讨和发现导致居民消费率偏低的心理成因，并根据心理成因提出提高我国消费率的对策建议。

1.1.2 我国消费率的现状及其影响

1.1.2.1 我国消费率呈现偏低走势

（1）长期以来，我国 GDP 中最终消费所占比重一直处于较低水平

近年来，我国消费率始终低于 70%（见图 1-1）。从每五年的平均值来看，1978~1982 年，消费率为 64.97%；1983~1987 年，消费率为 65.64%；1988~1992 年，消费率为 62.88%；1993~1997 年，消费率为 57.45%；1998~2002 年，消费

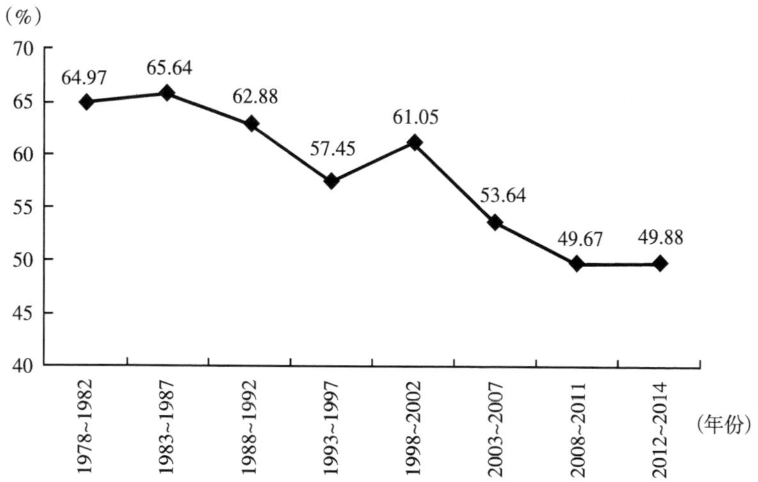

图 1-1 我国消费率五年平均值变化趋势（1978~2014 年）

资料来源：根据《中国统计年鉴》（2015）消费率数据整理。

率为 61.05%；2003~2007 年，消费率为 53.64%；2008~2011 年，消费率为 49.67%；2012~2014 年，消费率为 49.88%。而同一时期，世界平均消费率一直高于 70%。因此，单从消费率的数值比较来看，我国最终消费在以支出法计算的 GDP 中所占的比重一直处于较低水平。

（2）我国消费率呈下降趋势

改革开放以来，我国消费率呈现波动变化，总体呈下降趋势，从 1978 年的 62.1%下降到 2014 年的 51.42%，平均每年以 0.3%的速度下降①。具体来看，“六五”期间（1981~1985 年）我国消费率下降了 1.72%，平均每年下降 0.342%；“七五”期间（1986~1990 年）我国消费率下降了 1.44%，平均每年下降 0.288%；“八五”期间（1991~1995 年）我国消费率下降了 2.91%，平均每年下降 0.582 个百分点；“九五”期间（1996~2000 年），由于国家政策刺激，消费率略有回升；但 2000~2012 年消费率由 63.68%降到 51.26%，降幅达 12.42%，平均每年下降 0.96%②。尽管 2013 年以来消费率略有回升，但总体而言，我国消费率的下降不论是在幅度还是在时间上都呈现一定的持续性（见图 1-2）。

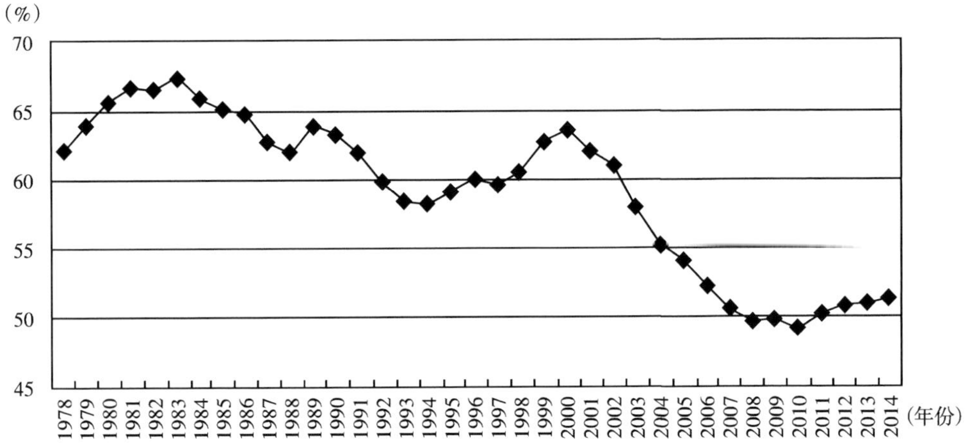

图 1-2　1978~2014 年我国消费率变动趋势

资料来源：根据《中国统计年鉴》（2015）中支出法国内生产总值和支出法国内生产总值结构两表的数据整理。

①② 根据《中国统计年鉴》（2015）中支出法国内生产总值和支出法国内生产总值结构两表的数据整理，http：//www.stats.gov.cn/tjsj/ndsj/.

1.1.2.2 我国消费率偏低的负面影响

消费率较低表明最终消费在 GDP 中所占的比例较小，其实质反映的是消费增长不足的现象。而我国消费率长期偏低且持续走低，则深刻地反映出我国经济发展中消费增长不足的问题已经相当严重。这一问题的长期存在给我国国民经济的健康发展和人民生活水平提高带来诸多负面影响，主要体现在以下几个方面：

（1）延缓消费结构升级，阻碍人民生活水平的提高

中共十八大报告指出：要实现发展成果由人民共享，必须深化收入分配制度改革，努力实现居民收入增长和经济发展同步、劳动报酬增长和劳动生产率提高同步，提高居民收入在国民收入分配中的比重，提高劳动报酬在初次分配中的比重。消费是与人民生活水平密切相关的经济活动，拓宽消费领域、优化消费结构是提高广大人民群众生活水平的必然趋势和客观要求。因此，在发展经济的同时不能忽视消费的发展，否则就迷失了发展经济的根本目的。

改革开放以来，随着国民经济的持续快速发展和居民收入水平的提高，我国居民消费结构不断升级，从 20 世纪六七十年代的"老四件"（自行车、缝纫机、手表和收音机）到 80 年代的"新四件"（彩色电视机、洗衣机、电冰箱和录音机），再到 90 年代的电话、空调、家用电脑等电子产品的消费即是例证。21 世纪以来，我国居民对电子通信产品、住房、家用轿车等大额商品的需求量大大增加，这一方面体现了我国经济建设的巨大成就，另一方面也反映出居民消费水平在不断提高，生活质量不断得到改善。然而，我国消费率长期偏低且呈下降趋势的现象，则显示出国民经济总量中用于消费的部分偏少，人民消费生活水平并未与经济发展同步增长。也就是说，由于消费总量不足和消费结构升级的滞后，广大群众本应享受到的改革开放和经济发展的成果大为削弱，这在一定程度上影响了人民生活水平的提高，使我国本就不高的消费水平与发达国家的差距进一步加大，同时也与我国实现社会主义现代化的根本发展目标相背离。

（2）加剧投资与消费比例失衡，制约国民经济的良性发展

20 世纪 90 年代以来，与消费率偏低形成鲜明对比的是，我国投资率持续走高，2006~2014 年年均达到 47.49%。从国际比较来看，我国消费率比发达国家平均水平低近 20 个百分点，而投资率却高出近 20 个百分点。

投资与消费比例失衡的后果是显而易见的。我国是发展中大国，保持较高的投资率是改变基础设施落后状况、提高产业技术水平以及实现国民经济较快增长的重要手段，在短期内对提升经济总量具有明显作用。但如果消费率长期处于较低水平，投资的过快增长将导致某些行业在生产能力快速提升的同时，却没有相应的消费能力支持其投资价值的实现，从而出现产能过剩、经济发展结构性失衡等被动局面。消费需求是最终需求，消费需求的增长对投资增长的最终实现以及

国民经济的协调发展具有显著的制约作用。正如凯恩斯所指出的：消费乃一切经济活动的唯一目的，唯一对象①。资本不能离开消费而独立存在，如果消费倾向一经降低，便成为长期乃至永久习惯，则不仅消费需求将减少，资本需求也将减少。因此，消费率长期偏低加剧了我国投资与消费比例的失衡，已经严重制约了经济结构的协调和国民经济的可持续发展。

（3）阻碍经济增长方式的转变，遏制经济自主增长潜力

中共十八大报告指出，必须以改善需求结构、优化产业结构、促进区域协调发展、推进城镇化为重点，着力解决制约经济持续健康发展的重大结构性问题。要牢牢把握扩大内需这一战略基点，加快建立扩大消费需求长效机制，释放居民消费潜力，保持投资合理增长，扩大国内市场规模。

然而，近年来我国消费率偏低导致消费对 GDP 增长的贡献份额连续下降。2000~2014 年，我国 GDP 的年均增长速度为 13.99%，其中资本形成对经济增长的贡献率由 2000 年的 21.6%急速增加到 2014 年的 46.74%，而消费对经济增长的贡献率则由 78.91%下降到 51.56%。② 消费不足使得消费对经济增长的拉动作用受到抑制，难以形成围绕消费需求发展经济的良性增长格局，严重制约了经济增长方式的转变，削弱了经济快速平稳发展的支撑点。我国是一个人口众多的大国，国内市场的发展是我国经济发展的根本，消费率长期低下，国内需求长期不振，国民经济就不可能稳定、持续、快速发展。不仅如此，立足内需，独立自主地发展国内经济是维护国家经济安全的关键，只有充分挖掘国内经济自主增长的潜力，才能有效防止由金融危机、贸易摩擦、货币升值等因素带来的外向型经济增长风险。而我国现阶段消费率偏低、国内消费不足将严重遏制经济自主增长的潜力，阻碍我国立足于国内需求，走独立自主的经济发展道路。

1.1.3 居民消费率不断下降且长期在低位徘徊是造成我国消费率偏低的直接原因

1.1.3.1 我国消费增长速度明显低于 GDP 的增长速度

改革开放以来，我国国内生产总值的增长速度一直保持在较高水平，而我国消费增长速度长期慢于 GDP 增长速度（见图 1-3）。直至最近几年，随着我国经济结构的逐步调整，消费率年增长率才有所提升。

① 约翰·梅纳德·凯恩斯. 就业、利息和货币通论［M］. 北京：商务印书馆，1999.

② 根据《中国统计年鉴》（2015）中支出法国内生产总值表中的数据整理，http：//www.stats.gov.cn/tjsj/ndsj/2013/indexch.htm.

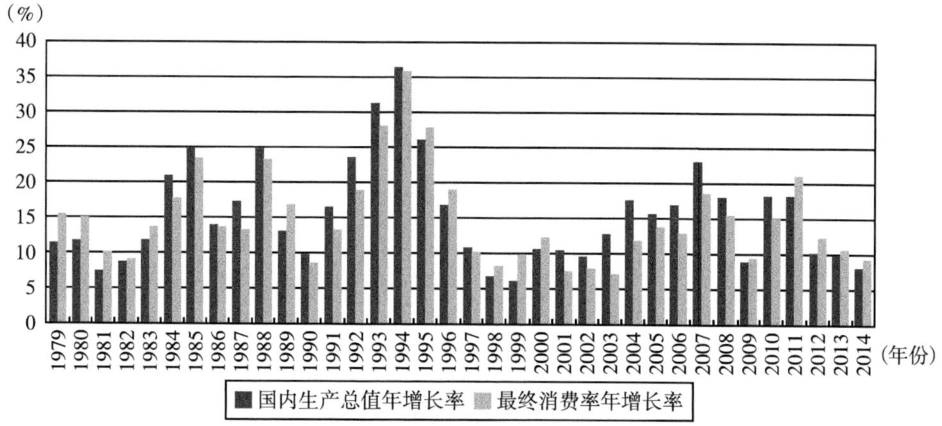

图 1–3 我国 GDP 年增长率与消费率年增长率比较（1979~2014 年）

资料来源：根据《中国统计年鉴》(2015) 中支出法国内生产总值表的数据整理。

1.1.3.2 我国居民消费的增长速度明显慢于政府消费的增长速度

改革开放以来，我国居民消费和政府消费都有大幅增长。其中，居民消费由1978 年的 1759.1 亿元增加到 2014 年的 242927.5 亿元，政府消费则由 1978 年的480 亿元增加到 2014 年的 86523.31 亿元，分别增长了 138 倍和 180 倍①。虽然居民消费在最终消费构成中占绝对优势，但从 20 世纪 90 年代以来我国居民消费增速一直慢于政府消费增速。就总体状况看，我国居民消费增长明显慢于政府消费增长并已成长期趋势（见图 1–4）。

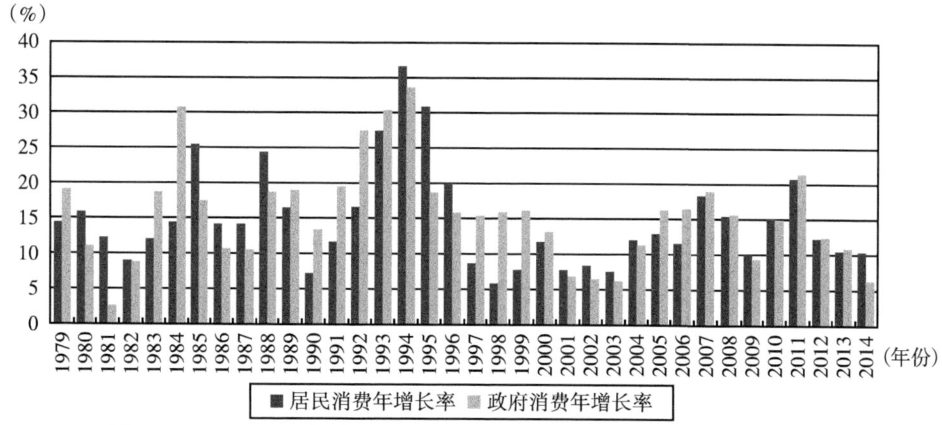

图 1–4 1979~2014 年我国居民消费年增长率和政府消费年增长率对比

资料来源：根据《中国统计年鉴》(2015) 中支出法国内生产总值和支出法国内生产总值结构两表的数据整理。

① 根据《中国统计年鉴》(2015) 中支出法国内生产总值结构表中的数据整理，http：//www.stats.gov.cn/tjsj/ndsj/2013/indexch.htm.

1.1.3.3 居民消费率持续下降导致我国消费率持续走低

因政府消费规模不断扩大，我国近年来政府消费率稳中有升，基本保持在10%~20%；而居民消费率在改革开放初期经历了小幅上升后，则呈现连续下降趋势，由1988年的51.1%持续下降到2014年的37.92%[①]（见图1-5）。从图1-5中可以明显看出，与政府消费率的变动曲线相比，居民消费率与消费率的变动曲线基本一致，均呈现下降趋势，这说明我国消费率持续走低主要是由居民消费率不断下降所致。换言之，居民消费率下降是导致我国消费率偏低的主要原因，也是本书分析消费率偏低成因的重点所在。

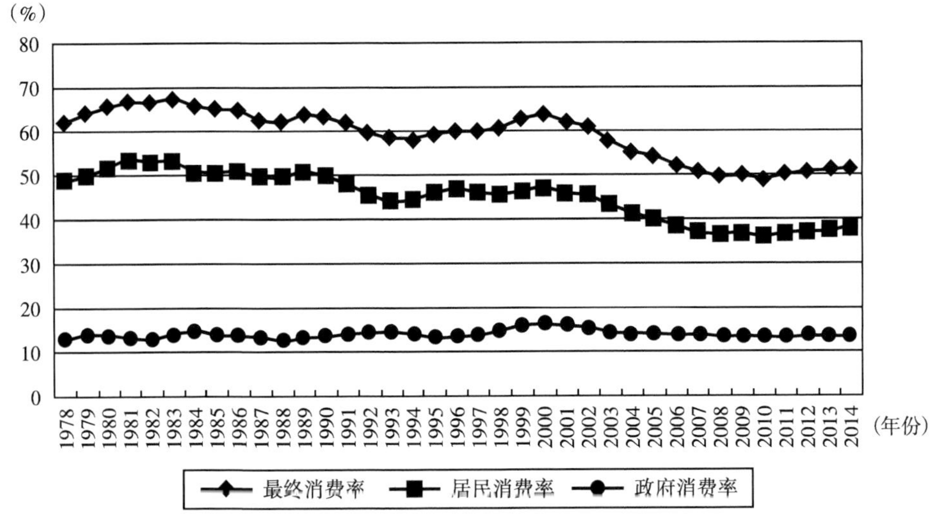

图1-5 我国居民消费率和政府消费率变化趋势对比（1978~2014年）

资料来源：根据《中国统计年鉴》（2015）中支出法国内生产总值和支出法国内生产总值结构两表的数据整理。

① 根据《中国统计年鉴》（2015）中支出法国内生产总值和支出法国内生产总值结构两表的数据整理，http：//www.stats.gov.cn/tjsj/ndsj/.

1.2 研究问题界定：居民消费意愿是影响消费率的关键心理因素

1.2.1 居民消费意愿不足是导致消费率偏低的直接心理成因

作为一个跨学科范畴和综合性概念，消费意愿在不同学科中的内涵和表述方式并不统一。在消费者行为学中，消费意愿是指消费者个体发生消费行为的主观概率或可能性；在市场营销学中，消费意愿被看作是消费者对于各种具体商品的购买意愿的总和；而在经济学领域，居民通常把消费意愿视为与消费倾向相类似的概念。综合消费者行为学、营销学、经济学等基础理论，可以看出居民的消费意愿（或者说是消费倾向）对消费需求或市场需求、消费行为及消费总量都有直接影响，从而间接影响居民消费率（见图 1-6）。

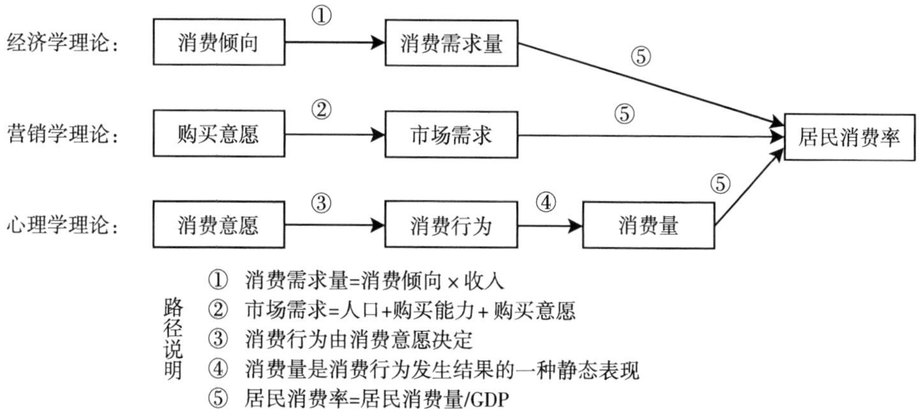

图 1-6 消费意愿与消费率的理论关系路径

1.2.1.1 消费意愿是决定市场需求的关键因素

居民消费需求总额和居民消费率的变化，不仅与居民个人收入在国民收入分配中所占的比重密切相关，而且在很大程度上要受居民消费意愿变化的影响（陈新年，2006）。高玉成等（2007）把消费意愿作为自变量，验证了其与消费支出的正相关关系。如果居民消费意愿持续降低，会使很大一部分收入增量不被用于消费支出，从而大大削弱居民收入水平提高对消费需求增长的作用。在经济学与营销学的理论中，我们也可以推导出类似的结论。

（1）消费倾向（消费意愿）影响消费需求量

从经济学的有关定义来看，消费倾向是居民消费支出占其收入的比例，消费倾向的数值反映了居民会从自己的收入中拿出多少来用于消费。从测量消费倾向程度的角度来看，我们可以认为当居民把收入中较多部分用于消费时，其消费意愿较强。换言之，居民的消费倾向越强，反映出其消费意愿越强。在居民收入一定时，居民的消费需求量取决于其消费倾向。居民的消费倾向越强，则其消费需求量越大（见图 1-6 中的理论路径①）。当社会总体消费需求量增加时，居民消费率则可能得到提高（见图 1-6 中的理论路径⑤）。这在居民消费率的公式推导中也可得以说明：

$$居民消费率 = \frac{居民消费量}{GDP} = \frac{居民总收入}{GDP} \times \frac{居民消费量}{居民总收入}$$

在公式中，我们可以看到居民消费量与居民总收入的比值实际上反映的就是消费倾向。进而，我们也可以从中看出居民消费率与居民消费倾向之间的关系，即居民消费倾向越强，居民消费率就会越高。

（2）购买意愿（消费意愿）影响市场需求

市场营销学中关于一定时期内市场需求总量的一个概念性计算公式是：

市场需求 = 人口 × 购买能力 × 购买意愿

显然，市场需求要受到购买能力的制约。但是如果仅提高购买力水平而忽视了对购买意愿的促进，则还是不能有效地实现市场需求。在决定市场需求的三个因素中，我们可以认为人口和购买能力是既定的，市场需求便是购买意愿的函数，从而购买意愿成为决定市场需求和消费率的关键因素（见图 1-6 中的理论路径②和路径⑤）。值得注意的是，这里的公式推理隐含了两个重要假设：一个假设是市场需求全部转化为居民的消费需求；另一个假设是该公式中针对某具体商品而界定的购买意愿可以推广到对一般商品的总体购买意愿，即消费意愿。

在这个公式涉及的决定市场需求的三个因素中，人口是基础，购买能力是必要条件，而购买意愿则是促进消费的内在根本；三者相互依存和统一，共同发挥作用，促进市场需求的增长和扩大。

1.2.1.2 消费意愿决定消费行为，进而影响消费量

Ajzen（1991）的计划行为理论认为，消费意愿直接决定了消费者如何采取消费行为以及采取特定消费行为可能性的大小。Young 等（1998）研究证明用购买意愿预测消费者未来的购买行为是有效的。Newberry 等（2003）进一步提出消费行为与消费意愿直接相关，消费意愿是衡量消费者是否会产生购买行为的重要指标。长期以来，大量的实证研究检验了消费者意愿对消费行为的影响，学术界也普遍承认消费意愿对消费行为的预测作用。消费意愿是消费心理的表现，是消

费行为的前奏[①]（见图 1–6 中的理论路径③）。

需要说明的是，消费行为的含义是很广泛的，消费量仅仅是消费行为发生之后的一种数量上的表现。也就是说，居民消费意愿越强，其消费行为越可能发生；而消费行为结果的数量化表现就是居民消费量。因此，居民消费行为总量越大，内容越丰富，居民消费率就会越高（见图 1–6 中的理论路径④和路径⑤）。

总之，居民消费意愿对居民消费率具有重要的正向影响，这种影响是通过对居民消费量的正向作用而实现的。也就是说，居民消费意愿强，居民消费量则增加，从而可以促进居民消费率的提升；居民消费意愿弱，居民消费量则减少，从而可能导致居民消费率的下降。因此，为提高居民消费率水平，在强调提高收入水平的同时，更为关键的是要注意控制导致居民消费意愿降低的各种影响因素，采取切实有效的措施激励居民增强消费意愿。只有将刺激消费的各项政策措施真正诉诸于改变居民的消费观念，稳定其消费预期，增强其消费信心，居民的消费意愿才能得以充分释放，消费需求量才能有效地扩大，从而促进居民消费率的提升。

1.2.2 居民消费意愿受心理因素、社会文化因素等多种因素的影响

在上面的分析中，我们已经认识到居民消费意愿是影响居民消费率的关键心理变量，居民消费意愿不足是导致居民消费率乃至消费率偏低的关键心理成因。那么，如何通过增强居民的消费意愿来刺激居民消费率的提升，就成为寻找破解消费率偏低的心理对策的关键。要增强居民的消费意愿，就需要从影响居民消费意愿的相关因素入手。因此，探索影响居民消费意愿的心理和社会因素体系及其影响强度成为本书研究的关键。

根据对现有文献中关于消费意愿的影响因素进行梳理，影响居民或消费者消费意愿的心理和社会因素体系主要包含以下几个方面：

1.2.2.1 消费意愿受个体心理因素的影响

依照消费者行为学原理，消费需要是消费行为的源头或原动力，购买动机是消费行为的直接驱动力。消费者在消费需要和动机的基础上形成消费意愿。当消费意愿下降时，消费者就表现为有意识地淡化和紧缩其自身的消费需要和动机。消费需要和动机是由多种心理因素共同作用而产生的，因而消费意愿也会受到来自消费者自身的多种心理因素影响。比如，消费者的认知心理过程可形成消费知

① 冯建英，穆维松，傅泽田. 消费者的购买意愿研究综述［J］. 现代管理科学，2006（11）：7–9.

识积累，消费知识能够降低感知风险，从而提高消费意愿（Bettman 和 Park，1980），如通过强化食品安全信息来增加消费者知识，可以提高消费者的消费意愿（周应恒等，2004）；消费者的消费预期水平越低，消费行为越趋于平淡，购买大件耐用消费品的数量就越少，预期低水平组与中、高水平组相比较，其消费意向表现出显著的组间差异（孙元明，2001）。由此可见，个体心理因素对消费意愿具有直接影响，探讨个体心理因素与消费意愿的内在关系，是破解居民消费率偏低的心理成因的主要路径。

1.2.2.2 消费意愿受群体心理因素的影响

社会生活中，每个消费者都归属于一定的社会群体，社会群体的差异会对消费者心理产生明显的影响。比如，同属某一社会阶层的消费者在消费心理与行为表现上会有许多相似之处，而不同社会阶层的消费者则表现出明显的差异（江林，2011）。不同阶层居民的消费心理与行为具有不同的特征，高消费阶层和低消费阶层具有较高的消费欲望，而庞大的中等消费阶层的消费态度则比较保守（李培林和张翼，2000）。另外，处于群体氛围之中的消费者个体也会受到群体内部压力的影响。有研究表明，参照群体与消费者自身感知价值有差异时，正面建议会提高其感知价值水平，并提高其消费意愿；而负面建议会降低其感知价值水平，并降低其消费意愿（陈家瑶等，2006）。因此，剖析群体心理因素对消费意愿的影响也是探索消费率偏低的心理成因的重要路径之一。

1.2.2.3 消费意愿受外部社会环境因素的影响

消费者所处的社会文化等外部环境因素同样也会对其消费意愿产生影响。当然这种影响可能是间接的，也就是说外部环境因素通过对消费者个体心理和群体心理发生作用，从而形成对消费意愿的影响。比如，市场上一些商品质量低下，影响了消费者购买产品的信心，极大地限制了消费者购买（喻占元，2005）；“勤俭为本”、“来日方长”，宁可低消费也要挤出钱来储蓄的传统观念也极大地制约了消费者的消费水平（宋柏良，2001）。为此，分析消费意愿不足进而消费率偏低的心理成因，不可忽略消费者所处的社会文化等外部环境因素的影响。

综上所述，我们可以看到，消费意愿是一个复杂而综合的心理概念，受到多种因素的影响，这些因素既包括消费者个体心理因素，也包括消费者所处的群体心理因素和外部社会环境因素。为了探索这些心理影响因素与消费意愿之间的关联程度，以寻找刺激居民消费率提升的心理对策，本书对居民个体心理因素、群体心理因素与居民消费意愿之间的关系进行定量实证分析。考虑到外部社会环境因素主要通过个体心理、群体心理发挥作用，本书采用定性理论分析方法对其与居民消费意愿之间的关系进行讨论。

1.2.3 消费意愿是宏微观结合解析消费率偏低的心理成因的立足点

为更好地剖析我国消费率偏低的心理成因，本书在两个层次上采用了宏微观相结合的研究模式。

居民消费是一个总量概念，以居民个体消费这一微观行为为切入点来探究居民消费率的影响因素，可以使我们更深入地洞察我国居民消费率偏低的本质原因，也有助于厘清刺激居民消费的宏观政策对居民个体消费发挥作用的微观运行机制，从而为提高我国居民消费率的政策制定和政策效应提升奠定落脚点。选择居民个体消费作为切入点是将消费率这一宏观经济问题微观化的基础，也是本书采用宏微观相结合的研究模式的第一个层面。

研究居民的个体消费不能忽视消费意愿对其消费行为的直接影响。而消费意愿一方面受到居民个体、群体心理因素的影响，另一方面也受到各种外部环境因素的影响。因而，考察居民消费意愿必须要综合考虑外在宏观因素，如经济、政策与社会文化等。综合深入考察个体的、群体的、社会文化的多种因素对消费意愿的影响是探索居民消费意愿形成机理与提升对策的基础，也是本书采用宏微观相结合的研究模式的第二个层面。

如前所述，居民消费率的提升对消费率的提高具有举足轻重的作用。因此，本书以宏微观相结合的研究模式从居民个体消费层面切入，探索个体和群体心理因素以及社会环境因素对居民消费意愿的影响机制，有助于从多角度、多层面对我国消费率偏低的心理成因开展综合性研究，进而为提出提高消费率的心理对策提供坚实的理论基础。

1.3 研究目的和研究意义

1.3.1 研究目的

基于前面的分析，本书的总体研究目的是通过从消费者心理与行为视角对我国消费率偏低的现象进行原因分析，归纳影响我国消费率的关键心理因素；并通过对这些心理因素的进一步系统研究，提出提升我国消费率的对策建议。具体来看，本书的研究目的包括以下方面：

（1）从消费者心理与行为角度提出居民消费意愿不足是导致我国消费率偏低的主要心理成因

相对于政府消费率而言，居民消费率是导致消费率偏低的关键。在此基础上，从消费者心理与行为视角指出居民消费率与居民消费意愿之间的关系，并推导出居民消费意愿不足这一心理因素可能导致居民消费率低下，进而导致我国消费率的长期偏低。

（2）系统探索导致居民消费意愿不足的心理及社会影响因素

考虑到居民消费意愿这一心理概念的形成受多种因素的影响，因而本书采用定量实证研究技术对来自居民个体的、群体的心理影响因素与消费意愿之间的关系进行检验。在此基础上，进一步采用定性理论研究方法，综合消费政策、社会文化等外部环境因素对我国居民消费意愿不足的现象进行解释。

（3）探讨并提出促进我国消费率提升的政策建议和实施对策

在系统分析和验证影响消费意愿各因素的基础上，本书从宏观和微观两个层面入手，从政府、企业、媒体、社会组织等多主体角度出发，深入系统地探讨促进我国消费率提升的政策建议和对策措施。

1.3.2 研究意义

消费率作为一项重要的宏观经济指标，其变动直接反映了国民经济的运行状况，并与人民生活水平提高和社会和谐进步紧密相关。本书突破现有研究囿于经济学单一角度的思维定势，着重研究影响我国消费率的心理成因及相应对策，具有重要的理论意义和现实意义。

1.3.2.1 理论意义

（1）有助于开辟以宏微观相结合的研究范式从居民消费心理角度分析我国消费率偏低问题的新范式、新视角

本书打破了仅从经济学单一角度考察消费率的传统思路，将我国居民消费增长缓慢、居民消费率偏低这一宏观问题置于消费者心理与行为学的研究框架之中，尝试从宏微观结合的分析角度，综合运用消费者行为学、经济学、市场营销学、心理学、社会心理学、社会学等交叉学科的相关理论，深入挖掘导致我国居民消费率偏低的深层心理因素和社会文化因素，为探求居民消费率偏低的成因提供一种系统深入的消费心理学解释。这一研究角度的突破，在很大程度上填补了国内关于消费率的研究不足，为发现我国消费率偏低的内在成因提供了新视角和理论依据，同时也为探索提高消费率的对策措施提供了全新的思路。

(2) 有助于深入剖析影响居民消费率的心理及社会文化因素，构建导致消费率偏低的心理和社会文化因素的综合性理论分析框架

本书基于多视角的理论研究，从居民个体消费层面提出了消费意愿是决定居民消费行为，进而影响居民消费率的关键心理变量，并通过实证分析验证了个性、消费知识、消费预期、生活方式、参照群体影响、心理账户、社会阶层感知等个体和群体心理因素以及家庭、面子、人情、物质主义倾向、节俭消费观念等社会文化因素对消费意愿的影响，同时采用定性分析方法探索了经济及政策等外部环境因素在消费意愿形成中的作用，由此构建了影响居民消费率及消费率的心理与社会因素体系。通过进一步梳理各种心理、社会因素之间的内在联系和相互作用方式，本书建立了影响居民消费率及消费率的宏微观心理机制的综合性理论框架。这一理论框架的建立弥补了现有研究偏重宏观、缺少宏微观结合，偏重经济因素、忽略心理和社会因素的不足，为我国消费率研究的深化开辟了新领域，提出了更新、更全面的理论研究模式。

(3) 有助于将实证分析方法引入消费率研究，为分析我国消费率偏低的问题提供实证研究基础

本书首次将实证分析方法和技术工具系统引入消费率研究，在文献研究、深度访谈及焦点小组访谈基础上，开发了针对中国居民消费意愿的测量量表及调查问卷，进行了全国范围的大规模问卷调查，获取了关于我国居民消费心理与行为的宝贵的一手数据资料。在数据分析中，通过采用因子分析、方差分析、回归分析等实证分析技术，验证了个性、消费知识、消费预期、生活方式、参照群体影响、心理账户和社会阶层感知等心理因素对消费意愿的影响。上述实证分析为后续有关我国居民消费函数的研究，以及进一步探索各种影响因素与消费意愿、消费率的关系提供了实证研究基础。同时，鉴于现有国内外关于消费率研究以定性方法为主、鲜有采用实证方法的现状，本书采用实证分析与理论分析相结合的综合研究方法，在方法论方面进行了有益的尝试，从而为提高消费率理论研究的科学性、严谨性和规范化做出了贡献。

1.3.2.2 实践意义

(1) 揭示宏观消费政策发生作用的微观心理机制，有助于提高政府制定相关政策的针对性和有效性

本书从居民个体消费层面出发，实证检验了个体心理、群体心理及社会环境等影响因素与居民消费意愿之间的数量关系，同时首次采用深度访谈和情景模拟等定性研究技术探索了宏观消费政策和制度设计在刺激居民消费中的效用机制。有关研究结论有助于政府宏观决策部门根据我国居民的消费心理与行为特点来重新评价和认识当前的经济政策和消费政策，调整现有政策中与居民消费心理不符

或存在偏差的部分，以求增强政策制定的针对性，并提高政策执行的有效性，为扭转我国居民消费率偏低的状况提供良好的政策和制度环境。

（2）提出多主体、多层面增强居民消费意愿的一系列心理对策，有助于切实改变我国消费率偏低的现实状况

本书突破以往经济学主导的宏观对策建议模式，基于影响居民消费意愿的心理因素和社会文化因素，同时借鉴其他国家促进居民消费的有益经验，提出了政府、媒体、企业、社会组织等多种主体共同推动促进消费的对策设计思路，即充分发挥政府、媒体、企业、社会组织等各种相关主体的职责和功能，通过政策制定、舆论引导、营销刺激、社会促进等多种途径和具体措施，引导居民消费预期，转变居民生活方式，改善消费信息环境，引导社会各群体的协调消费，从而多层次、全方位地增强居民消费意愿，进而达到提升我国消费率的目的。上述对策措施立足于适应与协调居民个性、消费知识、消费预期、生活方式、心理账户、参照群体影响、社会阶层感知等心理因素，同时着眼于提高消费政策的有效性，引导消费文化、价值观等社会文化因素，多层面直接作用于居民个体消费意愿，使政府和企业制定和调整的消费政策与市场营销策略具有很强的合理性、针对性和可操作性。

1.4 研究创新

本书立足于我国消费率长期偏低的现实状况，针对国内外学术界偏重从宏观层面和经济学角度探讨消费率问题的传统思路与研究局限，从居民消费心理与行为的新视角出发，综合运用消费者行为学、经济学、市场营销学、心理学、社会心理学和社会学等多学科研究成果，采用实证研究与质性研究相结合的方法，对导致我国居民消费意愿不足和消费率偏低的心理及社会文化因素进行全面解析，并提出基于心理与社会文化成因提升居民消费意愿和消费率水平的对策建议。上述成果具有显著的研究创新和重要的学术价值与应用价值，具体体现在：

（1）突破从宏观层面和经济学角度研究消费率的传统思路与局限，开辟了以宏微观相结合的研究范式从居民消费心理角度剖析我国消费率偏低问题的新范式、新视角

这种宏微观相结合的研究范式体现在两个层面：首先，本书通过对政府消费率和居民消费率的历史数据分析与国际比较发现，我国消费率偏低主要由居民消费率长期低迷所致。因此，以居民个体消费这一微观行为作为切入点，可以更深

入地洞察我国消费率偏低的本质原因，也有助于厘清宏观政策、经济环境等对居民个体消费发挥作用的微观作用机制，从而为剖析我国消费率偏低问题的成因这一宏观经济问题奠定微观基础。其次，居民个体消费行为受到其消费意愿的直接影响。而消费意愿一方面受到居民个体、群体心理因素的影响，另一方面也受到经济、政策与社会文化等外部环境因素的影响。综合考察个体心理、群体心理、社会文化及政策等多种因素对消费意愿的影响，可以深入探索导致我国居民消费意愿不足及消费率偏低的微观心理机制。上述宏微观相结合的研究范式有助于从多层面对我国消费率偏低的影响因素开展综合性研究。此外，本书打破了仅从经济学单一角度考察消费率的传统思路，立足于居民消费心理视角，将我国居民消费增长缓慢、消费率偏低这一宏观问题置于消费者心理与行为的研究框架之中，为探求消费率偏低的成因提供了一种系统深入的消费心理学解释，并依据实证研究结论得出居民消费意愿不足是导致我国消费率偏低的关键心理成因，而居民消费意愿又受到一系列心理及社会文化因素影响等一系列重要结论。

鉴于以往研究局限于宏观层面和经济学单一角度，本书采取的宏微观相结合的研究范式和居民消费心理的研究角度，开辟了研究我国消费率偏低问题的新范式、新视角，具有显著的学术创新价值。

（2）将影响消费率的宏微观因素及心理机制系统化，首次构建了导致我国消费率偏低的心理因素及社会文化因素的综合性理论分析框架

在文献研究、理论分析和访谈研究的基础上，本书将影响消费意愿和消费率的外部环境因素与心理因素及其相互关系系统化，构建了一个从消费心理和社会文化、政策、宏观经济等多角度、多因素研究我国消费率偏低问题的综合性理论分析框架。在这一理论框架中，重点突出居民消费意愿的关键性地位以及与居民消费率和最终消费率的内在关系，强调了个性、消费知识、消费预期、消费信任、生活方式、心理账户、参照群体影响等心理因素对居民消费意愿的影响，将社会文化、政策等外部环境因素也纳入影响居民消费意愿的因素体系中，同时非常重视相关变量对消费意愿所产生的交互作用。该理论框架阐释了消费率偏低的宏微观影响机制，弥补了现有研究缺乏综合性理论分析框架的不足，对进一步拓展和深化我国消费率偏低问题的理论探讨具有重要的学术价值，也是本书的重要研究创新和理论贡献所在。

（3）突破以往消费率领域以定性分析为主的局限，采用实证研究与质性研究相结合的方法，在研究方法上具有创新性

本书在构建影响消费意愿的心理因素的研究模型的基础上，首次将实证研究方法应用于分析导致消费率偏低的心理与社会文化成因，在大规模问卷调查的基础上，采用多元回归模型、虚拟变量回归模型、因子分析、回归分析、方差分

析、结构方程模型等实证分析技术，验证了个性、消费知识、生活方式、消费信任、消费预期、参照群体影响、心理账户、社会阶层感知等心理变量以及面子、人情、物质主义倾向、节俭消费观念等文化因素与消费意愿的关系，构建并检验了一些关键变量对消费意愿交互影响的子模型。不仅如此，本书采用焦点小组、深度访谈等质性研究方法，对消费意愿构成维度、影响因素等进行探索性研究。特别是首次采用情景模拟法模拟了家电补贴政策、个人所得税减免政策、养老和医疗政策、存贷款利率下调政策等六种政策情景，分析了消费政策变动对居民消费意愿及行为选择的影响。鉴于以往对于消费率影响因素的研究多停留在一般性理论分析和定性分析，很少采用实证研究方法，更鲜有实证研究与质性研究的有机结合，本书在研究方法上进行了创新性尝试，并取得了一系列有价值的研究结论。

（4）基于实证研究结论全面解析导致我国居民消费意愿不足和消费率偏低的心理与社会成因，填补了从心理与社会文化角度解析我国消费率偏低成因的研究空白

本书基于实证分析结论，对心理变量、社会文化变量及消费政策与居民消费意愿的影响关系进行了汇总和讨论，同时对不同人口统计特征下居民消费意愿的差异性进行了总结和解读。在此基础上，本书从我国居民的心理特征和现实消费状况出发，对导致我国居民消费意愿不足和消费率偏低的心理与社会成因进行了全面解析，相关结论为后续促进居民消费意愿和提升我国消费率的对策分析奠定了重要依据。鉴于现有消费率影响因素研究大多集中于宏观层面和经济学角度，本书基于实证研究结论，从心理和社会文化因素及政策影响角度全面解析我国消费率偏低的成因，填补了该领域的研究空白，具有显著的学术创新和应用价值，也是本书的关键性研究成果。

（5）突破以往宏观经济主导的对策建议模式，系统地提出多主体参与、多层面共同促进居民消费意愿和提升我国消费率的政策建议与对策措施

本书根据实证研究和质性研究结论，针对影响居民消费意愿的心理和社会文化及政策因素，创造性地提出了多主体参与、多层面共同促进居民消费意愿的对策模式，即由政府、企业、媒体、消费者组织和居民等多个主体共同参与，着重围绕引导居民的合理消费预期、重视和适应居民心理账户特征、鼓励居民转变生活方式、区别居民个性特质、重视不同类型家庭的消费偏好、深入挖掘和充分发挥消费政策的关键作用、调节消费文化制约、协调社会各阶层消费群体、调节参照群体的多方面影响、改善消费信息传播渠道、提高居民主观知识水平、优化消费环境、培养居民消费信任等方面促进居民消费意愿，从而提高我国消费率水平。这一对策建议的设计思路与偏重从经济学和政府角度探讨政策建议的传统研究相比有明显突破，其实施结果将有助于打破以往忽视居民消费心理的局限，使

刺激消费的宏观政策和微观措施能够真正落实到居民个体层面，在转变其消费心理和行为的基础上切实增强居民消费意愿，进而提升全社会消费率水平。基于消费心理成因，强调多主体参与、多层面共同促进居民消费意愿，特别注重政策建议和实施对策的针对性与实效性，是本书对策研究的重要应用价值所在。

（6）对消费意愿维度解构、心理账户构成与特征的影响、具体消费类别支出意愿分析等进行了开创性研究，在拓展消费率及消费意愿研究范畴、提升研究结论的理论与应用价值方面做出贡献

在本书的研究中，消费意愿是直接影响居民消费及消费率水平的关键心理变量。而学术界普遍认定的关于消费意愿“泛指消费者倾向于发生消费行为的主观概率或可能性”的定义，难以精确反映居民消费意愿在数量、时间和档次等方面的倾向性。本书采用焦点小组的方法探索了消费意愿的结构，创造性地将消费意愿分解为三个构成维度：消费数量意愿、消费时间偏好和消费档次选择。这一维度的划分为后续关于心理因素与消费意愿关系的实证研究提供了重要的设计依据，使得研究假设和数据分析验证更加深入细致，也由此在研究结论中更加全面和实际地反映了居民消费意愿与心理和社会文化因素的内在影响关系。将消费意愿划分为三个维度是前人研究中所没有的，因而是本书的重要理论创新所在。

心理账户是影响消费意愿和行为的基础性因素，心理账户的结构、特征标记了不同消费者在金钱领域的消费图腾，并作为内隐的“消费规则”指导着消费者在消费的数量、类别、时间上产生特定差异。本书将心理账户作为创新视角，探索性地实证研究了心理账户的收入来源数量、收入结构及灵活性、预算性和非替代性特征与居民消费意愿的影响关系，并得出我国居民收入来源数量偏少，经营投资收入偏低，非常倚赖常规性收入，心理账户的灵活性不足、预算性和非替代性过强，从而导致居民消费意愿受阻等一系列有价值的结论。鉴于以往研究中较少涉及心理账户分析，上述研究结论拓展了消费率影响因素的研究范畴，具有重要的学术和应用价值。

消费实践中，居民消费意愿表现为对具体商品和服务的支出意愿。本书根据国家统计局关于居民消费的统计分类标准，选择能够充分和全面反映居民消费生活的食品、服装、住房、美容保健、医疗、交通通信、教育培训、旅游、文化娱乐、家用电器、电子产品、人情支出以及杂项 13 个子项进行数据调查和分析验证，以详细测量居民心理因素对不同消费类别商品的支出意愿及其差异。此外，为深入考察 13 大类没有涵盖的居民对超前消费和某些特殊商品的消费意愿，本书专门对心理变量与居民的借贷消费意愿以及住房、汽车和奢侈品等特殊品购买意愿的影响关系进行了分析。不仅如此，本书还涉及居民在收入增加或减少的情况下，优先考虑增加或减少的消费类别分析，由此深入了解居民的具体消费倾向

和偏好。考虑到消费政策对居民消费意愿的影响相对宏观且综合，本书在消费政策对居民消费意愿的影响验证中，借助了更加结构化的消费支出分类方法，即将消费支出划分为生活必需品开支、家庭建设与个人发展开支、情感维系开支、享乐休闲支出、安全保障储蓄和风险投资六大类，用以分别考察消费政策变动对居民各主要消费类别支出意愿的影响及差异。上述研究设计和数据分析大大增加了本书研究的工作量，但同时也使相关验证与研究结论更加详尽细致和贴近实际，从而也可以为政府及不同行业企业提供高度具体化与可应用的决策依据。鉴于以往尚未有过同类研究，本书的上述成果对深化和拓展居民消费意愿与消费率的研究具有重要意义。

1.5 研究方法和研究思路与框架

1.5.1 研究方法

本书将规范分析和实证分析方法相结合、定性分析和定量分析方法相结合，注重多种研究方法的综合使用。主要的研究方法具体说明如下：

1.5.1.1 文献研究法

本书的文献研究主要涉及以下几方面内容：

第一，参考国家统计局近 20 年来出版的《中国统计年鉴》，直接获取或通过计算得出我国 1978 年以来消费率及其结构变化的数据资料；查找世界银行世界发展指标数据库，收集近年来世界主要国家消费率变动的数据，比较我国与世界各国消费率的变动特点与趋势，为进一步分析我国消费率偏低的心理成因提供资料基础。

第二，查阅国外与消费率和居民消费相关的文献，了解国际学术界关于消费率及居民消费的理论观点及研究前沿；通过收集、查阅国内居民消费的相关文献，总结和评述我国消费率的现有研究情况。

第三，由于本书把消费意愿作为决定消费率的关键心理变量，因此要查阅国内外消费意愿的相关文献，理解消费意愿的含义，总结影响消费意愿的心理因素体系；在此基础上，广泛查阅分布于消费者行为学、市场营销学、心理学、社会学等各个领域的相关文献，梳理前人关于心理因素和社会文化因素对消费意愿影响的研究成果，以便为本书开展实证和质性研究奠定文献基础。

第四，本书的重要研究基础是采用实证方法验证个性、消费知识、消费预期、生活方式、心理账户、参照群体影响、社会阶层感知等心理变量与消费意愿之间的数量关系，为此，要通过文献研究获得前人开发的测量上述心理变量的成熟量表，以便在借鉴现有量表的基础上发展形成本书的应用量表。

第五，本书重点研究了各种经济政策如财政政策、货币政策、税收政策、社会保障制度等对居民消费的影响，因此大量查阅了相关理论文献，以及世界各国的消费政策及其对居民消费影响作用的资料。

1.5.1.2 深度访谈法

本书采用深度访谈法作为一种辅助的研究方法，为后期的定量实证研究方法提供佐证资料与信息。深度访谈法能够更深入地探索消费者的动机、态度和观点。本书通过对受访者的深度访谈可以探索影响居民消费意愿的深层心理因素，并结合文献研究提出影响我国居民消费和消费率的心理因素体系，从而为后续的实证研究奠定基础。

1.5.1.3 焦点小组法

焦点小组法是市场研究中最常用的定性研究方法之一。为深入了解居民对消费意愿结构的看法，确定消费意愿的构成维度及影响因素，我们采用了焦点小组的方法。通过自由进行的小组讨论和成员之间的思想碰撞，我们可以从中发现影响居民消费意愿的主要心理因素，并了解居民实际和潜意识中的消费动机、态度和观点。本书中焦点小组法同深度访谈法一样，也是作为一种辅助的研究方法，为后续的定量实证研究提供佐证资料与信息，奠定研究基础。

1.5.1.4 实证研究法

实证研究方法的系统运用是本书的一项重要创新。这里的实证分析主要用于开发本书所需的测量工具，收集、分析和处理实证数据，从而验证研究假设并探讨研究结论。

（1）问卷调查

本书参照了现有文献中的相关测量量表，同时结合深度访谈结果开发了关于居民消费状况及影响因素的调查问卷。问卷的调查对象为我国各地区城乡居民，各年龄段的样本抽取比例根据我国总人口的年龄分布来确定。问卷中的测量语句主要涉及消费意愿和消费者个体心理因素如个性、消费知识、生活方式、消费信任、消费预期、参照群体影响、心理账户等，此外还有社会文化因素如面子、人情、物质主义倾向、节俭消费观念、社会阶层感知等。量表大多采用李克特的七级量表来进行测量。

（2）统计分析方法

本书根据问卷调查得来的实证数据，运用因子分析、回归分析、方差分析、结构方程模型等统计分析方法进行数据处理和分析，分别验证了个性、主观知识、消费预期等消费者个体心理因素以及面子、人情、物质主义倾向、节俭消费观念等社会文化因素对居民消费数量意愿、消费时间偏好以及消费档次选择的意愿的影响，同时还对一些关键变量的交互效应进行了深入分析。

需要重点说明的是，本书主要目的在于基于大量理论和文献支持，构建我国居民消费意愿影响因素的整体框架，并对其复杂的影响关系进行分析检验，因此本书在主体研究分析部分所借助的统计工具主要是回归分析（多元回归分析），以期对因素体系中所涵盖的心理、社会文化等诸多变量进行综合分析与探讨。

1.5.1.5 情景模拟法

在研究经济政策对居民消费意愿的影响时，我们采用了情景模拟法。在经济政策对消费的影响研究中，基于历史数据的建模分析方法占据主流，多数学者主要从计量经济学的角度对政策实施的效果进行事后分析。然而，随着政策和消费之间关系研究的逐渐深入，部分学者已经开始进行研究方法的拓展和尝试。情景模拟法逐渐出现在政策与消费关系的研究中。比如，Kotlikoff、Samuelson 和 Johnson（1988）在研究政策对消费的影响中，都通过给被试提供生动的政策模拟场景或者虚拟政策来观察分析居民的消费变化。本书也采用了情景模拟法，分别模拟了六种影响消费的政策情景，包括家电补贴政策、个人所得税减免政策、存款利率调整政策、贷款利率调整政策、养老金提高政策、医保政策，并通过方差分析等统计方法，探讨了在模拟政策情景下不同年龄、性别、所在地的居民在主要消费类别支出意愿及行为选择方面的变化。

1.5.1.6 比较研究法

比较研究方法在本书中主要用于以下两个方面：一是基于我国消费率历史数据的纵向比较，掌握近些年来我国消费率的历史演变和变化趋势；二是我国消费率与世界其他主要国家消费率水平的横向国际比较。通过查阅世界银行等国外相关数据库，我们掌握了世界主要国家近些年来消费率变动的基本数据，总结了发达国家、发展中国家和不发达国家消费率变化的基本趋势与特点，并对各国消费率演变的趋势进行了分析。在此基础上，本书对我国消费率的变动状况与国外消费率进行了对比，并探讨了导致我国消费率低于其他国家的主要原因。

1.5.2 研究思路与框架

基于前面关于居民消费意愿不足是我国消费率偏低的心理成因的基本判断，以及对于影响消费意愿各种因素的初步分析，我们形成了本书的总体研究思路与框架结构，具体包括以下 7 章内容：

第 1 章为引言。首先介绍了本书研究的现实背景和理论背景，阐释了研究的理论和实践意义；在此基础上，界定了本书的研究问题及主要研究变量，指明了研究目的、要解决的主要问题和具体研究内容，并对本书的研究创新、研究方法以及研究思路与框架进行了概括性介绍。

第 2 章为我国与世界主要国家消费率水平及变动趋势的比较研究。本章对我国消费率的变动特征进行深入分析，并将其与世界各国消费率变动趋势加以比较，以准确把握我国与世界消费水平的差距所在。首先，本章针对我国消费率的历史演变与变动特征进行分析，综合阐释了我国消费率的现状和变动特征；其次，本章通过较为完整系统的历史数据介绍世界各国消费率的情况，总结世界总体消费率水平的特征及现状，这对评析我国消费率发展现状具有重要的借鉴意义；最后，本章对我国与世界各国消费率变动趋势进行比较分析，鲜明指出我国消费率水平整体低于世界平均水平，不但低于高收入国家，而且低于中等收入国家甚至是低收入国家的平均水平。世界各国消费率基本与 GDP 同步增长或者略高于 GDP 的增长，我国的消费率增速则低于 GDP 增速，尤其是我国居民消费率的下降趋势比政府消费率的下降趋势更为明显。与世界各国相比，我国的投资率较其他国家更高，投资率偏高对消费也造成了一定的挤占效应等。本章内容是本书重要的基础性工作之一，不仅基于现实视角和大量翔实的历史数据资料印证了本书研究问题的重大价值和意义，也为后续研究的展开奠定了坚实的数据资料基础，对正确认识和评析我国消费率发展现状及存在问题具有重要的国际借鉴意义。

第 3 章为文献综述。本章综合回顾和梳理了本书研究主题范围内的相关文献，从整体上厘清了国内外学者相关研究的脉络和现状。首先，对消费率与消费意愿的相关理论和研究进行回顾和综合评述，阐释并界定消费率的内涵，并对消费意愿影响消费率这一研究主题进行了深入介绍。其次，本章对收入、投资挤出、经济政策、社会保障制度、供求结构、价格和市场秩序等影响居民消费的经济因素进行回顾和综合评述，界定并阐释各因素对居民消费的内在影响机制；对个性、消费知识、消费预期、消费信任、生活方式、参照群体影响和心理账户等影响居民消费意愿的心理因素进行回顾，基于个体心理角度界定和阐释各因素对居民消费意愿的内在影响机制；对家庭、社会阶层、社会文化等影响消费意愿的社会文化因素进行综合性评述，细析各因素对居民消费意愿的内在影响机制；从财政政策、税收政策、货币政策、收入政策和社会保障政策等角度切入，细解政策因素对居民消费意愿的影响机制。最后，基于对现有文献的回顾和综合评价，本章针对现有研究的局限和不足，创造性地提出从心理、社会和文化视角剖析我国消费率偏低现象的理论分析思路和研究模式。文献回顾与评析是本书重要的基础性工作之一，能够帮助我们厘清研究问题的脉络和研究前沿所在，继承和借鉴前人研究成果，为后续研究在构建理论分析框架及开展实证研究方面积累研究素材并奠定坚实的理论基础。另外，本章内容也有助于对相关变量的测量量表进行初步筛选。

第 4 章为消费意愿与心理变量、社会文化变量及政策因素影响关系的研究设计。在第 2 章和第 3 章文献研究的基础上，本章采用焦点小组方法探索性地划分了消费意愿的构成维度；通过深度访谈发现并归纳了我国现实情境下影响居民消费意愿的心理、社会文化及政策因素，构建了导致我国消费率偏低的心理因素及社会文化因素的综合性理论分析框架。在此基础上，本书建立了影响居民消费意愿的心理及社会文化因素的实证研究模型，并基于此推导出本书的基本研究假设。此外，本章对本书相关量表编制的测量和原则进行说明，然后介绍了题项筛选及其来源，阐明本书问卷调查的程序和方法，进行预调研并根据调研数据分析结果对调查问卷进行进一步修订和完善。最后，本章对大规模实证调查的基本实施情况进行阐述，对样本进行描述性统计分析。本章内容是后续实证分析研究所必需的一项基础性的、纲领性的工作。

第 5 章为消费意愿与心理变量、社会文化变量及政策因素影响关系的实证检验。在对问卷调查数据进行信度和效度分析的基础上，本书采用描述性统计分析、因子分析、回归分析、多元回归模型、虚拟变量回归模型、方差分析、结构方程模型等实证分析技术，对心理因素各变量、社会文化因素各变量、各项消费政策与居民消费意愿的影响关系分别进行验证，详细分析了个性、消费知识、消费预期、消费信任、生活方式、心理账户、参照群体影响等心理因素，家庭、社会阶层感知、面子、人情、物质主义倾向、节俭消费观念等社会文化因素以及财政补贴、降低个人所得税、扩大养老和医疗保障、降低存贷款利率等消费政策对居民消费数量意愿、消费时间偏好、消费档次选择以及具体消费类别支出意愿的影响。在此基础上，本书还筛选出一些关键变量，并根据它们之间的相关关系和理论联系，构建并检验了其对消费意愿交互影响的子模型，进一步揭示出相关变量影响消费意愿的内在心理机制。此外，基于人口统计特征，本章还从性别、年龄、收入、受教育水平、地域等人口统计特征方面对居民优先考虑增加和减少的消费类别支出意愿进行了细致分析，指出了我国居民消费意愿基于人口统计特征的差异性和特殊性。上述实证检验结果验证了本章基于文献研究和模型构建提出的若干研究假设，得出了一系列重要的研究结论，为本章最终分析导致我国消费率偏低的心理及社会文化因素奠定了实证研究基础。

第 6 章为研究结果与讨论。在第 5 章实证研究分析基础上，本章对本书的主要结论进行总结和分析讨论。首先，对各心理变量、各社会文化变量及消费政策与居民消费意愿的影响关系，以及相关变量对居民消费意愿的交互作用进行了汇总和讨论；其次，对不同人口统计特征下居民消费意愿的差异性进行了总结和解读；最后，对于我国消费率偏低的心理和社会成因进行总结性分析。本章内容是本书研究问题的扣题部分，是对导致我国消费率偏低的心理及社会文化因素的全面解析，也是后续提升我国消费率的相关对策分析所必需的一项基础性工作。

第 7 章为增强居民消费意愿、提升我国消费率水平的对策建议。在第 6 章研究结论的汇总和分析基础上，本章根据理论分析与实证研究所得到的结论，以国际经验为借鉴，就如何增强我国居民的消费意愿进而提升消费率水平提出了若干心理对策和建议，力求为相关各方提供有益参考，共同促进我国消费率的改善。

上述研究思路与框架如图 1-7 所示。

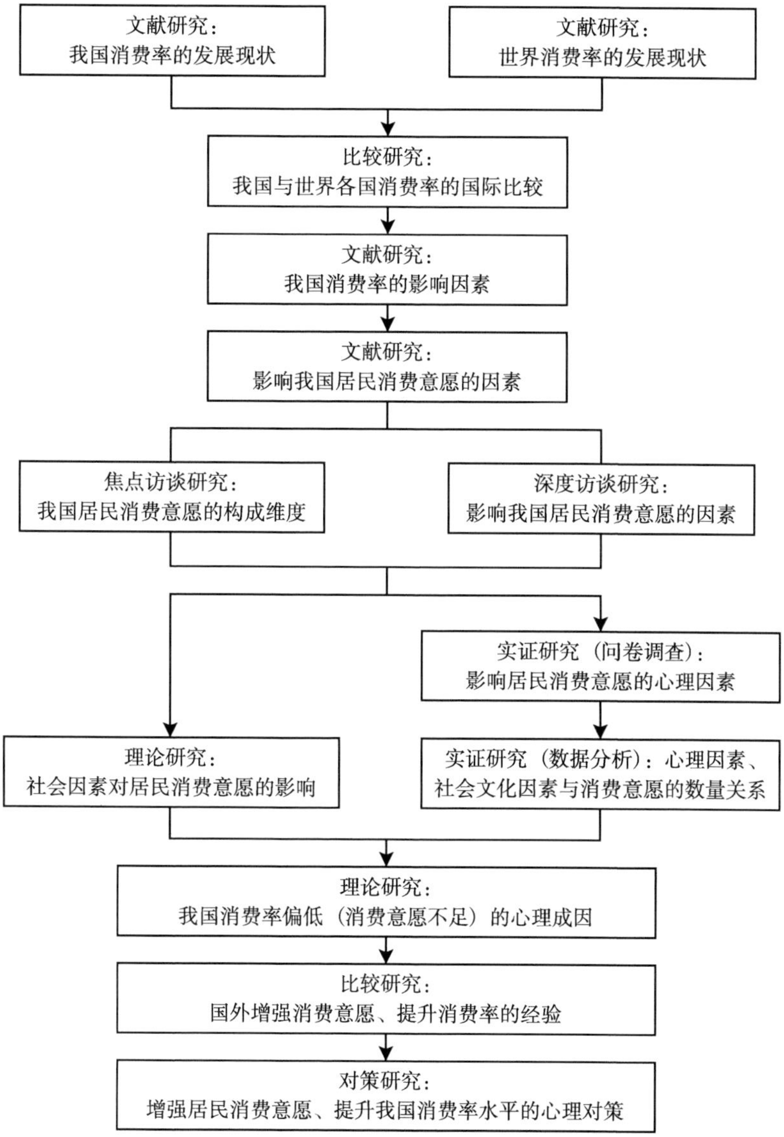

图 1-7　本书的研究思路与研究框架

2　我国与世界主要国家消费率水平及变动趋势的比较研究

消费率反映了一个国家生产的产品用于消费支出的比重①，是反映宏观经济运行状况的重要指标②。世界经济发展的经验表明，过高和过低的消费率都不利于经济的长期平稳协调发展③。改革开放以来，我国消费率波动较大，总体呈现偏低且持续下降趋势。虽然近年来在大量刺激消费的政策出台后，我国消费率略有小幅上升，但与各国相比仍存在显著差距，消费对经济增长的拉动作用仍较薄弱。因此，在近期世界经济衰退趋势明显的大背景下，本书深入研究我国消费率的变动特征，并将其与世界各国消费率变动趋势加以比较，以准确把握我国与世界消费水平的差距所在，具有十分重要的理论和现实意义。

2.1　我国消费率的历史演变与变动特征

中共十八大报告提出，要“着力解决制约经济持续健康发展的重大结构性问题。要牢牢把握扩大内需这一战略基点，加快建立扩大消费需求长效机制，释放居民消费潜力，保持投资合理增长，扩大国内市场规模……同时着力培育开放型经济发展新优势，使经济发展更多依靠内需特别是消费需求拉动”。李克强总理在 2016 年《政府工作报告》中更是强调要深挖国内需求潜力，开拓发展更大空间，让消费成为经济发展稳定而持久的支撑力。毋庸置疑，提振消费需求从而提高消费率水平，已经成为促进我国经济全面协调可持续发展的重要目标。而消费率的变化走势可以综合反映消费需求的变化趋势，因此，分析我国消费率的历史

① 许光建，赵宇戴，李元钟，吉鹏. 我国居民消费率变动状况分析及扩大消费的价格措施［J］. 价格月刊，2009（11）.

② 孟志杰. 论多项举措提高我国消费率［J］. 现代商贸工业，2011，23（22）.

③ 李丽莎. 从最终消费支出组成部分透析提高我国消费率的途径［J］. 商业时代，2011（5）.

演变与变动特征，对于提振消费具有重要的参考价值和现实意义。

2.1.1 我国消费率的历史与现状

2.1.1.1 改革开放前我国消费率处于相对的高位徘徊状态

新中国成立后至改革开放前的近 30 年内，在传统计划经济体制“高投资、高增长”的发展模式主导下，我国居民消费率始终处于低水平状态，消费率整体呈现相对的高位徘徊。当时我国经济工作中存在着“重积累、轻消费”、“重建设、轻生活”的倾向，计划经济体制下的工业化道路使得农业、轻工业发展受到投资不足的限制（刘国光，2002），导致居民消费品有效供给严重不足，我国城乡居民的消费需求受到严重约束，直接导致居民消费率偏低。国家统计局统计资料表明，20 世纪 50 年代我国消费率平均为 73%，60 年代平均为 70%，进入 70 年代以后有所下跌，经过 1970~1977 年的震荡徘徊，1978 年降至 62.1%，整个 20 世纪 70 年代平均消费率水平为 65%。与改革开放后相比，改革开放前我国消费率一直处于相对的高位徘徊状态。

2.1.1.2 改革开放以来我国消费率在波动中呈下降趋势

改革开放为我国经济运行轨迹划定了一个分界点。改革开放以来我国经济体制的演进和经济增长具有很强的连续性，因此本书对我国消费率状况的分析主要依据改革开放后的数据进行。表 2–1 列出了 1978~2014 年我国消费率、居民消费率与政府消费率的历年数据，其中居民消费率又分解为农村居民消费率和城镇居民消费率。

表 2–1 1978~2014 年我国消费率状况

单位：%

年份	消费率	居民消费率			政府消费率
		居民消费率	农村居民消费率	城镇居民消费率	
1978	62.10	48.79	30.30	18.49	13.31
1979	63.94	49.78	31.01	18.77	14.15
1980	65.52	51.48	31.17	20.31	14.04
1981	66.72	53.41	32.73	20.68	13.31
1982	66.48	53.23	33.74	19.49	13.25
1983	67.43	53.39	33.55	19.83	14.05
1984	65.77	50.59	30.86	19.72	15.19
1985	65.02	50.73	30.55	20.18	14.29
1986	64.76	50.87	29.91	20.95	13.90
1987	62.58	49.48	28.40	21.08	13.10
1988	61.85	49.38	27.22	22.16	12.47

续表

年份	消费率	居民消费率			政府消费率
		居民消费率	农村居民消费率	城镇居民消费率	
1989	63.94	50.83	28.17	22.66	13.12
1990	63.32	49.74	27.63	22.11	13.58
1991	61.91	47.90	25.32	22.58	14.01
1992	59.71	45.25	21.86	23.40	14.46
1993	58.26	43.90	19.58	24.32	14.35
1994	58.19	44.09	18.86	25.23	14.10
1995	59.07	45.77	18.81	26.96	13.29
1996	60.00	46.84	19.70	27.14	13.16
1997	59.64	45.93	18.76	27.17	13.71
1998	60.48	45.58	17.46	28.12	14.90
1999	62.67	46.34	16.37	29.97	16.33
2000	63.68	46.95	15.60	31.35	16.73
2001	62.01	45.83	14.73	31.10	16.18
2002	61.01	45.30	14.00	31.31	15.71
2003	57.94	43.17	12.93	30.24	14.77
2004	55.21	41.20	11.90	29.30	14.01
2005	54.11	40.07	11.14	28.93	14.04
2006	52.36	38.34	10.32	28.02	14.03
2007	50.63	37.03	9.50	27.54	13.60
2008	49.74	36.36	9.09	27.27	13.37
2009	49.96	36.56	8.85	27.71	13.40
2010	49.07	35.92	8.27	27.66	13.15
2011	50.24	36.71	8.54	28.17	13.53
2012	50.81	37.13	8.46	28.67	13.69
2013	51.04	37.26	8.38	28.88	13.78
2014	51.42	37.92	8.52	29.40	13.50

资料来源：根据《中国统计年鉴》（2015）中支出法国内生产总值和支出法国内生产总值结构两表的数据整理。

图 2–1 显示了 1978~2014 年我国消费率的变动轨迹。从图中可以看出，改革开放以来我国消费率经历了“上升—下降—上升—下降—上升”五个阶段的变动过程，但总体来看在波动中呈下降趋势。

（1）第一阶段（1978~1983 年）：短暂上升期

改革开放初期，政府对过去片面强调积累和发展重工业的政策方针进行反思，采取了加强农业、轻工业发展和改善人民生活的一些措施，国民收入分配中用于居民的比重显著提高。同时，我国在此阶段通过调整工资、提高农产品价格

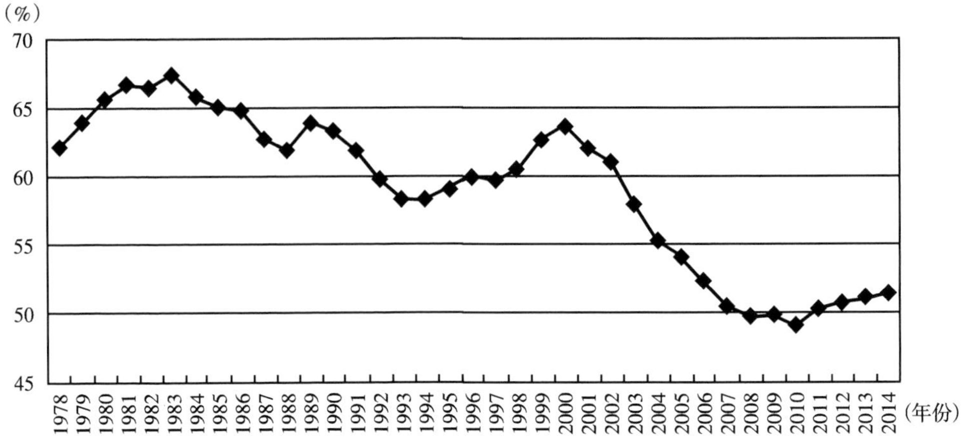

图 2-1　我国消费率变动趋势（1978~2014 年）

资料来源：根据《中国统计年鉴》（2015）中支出法国内生产总值和支出法国内生产总值结构两表的数据整理。

等政策措施进行城乡居民消费补偿，从而使改革开放前被压抑的消费需求得以释放，居民消费明显增加。我国消费率 1978 年为 62.1%，经过 6 年的上升后于 1983 年达到改革开放以来的最高点 67.43%，比 1978 年提高了 5.3 个百分点。

（2）第二阶段（1984 ~1995 年）：波动下降期

经过改革开放初期社会主义市场经济的初步培育，20 世纪 80 年代初期至 90 年代中期市场机制的作用日益显著，多元化的投资主体正在形成，投资规模不断加大，投资率大幅上升，经济出现过热和通货膨胀，抑制了有效消费需求的实现。另外，随着住房、医疗、养老、子女教育、就业等各项体制改革初露端倪，与传统计划经济相比，居民对未来支出预期上升，而对自身未来收入和经济政策的不确定性预期却大大加强，因此居民倾向于进行更多的预防性储蓄以备未来消费，从而导致消费倾向下降，储蓄倾向上升。与此相适应，这一阶段中我国消费率呈现出明显的下降趋势，1984 年消费率为 65.77%，比 1983 年下降了约 1.7 个百分点；到 20 世纪 90 年代初更是跌破历史低点下落到 59%以下，1994 年已经下降到 58.19%，相比 1984 年下降幅度达约 7.6 个百分点，平均每年下降 0.8 个百分点。虽然 1989 年的消费率出现了小幅反弹，但总体而言这一阶段的消费率仍呈现下降趋势。

（3）第三阶段（1996~2000 年）：小幅回升期

由于亚洲金融危机和相对过剩经济提前到来的双重压力，自 1998 年以来，中央政府适时调整经济政策目标，采取一系列政策措施以全方位启动国内市场、扩大内需，如降低银行存款利率、鼓励个人信贷消费、增加居民收入等。政府不断加大政策实施力度，使得我国消费率相对于前一阶段略有提高，但总体回升幅度不大，1996 年为 60%，比 1995 年提高 1 个百分点，2000 年达到这一小幅回升期的最高点 63.68%。

（4）第四阶段（2001~2010 年）：大幅下降期

2001 年以来，中央政府针对我国消费需求不振、消费率偏低的情况采取了诸如推行积极的财政政策、第七次和第八次降息、提高居民收入、广泛推行信用消费、减少贫富差距等多项政策措施（梅洪常和王田，2004），我国连续多年实行的扩大内需政策拉动了居民消费水平的平稳增长。根据国家统计局统计数据，我国消费支出由 2000 年的 63729.23 亿元上升到 2010 年的 199508.45 亿元，但我国消费率并没有如政策预期那样出现提升，反而一降再降，并以较快的速度跌入低谷。这一阶段我国消费率呈现明显的连续下降趋势，2001~2010 年的消费率分别为 62.01%、61.01%、57.94%、55.21%、54.11%、52.36%、50.63%、49.74%、49.96%、49.07%，2010 年消费率降到历史最低点，比 2001 年下降了 12.94%。同时居民消费率的下降趋势也比较明显，从 2001 年的 45.83%下降到了 2010 年的 35.92%。

（5）第五阶段（2011~2014 年）：小幅上升期

2008 年爆发的经济危机使全球经济遭受了重创，发展萎靡不振。为帮助中国经济早日走出阴霾，国家发改委正式投资 4 万亿元用以扩大消费、刺激经济。4 万亿元投资主要以廉租住房和棚户区改造等保障性住房、农村民生工程和基础设施、医疗卫生和教育文化、节能减排和生态建设工程、自主创新和产业结构、重大基础设施建设和城市电网改造、汶川地震灾后恢复重建七个项目为主。在大剂量、高强度的投资和政策刺激下，近年来我国消费率有所提升，从 2011 年的 50.24%上升到了 2014 年的 51.42%，呈现小幅上升的趋势。

通过以上对我国消费率变动轨迹的分析可以看出，改革开放以来我国消费率的基本走势是在波动中下降。与历史数据相比，现阶段我国消费率的绝对数值比较低，特别是 2010 年消费率降至 49.07%，为 1978 年改革开放以来的历史最低点①，这说明我国消费率呈长期下降趋势。

2.1.2 我国消费率变动特征

根据历史变动的分析，可以发现我国消费率整体呈现明显偏低且持续走低的趋势。为更好解析消费率变化的内在机理，下面将从几个方面对我国消费率变动

① 中华人民共和国国家统计局. 中国统计年鉴（2015）[M]. 北京：中国统计出版社，2015.

特征进行详细分析。

2.1.2.1 消费增速明显慢于经济增速

改革开放以来，我国国内生产总值增长速度一直保持在较高水平，而我国最终消费支出总额虽然在不断增长，但其增长速度明显慢于经济增长速度，且两者之间的差距有逐年扩大趋势。从表 2-2 可以看出，除少数年份里消费增长率略高于或基本持平于 GDP 增长率外，大多数年份中消费增长率明显低于 GDP 增长率。

表 2-2 我国国内生产总值、消费总额、GDP 增长率与消费增长率（1978~2014 年）

年份	国内生产总值（亿元）	消费总额（亿元）	GDP 增长率（%）	消费增长率（%）
1978	3650.17	2239.10	—	—
1979	4067.67	2586.49	11.44	15.51
1980	4551.58	2974.29	11.90	14.99
1981	4898.15	3282.28	7.61	10.36
1982	5333.05	3580.71	8.88	9.09
1983	5975.59	4068.57	12.05	13.62
1984	7226.26	4797.30	20.93	17.91
1985	9039.95	5931.08	25.10	23.63
1986	10308.76	6739.55	14.04	13.63
1987	12102.18	7648.97	17.40	13.49
1988	15101.07	9433.81	24.78	23.33
1989	17090.33	11043.05	13.17	17.06
1990	18774.32	12011.15	9.85	8.77
1991	21895.53	13628.55	16.62	13.47
1992	27068.32	16246.11	23.62	19.21
1993	35524.35	20826.89	31.24	28.20
1994	48459.64	28305.85	36.41	35.91
1995	61129.80	36225.69	26.15	27.98
1996	71572.32	43117.57	17.08	19.02
1997	79429.48	47556.73	10.98	10.30
1998	84883.69	51509.79	6.87	8.31
1999	90187.74	56681.92	6.25	10.04
2000	99776.25	63729.23	10.63	12.43
2001	110270.36	68617.18	10.52	7.67
2002	121002.04	74171.73	9.73	8.09
2003	136564.64	79641.47	12.86	7.37
2004	160714.42	89224.83	17.68	12.03
2005	185895.76	101604.20	15.67	13.87
2006	217656.59	114894.86	17.09	13.08
2007	268019.35	136438.72	23.14	18.75

续表

年份	国内生产总值（亿元）	消费总额（亿元）	GDP 增长率（%）	消费增长率（%）
2008	316751.75	157746.28	18.18	15.62
2009	345629.23	173092.99	9.12	9.73
2010	408902.95	199508.45	18.31	15.26
2011	484123.50	241579.15	18.40	21.09
2012	534123.04	271718.58	10.33	12.48
2013	588018.76	301008.38	10.09	10.78
2014	635910.00	329450.76	8.14	9.45

资料来源：根据《中国统计年鉴》（2015）中支出法国内生产总值和支出法国内生产总值结构两表的数据整理。

2.1.2.2 与投资相比，消费对经济增长的贡献率[①]偏低

消费、投资和出口是拉动经济增长的三驾马车。近年来投资和消费已成为我国宏观经济运行的重要支撑。一般来说，投资是总需求中最动荡不定的因素，而消费是总需求中最为直接的作用因素。投资对经济增长的拉动作用归根结底要取决于最终消费需求是否扩大，而投资和消费协调与否会直接影响经济增长的持续性和质量[②]。改革开放以来，我国消费贡献率与投资贡献率之间呈现此消彼长的态势，如图 2–2 所示。

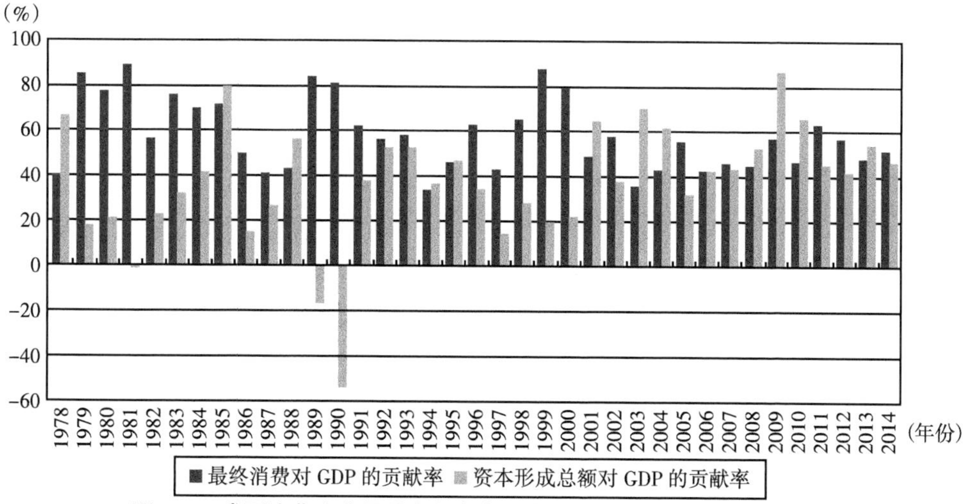

图 2–2 我国消费支出贡献率和资本形成总额贡献率（1978~2014 年）

资料来源：根据《中国统计年鉴》（2015）中支出法国内生产总值和支出法国内生产总值结构两表的数据整理。

① 最终消费对国内生产总值（GDP）的贡献率，简称消费贡献率，是消费增长额与本年度国内生产总值（GDP）增长额的比值。

② 雷辉. 改革以来我国投资率、消费率的国际比较及趋势分析［J］. 开发研究，2009（4）：141–145.

（1）消费对经济增长的贡献率远大于投资贡献率（1978~2000 年）

改革开放初期（1978~1981 年），针对这一阶段经济过热的问题，我国政府进行了改革开放以来第一次紧缩型宏观调控，依据“调整、改革、整顿、提高”八字方针对整个国民经济进行调整。受此影响，居民消费价格指数（CPI）大幅下降，投资率由 38.2%降至 32.9%，消费率由 62.1%升至 66.7%，这表明消费逐渐成为经济增长的主要因素。随着“六五”、“七五”计划的实施，我国进入工业化时代，国内消费需求旺盛，消费仍然是拉动经济增长的主要力量。其中，1987~1991 年经济不断升温，出现了较为严重的通货膨胀，虽然中央政府采取了一系列治理整顿措施，但居民消费价格指数仍然不断攀升，消费率下降趋势明显，故作为拉动经济增长的主要力量，消费贡献率在这段时期仍出现了相对下降的趋势。

1993~1995 年，随着又一个经济建设高潮的掀起，固定资产投资迅猛增长，经济再次出现过热现象。在这段时期，投资对经济增长的贡献率暂时性超过了消费，成为经济增长的主要拉动力。而随后，中央政府针对过热的国民经济进行调整，采取了以压缩投资和控制信贷投放为主的一系列调控措施，所以 1996~2000 年这段时期，消费贡献率反超资本贡献率，重新成为经济增长的主要拉动力量。

（2）消费贡献率大大低于投资贡献率（2001~2010 年）

2001~2010 年 10 年间，中国政府积极转变宏观调控方式，由“一收就紧，一放就乱”逐步转变为宽严相济的“微调”和“点刹”。与此同时，受到积极财政政策所释放的累积效应影响，国民经济进入了持续扩张期，固定资产投资增长速度加快，投资率迅速上升，投资贡献率从 2000 年的 21.6%提高到 2010 年的 65.18%。其中 2009 年前后受全球金融危机影响，我国出口贡献率触底至-42.8%，中国政府提出 4 万亿元投资计划以期救市，因而 2009 年投资贡献率提高到 85.96%，达到历史最高水平。其间，居民消费价格指数（CPI）从 2002 年 99.24 上升到 2010 年的 103.32，消费率快速下降，从 2000 年的 62.3%降至 2010 年的 48.1%。这一阶段经济增长仍以投资为主导，固定资本形成对经济的贡献率远高于消费贡献率。

（3）消费贡献率略有提升，小幅反超资本贡献率（2011~2014 年）

2011 年以后，随着中央会同地方政府制定的家电下乡、汽车购置税优惠等一系列促进消费政策的实施，国内消费需求得到了释放，消费贡献率实现了 10 年来首次反超资本贡献率，成为经济增长的重要助力。这既是中国经济发展到一定阶段的必然，也是近年来中央政府强调“稳增长”与“调结构”、“惠民生”紧密结合的成果。随着医疗、养老等社会保障制度的不断完善，以及居民收入水平的提高，居民消费需求会得到进一步释放，届时消费对经济增长的推动作用将不容小觑。

2.1.2.3 农村居民消费率远低于城镇居民消费率

20 世纪七八十年代，我国实行的家庭联产承包责任制对促进农村居民消费发挥了积极作用，农村居民消费支出略高于城镇居民消费支出。但进入 20 世纪 90 年代以来，我国城乡结构的分化日益明显，农村居民消费增长缓慢，1991 年城镇居民消费首次超过农村，之后城乡消费差距呈现逐年上升趋势（见图 2-3）。2014 年我国农村居民消费额和城镇居民消费额分别为 54574.1 亿元和 188353.35 亿元，后者是前者的 3.45 倍。此外，2014 年我国农村居民消费率和城镇居民消费率分别为 8.5 %和 29.4 %，农村居民消费率远低于城镇居民消费率。

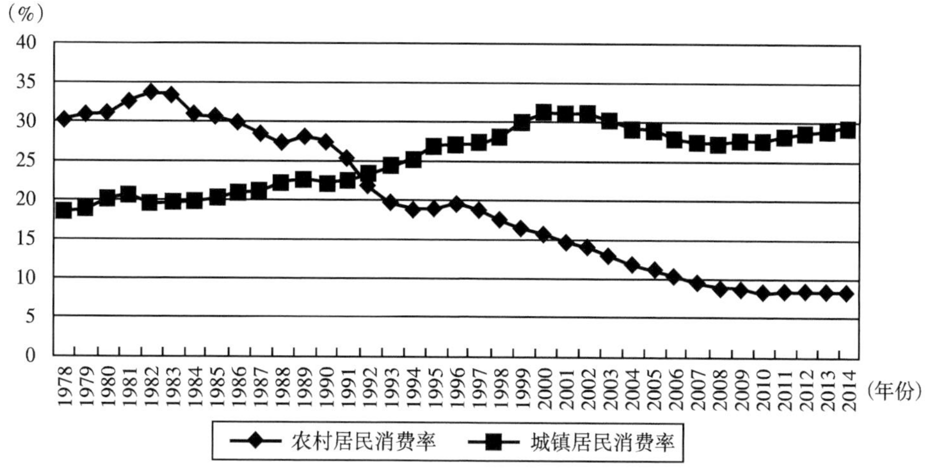

图 2-3 我国农村居民消费率和城镇居民消费率（1978~2014 年）

资料来源：根据《中国统计年鉴》（2015）中支出法国内生产总值和支出法国内生产总值结构两表的数据整理。

根据国家统计局人口统计数据，尽管改革开放后我国城镇人口比重不断上升，但农村人口依然是我国总人口的主要部分。农村消费水平低下严重制约着我国整体消费的增长，因此，农村居民消费率过低直接导致我国居民消费率呈现走低态势。

2.1.2.4 政府消费率变动平稳，居民消费率持续走低

改革开放以来，我国政府消费和居民消费都有大幅增长。根据表 2-3，我国居民消费总额由 1978 年的 1759.1 亿元增加到 2014 年的 242927.5 亿元，政府消费总额则由 1978 年的 480 亿元增加到 2014 年的 86523.31 亿元，分别增长了 137 倍和 179 倍。可以看出，虽然居民消费在最终消费构成中占绝对优势，但从变化趋势来看，居民消费增速明显慢于政府消费增速。

表 2-3　我国居民消费和政府消费概况（1978~2014 年）

年份	消费总额（亿元）	居民消费支出（亿元）	政府消费支出（亿元）	居民消费率（%）	政府消费率（%）
1978	2239.10	1759.10	480.00	48.79	13.31
1979	2586.49	2013.96	572.52	49.78	14.15
1980	2974.29	2336.88	637.40	51.48	14.04
1981	3282.28	2627.53	654.74	53.41	13.31
1982	3580.71	2867.12	713.59	53.23	13.25
1983	4068.57	3220.94	847.63	53.39	14.05
1984	4797.30	3689.55	1107.75	50.59	15.19
1985	5931.08	4627.44	1303.63	50.73	14.29
1986	6739.55	5293.52	1446.03	50.87	13.90
1987	7648.97	6047.60	1601.37	49.48	13.10
1988	9433.81	7532.14	1901.67	49.38	12.47
1989	11043.05	8777.97	2265.08	50.83	13.12
1990	12011.15	9435.04	2576.11	49.74	13.58
1991	13628.55	10544.47	3084.08	47.90	14.01
1992	16246.11	12312.22	3933.89	45.25	14.46
1993	20826.89	15696.15	5130.74	43.90	14.35
1994	28305.85	21446.09	6859.76	44.09	14.10
1995	36225.69	28072.86	8152.84	45.77	13.29
1996	43117.57	33660.34	9457.22	46.84	13.16
1997	47556.73	36626.32	10930.41	45.93	13.71
1998	51509.79	38821.79	12688.00	45.58	14.90
1999	56681.92	41914.93	14766.99	46.34	16.33
2000	63729.23	46987.77	16741.45	46.95	16.73
2001	68617.18	50708.78	17908.40	45.83	16.18
2002	74171.73	55076.37	19095.36	45.30	15.71
2003	79641.47	59343.81	20297.66	43.17	14.77
2004	89224.83	66586.95	22637.87	41.20	14.01
2005	101604.20	75232.41	26371.79	40.07	14.04
2006	114894.90	84119.07	30775.79	38.34	14.03
2007	136438.70	99793.30	36645.43	37.03	13.60
2008	157746.30	115338.30	42408.02	36.36	13.37
2009	173093.00	126660.90	46432.09	36.56	13.40
2010	199508.50	146057.60	53450.89	35.92	13.15
2011	241579.20	176532.00	65047.16	36.71	13.53
2012	271718.60	198536.80	73181.79	37.13	13.69
2013	301008.40	219762.50	81245.88	37.26	13.78
2014	329450.80	242927.50	86523.31	37.92	13.50

资料来源：根据《中国统计年鉴》（2015）中支出法国内生产总值和支出法国内生产总值结构两表的数据整理。

近年来，我国因政府消费规模不断扩大，政府消费率稳中有升，基本保持在10%~20%的水平；而居民消费率除在改革开放初期经历了小幅上升以外，之后一直呈现下降趋势，由1985年的50.73%连续下降到2014年的37.92%。从图2-4可以明显看出，我国消费率与居民消费率的变动轨迹基本一致，消费率随着居民消费率的下降而持续走低，居民消费率的低位徘徊成为抑制消费率上升的直接原因。

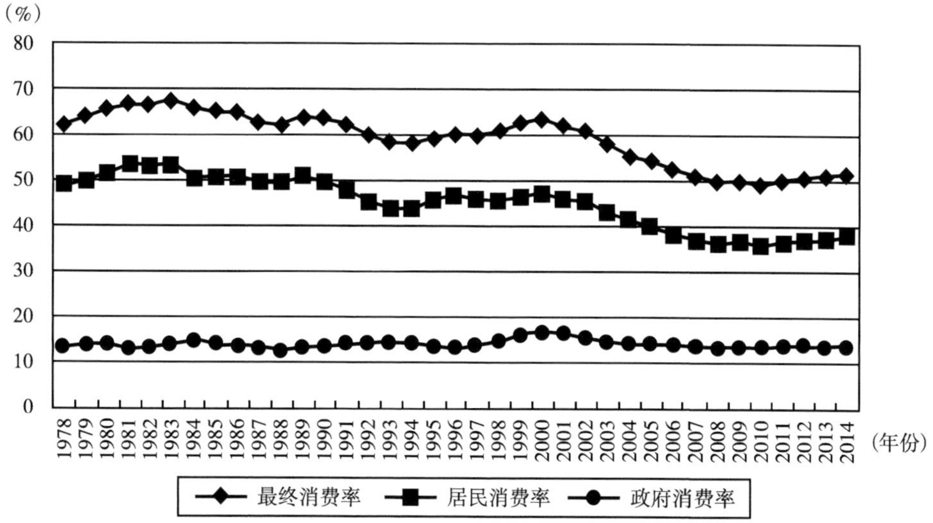

图2-4　我国居民消费率、政府消费率和消费率趋势（1978~2014年）

资料来源：根据《中国统计年鉴》(2015) 中支出法国内生产总值和支出法国内生产总值结构两表的数据整理。

2.1.2.5　投资率和消费率差距缩小，变化轨迹渐趋平稳

钱纳里等学者曾经提出，在发展中国家的工业化进程中，投资率和消费率存在着内在的一般演变规律：在工业化进程中，随着收入水平的提高和消费结构、产业结构的提升，投资率不断上升，消费率相应下降；在工业化结束或经济进入发达阶段之后，投资率和消费率将趋于相对稳定的状态①。改革开放以来，我国一直致力于加快工业化进程，从总体上看，我国的投资率与消费率的变化基本符合这一规律，即随着工业化程度的不断提高，我国的投资率和消费率也呈现出投资率不断上升、消费率不断下降的发展趋势，如图2-5所示。我国投资率1978年为38.2%，2014年达到45.85%，增长了近8个百分点；而消费率却从1978年

① 李建伟. 投资率和消费率演变特征的国际比较［J］. 中国金融，2007（8）：49-51.

的 62.1%下降到了 2014 年的 51.42%，降幅达 11 个百分点，其间虽然在 1998~2000 年有过短暂小幅上升，但总体下滑趋势不变。我国投资率在波动中持续上升的态势，是与我国经济发展阶段和工业化中期进程相呼应的。近年来，我国投资主体日益多元化，民间投资意愿增强，大量外资流入，加之地方政府行政推动等因素的作用，使得投资规模迅速增长，投资率持续上升。

值得注意的是，近年来随着经济体制改革的不断深化和产业结构的调整，我国投资率和消费率的波动幅度不断缩小，变化轨迹渐趋平稳，差距日渐缩小，这将有助于我国经济实现可持续协调发展。

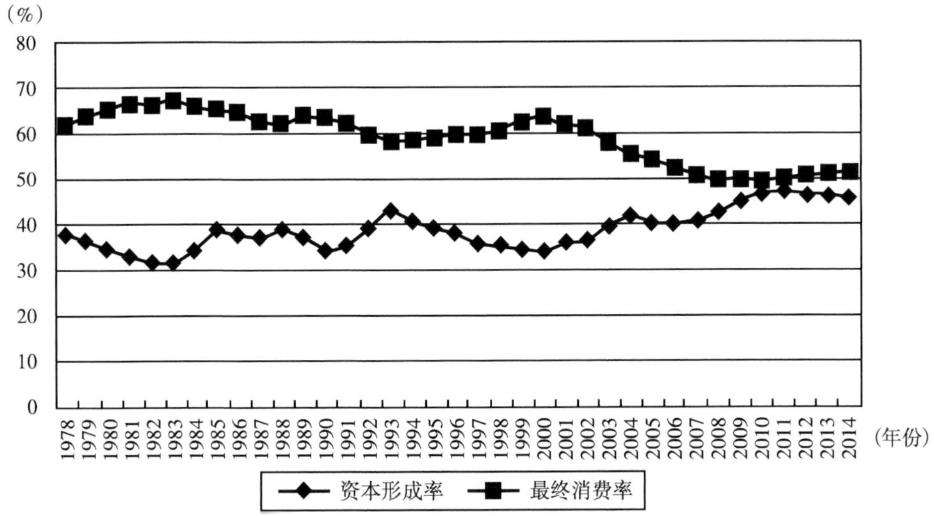

图 2-5　我国资本形成率与消费率走势（1978~2014 年）

资料来源：根据《中国统计年鉴》（2015）中支出法国内生产总值表的数据整理。

2.2　世界各国消费率变动状况

大量统计资料和数据表明，世界各国由于经济体制、经济规模、经济结构和发展环境等不同，其消费率是不同的；即使经济发展水平相同的国家，消费率也可能存在较大差别①。因此，不存在普遍适用于所有国家各个发展阶段的特定消费

① 李颖. 最终消费率及结构变化的中外比较和启示［J］. 山东经济，2011（5）：28-32.

率变动规律①。但纵览世界各国消费率的演变，大体呈现以下基本趋势和特征。

2.2.1　世界各收入层次国家的消费率总体呈现稳中上升的趋势

从总体上看，世界各收入层次国家的消费率总体呈现稳定发展的态势。据图 2-6 可知，世界平均消费率和高收入水平国家消费率发展趋势基本保持一致，均呈现稳中上升的态势。此外，低收入国家消费率一路走高，远高于世界平均消费率及其他收入水平国家消费率，这与近年来全球经济发展不均、贫富差距拉大、低收入国家国内生产总值持续走低有重要关系。

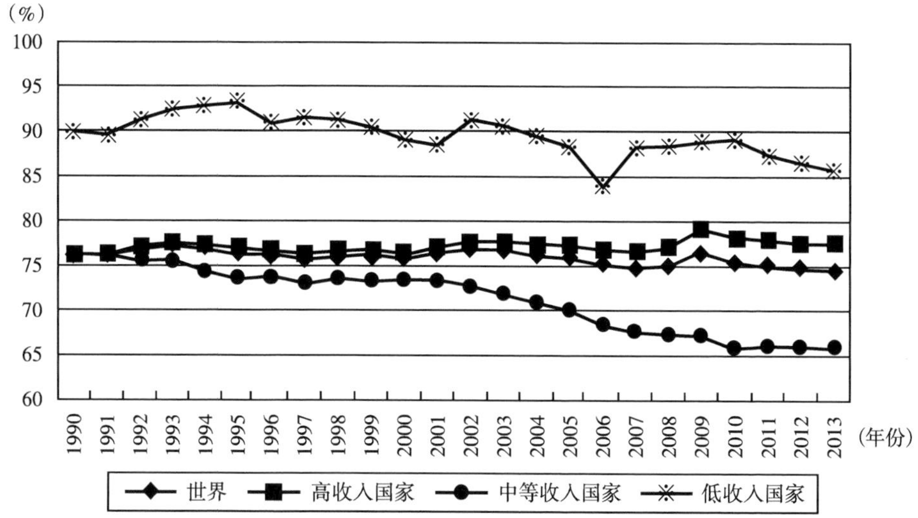

图 2-6　世界平均消费率以及高收入国家、中等收入国家和低收入国家消费率走势（1990~2013 年）

资料来源：根据世界银行世界发展指标数据库相关数据整理。

2.2.2　发达国家消费率增长同步或略高于 GDP 增长，新兴国家 GDP 增长高于消费率增长，世界总体呈现消费率稳中有升的趋势

世界银行世界发展指标数据显示，1978~2013 年世界年均消费增长率为 2.92%，而年均 GDP 增长率为 2.84%②，反映出消费增长高于经济增长的趋势。此外，以欧美国家为代表的发达国家也与世界平均发展趋势一致。根据几个主要

① 国家发展和改革委员会综合司. 关于消费率的国际比较［J］. 中国经贸导刊，2004（16）：19-20.

② 根据世界银行世界发展指标数据库相关数据整理，http：//www.lib.ruc.edu.cn/zycx/zy-ww-wbdevel.html.

发达国家 1978~2013 年年均消费增长率和年均 GDP 增长率的数据可以发现，以美、日为代表的发达国家，其年均消费增长率明显高于同期年均 GDP 增长率（见图 2-7）。这与私人消费作为最终消费的重要组成部分，其增长速度整体快于 GDP 的增长速度有关①。

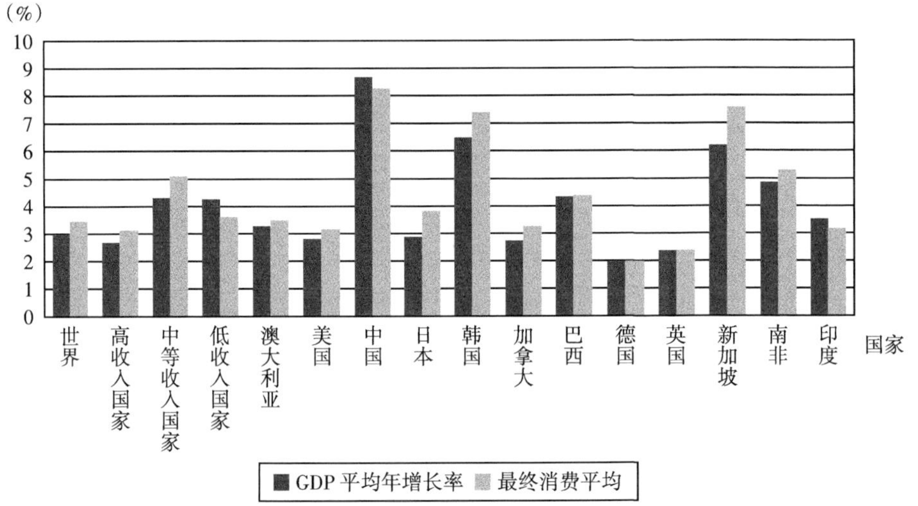

图 2-7 主要国家 GDP 平均年增长率与最终消费平均年增长率（1978~2013 年）

资料来源：根据世界银行世界发展指标数据库相关数据整理。

与此同时，近年来，以中国、印度等为代表的新兴国家则呈现出 GDP 增长率高于消费增长率的趋势。这说明从世界范围内看，消费率的增长和 GDP 增长率之间的关系应该视国家社会发展情况而定。从以上分析可以看出，世界各国消费率总体上呈现稳中有升的趋势。

2.2.3 政府消费率变动平缓，居民消费率稳中有升

自 20 世纪 70 年代以来，世界各国政府消费率的平均值在 16%~17%浮动，变动比较平缓；居民消费率的平均值在 60%上下浮动，总体略有上升。总体来看，近 30 年来世界各国政府消费率有起有落，变动较为平缓，而居民消费率总体保持上升趋势，上升态势比政府消费率更为明显，如图 2-8 所示。

如图 2-9 所示，世界各国政府消费率平均保持在 17%左右，高收入国家政府消费率与世界平均发展趋势保持一致。同时，中等收入国家政府消费率波动上升，

① 李颖. 最终消费率及结构变化的中外比较和启示［J］. 山东经济，2011（5）：27-33.

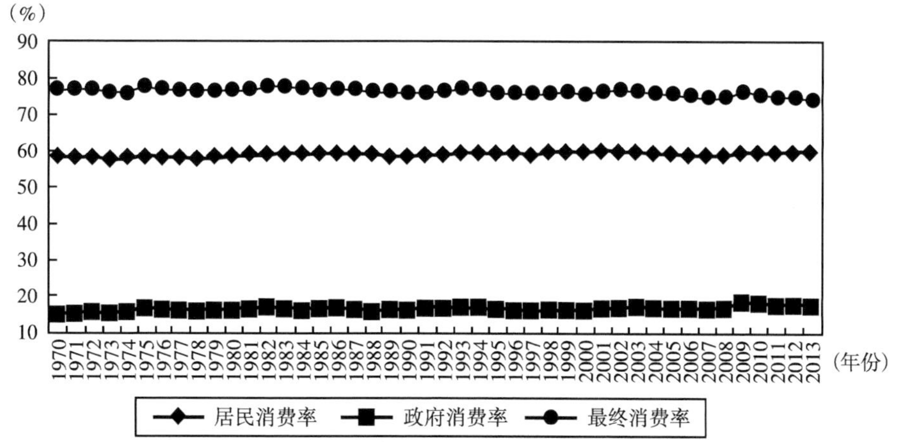

图 2-8　世界居民消费率、政府消费率和消费率走势（1970~2013 年）

资料来源：根据世界银行世界发展指标数据库相关数据整理。

直至 2009 年达到历史最高水平，而后受到全球经济态势波动的影响，其政府消费率先降后升。此外，低收入国家政府消费率一直低位徘徊在 9%~15%，1997 年受到全球金融危机影响跌至历史最低点。而后随着经济逐步复苏，其政府消费率逐年提高，但总体上仍远低于世界平均水平。这与低收入水平国家的经济发展水平较低、社会环境不稳定以及政府管理能力不高等有关。

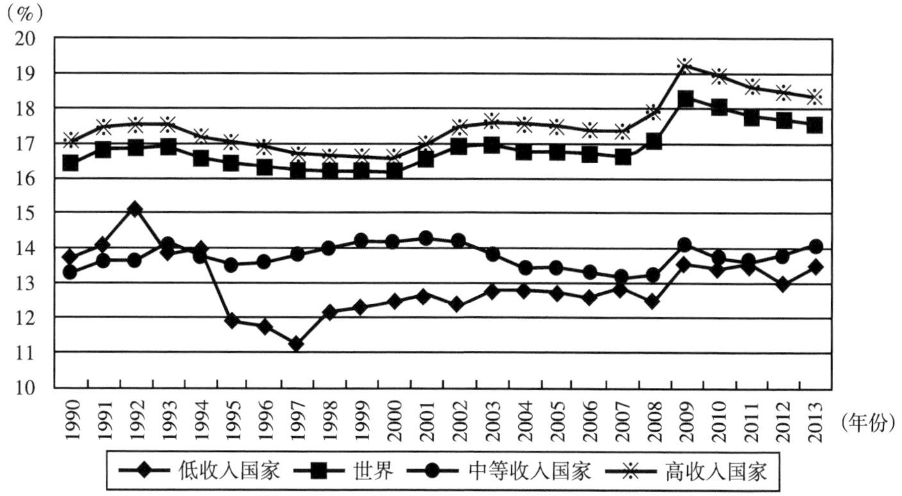

图 2-9　世界及不同收入水平国家政府消费率走势（1990~2013 年）

资料来源：根据世界银行世界发展指标数据库数据整理。

在居民消费率的走势方面（见图 2-10），世界平均水平维持在 60%左右。高收入国家居民消费率与世界平均水平基本保持一致，2009 年后呈现小幅上升态势。中等收入国家居民消费率逐年走低，并因受到金融危机及全球经济萎靡的影响于 2008 年直接触底，降至历史最低点。相比之下，低收入国家居民消费率一直居高不下，呈现小幅震荡下跌趋势。这主要是由于低收入国家经济发展速度缓慢，社会保障制度不健全，迫使居民将收入中绝大部分用于解决温饱、教育、医疗等问题，私人消费比例增大，致使居民消费率总体走高，属于贫困型高消费。

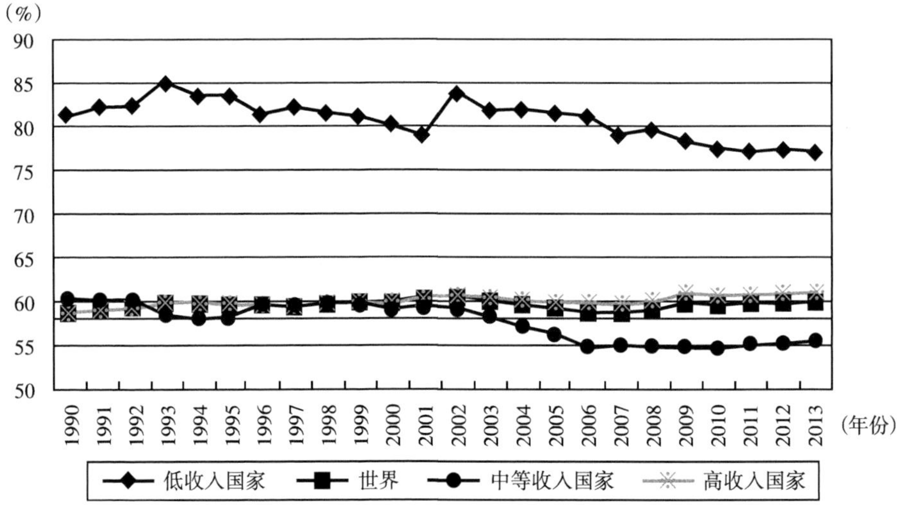

图 2-10　世界及不同收入水平国家居民消费率走势（1990~2013 年）

资料来源：根据世界银行世界发展指标数据库数据整理。

2.2.4　人均国民生产总值达到 5000 美元时，消费率会出现拐点

大量统计资料表明，不同发展水平国家的消费率是不同的。钱纳里和赛尔昆根据实证研究得出了与不同收入水平相对应的消费率标准值（见表 2-4）。

表 2-4　不同收入水平所对应的消费率标准值

人均国内收入	100 美元以下	100 美元	200 美元	300 美元	400 美元	500 美元	800 美元	1000 美元	1000 美元以上
消费率（%）	89.8	85.7	82	80.2	79	78.3	76.9	76.5	76.5

资料来源：霍利斯·钱纳里，莫伊斯·赛尔昆. 发展的型式（1950~1970）[M]. 北京：经济科学出版社，1988.

此外，根据对世界 24 个大国 1978~2011 年人均国内生产总值（GNP）的发展历程研究，可以发现这些国家的消费率都经历了长期下降的过程，而且也都会

再进入逐步提升的阶段。多数国家在人均国内生产总值达到 3000 美元左右（当年价格）时迎来拐点期，但亚洲国家一般是在 4000 美元之后才出现拐点。而东亚国家则会更晚一些，日本、韩国投资率和消费率的转换都是在恩格尔系数下降到 30%以后、第一产业比重降到 10%以内、城市化率提高到 70%以上时发生的①。综合分析我国工业化和城镇化进程以及文化观念、人口结构等因素的影响，我国消费率开始上升和投资率开始下降的时段，应该在人均国内生产总值（GNP）达到 5000 美元以后出现。从图 2-11 中可以看出，目前我国正处于消费率提升的拐点期。

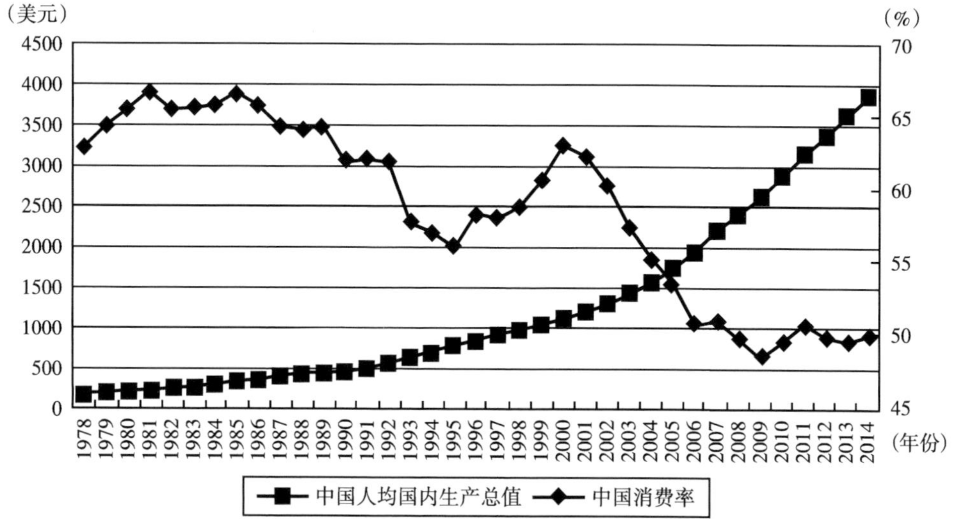

图 2-11 中国消费率和人均国内生产总值走势（1978~2014 年）

资料来源：根据世界银行世界发展指标数据库相关数据整理。

2.3 我国与世界各国消费率变动趋势的比较分析

世界各国在发展水平、发展历史和消费观念等方面存在差异。为了更好地理解和把握当前我国消费率的变化特点，有必要在了解世界各国消费率的发展现状的基础上，将中国消费率的历史变动情况与世界其他国家包括高收入的发达国家

① 郭斐然. 怎样看我国消费率的高低？——与专家对话［J］. 求是，2013（15）：32-35.

与中低收入的发展中国家进行对比，从而进一步深入分析我国消费率变动的特点和趋势，为提振消费提供切实有效的新视角和新思路。

2.3.1 我国消费率远低于世界平均水平，且差距呈扩大趋势

近几十年来世界平均消费率水平较高且保持稳定的发展态势，其中，在1978~1982年、1983~1987年、1988~1992年、1993~1997年、1998~2002年、2003~2007年、2008~2011年和2012~2014年这几个阶段中，世界平均消费率分为77%、77.4%、76.5%、76.6%、76.4%、75.8%、75.6%和75.3%，而同期我国消费率分别为64.97%、65.64%、62.88%、57.45%、61.05%、53.64%、49.67%和49.88%[①]。显然，我国消费率远低于世界平均水平，且两者之间的差距呈扩大趋势（见图2-12）。

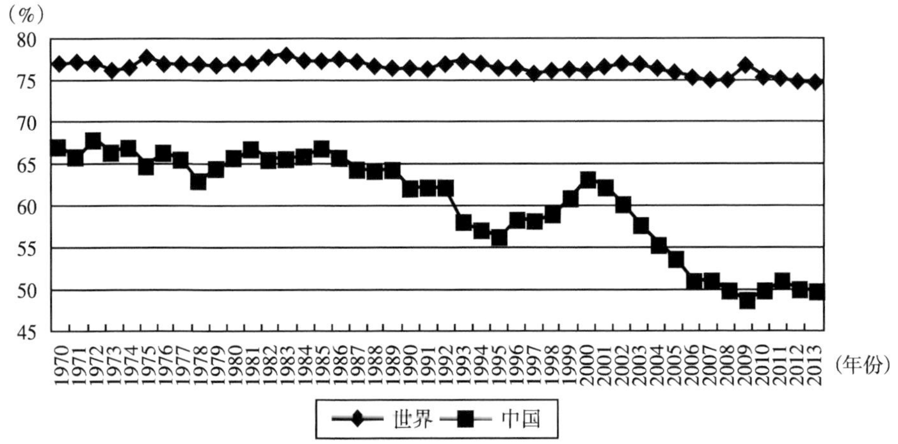

图2-12 我国消费率与世界平均水平比较（1970~2013年）

资料来源：根据世界银行世界发展指标数据库相关数据整理。

2.3.2 我国消费率水平低于高收入国家，且低于中等收入和低收入国家的平均水平

我国消费率平均低于高收入国家消费率10%~20%，平均低于低收入国家消费率15%~22%（见图2-13）。就具体国家比较来看，不论是和美国这样消费率以高位稳定著称的国家比较，还是与以“高储蓄”著称的日本相比，我国消费率的走势明显偏低。1978年日本和我国的消费率分别为67.31%和62.1%，我国

① 根据世界银行世界发展指标数据库相关数据整理，http：//www.lib.ruc.edu.cn/zycx/zy-ww-wbdevel.html.

比日本低 5.21%；2011 年日本消费率为 80.95%，而我国只有 50%，比日本低 30%多①。

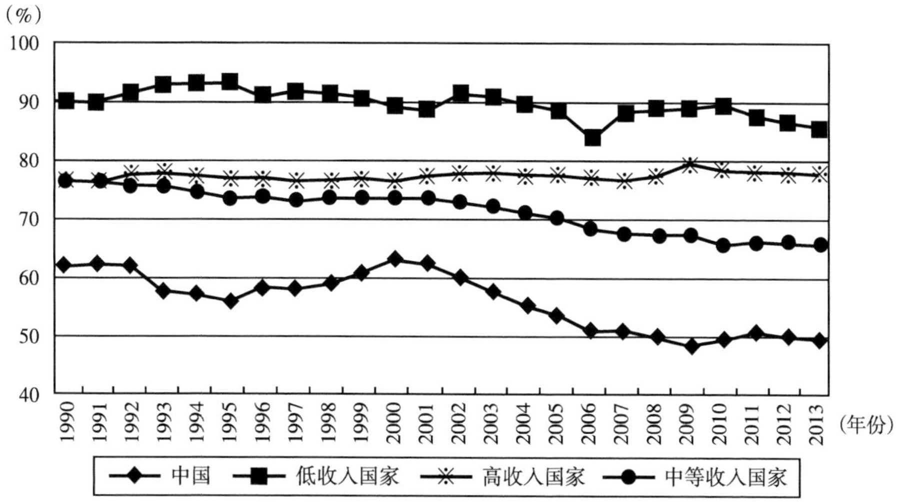

图 2-13　我国与低收入国家、中等收入国家和高收入国家消费率差异比较（1990~2013 年）

资料来源：根据世界银行世界发展指标数据库相关数据整理。

不仅如此，我国消费率水平还低于中高收入国家、中等收入国家和中低收入国家，如图 2-14 所示。以印度为例，我国收入水平与其相当，但消费率明显低于印度。1970 年我国消费率为 71.1%，与印度的 84.5%相比低 13.4%。尽管近年来印度消费率也呈现下降趋势，但我国与其差距不但没有缩小，反而扩大了。2011 年印度消费率为 71%，而我国只有 50%，比其低 21%②。

2.3.3　我国消费率增长缓慢，消费率增速远低于 GDP 增速，不同于世界消费率增长同步或略高于 GDP 增长的趋势

根据世界银行世界发展指标数据库的数据，1978~2014 年世界上大多数国家消费率平均保持正向增长，而我国消费率平均增速却为负。根据世界银行世界发展指标数据库的数据，1978~2014 年我国消费率平均增速为-0.7%，而以美国、加拿大、日本、英国等为代表的发达国家消费率平均增速均为正。此外，韩国、德国等国家消费率平均增速虽为负，但负增长幅度均小于我国平均水平。

①② 根据世界银行世界发展指标数据库相关数据整理，http：//www.lib.ruc.edu.cn/zycx/zy-ww-wbdevel.html.

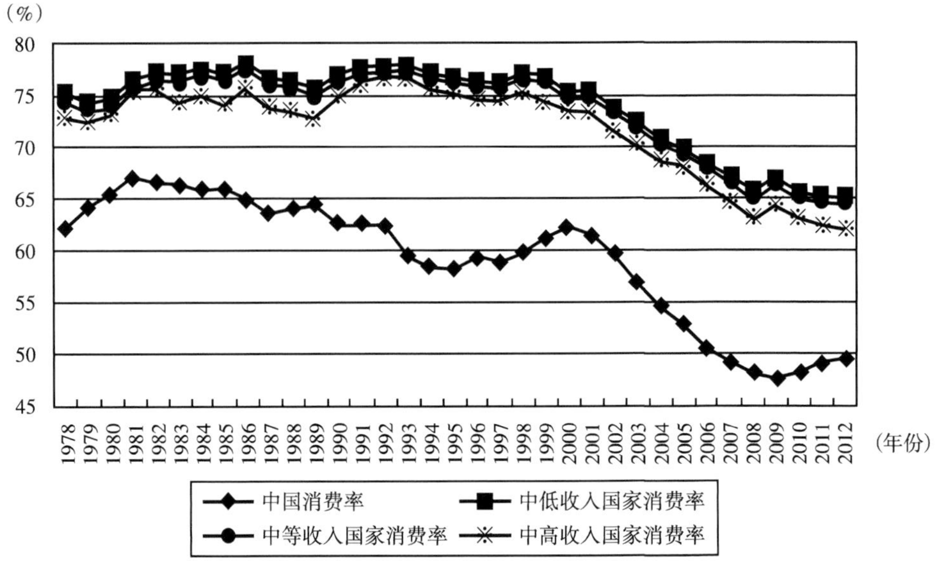

图 2-14 我国与中高收入国家、中等收入国家、中低收入国家消费率差异比较（1978~2012 年）

资料来源：根据世界银行世界发展指标数据库相关数据整理。

1978~2014 年，我国国内生产总值（GDP）平均增速为 8.3%，远高于美国、日本、英国等发达国家，创造了闻名世界的"中国速度"。但与此同时，我国消费率平均年增长率仅为-0.7%，两者相差巨大，这一差距也远高于其他国家，说明我国消费平均增幅大大低于国内生产总值平均增幅，消费贡献率较低。

根据世界银行世界发展指标数据，世界上大多数国家消费增长总体上快于 GDP 增长。从图 2-15 可以看出，无论是英国、日本这样的发达国家，还是巴西等发展中国家，其年均消费增长率都同步或明显高于同期的年均 GDP 增长率①。比较而言，我国近几年消费增长低于经济增长的趋势更加突出，由此决定了我国与世界各国消费率的不同走势。

2.3.4 世界各国政府消费率比较平稳，居民消费率稳中有升；而我国政府消费率略有上升，居民消费率持续下降

从世界总体趋势来看，各国政府消费率与居民消费率平均水平均稳中有升，而我国政府消费率略有上升，居民消费率持续下降。从图 2-16 可以看出英国、

① 根据世界银行世界发展指标数据库相关数据整理，http：//www.lib.ruc.edu.cn/zycx/zy-ww-wbdevel.html.

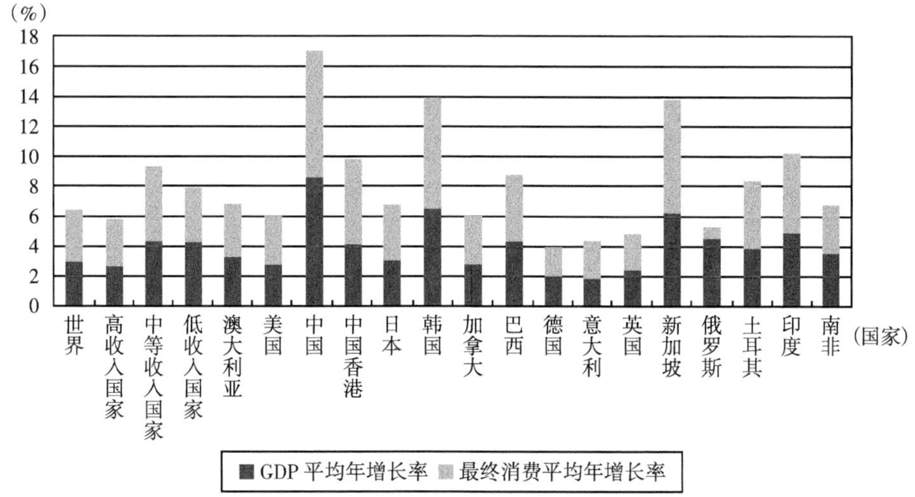

图 2-15　我国与部分国家消费平均年增长率与 GDP 平均年增长率对比（1978~2014 年）

资料来源：根据世界银行世界发展指标数据库相关数据整理。

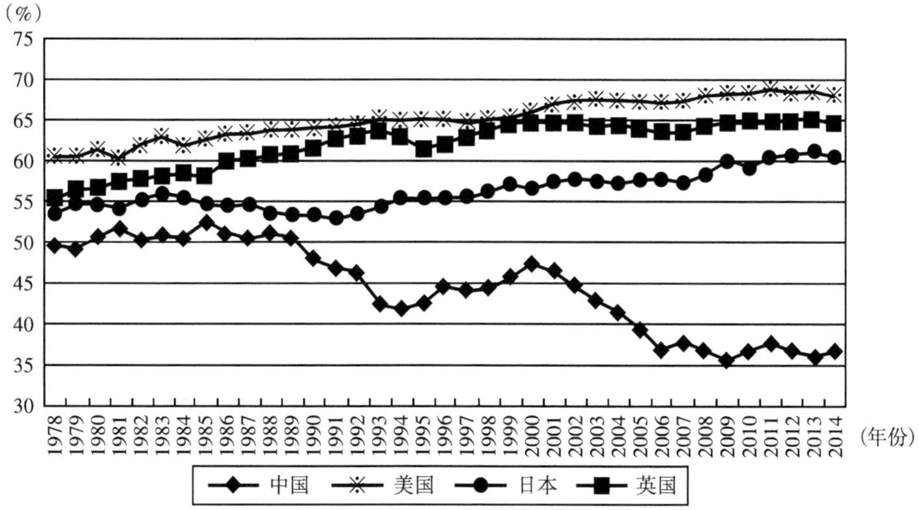

图 2-16　美国、英国、日本和中国的居民消费率走势（1978~2014 年）

资料来源：根据世界银行世界发展指标数据库相关数据整理。

日本、美国和中国的居民消费率走势。美国居民消费率一路走高，日、英两国居民消费率基本保持在 50%~60%，略有浮动，而中国居民消费率则在 2000 年之后下降趋势明显，一路走低。

图 2-17 是英国、美国、日本、中国政府消费率的变化情况。20 世纪 70 年代以来，各个主要国家政府消费率整体保持在 10%~25%。除 20 世纪 90 年代中

期以后日本政府为恢复经济增长而加大政府消费①，从而导致政府消费率有所上升外，其他国家政府消费率的走势总体比较平缓。美国、英国在 20 世纪 90 年代政府消费率出现下滑，充分说明了政府消费在消费需求增长中逐渐让位于居民消费。但 2000 年之后，欧美国家政府消费率又开始上升。我国的政府消费率在 2001 年达到高位后呈现略有下降，继而平稳中略有上升的趋势。

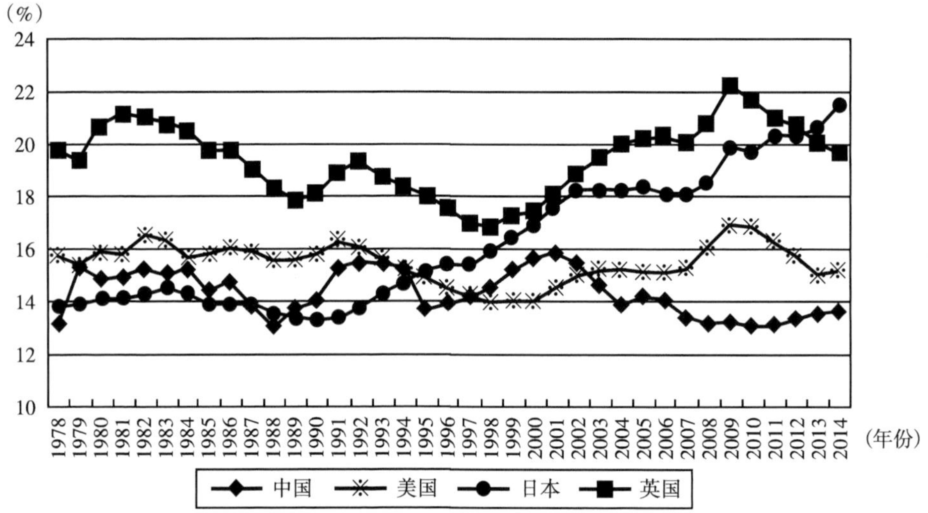

图 2-17 英国、日本、美国和中国的政府消费率走势（1978~2014 年）

资料来源：根据世界银行世界发展指标数据库相关数据整理。

如表 2-5 所示，1978~2014 年美国、印度、德国、新加坡、日本、英国等国家政府消费率比较平稳，而我国政府消费率略有上升。

表 2-5 我国与世界其他国家年均政府消费率对比（1978~2014 年）

年份	美国	中国	日本	巴西	德国	英国	新加坡	印度	南非
1978~1982	15.9	14.7	14.0	9.6	20.7	20.4	10.1	10.3	15.2
1983~1987	16.0	14.6	14.1	10.1	20.5	20.0	11.8	11.5	18.1
1988~1992	15.9	14.4	13.5	16.5	19.2	18.5	9.4	11.9	19.5
1993~1997	14.9	14.5	15.0	18.2	19.2	18.0	8.6	11.2	19.2
1998~2002	14.3	15.4	17.1	19.4	18.8	17.7	10.7	12.4	18.6
2003~2007	15.2	14.0	18.2	18.7	18.3	20.0	10.4	10.8	18.7
2008~2011	16.5	13.1	19.6	18.9	18.8	21.5	10.2	11.4	19.7
2012~2014	15.3	13.5	20.8	19.7	19.2	20.2	9.8	11.2	20.2

资料来源：根据世界银行世界发展指标数据库相关数据整理。

① 喻卫斌. 90 年代以来日本扩大内需的政策及其启示 [J]. 广州市经济管理干部学院学报，2001 (4)：45.

从表 2-6 可以看出，1978~2014 年我国居民消费率基本处于下降态势，其他国家居民消费率则是稳中有升，且其居民消费率水平总体高于我国。

表 2-6 我国与世界其他国家年均居民消费率对比（1978~2014 年）

年份	美国	中国	日本	巴西	德国	英国	新加坡	印度	南非
1978~1982	60.9	50.3	54.5	69.1	57.2	56.8	51.0	71.1	52.5
1983~1987	62.8	51.0	55.0	67.5	58.1	59.0	45.4	68.0	54.3
1988~1992	64.0	48.5	53.3	59.2	56.7	61.8	44.8	65.2	57.3
1993~1997	64.9	43.0	55.2	63.1	57.0	62.6	41.3	66.1	61.3
1998~2002	66.1	45.7	57.0	63.8	57.0	64.6	41.9	63.8	61.9
2003~2007	67.3	39.6	57.6	60.6	57.0	63.9	39.2	58.3	62.5
2008~2011	68.3	36.5	59.5	60.6	56.0	64.5	37.2	57.3	59.5
2012~2014	68.3	36.4	60.8	62.1	55.2	64.9	37.9	59.3	61.4

资料来源：根据世界银行世界发展指标数据库相关数据整理。

2.3.5 与世界各国相比，我国的投资率偏高，消费率偏低

世界各国发展经验表明，工业化阶段经济结构演变的规律之一是投资率不断上升，消费率逐步下降。现阶段，我国投资率与消费率的变化趋势与工业化进程中投资率和消费率的一般演变规律基本吻合，但与其他国家相比，我国投资率较高，消费率较低。从表 2-7 可以看出，2012~2014 年中国的投资率在列表的国家中处于第二的位置。

表 2-7 我国与世界其他国家年均投资率对比（1978~2014 年）

年份	美国	中国	日本	韩国	加拿大	巴西	新加坡	印度	南非
1978~1982	23.21	35.03	31.41	24.91	25.02	21.34	38.91	18.70	32.27
1983~1987	21.25	34.36	30.86	29.78	23.75	22.39	42.80	20.43	27.67
1988~1992	20.17	37.12	33.17	34.13	21.40	24.33	45.73	22.95	23.24
1993~1997	20.20	42.55	29.83	33.18	21.66	18.68	50.09	22.66	19.56
1998~2002	19.58	38.95	25.92	33.62	24.74	16.78	47.34	23.75	19.54
2003~2007	17.53	46.36	24.18	34.35	25.94	20.73	50.39	30.88	18.80
2008~2011	15.10	50.33	20.88	33.96	22.61	20.49	52.61	31.31	20.82
2012~2014	16.34	50.12	25.00	18.39	34.12	23.00	19.20	52.31	29.45

资料来源：根据世界银行世界发展指标数据库相关数据整理。

而如图 2-18 所示，与美国、日本、英国等国家相比，我国的消费率远远低于上述几个国家。因此，从我国和世界消费率及投资率的变动趋势来看，两者存在着负相关关系。与其他国家相比，我国消费率偏低是由于投资率偏高导致

的挤占效应造成的。

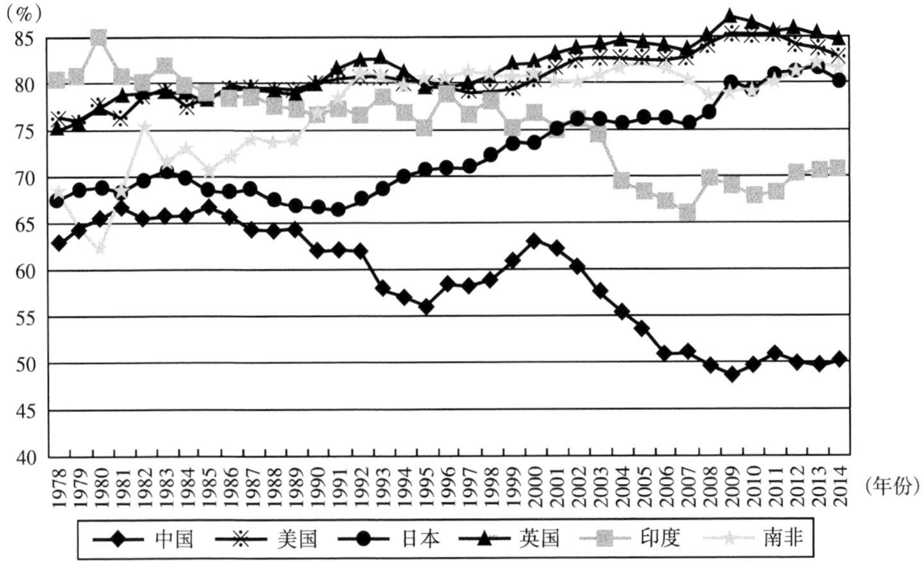

图 2-18　我国与其他国家的消费率差异比较（1978~2014 年）

资料来源：根据世界银行世界发展指标数据库相关数据整理。

2.4　本章小结

从上述我国消费率的变动特征以及与世界其他国家消费率的对比中可以发现，我国的消费率水平与经济发展不平衡。我国消费率水平整体低于世界平均水平，不但低于高收入国家，而且低于中等收入国家甚至是低收入国家的平均水平。世界各国消费率的增长基本与 GDP 的增长同步或者略高于 GDP 的增长，我国的消费率增速则低于 GDP 增速。尤其是我国居民消费率的下降趋势比政府消费率的下降趋势更为明显。与世界各国相比，我国的投资率较其他国家更高，投资率偏高对消费也造成了一定的挤占效应。

3 文献综述

在本章中，我们系统地回顾并梳理了消费率与消费意愿的关系，影响消费意愿的经济因素、个体与群体心理因素、社会文化与政策因素，以及不同的社会文化因素与心理因素之间的关系。通过对相关文献的回顾与梳理，本书实现了对消费率以及消费意愿影响因素研究现状的全面认识和理解，从而为后续研究的展开打下了坚实的理论和文献基础。

3.1 消费率与消费意愿

3.1.1 消费率的概念与构成

3.1.1.1 消费率的含义

消费率是指一个国家或地区在一定时期内（通常为1年）的最终消费占当年GDP的比重。它反映了一个国家生产的产品用于消费的比重，是衡量国民经济中消费比重的重要指标。消费率一般按现行价格计算。其公式为：

消费率 = 消费支出/GDP × 100%

其中，消费支出指常住单位在一定时期内对于货物和服务的全部消费支出，也就是常住单位为满足物质、文化和精神生活的需要，从本国经济领土和国外购买的货物和服务的支出；不包括非常住单位在本国经济领土内的消费支出①。

3.1.1.2 消费率的构成

在现今的经济统计指标中，通常认为消费可分为居民消费和政府消费。居民消费指常住住户对货物和服务的全部消费支出。居民消费按市场价格计算，即按居民支付的购买者价格计算。政府消费指政府部门为全社会提供公共服务的消费

① 国家统计局. 国民经济核算［EB/OL］. http：//www.stats.gov.cn/tjsj/zbjs/201310/t20131029_449553.html，2013-10-29.

支出和免费或以较低价格向住户提供的货物和服务的净支出。因此，根据居民消费和政府消费所占支出法 GDP 的比重可以计算出居民消费率和政府消费率。从数量关系来看，消费率是居民消费率和政府消费率之和。

3.1.2 消费意愿与购买意愿的关系

3.1.2.1 消费意愿的含义

为了明确消费意愿的含义，首先需要弄明白什么是“意愿”。意愿是一个心理学范畴的概念，Eagly 和 Chaiken（1993）指出，意愿是“一种不同于态度的心理概念，代表了居民在为实施一项行为而付出努力的有意识的计划中的个人动机”。根据 Ajzen 和 Fishbein（1971）的研究，意愿是指决定行动的一种特定方式。而在其他研究中，学者们或者将意愿界定为一个人实施一项行为的可能性，或者将意愿界定为对在未来实施一项行为的一种预估。总的来说，意愿是指个体发生特定行为的主观概率。相应地，消费意愿是指个体发生消费行为的主观概率或可能性。

消费意愿的主体为所有参与消费活动的个体或组织，其意愿的指向对象为一切可消费的产品或服务的总和。此外，根据中国人民银行发布的《2014 年第 1 季度全国城镇储户问卷调查报告》中的界定，居民消费意愿可按照“选择更多消费的居民占比”进行计算，是一个具有宏观意义的概念①。

3.1.2.2 消费意愿与购买意愿的概念

（1）购买意愿的含义

关于购买意愿的研究是消费者行为研究的核心内容之一，对其内涵的探讨已经较为成熟。购买意愿可解释为消费者愿意采取特定购买行为的概率高低或可能性（Kim、Gupta 和 Koh，2011；Prendergast、Tsang 和 Chan，2010），反映了消费者对购买某特定产品或服务的欲望，是实际购买行为的一个重要预测因子（Chen、Hsu 和 Lin，2010）。Yoo 和 Lee（2009）认为购买意愿是衡量消费者在未来希望购买某项产品的数量或金额多少。我国学者韩睿和田志龙（2005）认为购买意愿是指消费者购买该产品的可能性，购买意愿越高表示购买的可能性越大。总之，购买意愿可视为消费者选择购买特定产品之主观倾向，并被证实可作为预测消费行为的重要指标。

（2）消费意愿概念是购买意愿概念的延伸

在已有的相关文献中，学者们关于购买意愿的研究往往是针对消费者购买某

① 中国人民银行. 2014 年第 1 季度全国城镇储户问卷调查报告［EB/OL］. http：//www.pbc.gov.cn/publish/diaochatongjisi/126/index.html，2014-03-21.

一特定商品而进行的，而消费意愿则泛指个体发生各种消费行为的主观概率或可能性。因而，可以将购买意愿视为消费意愿在特定消费内容上的具体表现；将消费意愿视为对具体商品购买意愿的拓展，是不同商品购买意愿的加总。因此，我们认为消费意愿与购买意愿之间具有一般与特殊的关系。

由于消费意愿是一个较为宏观的总量概念，是具体购买意愿的综合表现，因此，我们可以将购买意愿的相关研究作为研究消费意愿的基础。对购买意愿及其影响因素的相关文献进行回顾和总结，有助于深入分析影响居民消费意愿的各种因素。

3.1.3 消费意愿与消费率的关系

消费意愿作为一个跨越宏观与微观经济层面的综合性概念，在经济学、市场营销学、消费者行为学等学科中都有所涉及。由于各学科研究对象和角度的差异，消费意愿在不同学科中的表述方式也有所不同，如在经济学中表述为消费倾向，在市场营销学中表述为购买意愿。但是，各学科的研究中对于消费意愿与消费以及消费率的关系却都有着相似的结论。

在经济学中，消费倾向是凯恩斯在《就业、利息和货币通论》中研究有效需求原理时提出的重要概念，它是指居民消费支出占其收入的比例。现有研究认为，在居民收入为一定的情况下，居民消费率取决于其消费倾向。我国目前边际消费倾向小于边际储蓄倾向，消费率严重偏低，提高居民的边际消费倾向是启动内需的关键（秦熠群和赵玉玲，2003）。自20世纪90年代以来，我国城镇居民消费率下降并非是因为居民总收入占GDP的比重下降，而可能是城镇居民平均消费倾向下降所致（许永兵，2005）。总之，从现有文献来看，消费倾向是对居民消费率有重要影响的因素。消费倾向的数值反映了居民会从自己的收入中拿出多少来用于消费，它表明了居民在心理上愿意进行消费的程度。因此，我们可以认为当居民把收入中较多部分用于消费即消费倾向较高时，其消费意愿较强。

在市场营销学中，市场需求是市场研究的主要内容之一。购买意愿是影响某种具体商品市场需求的关键要素。在购买力水平一定时，市场需求是购买意愿的函数，市场需求随着购买意愿的变化而变化，因此购买意愿是决定市场需求的内在因素。当针对特定商品的市场需求加总成社会总消费需求时，购买意愿这一微观概念也就与消费及消费率这一宏观概念之间建立了联系。

在消费者行为学中，消费者的购买意愿是决定其消费行为的关键。消费者通过收集信息和比较评估产生购买意愿，此时若没有其他情况出现，消费者就会采取购买行为（冯建英等，2006）。Newberry 等（2003）研究证明用购买意愿预测消费者未来的购买行为是有效的。Newberry 等（2003）进一步提出消费行为与消费意愿直接相关，消费意愿是衡量消费者是否会产生购买行为的重要指标。社会最终消费总量是消费者个体购买行为发生后的数量化结果，是全社会居民消费行为的总和；而社会最终消费总量直接决定居民消费率的高低，因而消费意愿与消费率之间也具有直接的内在关联。

3.2 居民消费的影响因素研究回顾

除以上与消费相关的概念研究外，学者们对消费的研究主要集中在其影响因素上。总的来看，影响居民消费（意愿）的因素可分为经济因素、心理因素和社会文化因素。其中，影响居民消费的经济因素主要包括收入、投资、经济政策、社会保障、供求结构、价格、市场秩序等方面。

3.2.1 经济因素对居民消费的影响研究

3.2.1.1 收入对居民消费意愿的影响

收入因素可以说对居民消费存在最直接的影响，居民的收入水平直接决定了其消费能力的大小。关于收入因素对居民消费的影响研究主要包括传统经济学的收入假说，以及当代经济学中关于收入水平和分配因素对居民消费的影响研究。

（1）传统经济学中影响居民消费的收入假说

简要来说，传统的宏观经济学理论关于居民消费的观点主要有以下几种学说：

1）凯恩斯的绝对收入假说。凯恩斯认为，在短期内，消费者消费支出的多少主要取决于收入的多少。随着收入的增加，居民的消费支出也会增加，但消费的增长低于收入的增长，边际消费倾向递减。

2）莫迪利安尼的生命周期假说。首先，该假说假定消费者是理性的，能以合理的方式使用自己的收入和进行消费；其次，消费者行为的唯一目标是实现效用最大化。这样，理性的消费者将依据效用最大化的原则，根据其预期寿命来安排收入用于消费的比例，即每个人都将根据他一生的全部预期收入来安排他的消费支出。个人的现期消费取决于个人现期收入、预期收入、开始时的资产和个人年龄大小（高鸿业，2001）。

3）弗里德曼持久收入假说。弗里德曼将个人的收入分为持久性收入和暂时性收入。持久性收入是稳定的、正常的收入，暂时性收入则是不稳定的、意外的收入。弗里德曼认为，决定居民消费支出的是他们持久的、长期的收入，而不是短期的可支配收入。消费者是理性的前向预期决策者，为了实现效用最大化，会利用经验及信息对未来收入进行预测，从而做出消费安排。

4）杜森贝利的相对收入假说。杜森贝利的相对收入假说认为，一方面，消费者的消费支出不仅受其自身收入的影响，而且受到同别人相比的相对收入水平的影响。也就是说，居民的消费会相互影响，有攀比倾向，即示范效应。另一方面，消费者的消费支出不仅受自己目前收入的影响，而且也受自己过去所达到的最高收入和最高消费的影响，即所谓的棘轮效应。相对收入假说开始认识到消费者并非完全理性，研究开始转向消费者个体。Abdel-Ghany 等（2002）通过实证研究将持久收入理论和相对收入理论融合，发现它们在影响居民消费上是同等重要的。

虽然上述理论从收入的不同方面分析了收入对消费的影响，但是它们都认为收入是影响消费的一个重要因素，而且从其各自的理论所推导出的消费函数可以看出，收入和消费呈正相关关系，消费会随着收入的提高而提高。这些理论假说也为当代经济学家的相关研究奠定了理论基础。

（2）当代经济学关于收入对居民消费的影响研究

国内外学者关于收入对居民消费影响的研究主要包括四个方面：绝对收入、相对收入、收入差距、收入分配。

1）居民的绝对收入水平对消费具有显著影响。收入水平是影响消费和储蓄的最主要的因素。有学者认为居民消费支出增长缓慢的根源是居民收入增长缓慢（杨永华，2007），而持续低迷的农村居民收入增长率使得许多居民缺乏增加消费的现实购买力，导致消费率的下降（陈宏和潘海岚，2005）。

2）居民的相对收入水平对消费具有显著的影响。一方面，有学者发现，拥有住房和有价证券的居民，在房价和证券价格上涨时，他们会感到自己更加富有从而消费更多。另一方面，学者们也发现，在很多国家，居民持有的大多数资产缺乏流动性（如住房、保险），同时不完善的银行消费信贷体系不能为居民提供用来消费的货币，消费者很多消费活动都需要自己积累货币，从而延迟了消费活动，即所谓的“流动性约束”（Hurst，2004）。有学者认为，我国低消费的根源在于“人均收入水平相对较低影响了居民的消费能力”（段炳德，2009）。

3）一个国家收入差距的扩大对社会总体消费也有很大的影响。Mckay（2004）通过对印度各省横截面数据以及时间序列数据的实证分析发现，收入分配的不均极大地抑制了居民消费，从而限制了经济增长。我国很多学者也认为目前中国消费不足的原因在于居民之间，包括城乡之间、地区之间、产业之间、阶层之间的收入分配差距扩大（李实和赵人伟，1999；刘文斌，2000；苏雪串，2000；马强，2004；秦敬云，2008）。韩笑（2009）通过研究 1978 年以来消费率和贫富差距之间的关系，表明消费率和贫富差距之间存在着长期均衡关系，贫富差距扩大无论在长期上还是短期上均会降低消费率。

4）国民收入分配的体制因素对社会总体消费也有很大影响。有学者认为，1997 年以后我国消费率的持续下滑，根本原因在于国民收入分配格局中政府收入和企业收入增幅过快，导致居民可支配收入增幅减缓（梁东黎，2005），从而直接削弱了居民消费增长的动力（刘世峰和许永兵，2009），抑制了消费增长的空间（Xu、Dai 和 Zhong，2010）。具体而言，我国初次分配制度存在不合理现象，垄断企业和市场分割因素、城乡户籍差异等导致工资不能反映市场供求关系；而我国的再次分配制度同样不够合理，财政转移支付制度的一些弊端使得公共财政均等化的进程不理想（段炳德，2009）。

综上所述，影响我国居民消费的因素很多，潜在的消费需求能否转化为有效需求则取决于众多因素，其中最主要的就是收入因素（马强，2004）。

3.2.1.2　投资挤出对居民消费的影响研究

国内一些学者认为高投资率的“排挤效应”是导致我国低消费率的主要因素之一（韩占兵，2010）。例如，樊纲（2007）认为，内需不足的主要原因在于投资增长过快，从而导致总需求的结构失衡。长期以来，政府对经济的增长过分依赖投资和出口。而从支出法 GDP 来看，一定时期内，GDP=投资+消费+净出口，投资和出口的扩大必然相应降低居民消费，从而使居民消费率相对降低（张兆亮，2010）。另外，居民投资渠道的拓宽也影响了居民的消费。随着我国金融市场的发展，很多消费者持有的财产不再仅限于货币，他们拥有住房、股票、债券等流动性低收益高的资产，出现了“流动性约束”，降低了居民的即期消费（万广华、张茵和牛建高，2001）。

3.2.1.3　经济政策对居民消费的影响研究

经济政策主要包括财政政策（税收征收和使用）和货币政策（货币供给量和利率调整）。

（1）财政政策对居民消费的影响研究

关于财政政策对居民消费影响的研究比较多，主要包括税收征收和税收使用两个方面。

1）税收征收的影响。有学者认为，政府税收过重将会极大挤压居民消费，故建议政府减税，藏富于民，保证私人消费（Linnemann，2004）。但是，另一些学者却认为，倘若税收能够用在改善消费环境、提高居民福利水平方面，则对居民消费有很大的促进作用，同时也有利于提高居民的幸福感。

2）税收使用的影响。政府税收主要用于政府消费。关于政府消费，一些经济学家认为其和居民消费之间有很强的替代关系，即政府消费对私人消费有一种挤出效应（Kormendi，1985；Ahmed，1986）。然而也有学者认为，不应该过分夸大政府消费对私人消费的挤出效应，很多时候它们之间是一种互补关系。适度的政府消费可以创造居民就业和收入（Linnemannn，2006）。并且，在很多情况下，政府消费往往能改善消费环境，提供一些公共物品，而公共物品和私人消费品之间也存在一种很强的促进作用（Pieroni 和 Aristei，2005）。因此，适度的政府消费可以拉动居民消费，但至于这个“度”，经济学家们则没有得出定论。政府税收中还有一个很重要的部分——社会保障，这部分将在后面阐述。

（2）货币政策对居民消费的影响研究

货币政策对居民消费的影响主要指货币供给和利率调整对居民消费的影响。货币供给过量导致通货膨胀。一方面，适度的通货膨胀可以促进经济增长，增加居民收入，增进居民消费。另一方面，过度的通货膨胀会使居民的货币财富挥发，促进即时购买，但是购买力下降会减弱长期购买，从而降低居民消费。

利率调整主要影响居民的储蓄。古典经济学认为利率是影响居民储蓄的主要决定因素，利率对储蓄的作用是单一的、正向的。在实证检验中，巴拉萨（Balassa，1989）在对发展中国家的利率与储蓄的关系检验中发现，利率对储蓄的影响是正向的，储蓄的利率弹性在 0.3~0.4。然而，现代经济学的观点是利率对储蓄的影响是双向的，因而利率的变化对储蓄的影响是不确定的。我国经济学界关于利率与储蓄关系问题的实证研究结果亦不尽相同。有学者证明 1978~1987 年我国居民储蓄对实际利率的变动十分敏感，实际利率的变动会导致储蓄额的同向变化（徐燕，1992）；但也有学者认为我国居民的储蓄量和储蓄结构对利率的变动反应迟钝，利率调整对储蓄量和储蓄结构的作用并不大，两者不具有明显的正相关性（赵尚梅，2001）。而居民消费对利率缺乏敏感性的主要原因在于投资渠道不畅和“流动性约束”的制约。不过，消费信贷发展以后，利率对消费的作用虽然会变得明显，但是利率对消费的影响仍然是不确定的（谢瑞巧，2003）。

消费信贷和“流动性约束”也对居民消费具有重要影响。消费信贷的滞后限制了居民在现在消费和将来消费上的选择自由。有学者指出我国的消费信贷发展缓慢，到现在还没有制定消费信贷的专门法律法规，社会法制信用环境也不理想，个人信用仍不完备，缺乏相应的评信机构，这些都导致无法很好地解决“流动性约束”问题，因而变相地抑制了潜在的消费需求（韩海燕和高昂，2009；张敏娜和王琴梅，2009）。实际上，由于消费信贷机制的不完备，我国居民主要靠自身积累满足购房买车等大额支出。在收入一定的前提下，这种自我积累型的消费模式必然会对居民当前消费产生明显的挤出效应（陈新年，2006）。尤其是，国家对教育、住房等领域的消费信贷没有完全放开，并且管理不完善，导致了这些领域的消费潜力没有被充分挖掘。

3.2.1.4　社会保障制度对居民消费的影响研究

有学者认为，我国住房制度改革过程中，一度过分强调住房商品化、住房私有化，使城乡居民误认为所有的人都必须购买属于自己的住宅，这就强化了国民消费支出的心理负担（金川，2010）。教育体制改革和医疗制度市场化改革的尝试也出现了类似的情况。我国住房、教育、医疗体制改革导致居民有钱不敢花，因而导致消费率低下（藏旭恒和刘大可，2005；马强，2004；陈宏和潘海岚，2005）。同时，我国社会保障机制不健全以及公共物品供给制度不完善更是削弱我国居民消费需求的一个主要因素（韩占兵，2010；Xu，2010）。社会保障制度不健全导致很高的收入不确定性，使得众多居民减少即期消费，增加预防性储蓄，以备将来出现年老、失业、疾病、工伤等情况时，满足不时之需。因此，完善的社会保障体系有利于解决居民的后顾之忧，改善消费预期，提高居民消费率，释放因制度性或结构性制约未能得到满足的“存量需求”（林毅夫，2007）。

3.2.1.5　供求结构对居民消费的影响研究

有的学者认为居民消费率的低迷在于消费品市场的结构性供求矛盾（严先溥，2006）。生产要素资源在不同产品生产中配置结构比例失衡的问题使得无效供给过剩和有效供给不足等情况出现，进一步导致了居民消费结构优化升级的困境（张敏娜和王琴梅，2009；赵娜，2007）。首先，当今很多企业仍奉行“粗放型”生产方式，生产出的产品质量低下，影响了消费者购买产品的信心，极大地限制了消费者购买（喻占元，2005）。其次，随着经济的发展，消费者的需求逐渐多样化，而企业生产的产品却同质化严重，抑制了消费者的个性化需求；“超值”生产不足，制约了大众化消费。另外，当前我国商品率高、服务率低，服务性消费与发达国家的差距较大，服务性消费对改善城乡居民生活质量的巨大潜力没有得到很好的发掘（唐玲，2003）。总体来看，用于享受资料、发展资料的需求比重有较快上升的趋势。可是，由于不少地方多年来的重复建设、重复生产使供给结构不合理，结构升级滞后，导致市场有效需求不足。

3.2.1.6　价格因素对居民消费的影响研究

近年来，以住房、医疗、教育等为代表的物价上涨速度过快，超过了多数家庭的收入增长速度，增加了家庭在此方面的支出负担，分流了居民对一般消费品的消费，进而降低了居民消费率（张兆亮，2010）。有学者认为，我国目前把储蓄的一半以上用于孩子未来教育的家庭不少，昂贵的教育费用导致这些家庭不敢消费，尤其是那些受教育程度低并靠体力和简单劳动挣钱的低收入者，未来长时间的教育费用负担大大削弱了其当期消费能力（陈宏和潘海岚，2005）。

3.2.1.7　市场秩序对居民消费的影响研究

目前，我国居民的消费环境尚未达到让人放心消费的程度，受产品质量、售后服务、假冒伪劣、虚假广告、虚假打折等误导消费者和不正当竞争等问题的困扰，即使居民手中持有足够货币，购买商品与服务以及改善生活质量的愿望也很强烈，消费最终也没有发生。这个矛盾的根本原因就是消费者对消费环境的顾虑与不信任，因而加强市场秩序的监管，保证消费安全，维护有利的消费环境成为广大消费者的迫切要求（段炳德，2009；张敏娜和王琴梅，2009；张兆亮，2010）。

3.2.2 心理因素对消费意愿的影响研究

除以上社会经济因素外，近年来越来越多的学者开始关注心理因素对居民消费的影响作用。影响居民消费意愿（购买意愿）的心理因素有很多，已有研究涉及的对消费意愿及消费行为具有影响作用的心理因素主要包括个性、消费知识、消费预期、消费信任、生活方式、参照群体影响、心理账户等。

3.2.2.1 个性对消费意愿的影响研究

（1）个性的含义

个性这一心理范畴的概念由拉丁文 Persona 演变而来。到目前为止，学术界虽未对个性形成公认的准确定义，但一般都认为个性与个体对周围环境的一致性反应相关。个性表现了一个人在不断变化中的全体和综合，是具有动力一致性和连续性的持久自我，是个人在社会化过程中形成的给人以特色的身心组织，反映了每个人独特的思维、情感和行为模式。

就表现来看，个性包括人的情绪、态度、观念，是一个人经常表现出来的、比较稳定的、本质的心理特征。这些特征有些来自先天遗传，有些则来自后天学习。个性具有多方面的特征，主要包括兴趣、气质、能力和性格特征。

（2）个性与消费行为之间的关系

随着消费者行为研究在 20 世纪 50 年代的兴起，个性成为研究者解释和调查消费者行为的一个重要影响变量。个性与消费者的购买行为、媒体的选择、创新、市场细分、恐惧、社会影响、产品的选择、意见领袖、风险的接受、态度的改变等几乎消费者行为的任何一个方面都有着千丝万缕的联系（Kassarjian，1971）。个性心理学领域中流行的关于个性的理论有很多，但是在营销领域中应用最为广泛的是个性理论中的特质论。Costa 和 MeCrae（1992）认为，个体的行为反映个体独特的特征，如害羞、富攻击性、顺从、懒惰、忠诚或胆怯等，这些特征若出现在不同的情境中，则成为人格特质。在人的一生中，人格特质是稳定而重要的因素。它既强调人格的稳定和一致性，也强调人的个体差异，认为居民在一些基本的人格特质维度上存在稳定的差异。因此我们可以经由许多连续性的层面或分类来观察和描述人格。特质论研究的基本任务就是探寻基本人格特质，对其进行分类，并对其行为表现和形成的原因加以解释（陈建文和王滔，2003）。

目前，被营销学者广泛应用的特质理论主要有艾森克人格特质三维理论、大五因素理论和中国人个性的大七模型理论。一些学者利用艾森克人格特质量表，研究个性与消费者行为的关系。比如，我国学者谭华青考察了大学生决策风格与人格的关系，研究结果表明，人格的部分维度对消费者决策风格的部分因子具有预测性的作用：精神质即倔强、讲求实际可以预测消费者决策风格的时间导向、冲动导向和熟悉导向三个维度；神经质即反映被试情绪性的部分能够预测消费者决策风格的节俭导向、决策困惑导向维度；内外向可以预测消费者决策风格的时间导向、品牌时尚导向、冲动导向、节俭导向以及熟悉导向五个维度。

也有一些学者将个性的大五模型应用于营销领域，探索个性与新技术的使用、在线购物、网上银行等新出现的消费现象之间的关系，得出了很多有价值的结论。比如：Devaraj、Easley 和 Crant（2008）研究了个性对消费者接受与使用新技术的影响，发现个性与使用意愿和系统使用新技术有着强烈的相关性。有学者调查了个性对在线购物行为的影响，发现大五个性中的神经质、外向性、开放性正面影响娱乐性的购买动机，在神经质、宜人性、开放性上得分高的消费者更倾向于功利性的购买动机，而功利性的购买动机是激发消费者搜索意愿的关键因素。陈巧林（2010）运用个性特质五因素量表，将武汉市市民分成外向随和型、严谨含蓄型和开放时尚型，发现这三种不同类型市民在旅游消费上表现出明显的差异。

学者们还发现，个性有时并不直接影响消费者行为，而是通过某些中介变量间接影响相关的行为。例如，Ekinci 和 Dawes（2009）研究了服务人员的个性特征与消费者满意之间的关系，他们发现外向性、谨慎性与宜人性这三类个性特质会强烈影响顾客与服务人员的互动质量，而互动质量影响消费者满意。该研究结果证实了个性高阶模型的适用性，通过加入互动质量提高了员工个性对消费者满意的解释力度。还有学者研究了个性服务冲突解决策略的选择作用，发现个性与冲突策略的选择虽没有直接的关系，但会通过动机而间接对冲突策略产生影响。

艾森克量表与大五个性量表都是基于西方人的个性特质研发的，很难涵盖中国人特有的生活内涵与经验。由于文化的原因，中国人的个性特点与西方人有较大不同，如果直接应用西方人的个性量表来研究中国消费者的消费行为会有所欠缺。因此，我国学者王登峰（2003）根据中国人的个性特点，按照阿尔波特与奥波特选择英文形容词的办法，从汉语字典和日常用语中选取中文人格特质形容词，并将中国大陆和中国台湾的选取结果汇总，经因素分析得到了中国人的人格结构。经过中国大陆和中国台湾被试的评定，得出了中国人人格的七个维度以及所包含的 15 个次级因素，这七个维度分别是外向性、善良、行事风格、才干、情绪性、人际关系和处世态度。王登峰和崔红（2008）据此进一步编制了简明的测量中国人人格形容词量表（QZPAS-SF），旨在对七大因素进行测量，并快速得到测量结果。七大因素的含义是：①外向活泼，反映的是人际情境中表现出的活跃、主动、积极和易沟通、轻松、温和的特点，以及个人的乐群、合群的倾向；②严谨自制，反映个体的行事方式和态度；③温顺随和，反映个体的情绪稳定性特点；④热情豪爽，反映个体人际交往中的基本态度；⑤淡泊诚信，反映个体对人生和事业的基本态度；⑥精明干练，反映个体的能力和对待工作任务的态度；⑦善良友好，反映的是中国文化中"好人"的总体特点，包括关心他人、对人真诚、宽容、正直和重感情等内在品质。

中国人个性的大七模型建立以来，我国学者应用大七模型对初中生与大学生的幸福感（陈咏媛等，2008；唐慧敏等，2010）、网络游戏成瘾（余祖伟和孙配贞，2012）、性态度（赵科和尹可丽，2011）、不同民族之间的人格结构（许思安，2007）等进行了研究，但较少有营销学学者将个性大七模型应用到营销领域来研究消费者的行为。

总的来看，国内外学者对个性与消费意愿关系的研究还比较缺乏。从现有文献可以看出，虽然个性这一个体特征并不容易被观察和发现，但它确实在不同程度上影响消费者的产品选择、品牌偏好和购买倾向，不同个性特征的消费者在决策风格、娱乐性购买动机和功利性购买动机上存在着显著差异。了解消费者的个性有助于更好地理解居民消费意愿到消费行为的实现程度与方式。因此，有必要进一步深入研究个性对消费及消费意愿的影响。

3.2.2.2 消费知识对消费意愿的影响研究

（1）消费知识的含义

消费知识，是存在于消费者记忆中的与购买、消费和处理商品服务有关的信息。Mitchell 和 Dacin（1996）认为，消费知识是消费者为解决特定消费问题而选择产品时可以依据的相关知识。自 20 世纪 80 年代开始，消费知识（Consumer Knowledge）开始成为消费者行为领域中一个独立的研究区域，并受到广泛的研究关注。

Jacoby 等（1986）认为，消费知识包括两个主要的构成内容：熟知和专长。熟知是指消费者累积的同产品相关的经验，包括广告接触、信息搜索、同销售人员的接触、消费选择和决策的制定、产品的购买以及使用等；而专长是指消费者成功完成产品相关活动的能力，包括消费者为了成功完成产品活动所需的认知结构和认知过程，比如使用运动产品时所需的相应技能。此外，有学者将消费知识划分为熟悉度（EXP）和产品知识两个维度。其中熟悉度是指在产品相关消费过程中累积起来的知识（Alba 和 Hutchinson，1987）；产品知识是指储存在记忆里的关于产品的所有信息（消费者对即将购买的产品的了解程度），或者说是对该消费进行评估时，储存在记忆里的关于该消费的各种相关信息（Park 等，1994；Aurier 和 Ngobo，1999）。还有研究将产品知识划分为客观知识（Objective Knowledge，OK，基于公正的第三方进行衡量）和主观知识（Subjective Knowledge，SK，对自己知识水平的自我评价）（Brucks，1985；Park 等，1994）。综合以上，可以认为消费知识由四个部分构成，即熟悉度、客观的产品类别知识、客观专业性和主观专业性（Brucks，1985；Park 等，1994；Mitchell 和 Dacin，1996）。

（2）消费知识的测量

传统上消费知识一直被看成是无维度的单一概念，通常指对于某一产品的熟悉度或预先知识（Prior Knowledge），消费者被假设为对于某种特定产品具有一定经验或是掌握了一些信息。很多研究均使用某独立变量或方法对这一概念进行测量，包括购买频率（Frequency of Purchase）（Newman 和 Staelin，1973）、目标测试（Objective Tests）（Staelin，1978；Sujan，1985；Brucks，1985）、形式训练（Formal Training）（Sujan，1985）以及自我报告（Self-report Measures）（Moore 和 Hutchinson，1985）。尽管单一变量可以在某种程度上测量消费知识这一概念，但多种测量方法的存在暗示仍然需要一种更为详尽和准确的方法（Cole、Gaeth 和 Singh，1986；Kanwar、Olson 和 Sims，1981；Grnhaug，1986）。

总之，以往的研究对于消费知识的测量分属于三类：第一类测量消费者对于自己知道多少的感知；第二类测量个体在头脑中真正存储的信息的数量、类型和组织形式；第三类测量此类产品的购买数量或者使用经验（Brucks，1985）。也即前两类测量的分别是主观知识、客观知识，而第三类测量的是经验。

（3）消费知识与信息搜索、消费决策之间的关系

消费知识有助于理解消费者的信息搜索（Rao 和 Sieben，1992）和信息处理行为，它会对消费者的产品信息搜集和处理活动产生影响，并最终影响消费者购买和使用产品（Alba 和 Hutchinson，1987）。一些研究表明，高知识度的消费者（Experts）的知识结构有助于消费者相对轻易地找到他所需要的信息，而低知识度的消费者（Novices）因缺乏基础的产品认知结构，往往不能抓住与产品属性相关的信息（Park 和 Lessing，1981）。Alba 和 Hutchinson（2000）认为专家（高知识度的消费者）更可能进行基于模式系统（Schema-based）的信息处理，而新手（低知识度的消费者）更趋向于外部信息的收集与处理（Alba 和 Hutchinson，2000），更易受情境信息与说服模式的影响（Bettman 和 Sujan，1987；Mandel 和 Johnson，2002）。总之，与一般消费者相比，产品专家在购买决策前的信息搜索行为在策略、深度、分析属性以及信息处理过程等方面都是不同的。

消费知识还会影响消费者在此基础上的决策方向与质量。消费知识对于消费者的消费决策有正向影响，也就是说，拥有越高的消费知识，做出的消费决策的质量可能越高（Park 和 Lessing，1981）。Swaminathan（2003）在研究中论证了消费知识对消费选择决策有显著影响，指出消费知识越高，做出决策的质量也就越高。高知识消费者倾向于依据产品内在质量与自身需求来做出决策，而低知识消费者倾向于借助外在的社会判断来做出决策。也有研究把消费者对某类产品的熟悉度分为高、中、低三层，并发现熟悉度最低的消费者在做出购买决策时依赖于产品的非功能维度，如价格和品牌名称；中等熟悉度的消费者则更依赖于产品的功能维度；熟悉度最高的消费者在做出购买决策时则没有显示出其偏好（Park 和 Lessing，1981）。

（4）消费知识与消费意愿、购买行为之间的关系

有学者指出，品牌知识对消费者在线零售商的使用意愿有正向积极的影响，并受到感知风险的调节作用（Chen 和 He，2003）。也有学者在对网上银行的研究中发现，不同于互联网经验和互联网自我效能（Self-efficacy），互联网知识对消费者的互联网继续使用意愿有非常显著的影响（Lu 和 Mingxin，2006）。

还有学者把知识看作资本，从经济学的角度出发，分析了消费者知识对购买行为、品牌忠诚以及生活方式的影响。研究发现消费者收集信息及消费的目的之一是使自己的知识积累最大化，从而降低未来信息搜寻的成本及产品选择的风险（Ratchford，2001）。此外，从消费者知识与重复购买的关系角度来看，有研究发现，当消费者掌握了较多的有关其他替代产品的信息时，更可能会发生背叛行为。在消费者重复购买决策中，消费者需要基于信息对替代品进行评价，此时消费者对于替代品的主客观知识水平就会对消费者背叛（Consumer Defection）有直接影响。为此，对于控制消费者背叛，建议通过影响消费者的知识水平来实现（Capraro、Broniarczyk 和 Srivastava，2003）。

（5）消费知识与新产品扩散

消费者的预先知识可以通过如下一些方式影响新产品的扩散：①消费者对于新产品的理解；②消费者对于新产品相对优势和风险的感知。在其他条件不变的情况下，消费者的理解能力越强，与新产品相伴的风险越低，相对优势越明显，则新产品越容易被接受（Gatignon 和 Robertson，1991）。预先知识和创新连续性（Innovation Continuity）共同影响了消费者接受新产品的过程（Moreau、Lehmann 和 Markman，2001）。与新手相比，专业人士表现出了更好的理解能力，更喜欢连续创新的产品，而对于非连续创新的产品，由于其不易改变的知识结构，专业人士则表现出了较低的理解能力，不如新手更偏爱这类产品。

(6) 品牌知识与购买行为

品牌知识（Brand Knowledge）不仅与从数据解释、内部系统和流程产生的形式知识（Explicit Knowledge）相关，更与关于品牌的暗默知识（Tacit）相关，这种知识由于难以沟通而被隐藏起来，通常不被共享。品牌的本质是知识，主要包括营销者对于产品、顾客、市场、品牌、营销组合运作的知识，顾客的品牌知识，分销渠道对于品牌的渠道力量的知识。

消费者品牌知识包括品牌知名度和品牌形象两个维度。品牌知名度涉及品牌在消费者头脑中记忆的强度，是影响消费者信息搜索、购买意图和产生偏好的重要因素。研究发现，消费者购买知名度较高的品牌，满意度和自信心都会增加，而且还会缩短购买决策的时间。消费者在做出购买决策前总是要收集各种有关待购产品的信息，他们从复杂的营销活动中感知品牌、评价品牌，对品牌进行偏好排序，最终产生购买行为。品牌知识正是通过影响消费者的信息收集能力和信息处理过程而影响其购买行为的（Park 和 Lessing，2001）。

综上所述，国内外学者一般是从某一类具体的消费者知识出发，围绕微观个体的消费者客观知识进行分析，证实消费知识确实在不同程度上影响消费者对产品信息的判断与评估，影响消费者的产品选择、品牌偏好、购买倾向和购买行为，并且不同个体的表现因消费知识差异而有所差别。但是，总的来看，关于消费知识对消费意愿的直接影响的研究还很少见，从宏观视角研究消费者主观知识对消费意愿的影响就更为缺乏。因此，有必要进一步从宏观视角深入研究消费知识对居民消费意愿的影响。

3.2.2.3 消费预期对消费意愿的影响研究

消费预期是影响消费行为及经济运行的一个重要因素，它反映了消费者对未来经济发展趋势的看法，包含了消费者对经济发展及市场变化的主观期待和愿望（魏杰，2001）。

(1) 消费预期的含义与特点

对于消费预期的定义，我国学者有较为清晰的表述，但尚未获得广泛认可，如表 3-1 所示。

综合表 3-1 中众多定义，这里对消费预期的关键要义表述如下：①反映了消费者对未来经济发展趋势的看法；②与消费者的消费决策相关；③是在对经济变量现在值的评估基础上，针对未来值所进行的预测；④消费者目前已有的心理基础是影响预期形成和发展的关键。

一般认为，消费预期具有以下特点：

1) 主观性。一方面，居民的估计和主观判断基于个人既有的经验、知识及能力，在收集影响预期变量的诸多信息时，这些因素会影响决策人对信息的取舍

表 3-1 我国学者关于消费预期的定义

学者	年份	定义
黄国石	1997	消费者预期通常被认为是经济活动者为谋求个人利益最大化而对与经济决策有关的不确定因素进行的预测
严寒冰	2000	消费预期是指公众对社会经济前景的一种预测或期望
孙元明	2001	消费者预期是在特定经济环境中，消费者以过去的知识、经验、习惯和对现在经济环境的看法为基础，对将来的经济形势、发展速度、物价状况、经济政策等直接影响和制约个体消费行为、储蓄行为和投资行为的宏观和微观经济因素的一种估计、推测和判断，通常它包含了消费者对经济发展及市场变化的主观期待和愿望，并对其经济行为产生一定的影响
江林	2004	消费者预期是指消费者根据自身掌握的经济形势和经济变量等信息，对未来变化及自身利益得失进行预测、估计、判断和臆想，并受此制约参与商品交换、投资等经济活动的心理与行为现象
江世银	2006	消费预期是经济行为主体对消费前景的预期。这种预期表现为消费者对消费前景乐不乐观、是否充满信心，消费意愿大小等
王启云	2007	消费预期是消费主体对经济决策有关不确定因素进行预测的心理活动过程
杨宏、刘红	2010	消费预期是消费主体在对市场和经济状况做出判断情况下的消费倾向

资料来源：根据相关文献整理。

（乔臣，2010）；另一方面，不同的预期主体对于同一预期对象会有不同的预期（李昊和王少平，2011）。

2）动态性。居民对预期的预测是动态调整的。现实生活中，影响预期的未来经济环境不断变化，信息不断更新，新的预测技术不断出现，因此居民对于预期变量的预测就会在时间过程中不断做出调整（李晓玉，2008）。

3）群体性。部分消费者对于经济现象和经济政策的预期，可以通过信息传输纽带快速传播，对其他消费者的消费决策产生影响（严寒冰，2000）。最终，个体心理行为活动往往变成群体心理行为活动，即由个体预期变为全社会预期，形成同向预期。

4）可调节性。社会公众可以根据宏观经济环境（政策策略、战略步骤和方法，政府的态度和政策走向等）的变化，适时调节自己的预期和预期行为，以适应未来形势发展的预期（严寒冰，2000）。

（2）消费预期的维度划分与测量

石文典（2001）编制了由 20 个诊断性项目和 5 个基本情况构成的《消费心理预期结构问卷》，并据此对北京、上海、深圳等五个城市 1000 多名城市居民进行了调查。研究结果表明，消费预期是由五个因素构成的，包括宏观经济形势预期、个人生活与收入预期、政府经济政策预期、物价走势预期和突发事件预期。根据 Cattell（1996）的观点，前两个因素在五个因素中居于核心地位。

孙元明（2001）按照消费者预期层次及组成的提示，编制了《中国消费者心理趋势调查问卷》(英文简称 CCPT)，按照“现在”、“过去”和“将来”分为三大类，并根据问卷内容概括为物价、就业、形势、政策和地位变化五个部分。研究表明，消费者对于消费时机的选择、消费偏好的改变和消费倾向都受到预期水平高低的影响；同时，消费预期水平高低将直接影响消费者购买大件耐用品的多少。刘勇（2003）就“非典”事件给社会带来的影响自编问卷，对重庆市居民进行了实证调查，得出居民消费预期总体不乐观的结论。

以上学者对于消费预期进行测量的维度有相似之处，但由于研究角度不同，在具体变量的表述上仍存在部分差异。考虑到实际可操作性、与现实的吻合程度及研究的科学性，石文典（2001）的划分维度更具有代表性，即将消费预期分为宏观经济形势预期、个人生活与收入预期、政府经济政策预期、物价走势预期和突发事件预期五个维度。

1）宏观经济形势预期。宏观经济形势预期作为消费预期的维度之一，主要指居民对当前就业、经济等一系列宏观经济形势以及宏观经济形势给居民生活带来的重大影响的预期。它通过影响价格、收入、支出预期来影响即期消费（井虹和傅春寿，2001）。宏观经济形势的不良预期对未来生活的影响表现为“谨慎”的消费现象：企业慎投，银行慎贷，居民慎购（王启云，2000）。

2）个人生活与收入预期。居民的消费水平不仅取决于其即期收入，而且也受到预期收入的影响，预期未来收入的增长速度下降或对预期收入的稳定性不能确定，都会导致居民消费预期的变化（江世银，2010）。消费者如果预期未来收入增长，就会增强消费信心，扩大当前消费。反之，消费者如果预期未来收入不稳定，就会厉行节约，抑制即期消费，增加储蓄。一般来说，预期支出增加，消费者往往不得不增加积累或储蓄，减少即期消费，以满足未来支出增加的需要；而预期支出减少，减轻了居民积累或储蓄的压力，从而导致储蓄减少和即期消费支出的增加（王启云，2007）。

3）政府经济政策预期。消费主体会通过各种渠道了解国家的政策信息，以期对未来宏观经济举措有所了解，这种信息的获取和解读会成为消费者预期变化的影响因素（乔臣，2010）。如果消费主体认为政府政策相对稳定，消费主体的心理承受力将大大增强，对政府的信赖度将提高，从而形成合理消费预期；反之，消费预期将大大受挫（乔臣，2010）。

4）物价走势预期。物价预期是消费预期的重要维度（王启云，2007）。消费主体对未来商品价格的估计和判断会制约消费预期。一般来说，预期价格上升，消费者会产生扩张性消费倾向，增加现期消费；反之，紧缩性消费倾向会促使消费者减少消费（乔臣，2010）。

5）突发事件预期。作为消费预期的重要维度，突发事件预期会对消费预期产生一定影响。市场发育越成熟，市场化程度越高，信息渠道越通畅，公众获得的信息则越客观越全面，信息获取成本也越低，由此，公众对突发事件形成的消费预期也会越符合实际。

（3）消费预期对消费意愿及消费行为的影响机制

消费预期是影响消费意愿的重要因素。首先，消费预期影响消费需求。换言之，消费者对消费时机的选择、消费偏好的改变以及进一步消费的倾向都受到消费预期水平高低的影响（孙元明，2001）。由 Engel、Kollat 和 Blaekwell 于 1968 年共同提出的恩格尔—科拉特—布莱克威尔购买行为模式（EKB 模式）认为，消费者的预期、态度与规范共同影响购买意愿，进而影响购买选择和购买结果（王敏，2011）。孙元明（2001）指出预期水平的高低直接制约消费者大件耐用消费品购买量的大小，消费者预期水平越低，消费行为越趋于平淡，购买大件耐用消费品的数量就越小。

其次，消费预期影响消费者信心。消费者信心是建立在预期基础上的，消费者对未来个人收入状况及社会增长前景的展望，也是消费者对未来消费趋势的综合性、整体性的态度反映。对未来社会经济增长及个人收入状况的乐观预期，可以提高消费者的信心；反之，对未来的悲观预期，则会导致消费者的信心降低（江林，2004）。

再次，消费预期影响边际消费倾向。影响边际消费倾向的因素较多，除了较为稳定的习俗、宗教、教育、种族等因素外，对未来收入、未来支出以及经济走势的预期是更具影响力的动态因素（江林，2004）。消费者的支出预期对边际消费倾向影响较大，因为支出预期直接导致消费数量和结构的变化，进而影响消费者的边际消费倾向。

最后，消费预期影响群体性消费行为。随着经济的快速发展、居民消费水平的逐步提高，消费预期呈现盲目化、年轻化、超前化的倾向，这些都进一步放大了消费预期的群体效应（杨宏等，2010）。而当消费预期的群体性被放大后，其影响范围和深度将远远超过单个消费者，可能会使大多数消费者或某一群体消费者的消费行为具有一定的指向性（孙元明，2001）。在这种情况下，消费者群体预期会发生“共振效应”，进而对经济发展形势产生重大影响，特别是当消费者群体对于个人收支状况和未来经济形势的判断与宏观政策指向不一致时，作为预期主体，消费者群体会成为反向力量，使政府的宏观干预政策无法达到预定目标。

综上所述，消费预期对消费行为的确具有重要影响。从个体角度来看，消费预期通过影响消费者的消费需求、消费信心和边际消费倾向，进而对个体消费行为产生影响；从群体角度而言，消费预期因为具有群体性，所以在群体消费行为中更容易产生“共振效应”，进而对群体消费行为产生影响。但是，当前关于消费预期的研究主要集中在其对宏观经济变量的影响方面，很少从居民个体心理层面就消费预期对消费意愿和消费行为的影响进行研究。并且，由于研究方法和手段等原因，对消费预期的研究仍有不足，主要表现在以下方面：第一，在研究方法上，研究消费预期的方法多采用一定规模的调查，各个研究之间缺乏一致性和连贯性，极少有大规模且具有代表性的调查研究；第二，消费预期与消费者其他消费心理之间是否存在相互影响的关系仍有待探讨，后续研究可以着眼于将消费预期与其他消费心理相结合，研究其对于居民消费意愿以及消费行为的综合影响。

3.2.2.4 消费信任对消费意愿的影响研究

（1）消费信任的含义

在社会科学中，信任被认为是一种依赖行为，一方（Trustor）愿意相信依赖另一方（Trustee）（Mayer、Davis 和 Schoorman，1995）。关于信任的比较经典的观点是 Rotter 于 1967 年提出的，他认为信任是个体对另一个个体所抱有的一种期望，认为另一方是可以依赖的（Rotter，1967；Morgan 和 Hunt，1994；Warrington 等，2000；Ou 和 Sia，2010）。在此基础之上，Morgan 和 Hunt（1994）对信任的定义进行了完善，认为信任是在交换过程中，一方对另一方的可靠性和品质有信心（Morgan 和 Hunt，1994；Garbarino 和 Johnson，1999）。Doney 和 Cannon（1997）进一步将信任分为了两个维度：第一个维度是指被信任者客观的可信性，即信任者认为对方的言语或者书面声明是可以信任的；第二个维度是善意，善意让信任者确信被信任者不会做出伤害自己的行为且会保护自己的利益。进一步来讲，即被信任者不以自利为导向，而以信任者或共同利益为优先，善意可以看成是人际信任产生的关键（Doney 和 Cannon，1997；Gulati，1993）。

国外学者关于信任的研究涉及很多方面，通过总结有关信任研究方面的文献，可以将信任的定义进行汇总，如表 3-2 所示。从这些概念界定来看，信任可以看成是由信任信念（Trust Beliefs）和信任意向（Trust Intentions）两部分组成的（Moorman、Deshpande 和 Zaltman，1992）。信任信念是一种主观感知，即相信对方是可靠的并且是非常正直的（Doney 和 Cannon，1997），相信对方所采取的行动将会对自身产生积极的结果，对方不会采取导致消极结果的意想不到的行为（Aderson 和 Narus，1990；Morgan 和 Hunt，1994）。信任意向是基于对其他个体能力、善意与正直方面的信任信念，个体愿意承受由其他个体所带来的风险（Mayer、Davis 和 Schoorman，1995），即个体信任依赖对方，愿意承担风险和不确定性（Abosag 和 Lee，2012）。

（2）消费信任的分类

许多学者基于信任产生的基础提出了相应的分类。比如，Gulati（1995）认

表 3-2 信任的定义

核心	研究	信任定义	研究对象
信心（Confidence），即认为对方是无害的、可靠的	Rotter（1976）	信任是一个个体对另一个个体所抱有的一种期望，认为另一方是可以依赖的	社会生活
	Moorman、Deshpande 和 Zaltman（1993）	信任可以看成是由信任信念和信任意向两部分组成的，完整的信任是指一方相信另一方是可靠的，并且有意愿去依赖对方	商业关系
	Morgan 和 Hunt（1994）	信任是在交换过程中，一方对另一方的可靠性和品质有信心	关系营销
	Jones 和 George（1998）	信任指的是一种信心，即相信别人是无害的，不会损害自我的利益	团队合作
	Doney 和 Cannon（1997）	信任有两个维度：第一个维度是指被信任者客观的可信性，第二个维度是善意	买方与卖方关系
	McKnight、Choudhury 和 Kacmar（2002）	与能力、善意、诚实、可预测性相关的信任信念，这种信任信念会导致个体的信任行为	电子商务
期望（Expectation），即对对方行为的积极预期	Aderson 和 Narus（1990）	信任是一种期望，即一方相信另一方所采取的行动将会对自身产生积极的结果，不会采取导致消极结果的意想不到的行为	制造商与分销商关系
	Mayer 等（1995）	信任是基于对其他个体在能力、善意与正直方面的信任信念，个体愿意承受由其他个体行动所带来的风险	组织环境下的人际信任
	Gulati（1995）	信任是一种心理状态，这种状态是由基于对他人行为或意图的积极预期、个体愿意承受风险的意图组成的	家庭关系

资料来源：根据相关文献整理。

为信任分为两种：一种是基于知识的信任（Knowledge-based Trust），即通过多次的接触形成了对对方的熟悉，这种信任大多是建立在较强的认知和情感的基础之上的；另一种是基于威慑的信任（Deterrence-based Trust），这种信任强调功利主义，相信合作伙伴会采取可以信任的行为。Abosag 和 Lee（2012）将信任分为能力信任和情感的信任。此外，Kramer（1999）在研究组织的信任与不信任时，将组织中的信任分为了六种不同的类型。其中倾向型信任（Dispositional Trust）指的是个体依据以前与信任相关的经验，建立自身对其他人的一种普遍的共性的观念，类似于居民的第一印象；基于历史的信任（History-based Trust）即居民判断被信任方是否可信，是否愿意采取信任的行为，依赖的是他们在过去的交往中接触的次数与经历；第三方推荐信任（Third Parties as Conduits of Trust）是一种关于被信任方的二手知识，这种信任的建立基于第三方的推荐或者从第三方得到的信息；基于类型的信任（Category-based Trust），根据被信任者的信息来确定被信任者的群体和组织类别，以此来建立信任；基于角色的信任（Role-based Trust），在组织中，当我们依赖其他人做出相关决策时，相较于这个人的能力，我们更看重的是这个人在组织中所处的特定位置；基于准则的信任（Rule-based Trust）并不是有意识计算的结果，而是在一个组织中，组织的行为准则对于适当行为的一种界定，这种准则是组织成员都要遵守的。

随着网络的普及和购物环境的网络化，学者们提出消费信任的产生机制会出现差异。Lu 等（2010）认为在网络购物的环境中有四个方面的因素影响了消费信任：第一是基于知识的信任（Knowledge-based Trust），即认为居民总是倾向于相信他们所熟悉的个人或群体，基于先前不断的接触和交换行为所收集到的信息，个体可以对对方的行为进行预测；第二是基于特征的信任（Characteristic-based Trust），即个体在接触中感知到的相似度，同一群体中的个体更容易建立信任，因为他们有着某种共同的知识；第三是基于机制的信任（Institution-based Trust），即正常环境和对个体隐私与安全性的保障；第四是基于本性的信任（Personality-based Trust），指个体相信某人或不相信某人的倾向性。

（3）消费信任的影响因素

本书通过对文献的梳理与回顾，发现影响消费信任形成的因素也是多方面的，主要的客观因素包括组织因素和一线服务提供者的个体特征。其中，组织因素包括品牌实力和组织声誉（Smith 和 Barclay，1997；Bart 等，2005）；组织结构、组织文化、组织位置（Moorman 等，1993）以及组织政策（Sirdeshmukh 等，2002）；组织战略水平、控制系统以及组织目标等（Smith 和 Barclay，1997）。一线服务提供者的个体特征主要包括提供者的能力（Sirdeshmukh 等，2002）、在组织中的地位（Moorman 等，1993）等，其中能力是在重复交易中建立信任的一个先决条件。另外，在研究消费者在线信任的影响因素时，Bart 等（2005）认为网站的安全性、导航与展示以及订单完成度等会影响消费者对于该网站信任的建立。

主要的主观因素包括一线服务人员的可靠性以及善意（Ganesan 和 Hess，1997）、真诚（Warrington 等，2000）等业务态度（Sirdeshmukh 等，2002）。除此之外，主观影响因素还包括消费者的经验（Moorman 等，1993），比如个体对组织、产品或服务的熟悉度（Bart 等，2005），消费者的价值观、态度以及情绪和情感（Jones 和 George，1998）。其中，态度对信任建立的影响主要集中在两个方面：一是对个人或组织形成的知识结构，对特定群体的特定印象，比如个体满意度等（Garbarino 和 Johnson，1999）；二是通过怎样的方式与他人相处。

（4）消费信任对消费行为和意愿的影响

消费者对企业的信任会随着接触时间的增加和重复的接触经历而不断地发展（Koufaris 和 Hampoton，2004），而最终建立起的消费信任则决定了消费者是否会在未来与卖家再次接触（Koufaris 和 Hampoton，2004）。

目前随着网络购物的兴起，越来越多的研究聚焦于消费信任和感知风险等其他因素相互作用下对网络购物意愿的影响关系。过往研究表明，消费信任是网络购物意愿的决定因素，信任能够降低网上交易风险和技术风险，形成积极的购买意愿（赵冬梅和纪淑娴，2010；Donna，2006），而对网站缺乏信任的消费者往往不愿意在网上进行交易（胡保玲和云乐鑫，2009）。Mcknight、Cumings 和 Chervany（1998）提出感知风险是消费信任和购买意愿的调节因素，即在不同感知风险水平下，消费信任对于行为的影响效应有所不同，当环境风险越高的时候，消费信任对行为态度和行为意图的影响越大，反之亦然。

综上所述，消费信任对于购买意愿具有重要影响。随着信任的发展，消费者对于卖方的信任会从简单的认知层面跃居到更高级的情感层面上，同时感知风险对购买意图的影响会越来越弱，从而有利于形成积极的购买意愿。

3.2.2.5　生活方式对消费意愿的影响研究

（1）生活方式的含义

生活方式的概念与研究最初起源于心理学领域，是指个人认知于一定的社会、文化空间下所显现的外在形态。生活方式有四个特点：第一，生活方式是一种群体现象；第二，生活方式覆盖了生活的各个方面；第三，生活方式反映了一个人的核心生活利益；第四，生活方式在不同人口统计变量上表现出差异（Lazer，1963）。从生活模式角度来说，生活方式则包括态度、信念、意见、期望、畏惧、偏见等特质，也反映在对于时间、精力、金钱的支配方式上。

在营销领域，研究者主要关注生活方式对于居民消费行为的影响，即在资源有限的情况下，个人或群体如何分配资源以反映其活动、兴趣、意见等方面的特征（Wells 和 Tigert，1971）。可以说，生活方式是一种关于居民如何生活的综合性概念，包括日常生活购买何种产品、如何使用、如何看待，以及对产品的感觉如何。

（2）生活方式的测量

就生活方式的测量而言，AIO 法以及 VALS 量表具有较强的可操作性，而且可以更加深入细致地探察消费者生活特征与购买行为之间的关联，因此获得较为广泛的认可与采用。

AIO 量表的基本思想认为，个人关于其活动、兴趣及观念的差异能够反映个体对时间、金钱以及精力的支配差异（Wells 和 Tigert，1971）。因此，可以通过考察消费者在活动、兴趣以及观念这三个维度上的差异来测量和评价消费者的生活方式。其中，活动（Activity）是指某种具体的行动，例如购物消费，与亲友进行产品信息的交流等；兴趣（Interest）是指居民对某些事件或主题的兴奋程度，可使居民产生特殊且持续性的注意；观念（Opinion）可用于描述居民对事件的解释、期望和评价，例如对他人信赖的程度，对不同行动计划的评估等。随后，

Plummer（1974）提出将生活方式与市场细分相结合，并将人口统计变量引入AIO量表中。修正后的AIO量表中包含活动、兴趣、观念和人口统计变量等四个主要维度及36个子维度（见图3-1）。

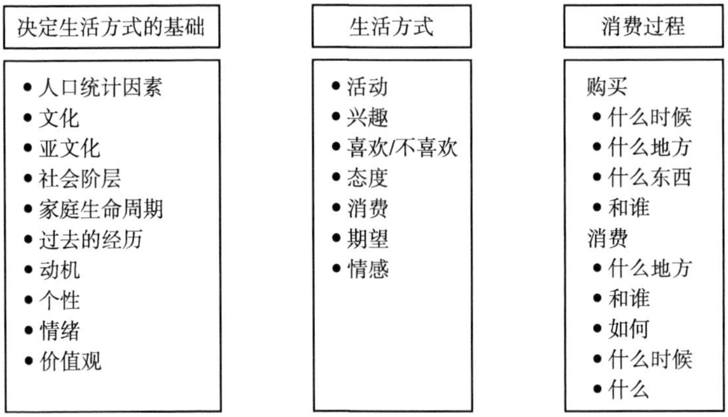

图3-1　生活方式与消费过程的交互影响

资料来源：德尔·I. 霍金斯等. 消费者行为学（原第8版）[M]. 符国群等译. 北京：机械工业出版社，2003.

VALS（Values And Lifestyles）量表是Mithchell（1978）基于大约1600户美国家庭的调查研究而设计的。最初的VALS量表将消费者划分为四种类别，即需求导向群、外在导向群、内在导向群和上述三种的整合群。1989年VALS被修改为VALS2，VALS2在两个层面进行测量。第一个层面反映个人所追求的目标和行为的种类，识别了三种主要的自我取向：原则取向、身份取向、行动取向。第二个层面是资源，涉及心理、体能、人口统计因素和物质手段等各个方面。VALS2将美国成年人划分为8个消费群体，即实现者（Actualized）、完成者（Fulfillers）、信奉者（Believers）、成就者（Achievers）、奋斗者（Strivers）、制造者（Makers）、体验者（Experimenters）和挣扎者（Strugglers），并在西方国家得到广泛应用。

由于中国与西方国家在文化、价值观、经济发展程度以及社会结构等方面存在较大差异，因此中国消费者生活方式的划分不适于完全套用西方学者的做法。为了更真实地反映中国居民的生活方式及群体特征，国内许多学者进行了实证研究，其中，既具有理论基础又能提供广泛应用性的社会分层结构范式的是东方E-ICP量表与China-VALS量表。

E-ICP（Eastern Integrated Consumer Profile）量表由中国台湾的东方广告公司设计开发。研究者们从2000年中国台湾消费者营销数据库中，抽取1200位20~64岁消费者样本，以因子分析与聚类分析归纳他们的生活方式与消费习惯后，整理出中国台湾成年人的六种生活方式群体：台湾牛——规律守份族、逍遥马——逍遥自在族、水獭——认真生活族、无尾熊——沉默顺从族、花蝴蝶——积极活跃族、云豹——自主反动族。

China-VALS 量表在借鉴西方研究成果的基础上，就中国消费者的分群、价值观、生活方式及社会分层等市场细分理论及应用进行了深入的探讨，并通过全国 30 个城市的 70684 位消费者的入户调查，将中国消费者分为 14 个族群（见图 3-2），其平均正确判别率为 93.7%，11 项分群指标的累积贡献度为 61.38%（吴垠，2004）。

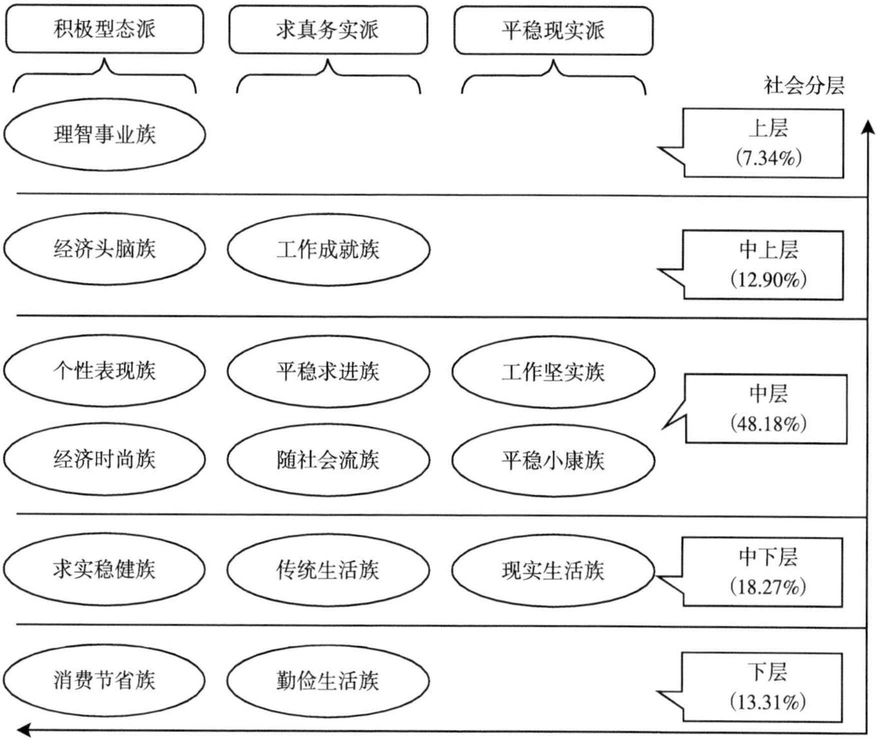

图 3-2 消费者的分群与社会分层结构（China-VALS）

资料来源：吴垠. 关于中国消费者分群范式（China-VALS）与应用研究［C］. 第四届中国经济学年会，2004.

以上各种衡量方法或工具具有相同的理论基础，只是在不同的应用环境下具体分类方法有所不同。因此，就研究生活方式对消费意愿的影响而言，各种测量工具并没有本质上的区别，即根据研究的实际需要选择即可，同时应注意在具体应用环境下对各测量工具进行适当调整。

（3）生活方式与消费行为和意愿的关系

国外学者对生活方式与消费行为的关系研究起步较早，他们通过大量实证研究证实了生活方式与消费行为的关联。例如，Plummer（1971）认为在信用卡消费的心理特征上，信用卡消费者和非信用卡使用者在生活方式上存在明显差异，相较于后者，前者更文雅、活跃，更富冒险精神，并且属于高阶层、高收入人群。有学者比较分析了家庭女性和职场女性不同的生活方式及消费意愿、决策等的差异，认为特定的生活方式可能对应特定的消费选择。他们在对手机消费市场的研究中发现，生活方式之“时尚品味”会促使消费者愿意付出更高的价格并增加购买频次，“中庸内敛”会降低消费者的消费、更换频率，但对支付水平的影响不显著，“完美主义”型消费者则十分注重消费的层次和档次，且同时有较低的购买频率，这与信贷等超前消费中的心理特征对应特定的生活方式类型是一致的（潘煜等，2009）。吴垠（2004）在《关于中国消费者分群范式（China-VALS）与应用研究》中按照不同的生活方式将中国消费者分成 14 个族群，每一族群都归结出不同的消费模式。例如，“经济头脑族”具有较强的经济意识，消费时货比三家，冒险性强，家庭观念弱；“求实稳健族”则更加实际，喜欢自主行事，注重平面媒体信息，不在意广告，购物时较多看重包装；“消费节省族”消费十分谨慎，购物时“货比三家”，理财较为保守，不注重品牌等。每一族群都有自己比较鲜明或突出的群体特征，包括其消费观念和消费习惯，因此可以据此来对普通消费者进行较为全面的细分。

总之，国外主流观点一般认为生活方式主要通过影响一个人的需求及态度，进而影响其消费行为，即消费者所追求的生活方式通过影响其消费需求与欲望来影响其购买和使用行为。国内学者也持有类似的观点，即认为当消费者从事消费行为时，会根据个人的生活方式，也就是其支配时间及金钱的方式，再加上个人人格特征及价值观，决定其要选择的产品及所追求的效益，进而也就形成其个人特定的消费方式。因此，生活方式对消费意愿具有重要影响，可以作为判断消费者的消费意愿及购买行为的依据。

3.2.2.6　参照群体对消费意愿的影响研究

（1）参照群体的含义

作为社会和文化结构下的消费者，其消费行并不完全是个人的独立选择，还会受到个人所归属或向往的群体的影响。群体通过展示他们的行为和生活方式，来影响消费者自我概念的发展、价值观及态度的形成，从而使其产生服从或反抗的行为（Bearden 和 Etzel，1982）。在消费决策过程中，虽然消费者本身的认知起到了主导作用，但其他外部因素也会影响消费者对产品的感知以及购买意愿的产生，其中就包括了参照群体对消费者的影响。

参照群体这一概念最早是由 Hyman 提出的，是指那些在心理层面上显著影响一个人态度和行为的群体或群体成员们（Bearden 和 Etzel，1982）。在消费情境下，参照群体会对个体的信念、态度以及决策产生关键性影响（Moutinho，1987；Lessig，1977），这种影响主要基于个体在自我评估和形成态度时会将该群体作为参照和比较对象，从而使自己的行为结果与其趋于一致（Escalas、Edson和Bettman，2003；Webste和Faircloth，1994）。参照群体不仅包括朋友、亲人等与个体有相关接触的个人或群体，也包括没有直接接触的或想象中的，但是会对个体产生影响的个人或群体（Moutinho，1987；龚振和李菡，2007）。

（2）参照群体的类型

参照群体可以分为成员群体和非成员群体两大类（Escalas和Bettman，2003，2005）。其中，非成员群体包括渴望群体（Aspiration Reference Groups）、规避群体（Dissociative Reference Groups）和中性群体（Neutral Reference Groups）（杜伟强、于春玲和赵平，2009）。

成员群体（Membership Reference Group），是指个人当前归属的参照群体，例如家庭成员、亲戚朋友、同学同事等。这类群体会展示给居民具体的行为和生活方式，从而影响居民自我概念的发展，传递给居民有关价值和态度的信息，令居民产生遵从群体规范（Group Norms）的压力。

渴望群体，是指个体不具有成员身份，却渴望归属或效仿的参照群体。渴望群体通常由那些与消费者有共同志趣的各界名人组成，他们的声望、地位或名声远远超出普通消费者。渴望群体通过使消费者与之进行比较而加强了可能自我，并在一定程度上影响消费者对自我的期待，从而促使消费者产生模仿、跟从等行为（Maclnnis和Chun，2006）。

规避群体，又称消极参照群体，是指个人不希望与之相关联，不愿意被识别为其成员的群体（Englis和Solomon，1995；White和Dahl，2008）。消费者通常不会购买那些与规避群体的典型特征相关的产品，以此表明与该类群体划清界限，不愿与其为伍（江林，2007）。

（3）参照群体影响的测量

目前，学术界广泛使用的测量参照群体影响的量表有2个，分别是Park和Lessig（1977）14个题项的3维度量表以及Bearden、Netemeyer和Teel（1989）12个题项的2维度量表。

Park和Lessig（1977）的量表主要用于测量在特定产品决策中信息性影响、功利性影响和价值表达性影响的程度。该量表以学生为样本对问卷进行再测信度检验显示，14个题项前测与再测结果的相关系数为0.56~0.91，且在0.001水平下均显著。而Bearden、Netemeyer和Teel（1989）的量表则主要用于测量消费者受参照群体影响倾向的个体特质。在这个2维度结构下，规范性人际影响由8个题项构成，结构信度Alpha系数为0.82，再测信度为0.75；信息性人际影响由4

个题项构成，Alpha 系数为 0.88，再测信度为 0.79。

上述两个量表的差异在于它们关注的侧重点各有不同。Park 和 Lessig（1977）关注消费者进行产品和品牌决策时所感知到的参照群体影响程度的大小。而 Bearden、Netemeyer 和 Teel（1989）则关注消费者受参照群体影响程度的个体差异（姜凌、王成璋和姜楠，2009）。在实际的消费行为研究中，需要视具体研究目的来选择量表，但前者的量表在实证研究中被更为广泛地使用。

（4）参照群体对消费意愿的影响研究

Park 和 Lessig（1977）基于 Deutsch 和 Gerard（1955）的研究，将参照群体对消费意愿的影响方式划分为三类，即信息性影响（Informational Influence）、规范性影响（Utilitarian Influence）及价值表达性影响（Value-expressive Influence）。

参照群体的信息性影响产生于消费者希望在信息充分的条件下进行决策的愿望（Bearden 和 Etzel，1982）。当消费者对某种产品或服务不了解或不确定时，消费者会积极地收集相关信息，观察那些他们认为是“产品专家”的人的消费选择行为，或依据形象代言人来推断品牌质量（Park 和 Lessig，1977）。信息性影响消费者的购买决策过程包括对产品的评价（Cohen 和 Goldenk，1972）以及产品或品牌的选择（Bearden 和 Etzel，1982）。如果来自参照群体的信息增加了消费者对于特定产品或服务的相关知识，或提升了消费者处理不确定性购买决策的能力，参照群体就对消费者产生了信息性影响（Park 和 Lessig，1977）。

消费者总是处于一定的社会环境中，因此会受到来自周围群体的压力，从而被迫在消费决策时遵从某些社会规范。因此，消费者在消费产品或选择品牌时，会积极迎合所在群体的期望，以便得到群体的认可和赞同，或是避免因超出群体的期望而受到群体的惩罚，这时参照群体就对消费者产生了规范性影响（Park 和 Lessig，1977）。

一方面，参照群体的价值表达性影响可以通过满足消费个体的自我提升需求实现，即消费者通过模仿其所向往的参照群体来与之建立联系，或是给别人留下自己属于该群体的印象，从而借助该群体的形象来表达自我并提升自我形象（Bearden、Netemeyer 和 Teel，1989）；另一方面，参照群体的价值表达性影响也可以通过满足消费者在心理上隶属于某个群体的需求来实现，即消费者通过参与某参照群体做出一致的品牌选择等决策，来对该群体做出积极的反应（Park 和 Lessig，1977）。

3.2.2.7 心理账户对消费意愿的影响研究

心理账户的研究开始于 20 世纪 80 年代。国外关于心理账户的研究成果十分丰富，但是并没有形成完整的体系，也没有一个广泛认可的研究范式。国内关于心理账户的理论研究则十分零散，主要集中在应用经济研究领域。

（1）心理账户的内涵

1981 年，Kahneman 与 Tversky 在 *Science* 杂志发表文章，首次使用了“Psychological Account”（心理账户）的概念。为了形象而简洁地解释什么是心理账户，Kahneman 在 1981 年研究人类选择判断过程的心理认知规律时，进行了“音乐会”实验，发现了一个有趣的现象：在同等价值的金钱损失情况下，居民的行为选择完全不同。由于传统的理性决策模型无法解释这一实验结果，Kahneman 推测，可能是因为居民在估价一个选择的得失时，把相同价格的钱放在不同的心理账户里运算（Tversky 和 Kahneman，1981）。换言之，居民对于某一结果的评估，不仅只是从动作直接结果的角度来描述（Kahneman 和 Tversky 称之为“简单账户”），还有可能综合考虑这一动作与其他行为的先前关系（Kahneman 和 Tversky 称之为“综合账户”）。Kahneman 认为，心理账户是居民在心理上对结果（尤其是经济结果）的分类记账、编码、估价和预算等过程（Tversky 和 Kahneman，1981）。心理账户的原则之一是居民往往把不同种类的金钱分组和贴上标签，还把不同来源的资金和不同的费用支出进行标记（Heath 和 Soll，1996；Shefrin 和 Thaler，1988）。心理账户具有非替代性，这种非替代性主要表现在以下三个方面：①财富来源不同导致心理账户之间存在着非替代性；②不同消费支出类别的设立导致不同心理账户之间存在着非替代性；③不同的储存方式导致心理账户之间的非替代性（Thaler，1985）。

（2）心理账户的结构

国内外学者对于心理账户的构成维度进行了探讨，其成果可归纳为下表（见表 3-3）。

表 3-3 国内外学者对于心理账户结构的划分

学者和年份	划分标准	具体结构
Shefrin 和 Thaler （1988）	生命周期	当前收入账户、当前资产账户和未来收入账户
Henderson（1992）	财富来源	赠礼、偶然所得、彩票、工作奖金、归还的欠款、销售款、遗产等
Kahneman 和 Tversky （1992）	包含水平	最小账户、局部账户和综合账户
Kivetz（1999）	收入来源	固定收入和意外之财
Thaler（1999）	消费支出	日常消费品支出和奢侈品支出
Heath 和 Soll （1996）； Soman 和 Lam （2002）	费用支出	服装、食品、娱乐
李爱梅（2004）	财富来源、支出类别、存储方式	3-4-2 结构

资料来源：根据相关文献资料整理。

（3）心理账户的理论基础

心理账户的理论基础包括沉没成本效应、损失规避效应、禀赋效应、交易效用偏见、支付贬值效应等。

沉没成本效应（Sunk Cost Effect）指居民在决定是否做一件事情的时候，不仅看这件事情对自己有多大的利益，而且也看过去自己在这件事情上有多大的投入。那些已经发生、不可收回的支出如时间、金钱、精力等就是“沉没成本”（Thaler，1980）。

损失规避效应（Loss Aversion Effect）指居民在决策时，对损失的体验比对获益的体验更为敏感，因此，同样一件东西，居民失去它所经历的痛苦要大于得到它带来的快乐。为了尽量避免损失，居民在面临损失的情况下是风险喜好的，在面临获得的情况下是风险规避的（Kahneman 和 Tversky，1984）。

禀赋效应（Endowment Effect）指这样一种情况：个体会极力避免损失，因而当个体要卖掉他拥有的某物时，他的要价要高于为得到同样的东西而愿意出的买价。这种因为拥有或仅仅因为属于自己而使物品增值，从而导致其卖价高于买价的现象，称为禀赋效应（Thaler，1980）。

交易效用偏见涉及一次交易所能带来的感知价值，它是基于商品实际价格和商品参考价格之间的差别所形成的。通俗而言，交易效用偏见也称为合算交易偏见，这种偏见的存在常使人们做出不够理性的购买决策（Thaler，1985）。

支付贬值效应（Payment Depreciation）指消费者会随着时间的流逝逐渐地适应于先前的沉没成本的支出，这种适应性即“支付贬值”。消费者在购买一样产品时，在内心会打开一个心理账户，记录为“损失”，随着时间流逝，个体会逐渐适应这种损失，即消费者对支付的心理感知随时间递减，先前交易的支付在消费者心中是不断打折扣的（Kantamneni 和 Coulson，1996；Gourville 和 Soman，1998）。

（4）心理账户与消费意愿的关系

1）心理账户与消费多少的相关研究。传统的经济理论认为，额外收入的存在会导致总的收入效应，从而增加所有商品的消费。但心理账户理论认为，并不是个人财富的绝对增加会导致消费，不同来源的收入带给居民的心理感受不一样，由此引发的消费多少也是不同的。比如，对于买彩票所得或者礼物所得，比起加班或工作奖金所得，居民往往表现出较高的边际消费倾向。居民会把意外货币流入认为是利得，相较于计划内的收入其会显示出较高的边际消费倾向。当居民得到预计外收入的时候，更有可能放弃沉没成本，追求另类的行为（Thaler 和 Johnson，1990；Soman 和 Cheema，2001）。

另外，有学者将心理账户分为当前收入、当前资产与未来收入三个种类，学者们对哪一类账户对当前消费影响最大的研究得出的结论并不一致。Shefrin 和 Thaler 发现，当前收入对消费的影响最大，而 Karlsson、Gärling 和 Selart（1999）却认为居民更倾向于从当前资产中进行消费，也就是说当前资产对居民消费的影响最大。学者们得出相反结论的原因可能与被试所置身的文化环境有关。

2）心理账户与消费类别的相关研究。研究表明，居民在消费时会被心理账户的种类所影响。当决定未来花销的时候，居民会为不同的消费设置预算，通过为不同的消费类目设置心理预算，可以使居民产生“穷鬼”和“大富翁”的认知错觉，因此常常出现消费不足和过度消费的消费误区（Heath，1999；陈乾鑫和孙晓敏，2011）。而且，居民在某一特定心理账户种类的节省和花费会影响同一种类的花费。先前在该心理账户种类中的花费与当前时间间隔越近，压抑同类账户的消费的趋势就越大，将来在这一种账户的支出就越少。从一个心理账户种类中节省下的钱更有可能在同一种类商品上支出（Henderson 和 Peterson，1992；Soman 和 Lam，2001；Heath 和 Soll，1995）。例如，从价格促销上节省下的钱更有可能花费在冲动性产品的购买上，消费者对价格折扣所带来的现金收益会产生更大的边际消费倾向。与现金相比，优惠券大多会用于同种类产品的消费或者享乐型产品的消费。

（5）心理账户特征的影响因素

学者们进一步探讨了影响心理账户特征的因素。研究发现，个体差异能够影响心理账户的基本特征；消费类别的模糊性能够影响非替代性与预算控制，心理账户的预算有时也并不那么严格，当面临有吸引力、归类模糊的消费选项时，居民就会根据自己的需要将消费项目灵活地归入不同的账户；价值原始水平、语义紧密程度、评价方法对局部账户具有显著影响。此外，人际关系与性别、生活地区对心理账户的影响存在值得注意的交互作用。在不同时间点上，不同的人际关系与心理账户的关联具有相对稳定性；厌恶债务，进而推迟偿还是导致心理账户现象的重要因素，但是在实际操作时会有折中；心理账户的非替代性显著地受到机会成本的影响，这种机会成本可能是潜在的，也可能是直接的；心理账户关注机会成本，机会成本是具有非替代性的。实际上，心理账户的非替代性在某种程度上源于机会成本的非替代性（周静等，2011）。

从以上研究综述中可以看出，心理账户与消费的关系是十分密切的。心理账户相关理论与研究的出现，很好地解释了经济学中无法解释的某些消费现象，从而开辟了从行为经济学的视角探讨消费者进行消费的原因、机制和途径。现实中，居民的消费行为不仅受到收入因素、环境刺激、需求的影响，同时也受到居民对消费的理性计划与预算的影响。了解心理账户的作用机制，能够更好地分析居民在消费中所出现的看似非理性的行为。

3.2.3 社会文化因素对消费意愿的影响研究

作为消费活动的主体，消费者个体的消费意愿和消费行为不仅受到各种心理因素的影响，同时还受到其所属家庭、社会阶层以及特定社会文化的影响和制约。在一定意义上，家庭、社会阶层等社会文化因素通过影响个体心理而直接或间接作用于消费者的消费意愿。为此，有必要进一步梳理前人关于家庭规模、家庭结构与生命周期、社会分层、社会阶层感知、物质主义倾向、节俭消费观念以及人情、面子等中国特有文化现象与消费意愿关系的研究成果。

3.2.3.1 家庭因素对消费意愿的影响研究

家庭是影响消费者行为的重要因素之一，个体的消费行为不能脱离其所处的家庭。当前，居民越来越认识到家庭对其成员的消费活动产生的重要影响（David，1993）。不仅如此，对于重大的消费和投资活动而言，决策主体往往是家庭而非个人，也就是说，家庭还是一个重要的消费行为主体。因此，研究家庭消费行为及其影响因素，对于更好地把握我国居民的消费特点具有重要意义。

影响家庭消费行为的因素主要有家庭本身和收入（郭庆松，1996），而家庭因素则包括家庭职能、家庭规模、家庭结构、家庭地位和家庭生命周期等。关于影响家庭消费的家庭人口因素的研究主要集中于家庭规模、家庭结构和家庭生命周期这几个因素。

（1）家庭规模对消费意愿和行为的影响研究

家庭规模一般用家庭成员人口数目的多少来表示，一些学者从家庭内部规模经济的理论框架出发来研究家庭规模与家庭消费之间的关系。

已有研究认为，家庭人均消费增加幅度小于家庭规模的增加，存在一定程度上的家庭消费规模经济和公共品现象（Deaton 等，1989；Dreze 等，1989；Lanjouw 等，1995）。也就是说，家庭人口数量越多，消费规模经济越明显，消费产品数量越少。高梦滔和毕岚岚（2010）的实证研究也表明，家庭规模对于农户的消费增长率具有显著的负面影响，家庭小型化有利于提高农户的消费增长率。不过，虽然许多学者认同家庭规模的降低能够提高人均消费增长率，但也有学者提出了不同的意见。一个实证研究表明，无论是对于单亲家庭还是双亲家庭而言，家庭规模与食物总支出、在家就餐支出均呈现显著的正相关关系，但是在衣物、娱乐和阅读等其他家庭消费支出方面，家庭规模的作用却不明显（Mohamed 和 Schwenk，1993）。因此，家庭规模作为一个影响因素究竟对居民消费支出有什么影响，还有待于进一步的实证研究来证明。并且，家庭规模经济应具备的一个前提假设是，小家庭和大家庭应该具有一样的购买能力，但在中国，实际上很难做到。在中国，家庭平均人口数量逐渐降低，虽然商品消费数量大幅增加，但实际上增长并未达到预期水平。总之，在研究家庭居民的消费支出时，家庭规模经常作为一个主要的自变量和收入一起被纳入到研究的回归方程分析中（Houthakker，1957）。

（2）家庭结构对消费意愿和行为的影响研究

家庭结构是仅次于收入的、影响家庭产品和服务支出的最重要的变量（Brown 和 Deaton，1972），不同家庭结构的居民，其消费决策、消费行为模式、消费结构和消费水平会呈现不同的特点。

家庭结构是家庭成员的集合体，通过文化规定的角色，家庭成员在社会许可范围内进行互动，并以一种重复的方式执行家庭功能（Yorburg，1973）。简言之，家庭结构即“一个家庭里包括哪些成员和他们之间的关系”（费孝通，1986）。根据不同代际家庭成员的血缘和婚姻关系，家庭结构可分为单身家庭、核心家庭、主干家庭、联合家庭等不同形式。不过，家庭结构类型不是一成不变的，由于社会的文化规定和家庭功能在一段时间内是不断变化的，因此在一个社会中也存在很多种家庭结构类型（Goode，1963）。比如，当前中国出现越来越多的“非传统家庭”，包括一直未婚的单身家庭、同居情侣家庭、单亲家庭、同性恋户、分居户等（刘艳彬，2008）。

家庭的构成不同，居民的消费决策的制定会产生差异。比如，传统夫妻家庭（首婚）与非传统夫妻家庭（再婚和同居）的居民，在住房消费决策的制定方面会呈现出巨大的差异（McConocha，1993），具有法律婚姻关系的夫妇更倾向于自主决策，而同居夫妇在决策制定时表现出较多的联合性（Razzouk 等，2007）。

家庭结构也会影响消费者的消费态度和消费行为（Aric 等，1997），不同家庭结构类型的居民，由于收入水平和稳定性不同，因此在消费支出的许多方面也有所不同。比如，女性家长家庭和双亲家庭的居民在住房收入弹性方面存在显著差异（Horton 和 Hafstrom，1985）；单亲家庭与正常家庭的居民在住房、食物、交通、服装、娱乐、阅读等方面的消费支出状况上存在着明显差异（Horton 和 Hafstrom，1985；Mohamed 和 Schwenk，1993）。Peter（1988）研究了中国台湾家庭结构和住房消费支出之间的关系，结果显示，相对于单身家庭和核心家庭，扩展家庭的居民倾向消费更多的住房空间。杨学燕和金海龙（2004）发现，三代同堂家庭、两代同堂家庭、夫妻两人家庭的居民和单身家庭的居民在出游时间、计划、方式及对旅游资源的偏好方面都呈现出不同的特点。

（3）家庭生命周期对消费意愿和行为的影响研究

家庭生命周期最初是一个社会学概念，它描述了家庭从形成（从单身到结婚）、扩展（增添孩子）、稳定（家庭人口数固定）、收缩（孩子长大并独立生活）直到解散（配偶的一方去世）这样一个有序发展的过程，其划分一般基于婚姻状况、家庭成员的年龄、一家之主的工作状况等标准。学者们基于不同的考虑曾提出了多种划分方法，比如 6 阶段（郭庆松，1996）、9 阶段（Wells 和 Gubar，1966）、11 阶段（刘欣，1994；于洪彦和刘艳彬，2007）乃至 13 阶段（Murphy 和 Staples，1979）等，其中最受认可的是传统的家庭生命周期类型，即 Wells 和 Gubar（1966）的 9 阶段模型，具体包括：单身、新婚、满巢Ⅰ、满巢Ⅱ、满巢Ⅲ、空巢Ⅰ、空巢Ⅱ、寡居Ⅰ和寡居Ⅱ阶段。

20 世纪 50 年代，家庭生命周期这一概念被引入营销学领域中。有学者指出家庭生命周期是一个可能影响消费决策的重要因素（Sheth，1974）。家庭生命周期越向前推进，联合决策的制定就会越少，即联合决策的制定随着家庭年龄的增加而减少（Spiro，1983）。同时，随着家庭生命周期从一个阶段移向另一个阶段，消费者决策制定过程也会发生变化，与家庭决策制定相关的角色无论是在整个生命周期还是在某一特定的阶段也会发生变化（Dale，1992）。

家庭生命周期在解释消费者行为方面的有效性在很多国家和市场已得到证实（Bellon，2001），比如，Wells 和 Gubar（1966）曾检验了家庭生命周期在预测食物、耐用品、住房、休假支出方面的有效性；于洪彦和刘艳彬（2007）认为家庭生命周期模型对居民在服装、教育、休闲娱乐、交通通信方面的支出能够做出比较好的解释；刘欣（1994）认为家庭生命周期会影响食品、衣着、教育以及文化娱乐消费支出在生活总消费中的比重；等等。不过，目前国内关于家庭生命周期模型本身及其应用的研究刚刚起步，探讨家庭生命周期与消费行为关系的相关文献还比较少，学者们在研究家庭生命周期时一般借鉴美国的成熟模型，并根据自身的研究需要和所研究对象的人口统计特征进行修改，规范的实证研究有待进一步加强。

综上所述，当前关于家庭因素和消费行为关系的研究，主要关注家庭的规模、结构、生命周期对于居民个体和家庭的消费决策及具体消费行为的影响，很少考虑到其对居民消费心理和消费意愿的影响。然而，家庭作为社会结构的基本单位，与居民消费心理和消费活动具有极为密切的关系。家庭因素对其成员消费意愿的影响是极大的，甚至直接决定着其成员消费行为的指向和强度，包括消费什么、消费多少、何时以及在哪消费等。因此，研究不同类型家庭中居民所呈现的消费偏好和意愿，不仅能够揭示社会消费行为的热点和发展趋势，对企业营销活动有所启示，还能为国家相关消费政策的制定提供依据。因此，要把握我国居民的消费特点，就必须重视家庭因素对居民消费意愿和消费行为的影响，关注不同家庭规模、不同家庭结构和不同家庭生命周期的居民的消费意愿和心理偏好。

3.2.3.2 社会阶层对消费意愿的影响研究

（1）社会阶层的含义与特点

社会阶层（Social Stratification）是指建立在法律或规则基础上的、已经制度化的、比较持久的社会不平等的体系（李培林，2004）。由于社会地位的差别，具有相同或类似社会地位的成员便会组成相对持久的群体，从而形成有序的层次或阶层（刘伟，2004）。不同阶层代表着不同的兴趣、价值观及生活方式，从而使同一阶层的消费具有共同性或相似性，这就是阶层认同的基础（王建平，2006）。

社会阶层具有以下三个特点：①同质性。即同一阶层的社会成员具有相近的经济利益、社会地位、价值观念、态度体系，从而有着相同或相近的消费需求和消费行为。②多维性。某一社会阶层并不是由单一的参数变量决定的，而是由职业、收入、财产、受教育程度、价值观和生活方式等多种因素综合决定的。③动态性。即随着时间的推移，居民所处的社会阶层会发生变化。在其生命历程中，居民可以由较低阶层升到较高阶层，也可能由较高阶层降至较低阶层（刘伟，2004）。

（2）中国社会阶层的划分标准和分类

社会性资源的不平均分配是造成社会地位差别的根本原因，也是直接促使社会群体进行分层的关键。因此，社会性资源的构成要素常被用来作为社会地位的特征以及划分社会地位的标准。具体而言，社会地位主要由经济地位、政治地位、职业地位和文化地位构成，其中收入作为划分经济地位的标准；政治权力作为划分政治地位的标准；职业声望作为划分职业地位的标准；受教育程度则作为划分文化地位的标准（景跃军和张景荣，1999）。

国内研究者对当代中国社会阶层划分的类型并不相同。李正东（2001）将其分为：① 精英阶层（核心或富裕阶层）；② 中产阶层；③ 一般阶层；④ 渐进阶层（代价阶层），农村未脱贫劳动者、城镇低收入者。何清涟（2000）将其分为：精英层，包括政治精英、经济精英和知识精英；中下层，包括中间阶层、工人阶层、城乡两栖阶层和农民阶层；边缘化群体，包括城市下岗职工、失业人员和农村困难户。吴申耀（2000）认为，社会阶层由工人阶层、农民阶层、新生阶层和知识分子阶层构成。陆建华（1996）认为，划分阶层的标准最重要的是社会资源的掌握情况，这种资源必须是由既有的社会体制所确认的，如行政权力或是资本，而职业差别、地域差别等没有决定意义。因此他将阶层分为：有权者阶层、有资本者阶层、无权无资本者阶层。陆学艺等人将当代中国分为十大阶层：包括国家与社会管理者阶层，经理人员阶层，私营企业主阶层，专业技术人员阶层，办事人员阶层，个体工商户阶层，商业服务人员阶层，产业工人阶层，农业劳动者阶层，城乡无业、失业和半失业者阶层。

(3) 社会阶层的测量方法

有学者认为个人属于哪个阶层主要是依据学历和职业(包括作为衡量工作成功的收入)、社会技能、社区参与、家庭历史、文化水平、娱乐习惯、身体外貌以及社交圈等(Gilbert 和 Kahl, 1982)。总体来说,国内外学者对社会阶层的测量主要包括家庭收入、受教育程度以及职业这几大类因素(Iyer 和 Kashyap, 2007)。其中,收入和职业是十分关键的变量(Martineau, 1958),因此,这两类变量在多数社会阶层测量量表中均有出现。不过,目前社会阶层的划分尚存在争议。究竟分成多少个社会阶层,学者们从来没有一致的答案,往往与研究的范围、目的和研究的时间周期、深入程度有关。由于不同的社会阶层反映出价值观、信仰、态度和动机的差异,学者会有倾向地选择那些能够代表阶层之间差异性的变量。

近年来,学者开始更多地使用客观相关变量如收入、受教育程度等来描述社会阶层的特殊因素,如职业声望,但由于其不能够描述社区成员的社会阶层的整体状态,所以还是不能令人满意。学者们认识到社会阶层的影响以两种方式进行:一种是实际阶层差别,另一种是阶层感知差别。目前,社会阶层的测量有 2 个最经常使用的指数,分别是阶层特点指数和社会地位指数(Hollingshead 和 Redlich, 1958)。

(4) 社会阶层对消费行为的影响研究

1) 社会阶层对消费者信息搜寻的影响。消费者所处的社会阶层会对其信息搜寻的类型及数量产生重要影响。研究发现,低层消费者通常信息来源有限,对误导和欺骗性信息缺乏甄别能力。出于补偿的目的,他们在购买决策过程中会更多地依赖亲朋好友提供的信息。而中层消费者更愿意主动地从外部媒介获得相关信息。随着社会阶层的上升,消费者获取信息的渠道逐渐增多,特定媒体对不同阶层消费者的吸引力和影响力也存在较大差异(刘伟, 2004)。

2) 社会阶层对消费者购物方式的影响。首先,不同社会阶层的消费者在购物场所的选择上存在显著差异。高阶层消费者喜欢到环境优雅、品质和服务上乘的商店购物,因为在这种环境里购物会使他们产生优越感和自信,从而得到心理上的满足;中层消费者比较谨慎,对购物环境有较高的要求,但也常常在折扣店进行购物;而低阶层消费者在高档购物场所容易产生自卑、不自信和不自在的感觉,因而他们通常选择与自己地位相称的商店购物(刘伟, 2004)。

其次,不同社会阶层的消费者在购物地点远近的选择上也存在显著差异。研究发现,低阶层的消费者更喜欢在距离较近的商场进行购物,而中上阶层的消费者则倾向于距离较远的购物场所,且其购物所行驶的路程是低阶层消费者的两倍多。这一差异存在的原因可能是中上层消费者对于服务的需求更多样更专业,因此他们会到较远的商业中心进行购物；而低阶层消费者由于其财力所限，可能没有需求或能力到更远的地方购物（Gayler，1980）。

3）社会阶层对消费者产品选择的影响。不同社会阶层所拥有的社会性资源不同，因此每个阶层在进行产品选择和消费时所表现出的消费行为也有所不同。研究发现，上等阶层的美国人在购买家具、电器、衣服、食物和休闲时间上与中下阶层追求的目标不同：上等阶层的消费者在购物选择时更注重产品的质量和品位，而中等和下等阶层的消费者则倾向于选择那些能体现出自己自尊和地位的产品。中等阶层的消费者的选择显示出数量和现代性，下等阶层则表现出对即时满足的重视。然而，社会阶层在对环保类消费的影响方面则显示出了完全相反的作用。研究发现，与中产阶层和更高的社会阶层相比，处于社会较低阶层的消费者对于资源回收持有更积极的态度，他们更愿意参加环境友好活动（Iyer 和 Kashyap，2007）。

尽管不同阶层用于休闲的支出占家庭总支出的比重可能相差不大，但各阶层所从事的休闲活动类型却存在较大差异。研究发现，由于上层社会成员所从事的工作普遍缺乏体能锻炼，因此，作为补偿，他们会选择游泳、网球等个人性或双人性的休闲运动；而中层社会成员则是商业性休闲场所或公共泳池、公园、博物馆等公共设施的主要使用者；相比之下，下层社会成员则更倾向于从事团体性体育活动，如钓鱼、踢足球等（刘伟，2004）。

总体来说，社会阶层与消费的关系研究在国外已经非常广泛，学者们使用各种方法来进行实证研究，比较不同社会阶层在消费行为上出现的差异。国内的研究目前还主要集中在中国社会阶层本身的概念内涵和存在的问题上，而缺乏关于社会阶层与消费关系的实证研究。今后可以进行这方面的尝试。

3.2.3.3 社会文化对消费意愿的影响研究

（1）文化和消费文化的含义

每个消费者都在一定的文化环境中成长和生活，其价值观念、生活方式、消费心理、购买行为等必然受到文化环境的影响。所谓文化，广义而言是一个复合的整体，包含知识、信仰、艺术、道德、法律、习俗和个人作为社会成员所必需的其他能力和习惯。简单来说，文化包括物质文化、制度文化和心理文化三个方面，它存在于各种内隐的和外显的模式之中，借助符号的运用得以学习与传播。

消费文化是渗透到消费行为中的整体化文化观念与传统，本质上属于一种行为文化。消费文化是消费者在消费结构和消费行为等方面的价值观念（蔡华兴，1989），是居民在长期的经济生活中所形成的对消费的一种稳定性的共同信念，即约束居民消费行为或消费偏好的一种文化规范（邓向阳，2002），或者说它就是消费主义或消费主义文化（董天策，2008）。

中国幅员辽阔，民族众多，受儒家文化的影响，在消费中也形成了一些文化共性，如注重人情、重义轻利、容易攀比、好面子等。可以说，人情文化和面子文化在中国是非常普遍的现象，是了解中国人社会行为的两个核心概念，与之相关的人情消费和面子消费也是中国消费者在消费中体现出的独特现象。

（2）人情文化及其对消费意愿和消费行为的影响

1）人情文化的含义和维度。人情是人在自己或他人遇到不同情境时所产生的适当的情绪反应。胡先缙曾将人情界定为“一种存在于人与人之间较弱的情感，这些人之间的关系是基于互相回报和友好交换的”。中国台湾学者黄兴国认为，“人情是指人与人进行社会交易时，可以用来馈赠对方的一种资源，也是社会中人与人应该怎样相处的社会规范”。人情可分为三类：①人之常情：喜、怒、哀、乐等，即《礼记·礼运》中所说的人情；②在人际交往中表达情感时，所互相交换的资源；③居民相处或交往的法则。汪凤炎等（2004）提出了人情的五个运作法则：一是“己所不欲，勿施于人”；二是“讲回报”；三是“应延时回报”；四是“宜增量回报”；五是“不能算清”。其中比较突出的一个特点就是人情讲究回报，正所谓“滴水之恩，当涌泉相报”。

人情是中国人人际关系的“黏合剂”，但人情并不是一成不变的，而是具有极大的伸缩性。当范围扩大时，人情的对象可能是毫无关系的任何成员，当范围缩小时，有时对亲属也会不讲人情。在生活中常听见“人情薄如纸”、“世态炎凉”等话语，就是指人情的淡薄性。

人情文化是一个宏观环境，对居民的影响主要体现在人情观念上，而且人情观念是一个可以测量的变量。陈盈盈（2011）将中国人情观心理结构分为六大维度，即互惠性、淡薄性、文化性、社会性、实践性和功能性，并以此为基础编制了中国人情观问卷，具有较好的信度和效度，可以作为测量中国人人情特点的适宜工具。

2）人情观念对消费意愿及行为的影响。人情消费是指在与自己关系紧密的他人遇到人生重大事项时，为表达祝贺或同情等心意而以实物或金钱的形式对他人进行的馈赠（刘艺，2008）。人情消费是在自愿情况下因为人际关系而非自身的直接消费支付给他人的支出，有时也称为随礼（刘军，2004）。

曹海林（2003）从村落社会内部的红白喜事入手对农村人情消费进行了研究，研究显示村民在红白喜事中的人际交往不仅要遵循 “关系”准则，而且要执行一定的“人情”标准，即什么样的关系对应什么样的消费标准。秦广强（2006）在鲁西北A村进行了调查研究，从情感维系、道德支配、理性权衡三个维度对当前农村人情的存在形式及原因进行了详细分析。研究发现，农村人情在内容上名目繁多，出礼金额不断攀升；在范围上人情交往的重心由血缘圈逐渐向地缘圈、业缘圈转移；“情感”型人情逐渐退居次席，“工具”型人情比例不断上升。无论农村还是城市，人情消费已经成为消费者的一项重要支出，而且支出的比例越来越大，支出的范围也越来越广泛。李晓玲（2007）强调中国人情是本土化的社会资本来源，并将人情特点归结为：以儒家文化为基点，人情关系主要体现在面子上，中国人情关系具有很强的不稳定性。可以说，人情观念对中国居民消费意愿和行为具有重要影响，由于个人背景不同，消费者对人情的领悟程度及重视程度有所差别，因此在消费意愿上也存在一定的差异。

（3）面子文化及其对消费意愿和消费行为的影响

1）面子的含义和维度。“面子”是中国人的第一性格，其潜在力量既无可否定，又没有规则可循，只能按照居民约定俗成的常识来替换。胡先缙曾将面子定义为代表中国社会中广受重视的社会声誉，它是个人在人生历程中借由成就和夸耀所获得的名声，也是个人借由努力和刻意经营所累积起来的声誉。翟学伟提出了中国人“脸”、“面”四分模型，即按价值取向和现实取向，分为“有脸无面”、“有脸有面”、“无脸有面”和“无脸无面”四种类别。中国香港地区学者何友晖把面子定义为：“面子是个体根据他在社会网络中占据的地位、合适的角色表现和被居民接受的行为操守，而要求别人对其表现出的尊敬和顺从。”

许多学者从不同的角度对面子进行了划分（见表 3-4），但他们都没有对面子的维度进行实证分析与检验。

表 3-4 面子的维度划分

学者	维度
Brown 和 Levinson（1978）	面子共包含两个维度：一个是消极面子（Negative Face），指个人不希望自己的行为和表现受到别人的影响；另一个是积极面子（Positive Face），指个体希望自己认为有价值的事物能够得到别人的认可和称赞
成中英（1986）	面子包括两个维度：一个是主观面子，指个人在某一社会或社会关系中对其自尊价值及重要性的主观认知；另一个是客观面子，指在某些特定的情境中，个体为其他人所承认的个人社会地位或价值
Ting-Toomey（1988）	面子共包含四个不同的维度：自我的消极面子，自我的积极面子，别人的消极面子，别人的积极面子
Spencer（2002）	面子共包含两个维度：一个是质的面子，即居民希望别人能够根据自己的品质对自己做一个积极的评价；另一个是社会身份的面子，即居民希望别人能够认可自己的社会身份

资料来源：根据相关文献资料整理。

2）面子文化对消费意愿和行为的影响。林语堂指出，“面子”是中国人社会交往中最细腻的标准。面子也是支配中国人消费行为的重要因素。在前人的研究中，将面子文化与消费联系在一起，从文化的角度解读消费者行为的文献并不是很多。

澳大利亚南昆士兰大学姚汉明从管理学的角度提出了一个理论模型，并对中国传统文化价值尤其是面子对顾客满意度的影响进行了检验。他认为中国人讲面子，有时为了面子而牺牲自己利益的这种文化有利于提高中国人（顾客）的满意度。但他没有考察面子与消费之间的关系。面子消费在公共场合更明显（李洋，2010），一项关于祁县农村的研究表明，村民因面子而进行的消费是一种外显性消费，即有钱要花在明处，能被人看到和注意的地方，如衣服、房子等（冯小双，1995）。另外，消费者在进行面子消费时，相对于产品本身的使用价值，更看重的是其符号象征意义（李洋，2010）。

与面子相关的主要消费类型有礼品消费、攀比消费、节日消费和关系消费（卢泰宏，2005），以及时尚消费（包括品牌消费、超前消费等）（李洋，2010）。李洋认为，时尚消费受到面子文化的深刻影响，其影响强度根据人的性别、年龄、收入的不同而不同，比如男性比女性爱面子，年龄越大、收入越高的人越爱面子等；奢侈品消费在很大程度上也受到面子文化的影响。中国奢侈品协会发布报告称，2013 年中国国内奢侈品市场消费总额达 19458 亿元，相比 2012 年的 18365 亿元，同比增长约 6.1%，而 2013 年中国消费者在世界各地的奢侈品消费总和占全球奢侈品消费的 23%。[①] 全球领先的管理咨询公司贝恩公司发布的《2012 中国奢侈品市场研究报告》指出，从消费的绝对数量来看，中国人已成为全球第一的奢侈品消费群体，2012 年中国人奢侈品消费总额达 3060 亿元。而从市场区域划分来看，包括中国香港、澳门在内的大中华地区已超过日本，成为全球第二大奢侈品市场，仅次于美国。[②] 通过奢侈品消费，居民维护了自己的"面子"，可以强化他人对自己的看法并提升自身的社会地位。

总之，面子观念对消费意愿有广泛影响。由于个人背景不同，消费者对面子的领悟程度、重视程度也会存在差别，因此面子文化对消费意愿的影响也有一定的差异。

（4）物质主义倾向及其对消费意愿和消费行为的影响

1）物质主义价值观的内涵。物质主义（Materialism）的概念来源于哲学范畴，《牛津辞典》将其解释为"沉迷于追求物质的需要和欲望，导致忽视精神层面的生活方式，对于物质兴趣完全表现在生活方式、意见或行为上"（Oxford Eng-

① 2013 年中国奢侈品市场研究. 中国奢侈品协会［EB/OL］. http：//www.cll.net.cn，2014-04-29.

② 贝恩. 2012 中国奢侈品市场研究报告［EB/OL］. 腾讯教育，http：//edu.qq.com/a/20121213/000356.htm，2012-12-13.

lish Dictionary，1989）。物质主义是一种重要的生活价值观（Kasser 和 Ryan，1993；Mick，1996；Richins 和 Dawson，1992），即个人看重物质拥有权的价值观（Belk，1985；Richins 和 Dawson，1992；Richins，1994）。Sirgy（1998）认为物质生活领域是生活领域的一部分，它与其他生活领域诸如健康、工作、家庭、朋友和社区都是密不可分的。具有物质主义倾向的人非常重视购买和拥有物质财物，认为与财富积累和物质拥有权相关的活动是很重要的，生活成功的标准基于其生活水准（Richins 和 Dawson，1992）。而非物质主义倾向的人则不会将购买物质财物作为其幸福核心、成功标志或生活中心（Belk，1985； Richins，1994）。

2）物质主义倾向的维度划分。Belk 从人格特质着手将物质主义划分为三个维度，即妒忌（Envy）、不慷慨（Nongenerosity）和占有欲（Possessiveness）。后来，在与 Ger 合作的交叉文化研究中，他又将保守（Preservation）这一人格特质纳入进来（Ger 和 Belk，1996）。由于 Belk 对物质主义研究专注于人格特质体系，因此 Belk 的物质主义构成被认为是个人物质主义。Richins（1987）强调拥有物质财富的重要性，并将物质主义区分为三个维度，即中心（Centrality）、幸福（Happiness）和成功（Success）。Graham（1999）认为 Belk 的人格特质量表和 Richins 的价值观量表之间并不相互排斥，实际上反映的是消费领域物质主义倾向同一个构念的不同方面，并认为有可能是物质主义消费价值观导致了消费者物质主义人格特质。Richins 和 Dawson（1992）通过实证研究发现，中心、幸福和成功维度与 Belk（1984，1985）的人格特质量表中的妒忌、不慷慨、占有欲三个特征相关，两个量表联系紧密，但从量表的信度、效度来衡量，物质主义价值观量表更具有价值。

3）物质主义倾向与消费意愿和行为之间的关系。研究表明，低物质主义倾向者强调人与人之间的关系，表现为象征性的价值观和潜在的拥有权享乐主义，而高物质主义倾向者更多地强调对身份和地位效用的拥有权。在购买之前，高物质主义者的享乐感会逐渐被产品唤醒，而在购买后则呈下降趋势，但在低物质主义者中不存在这种情形（Richins，1994）。

高物质主义观念消费者在重视人与人之间的关系方面表现低于低物质主义观念消费者（Richins 和 Dawson，1992），低物质主义观念消费者更容易与朋友、家人、关系密切者之间建立基于人际关系的财富价值观。这两类消费者的消费行为方式与其所持有的价值观相一致（Richins，1994）。并且，在体验和文化类产品及服务的消费方面，高物质主义倾向者与低物质主义倾向者对于拥有权的要求差异较大。高物质主义倾向者更重视财物的安全性和拥有权，因此比其他人更渴望消费（Richins 和 Dawson，1992），常常具有较高的消费意愿和消费水平。目前，西方学者主要关注物质主义、非物质主义和生态主义之间的关系，国内学者很少去研究物质主义倾向，而关于物质主义倾向与消费意愿的直接研究更是凤毛麟角。

(5) 节俭消费观念及其对消费意愿和消费行为的影响研究

1) 节俭主义价值观的内涵。节俭即节约、不奢侈。《颜氏家训·治家篇》云："俭者，省约为礼之谓也。"《二程集·外书》卷六云："奢自文生，文过则为奢，不足则为俭。"节俭（Thrifty）价值观在中国传统文化中排在首位。在 Cheung、Kwong 和 Zhang（2003）开发的中国人个性评价指标（Chinese Personality Assessment Inventory，CPAI）体系以及香港中文大学亚洲研究中心开发的中国人价值观念量表（Chinese Value Surveys，CVS）中，节俭都是一个非常重要的方面。

作为消费者生活的一种特征，节俭是在一定程度上通过牺牲、否定一系列短期购买行为和勤奋、智慧地使用已经拥有的物品来实现长期的生活目标（Lastovicka 等，1999）。

节俭的概念反映了消费者购买的自律性和消费生活方式的智慧性。

2) 节俭消费观念与消费意愿和行为之间的关系。节俭消费观念倡导一种简单标准化的生活方式，反映了消费者购买的自律性和消费生活方式的智慧性，会对消费者的日常生活以及其关于债务、储蓄和消费方面的态度产生明显影响（Wang 和 Lin，2009）。它主张居民节制自己的生活欲望，合理约束自己的消费行为，在消费时最大限度地节约物质财富，减少甚至杜绝浪费。具体而言，节俭意味着一定时期内个人消费支出要略低于个人收入水平，个人消费行为应符合社会平均消费水平，以及要充分合理地利用资源（郑湘萍，2003）。当前，国内学者研究节俭消费观念的还比较少，而关于节俭消费观念与消费意愿关系的相关研究更是缺乏。

综上所述，文化对消费的影响是十分重要的。从前人的研究可以看出，受地域、宗教、年龄等方面的影响，文化在不同程度上客观地影响消费者的产品选择、品牌偏好和购买意愿，持有不同文化倾向的消费者在决策理念、消费动机上存在着显著差异。特别是在中国文化情境下，人情文化、面子文化、物质主义倾向和节俭消费观念等对中国消费者消费意向和支出的影响更为显著。了解消费者的文化倾向可以帮助我们更好地洞察消费者从消费意愿的产生到消费行为实现的黑箱。因此，有必要进一步深入探讨文化各主要构成因素对消费意愿的影响。

3.2.4 政策因素对居民消费的影响研究

3.2.4.1 财政政策对居民消费的影响研究

(1) 财政政策的含义

财政政策是国家干预经济的主要政策之一。财政政策是由税收政策、支出政策、国债政策、预算平衡政策等构成的一个完整的政策体系，通过收支平衡和财政收支规模的调整以及其他措施来实现一定的宏观经济目标。高鸿业（2007）认为，财政政策是指为促进就业水平提高、减轻经济波动、防止通货膨胀、实现稳定增长而对政府支出、税收和借债水平所进行的选择，或对政府收入和支出水平所做的决策。

（2）财政政策的主要形式及其对消费的影响

财政政策的形式主要有以下三种：

1）税收。主要通过税种、税率来确定和保证国家财政收入，调节社会经济的分配关系，以满足国家履行政治经济职能的财力需要，促进经济稳定协调发展和社会的公平分配。

2）财政投资。通过国家预算拨款和引导预算外资金的流向、流量，以实现巩固和壮大社会主义经济基础、调节产业结构的目的。

3）财政补贴。国家根据经济发展的客观要求和一定时期的政策需要，通过财政转移的形式直接或间接地对农民、企业、职工和城镇居民实行财政补助，以达到经济稳定协调发展和社会安定的目的。

从我国拉动居民消费的角度来讲，最直接的财政政策手段就是财政补贴政策。一定意义上可以把财政补贴视为一种税负，当价格高于价值时，用税收调节；当价格低于价值时，用财政补贴来调节。在我国的财政统计中，财政补贴按照补贴环节不同主要可分为对生产的补贴、对流通的补贴和对消费的补贴三种。

我国财政政策尤其是社会福利支出和转移支付对居民消费的拉动作用较为明显。在我国，政府支出与居民消费之间不存在长期协同关系，但从短期看，政府支出增加有助于提高居民消费的边际消费（李广众，2005）。政府财政补贴支出在经济周期的不同时点上会对居民消费产生不同的影响，政府支出的不同用途对居民消费也会产生不同的影响。一般来说，在实行积极财政政策的年份，政府支出对居民消费具有挤入效应（田青和高铁梅，2008）。我国目前通过加大政府投资力度、采取结构性减税等措施在一定程度上刺激了消费，扩大了内需。

很多国家都运用财政政策刺激消费、拉动内需。1938 年，美国总统罗斯福增加财政开支刺激经济景气的赤字预算试验（即罗斯福新政）获得成功，当经济增长缓慢时，财税扩张政策即被采用，通过增加政府支出和大幅度减税来扩大需求，刺激经济增长。1973~1975 年日本经济危机后，日本政府为了刺激经济增长而增加财政支出，其中主要是大量增加公共事业的投资，以期引起更大的乘数效应，结果促使日本 1975 年和 1976 年的工业增长了 10.8%。

国内学者对财政补贴政策主要持肯定态度，财政政策对居民消费的意愿和行为确实具有一定的影响力。尤其是财政补贴政策，对于消费者对商品支出的明显减少会产生较强烈的刺激作用。我国开展的“政府对家电下乡的财政补贴”工作受到广大农民的欢迎。从长远发展战略来看，这一政策既能让更多的农民享受国家发展带来的成果，促进农民消费，同时又能推动我国经济的健康发展（宋成华，2009）。

3.2.4.2　税收政策对居民消费的影响研究

（1）税收政策的含义与作用

税收政策是国家根据一定时期国民经济运行状况确定的税收制度行为准则。税收政策对居民消费不仅具有直接影响而且具有间接影响，而间接影响主要体现在税收政策通过影响居民消费的居民收入、物价指数、储蓄存款等方面的因素起作用（顾建蓉，2010）。具体而言，税收通过增加居民可支配收入提高居民消费能力，通过调节居民收入分配和不确定性预期来增强居民消费意愿，通过对产业或商品的供给结构调整来营造良好的居民消费环境（马海涛和和立道，2011）。

（2）税收政策的形式及其对居民消费的影响

1）减税政策对居民消费的影响。减税是典型的扩张型财政政策，其做法是通过降低税率，取消或停征某些税种的办法来减少税收收入，激励居民将减免的部分税收用于消费，从而在经济乘数作用下达到增加实际均衡产出水平的作用。

不少国外学者对短期税收减免政策及其所影响的居民消费品结构调整进行了深入探究。研究表明，意外减税将导致消费者对耐用品消费产生巨大的边际消费倾向（Darby，1975）。但是，不同受众群体对税收政策变化的敏感性不一，那些受到流动性约束的家庭对于暂时性的收入变化而引起的消费反应都很明显。一般而言，对于一次性减税的总边际消费倾向则是受流动性约束的家庭的较高边际消费倾向和不受约束的家庭的较低边际消费倾向的加权平均（Blinder，1981；Dolde，1978）。原则上说，短期减税政策可以产生不错的刺激效果，但暂时的减税政策开始会使得减免的税额被居民大量储蓄起来，之后才被逐渐消费掉。

国内学者对具体减税策略的探讨颇为深入，在个人所得税方面，就增加居民收入角度而言，中产阶层往往是消费的主力，要刺激这部分人的消费就必须再提高免征额（辛小莉，2009）。此外，借助高收入者比低收入者多纳税的综合所得税制，可以求得中低收入者个人所得税税收负担的减轻，从而刺激中低收入者的消费（高培勇，2009）。在增值税方面，由于减税可能影响到部分特定类型产品的消费，因此有必要对减税的产品结构进行布局，如适当降低一部分生活必需品的税率，或者在最终环节予以免税或实行零税率的照顾（岳树民，2009）。

2）增（征）税政策对居民消费的影响。增税政策的主要类型有消费税、利息税、环境税。消费税对于居民消费的影响因消费品类差异及消费者阶层不同而有所不同。在满足基本生活需要的前提下，高收入者消费的商品更多是高档消费品或奢侈品，对这部分商品征税，则可以增加高收入者的消费额。

征收利息税等同于利率下跌，从而导致当期消费的机会成本下降。然而征收利息税对消费的作用却不确定，因为可能一部分人会对消费税并不敏感（李明志和余佳，2000）。而且实证研究中已经观察到居民储蓄倾向在征收利息税后出现一段时间“反转性增长”的现象，这说明居民储蓄存款结构发生变化——相当一部分居民准备随时动用活期存款去进行消费或投资活动（张兰，2003）。

环境税的征收重点是石油、煤炭、电力等能源产品。这些产品价格的上涨对汽车、高档电器等居民未来消费升级换代的大宗消费品的消费具有明显的抑制作用（闫锐，2009）。

3）退税（返税）政策对居民消费的影响。世界上许多国家都采用了退税政策以刺激消费，有的还建立起了完善的退税体系。对这一策略应用最为成熟的是美国。Shapiro 和 Slemrod（2009）通过对 2008 年经济刺激计划的跟踪分析发现，此次退税对低收入家庭的刺激不大，原因是他们承受较重的流动性制约，更倾向于改善资产负债表；此次退税刺激政策在短期内并没有起到应有的效果，私人储蓄几乎与退税款有着相同的增量，返款中的一部分被用来还贷。不过，退税政策的作用效果可能会受到政策形式的影响，如在 7.5%的返税率下居民就表现出持续的消费反应，而且消费者在耐用品、非耐用品和服务消费品消费量上的分配也略有差异（Wilcox，1990）。

国内学者对消费退税主要持肯定态度。从新加坡、中国香港等地采取的消费退税的先验经验不难看出，实行消费退税不但能够引导消费者改变传统消费模式，还可以促进居民衣食住行等方面的消费升级（胡菲菲，2011）。因此，我国应不断建立和完善个税退税制度，间接拉动消费，还利于民（陈俊杰，2009）。我国退税政策主要集中于企业退税，直接面对消费者的退税政策很少。不过从海南近年施行退税政策的效果来看①，适当条件下的消费退税在我国具有很强的政策效用空间。

总体而言，税收政策对居民消费的意愿和行为确实具有一定的影响力。尤其是短期减税政策会因消费者预期调整而产生较明显的刺激作用；征税政策除可提升高收入人群消费量外，对其他收入群体的各方面消费都有负面影响；消费者往往对小额退税和短期退税不太敏感，很可能有短期累积倾向，因此从长期看，退税对后期大宗耐用品消费仍具有不错的拉动效应。

① 离境退税大幅提高旅游消费收入［EB/OL］. 国际旅游岛商报网，http：//www.hndnews.com/news/travel/2010-12-29/12022.html，2010-12-19.

3.2.4.3 货币政策对居民消费的影响研究

货币政策，即指政府或中央银行为影响经济活动所采取的措施，尤其是控制货币供给以及调控利率的各项措施。利率政策及消费信贷政策是货币政策对居民消费行为施加影响的主要层面。

(1) 利率政策及其对居民消费的影响

利率政策是央行通过调控利率，利用利率杠杆影响经济运行的手段。利率对居民消费最直接的影响是通过存贷款利率变动调节社会消费需求以及居民的储蓄倾向。

长期中，如果利率变动甚大，则有可能改变社会习惯从而影响主观消费倾向，但影响方向如何仍难断定；短期中，如果个人所得不变则大致不会直接影响消费量，除非利率之改变异常庞大（Keynes，1936）。并且，由于利率对家庭消费的具体影响难以观察，因此消费的利率弹性大小仍然是个未知数（Browning 和 Lusardi，1996；Mishkin，1995）。相悖于多数学者认为消费与利率之间并无明确关系的判断，Wright（1967）研究表明消费的利率弹性并非之前多数学者认为“消费对利率反应麻木或迟钝”的那样，反而是比较明显的反向关系。

利率政策的作用主要表现利率的波动上，其主要形式有以下三种：高（上调）利率政策、低（下调）利率政策以及零利率政策。在政府刺激消费的实践中广泛应用了低利率政策（Gross 和 Souleles，2001）。然而考虑到不同的消费环境，这种政策未必一定有效。通过对 1978~2001 年利率变动与消费变化的数据研究发现，我国居民的消费行为对利率有着较为理智的反应（孙杭生和沈忠泉，2004）。这可能是因为利率作为一种调节消费和储蓄总量的主要工具，对解决储蓄和消费的结构问题则显得有些苍白（罗强等，2010）。另外，就高利率政策而言，其不仅容易扭曲投资和消费的比例关系，加剧消费率下滑，而且不能从根本上保护大多数存款人的利益。

零利率政策，或称极低利率政策，因其极端的调控力度而毁誉参半，并不是十分常见的一种利率政策形式。这一政策应用最为典型的是日本。关于日本政府前所未有的零利率政策的实行效果，许多国外学者都评价其为“相当糟糕的货币政策”（Bernanke，2000），导致了日本经济“迷失的十年”。事实上，数据也确实证明长期低利率政策在日本并没有起到促进消费的作用，零利率政策制造出低利率—高物价的消费环境，使得低收入人群举步维艰，反而在一定程度上对刺激消费、扩大内需产生了消极影响（熊承庆，2001）。长期来看，家庭储蓄率与利率几乎无关，此时执着于依赖低利率政策来拉动消费其实并非上策。

利率政策多是为防止经济过热或提振消费、投资以及降低失业率等而采取上调或下调的措施。从美国 2000 年的降息实践来看，利率政策往往在后危机阶段对消费的提升作用才逐渐显著。对于在国内实施利率政策的最佳条件，有学者认为，利率的消费效应发挥作用的前提是社会收入和社会储蓄分布相对均等化和相对分散化（孙杭生和沈忠泉，2004）。另外，经济生活中不确定性因素增强也会阻碍利率工具消费效应的发挥。我国社会保障体制尚不成熟，居民经济生活中的不确定性较大，因此通过减少即期消费而保持一定的货币储蓄非常必要，由此造成的消费意愿下降趋势很难通过降低储蓄存款利率来扭转。

综合而言，低利率政策和零利率政策是政府用以刺激消费的主要手段。其中，低利率政策在多数情况下可以激励储蓄转换为即期或未来消费，从而在基本面上会对促进消费有可观的影响；但零利率政策的运用则需要更加谨慎，因为长期的零利率政策将使得消费者的物价预期增高，消费决策趋向过度保守，所以对提升消费意愿和实际消费量都较为不利。

（2）消费信贷及其对居民消费的影响

1）消费信贷的作用机制及其影响因素。消费信贷是商业银行陆续开办的用于自然人（非法人或组织）个人消费目的（非经营目的）的贷款（董寿昆，1983）。消费信贷的消费调节作用的内在机理主要依靠两个方面的乘数作用：一是消费信贷乘数，即消费信贷通过影响消费需求进而影响均衡产出；二是现代消费函数，消费信贷可以有效降低消费者面临的流动性约束，提高消费者效用，使消费得到合理配置。与此同时，消费信贷本身所固有的风险也会对消费者的消费取向和行为特征产生较大影响，信用风险、利率风险、流动性风险、资产管理风险、担保风险、资本管理风险等都是此类制约的实际体现（王光玉，2004）。

目前，国外学者关于影响消费信贷水平因素的研究主要集中在信贷利率和消费信贷限额两个方面。Kassim 和 Manap（2008）通过分析美国近些年的经济数据发现：①一旦由于较强的信贷收缩而导致流动性下降，那些无法抵消这样变化的借贷方会有较大反应或更容易受到信贷利率调整的冲击；②家庭消费迅速与高利率环境相配合协调，因此，居民的家庭消费相比企业而言，受贷款利率紧缩政策的影响程度更大；③价格水平对消费信贷的影响作用更为重要。

另外，消费信贷上限的上调会导致家庭贷款数额明显增加，据推算这部分消费信贷增量的边际消费倾向约为 10%~14%。与完全没有或仅有少量贷款的人群相比，拥有大量贷款的消费者对于利率变动的敏感性较高（Gross 和 Souleles，2001）。臧旭恒和李燕桥（2012）利用 2004~2009 年中国省际面板数据对消费信贷与我国城镇居民消费行为的关系进行了实证检验，结果表明城镇居民消费行为对收入变动和信贷条件变动同时呈现出“过度敏感性”，但信贷的敏感性系数要远远小于收入敏感性系数；当前的消费信贷主要缓解了居民当期流动性约束，促进了耐用消费品的消费增长，但对于非耐用消费品和服务消费的影响较弱。

2）消费信贷的品种及影响。消费信贷业务的品种主要包括房屋贷款、汽车贷款、个人金融贷款和信用卡等。其中，住房消费信贷主要通过影响住房消费预期来达到调节消费支出的作用，与其他消费信贷产品相比，其对信贷利率上调的反应相对迟滞，甚至在利率调整后的短期内仍然保持增长势头，只有在几个月后才会显现负向反应（Kassim 和 Manap，2008）。一旦消费信贷市场放松管制，那么消费者的购房难度就会相对降低，在房价上涨到一定程度时，更多借款就将流入与房产投资相关的消费，因此在放松信贷管制后的时期内，房价一定程度的上涨将导致购房消费的增量（Linnemann 和 Schabert，2004）。发达国家发放住宅消费信贷的对象，一般是收入与房价比为 1∶3~1∶6 的家庭，若这些家庭的收入用于购房，那么消费信贷则能够帮助他们提前一年实现购房愿望（邓亚平和任小江，2000）。而在我国，虽然消费信贷发展较快，但其投放尚没有明确方向或人群限制。

汽车消费信贷也受到其他经济政策的影响。研究发现，信贷利率的上调对汽车信贷消费情况的影响较为持久（Kassim 和 Manap，2008）。然而，除了高收入家庭消费者之外，多数消费者对于还款期限调整的反应十分明显，而对信贷利率的变化则弹性不大；而且随收入增加，对还款期限的反应弹性有所削弱，对信贷利率变化的弹性则微量增加（Attanasio、Goldberg 和 Kyriazidou，2008）。

信用卡借贷消费在美国受到消费者的普遍欢迎，其原因是它方便、安全，并且能够保护消费者利益。国外文献对于信用卡消费信贷的研究主要集中在信贷利率影响消费信贷变化的层面上。如 Kassim 和 Manap（2008）在对马来西亚消费信贷的研究中证明，信用卡贷款对利率拉高的反应十分迅速，反映出其对贷款利率的变化十分敏感。对于信用卡消费信贷上限的调整，Gross 和 Souleles（2001）则指出，一旦上限有所放开，那么家庭贷款将迅速且显著增加；同时，当信贷利率变化时，消费者会在不同的信用卡中转移资费以尽量求取平衡，但总量还是减少的。与之相反，Ausubel（1991）却提出一项“低估假设”来解释消费者对特定信用卡信贷利率变化的麻木。Calem 和 Mester（1995）将此种现象归结为消费者对该类型信用卡内的借款预期不足或转换成本太高。

在我国，消费信贷政策实施有着较多的限制因素。譬如支付能力有限、消费信心不足、个人信用体系不健全等（马家驹和李胜宏，2004）。并且，不愿借贷消费，希望靠储蓄来满足大额消费需求则是中国人生活中的一种文化现象和行为偏好，因此要启动我国消费市场，单靠贷款利率政策是远远不够的（苗丽娜，2007）。

总之，尽管可能存在一定的制约和弊端，信用卡消费利率下调、限度提升等措施都能够显著影响消费者的支出意愿和水平。这一方面可能是因为居民用信用卡花钱的时候感觉比较轻松，从而很难控制消费欲望；另一方面可能是因为信用卡使支付过程更加简单，消费者感觉不到花钱的痛苦，导致冲动购物和信用卡的过度使用之间存在莫大关联（Lo 和 Harvey，2011）。

3.2.4.4 收入政策对居民消费的影响研究

（1）收入政策的含义

收入政策又称“工资与价格控制”，该政策出现于第二次世界大战后的荷兰和瑞典，是后凯恩斯主流学派提出的政策主张之一，是政府为降低一般价格水平上升的速度而采取的强制性或非强制性的限制工资和价格的政策。其目的在于影响或控制价格、货币工资和其他收入的增长率，是货币政策和财政政策以外的一种政府行为。对于收入政策，国际学术界有三种解释：①是指影响工资和价格决定的由政府实施的一整套措施或手段，它是反通货膨胀的一种工具，是财政政策、货币政策的补充；②是指与收入有关的一系列政策和措施，它不仅包括上述含义，还包括调节个人收入分配（如减少不平等，消除最低工资等）的政策措施；③是指在发展过程中考虑收入分配的政策。法国在 20 世纪 60 年代制定经济发展计划时，就包括对不同利益团体分配政策的讨论。类似的情况在荷兰五年计划纲要和挪威集中的工资谈判或联合工资协议中都同样存在。[①]

（2）收入政策的主要形式及其对居民消费的影响

收入政策的形式主要有以下四种：①工资—物价指导线，即由政府根据长期劳动生产率来确定工资和物价的增长限度，要求把工资—物价增长限制在劳动生产率平均增长幅度内；②对特定工资或物价进行“权威性劝说”或施加政府压力；③实行工资—物价管制，即由政府颁布法令对工资和物价实行管制，甚至实行硬性冻结；④以税收政策对工资增长率进行调整。

具体而言，收入政策对居民消费的影响主要包括以下两个方面：

首先，收入政策刺激了居民收入水平的提高和消费结构的改善。长期来看收入是影响我国居民消费行为的主要因素（张振卿，2010）。近年来，国家为切实提高居民收入，采取了一系列的增收减负政策。在农村，开展农村税费改革、全面取消农业税收、对种粮农民实行三项直补等；在城镇，最低工资标准的提升、退休人员工资的每年递增等使得居民收入大幅提高，从而刺激了我国居民消费水平的提高和消费结构的改善。减税、退税可以降低宏观税负，增加居民收入可以刺激居民消费（郑幼锋，2009）。

其次，个人所得税政策调整在调节居民收入分配中的作用明显增强。自 2011 年起，国家将个人所得税费用扣除标准提高到 3000 元，这有利于减轻工

① 陈炳才，许江萍. 英国：从凯恩斯主义到货币主义 [M]. 武汉：武汉出版社，1994.

薪阶层税收负担，对于中西部地区中低收入群体意义尤其重大，利于提高其货币购买能力，增加其消费支出。较高的个人所得税对居民的消费有一定限制作用，提高个人所得税征收标准可以减少赋税，进而促进居民的消费（吴航和寿微，2007）。

（3）收入分配政策影响我国居民消费的作用机制

收入分配政策是指国家为实现宏观调控的总目标和总任务，针对居民收入水平高低、收入差距大小在分配方面制定的原则和方针。偏紧的收入分配政策会抑制当地投资需求，造成相应的资产价格下跌；而偏松的收入分配政策则会刺激当地投资需求，支持资产价格上涨。

收入分配政策除了影响总体收入水平之外，还会直接影响一个经济体的收入分配结构。收入分配政策会影响用基尼系数表示的城乡居民收入分配的社会公平程度。1978 年以前我国城乡居民收入的综合基尼系数在 0.20~0.24，1990 年为 0.343，1995 年为 0.389，2003 年达到 0.46，2008 年则达到了历史高位的 0.491。2009 年以来，对比历史数据，中国的基尼系数已连续 4 年小幅下降，说明国内收入差距已连续 4 年有所缩小（见图 3–3）。但 2013 年我国的基尼系数仍为 0.473，这已经严重超出国际公认的基尼系数警戒线 0.4 的标准，进入分配不公平区间。世界银行有关中国的最新发展报告预测，到 2020 年中国城乡居民收入的综合基尼系数将达到 0.494，问题会十分严重。收入差距过大，容易引起广大劳动群众的不满，挫伤民众的消费积极性，甚至增加社会的不稳定性。

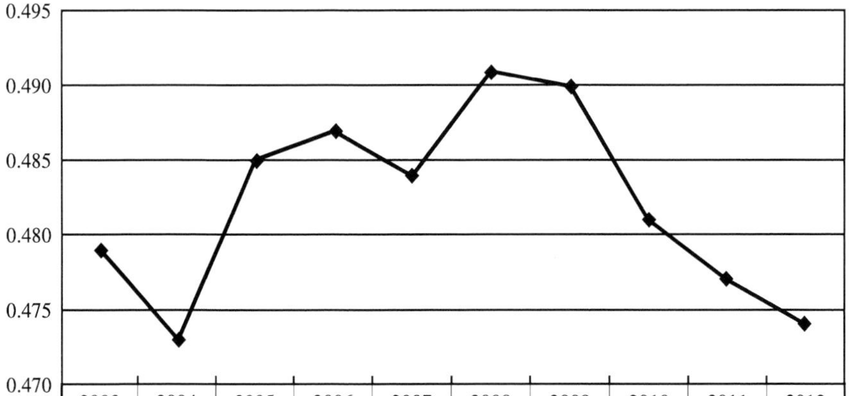

	2003	2004	2005	2006	2007	2008	2009	2010	2011	2012	（年份）
基尼系数	0.479	0.473	0.485	0.487	0.484	0.491	0.490	0.481	0.477	0.474	

图 3–3　2003~2012 年的中国居民收入的基尼系数

资料来源：国家统计局网站。

如何防止收入分配不均对居民消费产生的影响？一些行为经济学家建议用效率来换取公平，即放弃追求收入总量而追求一种社会的平等，从而促进整个社会的消费。也有国家采取了另外一些措施来增加社会消费，如拉美以及加勒比地区实行的有条件货币转移支付。政府给穷人提供资金，限定该资金用于教育、卫生、保险等领域。该方法结合了政府税收和私人消费，一方面体现了社会公平的原则，另一方面通过改善人力资本以及公共消费环境促进了私人消费（Rawlings，2005）。来自孟加拉国、埃塞俄比亚、马里、墨西哥和俄罗斯的研究也证明了转移支付和穷人消费保险对促进社会消费能力的作用很明显（Skoufias 和 Quisumbing，2005）。中国政府近年来鼓励给农民提供补贴，为失业工人提供失业救济，本质上也是一种转移支付手段，其目的主要是促进整个社会的消费，从而促进经济发展。

3.2.4.5 社会保障政策对居民消费的影响研究

（1）社会保障的含义及内容

社会保障，是指国家和社会通过立法对国民收入进行分配和再分配，对社会成员特别是生活有特殊困难的居民的基本生活权利给予保障的社会安全制度。社会保障的本质是维护社会公平，进而促进社会稳定发展。一般来说，社会保障由社会保险、社会救济、社会福利、优抚安置等组成。其中，社会保险是社会保障的核心内容。社会保险的主要项目包括养老保险、医疗保险、失业保险、工伤保险、生育保险等，其中对居民消费意愿影响较大的是养老保险和医疗保险。

（2）社会保障政策的主要类型及其对居民消费的影响

1）养老保险政策及其对居民消费的影响。在国外，有学者以部分均衡模型为基础进行分析，认为养老保险水平的提高可以显著减少基于预防性而进行的储蓄，增加当前消费。Zant（1988）利用荷兰 1957~1986 年的总时间序列数据，通过实证检验了养老保险与总消费水平的关系，发现社会养老保障财富值对消费水平有着显著的正向影响。

在我国，随着保险基金的支付，无论是从某一个年度考量，还是从整个生命周期考虑，社会储蓄总是减少的（岳远斌，1997）。在产生流动性偏好的谨慎动机作用下，储蓄与养老保险之间是具有显著的替代效应的，由于基本养老保险制度的存在，居民为了养老的预防性储蓄减少了，消费就会随之增加（何立新、封进和佐藤宏，2008）。张继海（2008）发现社会保障中的养老金财富会对人均消费支出产生正面的影响。健全的社会保障体系通过社会共济的再分配效应，使得不同阶层的收入差距缩小，特别是退休后的收入差距缩小，这可以提高中低收入者的边际消费倾向，使得整个社会的消费水平提高（杨震林和王亚柯，2007）。

如果老百姓预期未来支出会增加，而未来的收入又没有保障，那么只好增加储蓄、压缩即期消费以预防未来的不确定性。因此，我们要刺激消费需求，就应该完善养老保障体制，让居民树立正确的心理预期，以提高边际消费倾向，增加消费需求（程义全和赵新安，2002）。冉净斐等（2004）根据预防性储蓄假说，通过分析农村居民的边际消费倾向，得出农村养老制度的缺失抑制了消费增长的结论。如果整个社会的保障体系是完善的，他们对于今后的养老等风险是不必担忧的，那么他们是会敢于花钱的，这会使得整个社会的总的消费倾向提高。社会保障问题制约着消费启动的作用力度，完善的社会保障运行机制可以提高居民的边际消费倾向，可以替代居民用于养老和防止意外事故而进行的储蓄，可以促进经济繁荣（刘钧，2000）。

2）医疗保险政策及其对居民消费的影响。Kotlikoff（1989）第一次对医疗保险支出与预防性储蓄之间的关系进行了开拓性研究，指出居民的消费以及储蓄行为会由于医疗支出的不同经费来源而发生变化。在享受政府提供完备的医疗保险政策的情况下，医疗支出会由政府来负担，此时，消费者的消费水平比其他情况下的消费水平都要高。医疗费用支出的不确定会导致个体进行预防性储蓄，从而减少当前消费。国家的医疗保险计划对于储蓄行为具有非常大的影响作用，医疗保险越健全的国家，居民储蓄意愿相对越低。Hammitt（2003）利用 Probit 和 Logit 模型方法对中国台湾地区的医疗保险体系进行了改革前和改革后的比较分析，证明了消费与医疗保险、医疗福利之间确实存在相关性。Chou（2001）通过对中国台湾建立全民医疗保险体制后的消费数据进行分析得出结论：全民医疗保险体制的实施，大规模降低了家庭医疗费用支出的不确定性，因此减弱了家庭的预防性储蓄动机。当中国台湾居民可以享受广覆盖的医疗保险服务时，他们会降低储蓄并且增加消费。由于医疗费用逐步攀升以及医疗保险的缺乏，医疗费用给很多农村家庭带来经济上的负担，影响了他们的日常消费。

基本医疗保险在维护社会公平、提高社会整体福利、促进经济发展及社会进步上起到了非常重要的作用，基本医疗保险制度的完善可以降低居民出于养老目的的预防性储蓄动机，刺激居民消费。为改善居民的消费预期，消除居民消费的后顾之忧，促进消费需求的稳定增长，从而实现国民经济的快速发展，我们应该尽快完善社保体系，使之适合我国的国情和经济发展水平（万朝林，2003）。养老、医疗制度不健全作为主要原因之一，影响了居民对于未来的收入预期，进而抑制了我国居民消费需求的回升。基本医疗保险制度与城乡居民消费行为存在非常密切的关系，基本医疗保险制度的健全与完善有利于扩大城乡居民消费，推动经济增长（王云和辜萍，2001）。

很多国家运用社会保障政策来刺激消费。智利从 20 世纪 70 年代末开始实施形式多样的“养老保险金计划”，以弥补养老政策的不足，刺激消费。从1973年开始，日本政府实施了一系列福利政策，如“老年人疗养免费”，并修订了健康保养法和年薪法，将供给家属的比率从50%提高到70%。德国从2001年起，扩大医疗保险覆盖面，适度调整个人负担率和负担方式，德国居民消费因此有了明显提升。

总之，社会保障是社会公平的“调节器”，在经济生活中发挥着重要的收入再分配功能。社会保障可以促进社会公平，保障低收入群体的基本生活，从而提高整体的消费水平。在社会经济与收入水平越来越不确定的情况下，“启动预期”是提高居民消费需求的先决条件，即要想扩大消费，首先要让消费者对未来的预期越来越好。

3.3 文献总结评价

针对消费率问题，现有研究从消费率的构成，影响居民消费的经济因素，影响居民消费意愿的心理因素、社会文化因素、政策因素等方面进行了探讨。这些研究得到的结论奠定了本书深入研究的理论基础，但同时仍存在多方面的局限性。

（1）现有研究对消费率问题的探讨局限于经济学领域，缺乏多学科角度的分析

现有文献围绕消费率问题进行了大量研究，研究结论认为导致我国居民消费率偏低的原因主要包括收入、投资、经济政策、社会保障、供求结构、价格、市场秩序七个方面。这为进一步挖掘影响消费率的其他深层次因素提供了研究基础。

但是，从现有文献来看，在对消费率的影响因素进行分析时，无论是早期的宏观经济理论中的消费学说，还是近期国外学者在这些学说上的推进，抑或国内学者结合我国国情对这些经济理论所进行的适用性研究，其研究大都局限于经济学领域，如探讨收入、投资、税收等各种经济变量对居民消费的影响，有关如何促进居民消费的对策建议的研究也都集中在对这些经济学变量的调节上。只有少数研究从社会学的角度研究人口结构、文化观念等社会学变量对居民消费的影响，而从心理学角度探讨消费心理对居民消费影响的研究就更为鲜见。

我们认为，虽然我国消费率长期偏低属于一种经济现象，但它却是一个非常复杂的综合性问题，因而仅从经济学角度进行分析并不足以找到解决问题的关键。为此，有必要从消费者行为学、心理学、社会学等多科学视角对这一复杂现象进行综合分析，例如，从心理学和消费者行为学角度剖析消费率偏低现象反映

出的居民消费心理原因；从社会心理学角度探查参照群体对居民消费意愿的影响；从社会学角度考察社会文化如何潜移默化地影响居民的消费观念等。

（2）现有研究多立足于宏观层面对消费率偏低的成因进行分析，对影响居民个体消费的微观因素重视不够

现有研究较为全面地分析了影响社会总消费的诸多经济和社会因素，这些结论有助于我们对于社会总消费的走势及其与若干因素之间的关系形成大致的判断，也为本书提供了总体研究背景和研究思路的出发点。

但是应该看到，国内外目前关于居民消费的研究，绝大多数是从经济学角度探讨一些宏观经济变量对居民消费的影响作用，并且着眼点是社会居民消费总量问题。这种过于集中于宏观层面因素的研究制约了我们深入探析社会消费总量不足背后的居民个体消费现象及其影响因素。而忽视居民个体消费行为及其内在影响机制，有可能导致刺激消费的宏观政策难以真正落实到居民个体层面，从而阻碍其在转变居民消费心理与行为的基础上切实发挥作用。

我们认为，居民消费虽然是一个总量概念，但以居民个体消费这一微观行为作为切入点来探究我国消费率偏低的影响因素，有助于更深入地洞察我国居民消费不足的本质原因，也有助于厘清刺激居民消费的宏观政策对居民个体和家庭消费发挥作用的微观运行机制，从而为促进我国居民消费意愿和提高消费率的政策的执行奠定落脚点。因此，有必要从居民个体消费的微观层面对我国消费率偏低的问题进行深入分析。

（3）现有研究从心理学视角对消费率偏低的成因的探讨极为薄弱，缺乏对相关心理因素的系统分析

现有文献中仅有少量研究涉及消费预期对居民消费的影响，认为消费预期的不确定或不乐观可能妨碍居民消费的扩展。虽然此类研究只探讨了消费预期这一个消费心理变量对居民消费的影响，但是这为我们从心理学视角来解析消费率偏低问题开辟了有益的思路，如可以分析消费预期对消费意愿的影响，进而探查预期对消费率的影响路径。

尽管从早期的生命周期理论（预期）、相对收入理论（群体压力）到消费行为短期变动分析理论（购买意愿），都提到了研究居民消费时不应该忽略消费者心理因素，但是此类研究迄今仍不系统。现有研究都未能综合系统地考察导致消费率偏低的居民消费意愿、个性特征、消费知识、预期心理、消费信任、生活方式、心理账户、参照群体、社会阶层、物质主义倾向与节俭消费观念、人情、面子等心理和社会文化因素的影响作用。

我们认为，为了较为全面而深入地探讨诸多消费心理变量以及社会文化因素与居民消费率之间的关系，有必要系统地对影响我国居民消费率的心理和社会文

化层面的因素进行剖析，以便从居民个体心理、社会文化、相关政策角度提出刺激居民消费意愿和提升消费率的相应措施，从而为真正解决我国消费率偏低问题提供有价值的理论指导和对策建议。

（4）现有对消费率的探讨多采用定性理论分析，缺乏必要的定量实证研究

现有研究比较系统地分析了收入、投资、税收、货币供给、利率、储蓄、收入分配、福利保障、消费环境、物品供给等因素对居民消费的影响，这些分析主要都是通过经济学理论的推导来完成的，仅有少量研究采用了实证分析技术进行相关分析。这些研究所得到的结论为本书提供了理论分析与实证检验的平台。

然而，这种以定性分析为主的研究方式，难以全面深入反映出各影响因素与居民消费率之间的数量变动关系。仅有的少数实证研究虽然能反映我国居民消费意愿的总体变化趋势与若干经济变量间的关系，但是未能更为深入地从居民个体层面来探讨消费率变化的微观基础；所使用的数据也大多来自二手宏观统计资料，缺乏对来自居民消费的一手微观数据的考察。

（5）现有研究大多关注的是单一变量对消费意愿的影响，而很少探讨多个不同变量对消费意愿的交互影响

关于消费意愿的研究虽然比较丰富，但是大多数研究都只是从相对孤立的视角，如收入因素、宏观经济因素、政策因素等方面分析这些因素对消费意愿的影响，而实际上各种影响消费意愿的因素之间有着一定的相关性。例如，根据前面章节关于消费预期和心理账户的研究回顾，居民的消费预期包括对宏观经济的预期、对物价走势的预期、对突发事件的预期和收入预期，这些消费预期维度都与消费者的心理账户变化有着直接的或间接的关系，而消费预期和心理账户对消费意愿有着不同的影响，因此消费预期会影响居民的心理账户，进而影响居民消费意愿。

换言之，影响消费意愿的心理因素和社会文化因素之间可能存在重要的关联，社会文化因素会通过影响消费者的心理进而影响居民消费意愿，或者消费者的不同心理因素发生交互作用，进而影响其消费意愿。现有研究通过实证研究的方法对影响消费意愿的不同因素之间关系的探讨尚有较大局限，一方面是未能在单项研究中综合系统地考虑多个不同的微观因素和宏观因素，另一方面则是缺乏来自居民消费的有效一手数据。

综上所述，为了推进对我国居民消费率偏低的影响因素的研究，有必要系统地将定量实证研究方法应用于分析消费率偏低的心理成因中，在进行文献发掘、深度访谈、情景模拟等定性分析的同时，采用基于问卷调查的定量实证分析技术，剖析个性、消费知识、消费信任、预期心理、生活方式、心理账户、参照群体、社会阶层感知等心理因素与消费意愿的数量变动关系，同时探查家庭、文

化、消费政策等社会文化因素对消费意愿的影响，以及不同的心理因素和社会文化因素对消费意愿的综合影响或交互影响作用，进而发现我国居民消费意愿不足以及消费率偏低的内在心理机制，以便为寻求提升居民消费意愿和消费率水平的有效路径奠定坚实的实证研究基础。在文献回顾和明确研究目的的基础上，接下来的章节将提出整体的研究设计，主要包括理论分析框架的提出和为确立消费意愿的构成及影响因素而开展的定性访谈，并在此基础上提出实证研究模型，建立基本的研究假设，进行具体的问卷设计和描述数据收集流程。

4 消费意愿与心理变量、社会文化变量及政策因素影响关系的研究设计

4.1 理论分析框架

在对文献进行归纳和总结的基础上，本书形成了关于导致我国消费率偏低的心理与社会成因及对策研究的理论分析框架，如图 4-1 所示。该框架是本书在综合现有消费率研究成果的基础上，创造性提出的从居民消费心理、社会文化和政策因素视角剖析我国消费率偏低的影响因素的理论分析思路和研究框架，主要概括为以下几点：

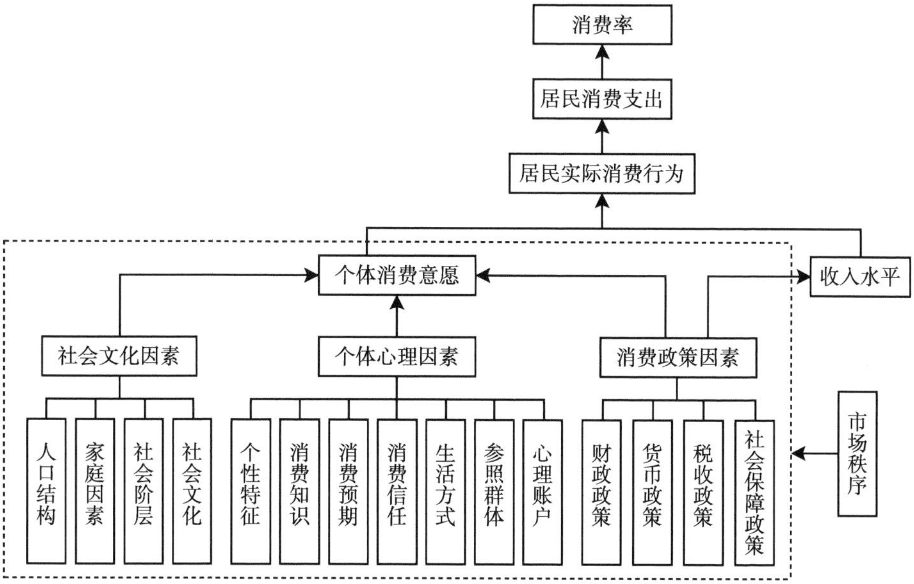

图 4-1 导致我国消费率偏低的心理、社会文化及政策因素的理论分析框架

注：图中虚线框内所标示的是本书所进行的定量实证研究部分。

第一，消费率是指一国消费总额占国内生产总值的比重，在一定时期国内生产总值既定的条件下，消费率的高低由社会消费总量的大小来决定。

第二，居民消费是社会消费的主体，消费率的高低主要取决于居民消费率的高低，居民总体消费是由居民个体消费行为的总和构成的。

第三，消费意愿是影响居民个体消费行为的关键心理变量，从而也是决定居民消费总量以及居民消费率和一国消费率水平的主要心理因素。通过实证分析研究影响居民消费意愿的各种心理因素（主要包括个性特质、消费知识、生活方式、消费预期、消费信任、参照群体影响和心理账户等）、社会文化因素（主要包括人口结构、家庭、社会阶层和文化等），以及消费政策因素（主要包括财政政策、货币政策、收入政策和社会保障政策等），可以发现导致我国消费率偏低的心理及社会文化成因。

第四，市场环境和秩序等外部因素对居民消费意愿和消费行为也会产生间接影响。这些外部环境因素在以往学者的研究中涉及较多，但大都局限于宏观层面。本书基于宏微观结合的角度，重点强调各种外部因素如何对微观层面的居民消费意愿发生作用，进而影响其消费行为。鉴于这些外部环境因素难以量化，这种影响关系主要通过定性分析进行研究。

根据该研究框架可得到本书进行定性分析与实证研究的路径：

首先，在影响消费率的诸因素中发掘出消费意愿是影响居民消费率的关键心理变量。

其次，在对消费意愿的影响因素分析中分别检验个体心理变量、社会文化变量和消费政策变量对消费意愿的影响关系，同时构建并分析多个关键变量对消费意愿的交互作用，这是本书将进行定性分析和定量实证研究的部分。

最后，综合影响居民消费意愿的各种因素，提出通过增强居民消费意愿以提升消费率水平的政策建议和实施对策。

4.2 定性访谈研究：消费意愿的结构与影响因素

4.2.1 焦点小组：消费意愿的结构

4.2.1.1 关于消费意愿的结构

在本书关于导致我国消费率偏低的心理及社会文化因素的理论分析框架中，消费意愿是直接影响居民消费及消费率水平的关键心理变量。关于消费意愿的界定，本书根据文献研究采用学术界普遍认定的定义，即消费意愿是指个体发生消费行为的主观概率或可能性。需要指出的是，该定义泛指居民一般倾向于发生消费行为的概率或可能性，而难以精确反映居民消费意愿在数量维度、时间维度和档次维度等方面的倾向性，即居民消费和支出多少的意愿、较早或较晚实现消费的意愿，以及对于不同档次商品的消费意愿等。

为细化消费意愿的构成，本书采用焦点小组的方法探索了消费意愿的结构，将消费意愿分解为三个构成维度：消费数量意愿、消费时间偏好和消费档次选择。这一维度的划分为后续关于心理因素与消费意愿关系的实证研究提供了重要的设计依据，使得研究假设和数据分析验证更加深入细致，也由此在研究结论中更加全面细致地反映出居民消费意愿与心理和社会文化因素的内在影响关系。将消费意愿划分为三个维度是前人研究中所没有的，因而是本书的重要理论创新所在。

4.2.1.2 操作方法

为了深度了解居民对消费意愿结构的看法，确定本书中关键心理因素——消费意愿的构成，本书采用了焦点小组的方法。

首先，由研究人员提前准备好访谈提纲，以便集中讨论。问题均被设计成开放式的，并在课题组成员中进行了试调查，以便进一步修改问项。

其次，征选参与者，实施焦点小组访谈。本书共选定了 20 名在校学生，分成两个焦点小组，每个小组成员为 10 人。在展开访谈时，主持人向小组成员说明访谈规则，比如，不存在不正确意见，每个人的观点都有价值的，大家对问题的看法不一定要达成一致，等等。访谈过程中，所有提问都是坦诚和开放式的。研究人员密切观察小组中的每位成员，并鼓励说话不多的人积极发表意见，避免让某些人控制小组谈话局面，以保证讨论过程的平衡，同时把大家阶段性的讨论结果记录在黑板上。另外，研究人员时刻注意验证小组成员是否对某些问题达成了一致或是对讨论结果没有异议（“每个人都是这么想的吗?”、“每个人都同意吗?”）。研究人员对整个访谈过程进行录音和记录。

最后，在访谈结束时，研究人员总结所听到的被访者的观点，并向被访人员求证他们的想法是否被清楚地表达出来了，同时感谢被访人员的支持与合作。

4.2.1.3 主要结论：消费意愿由三个维度构成

通过焦点小组的方式，本书得出消费意愿的三个构成维度：消费数量意愿、消费时间偏好和消费档次选择。

消费数量意愿是指消费者的整体消费支出意愿或对某种特定商品愿意消费支出多少的情况，可用消费者整体或在某种商品上愿意花费的金额来表示。一般意义上，拥有更强消费意愿的人可能倾向于更大量的消费或者花费更多。

消费时间偏好是指消费者期望实现消费行为的时机，即较早或较晚实现消费的意愿。拥有较强消费意愿的人会倾向于较早实现消费行为，反之则可能相对较晚。

消费档次选择是指消费者倾向于购买产品的档次。对所购买产品档次的判断是消费者的主观判断。我们假设这种主观判断与产品本身的档次基本上是一致的。消费档次选择不仅体现了消费者对于不同档次商品的消费意愿，同时也反映出消费者的消费能力。在访谈的过程，我们也发现消费者对消费档次的追求具有比较稳定的偏好，同时消费档次选择也随着收入的变化呈现一定的上升趋势。

4.2.2 深度访谈：影响消费意愿的因素

4.2.2.1 操作过程

(1) 深度访谈准备

本书在深度访谈中采用的是半结构化的面谈方式。结合文献中关于影响消费意愿因素的相关研究，以及本书中焦点小组对该问题的把握，我们确定了本书的深度访谈提纲（见附录 1）。

(2) 访谈过程

访谈对象：我们在选取访谈对象时，考虑了性别、年龄、收入阶层、职业等因素的分布情况，30 名受访对象中有既有外企高级管理者、大学教授，也有企业基层员工、商业服务人员等；

访谈人数：30 人；

访谈时间：2011 年 8 月 12 日至 2011 年 9 月 18 日；

访谈地点：受访者办公室、受访者家中、餐厅、咖啡厅等。

我们主要根据收入阶层将这 30 名受访对象分成三组，即高、中、低三个收入阶层组，由两位教授负责高收入阶层的访谈，由四名博士生负责中低收入阶层的访谈。经过系统培训的访问员在访问中注意提问技巧的运用以及友好气氛的营造，以获得最佳的访谈效果。访谈过程中，访问员在征得受访者同意的情况下进行录音，这样的记录方式保证访谈内容不会遗漏，也有助于访问员专心于提问和倾听。另外，访问过程本身可以渗透着对问题的辨识和分析，因此，访问员会及时记录下一些可能对访谈问题很有价值的其他信息。

4.2.2.2 访谈结论：影响消费意愿的因素

本书深度访谈的主要结论如下：

(1) 个体心理因素对消费意愿的影响

1) 消费者个性对消费意愿的影响。从本书的访谈中，我们发现受访者的个性特征会影响受访者的消费档次选择以及购买决策的制定。例如，在访谈中，有的受访者提到自己是冲动型的购买者；有的受访者提到自己在购物之前会谨慎考虑，货比三家；有的受访者表示，自己的购买偏好受到身边的人影响比较大；有的受访者表示，自己购物的时候很少和别人攀比，只是根据自己的需求购买。

2）消费知识对消费意愿的影响。从本书的访谈中，我们发现受访者的消费知识水平和信息收集能力对其消费结构决策、消费时间决策产生作用，进而对其消费意愿产生影响。例如，许多受访者表示“我觉得自己的消费知识水平一般，往往会参考周围人的意见，购买欲望不强，购买面也比较狭窄”，或者“自认为掌握的消费知识较多，需要时能够有效地收集和辨别信息，会根据自己的判断去尝试一些新商品”。另外受访者的使用经验会简化其购买决策，例如“使用欧莱雅化妆品较长时间，自认为比较了解，会持续使用”。

3）消费预期对消费意愿的影响。在访谈中，我们主要通过以下几个方面来研究预期对消费意愿的影响：

首先，关于收入预期。有些受访者提到“未来收入预期会有所上升但上升幅度不会很大，消费还是比较谨慎的”；也有受访者觉得其收入预期对现在的消费不会产生太大影响，“尽管收入预期乐观，但与当前消费没什么关系”，“收入水平是有限的，对未来的收入预期很有限，会降低自己现在的购买欲望，要为将来储存一些资金”等。

其次，关于支出预期。大多数受访者觉得未来支出预期对当前消费有影响，“将来自己的教育投入和用于孩子的支出会比较多，所以当前消费比较谨慎”。

最后，关于经济形势的预期。受访者对价格走势、经济形势的预期会影响其消费意愿和行为，其中既有乐观的预期，也有比较悲观的预期。乐观的预期会对消费行为产生积极影响，如“经济形势会越来越好，赚钱机会比较多，有时会超前消费，但不经常”；悲观的预期会对消费意愿会产生负面影响，如“考虑到医疗保障状况并不乐观，我不敢过度消费”。

另外，也有受访者表示消费意愿不受预期的影响，“主要根据条件尽量满足自身消费需求”。

通过对访谈资料的分析，我们发现受访者对未来的消费预期不尽相同，消费预期对消费意愿的影响也存在差异，即没有通过访谈得到统一的结论。为此，我们将在后续的实证研究中对此问题做进一步分析。

4）消费信任对消费意愿的影响。在访谈中，我们发现许多受访者都提到对商家的不信任会影响自己的购买决策。并且，这种不信任感已经不仅是对某一个企业某一种商品的不信任，而是蔓延到了对整个消费环境的不信任；即使是大品牌的商品，这种不信任感也难以消除。另外，这种不信任感严重影响了受访者的购物热情。

同时，受访者也给出了他们觉得更为可信的一些信息来源或途径，其中亲友推荐是最常被提到的答案，而受访者对其他来源信息的偏好均没有太大差异。需要注意的是，相当比例的受访者表示，中国目前的消费环境尚不健全，商家的营销手段无所不用其极，坑蒙拐骗、欺瞒愚弄消费者的行为屡见不鲜，这使得消费者的怀疑、不信任自然而然地变成了一种“本能”，消费决策的制定更加犹豫不决，甚至觉得有些消费是一种负累，购物体验的愉悦性和舒畅性大受打击。因此，几乎所有受访者都认为，建立消费信用体系、加强监管和提供良好可信的消费环境将会极大地促进居民的消费积极性。

5）生活方式对消费意愿的影响。生活方式对消费意愿的影响在文献研究中得到了广泛证实，在我们的访谈中也得到了支持。访谈中一些受访者提到“生活方式对自己消费的影响很大”，“生活习惯会影响我的消费倾向”等。可以看出，生活方式对消费意愿的影响是很明显的。

考虑到有些受访者可能不太理解生活方式的含义，我们在访谈时根据生活方式的 AIO 测量方法（Plummer，1974）即活动（Activities）、兴趣（Interests）和观点（Opinions）三方面具体内容进行提示，在访谈结果中发现了其对消费意愿的影响。

首先，兴趣爱好对消费意愿有影响，尤其在高收入阶层中比较显著。一些受访者提到“喜欢运动，爱打网球，在网球装备方面投入较大”，“喜欢读书，则会花更多的钱去购买书籍”等；在低收入阶层中，兴趣对消费意愿的影响也比较明显，但经常会受到经济条件的制约。

其次，关于消费者的活动或者行为，有受访者提到“35 岁之前我经常参加朋友聚会，娱乐和人际交往的消费就很多，而现在喜欢运动，在健康上的投入较多”，“我的时间大多用于工作和孩子，很少有时间去专门消费，也不爱逛街”等，可见消费者从事的活动对其消费意愿有影响。

最后，生活方式中的观点方面，受访者提到“我觉得品位很重要，消费时我会追求时尚”，“我觉得女孩就是要瘦一些才美，夏天到了我会有减肥方面的消费”等，从中可以看出消费者对人生、事物的看法与感受会对其消费意愿产生影响。

6）心理账户对消费意愿的影响。访谈中，多数受访者都提到一些类似的分类方法，如工资收入、奖金收入、其他收入、日常用品支出、人情支出、享受娱乐支出、保障储蓄等。而且受访者一致反映，在开支上，占比最高的往往是储蓄、日常用品支出、人情支出等。

当谈及对资金进行一个“虚构”的分类有无必要时，受访者给出了十分肯定的答案。他们认为，自己在做出消费决策时自觉不自觉地就会按照既定的规则去约束或指导消费数量，一般不会出现过分透支或随意支配资金的情况。而且他们也着重提到，这些比例也不是完全恒定不变的，有时候一些外部环境变化的出现，比如国家推出新的补贴政策，都可能影响到消费开支的倾向。

另外，有部分受访者提到，对于工资收入，他们往往会将其赋予固定的用途，如将很大一部分储存起来，用于未来的一些大额支出，或者购置家庭常用的生活用品以及购买服装、鞋帽等常规消费品；而对于奖金或者礼金，甚至彩票中奖等额外收入，他们往往更放得开，会用其购买自己平时不舍得购买的产品和服务，比如奢侈品、美容保健以及旅游等；对于那些暂存在储蓄分类下的资金，大部分被存入银行，小部分则留在手中，作为防范不时之需的弹性预算空间。

（2）群体心理因素对消费意愿的影响

1）参照群体对消费意愿的影响。访谈结果表明，大多数受访者在消费中会受到某些群体的影响。通过对访谈资料的分析，可以看出这种影响主要表现在以下几个方面：

首先，信息性影响。即消费者希望从参照群体那里获得信息以帮助其决策。例如，“我会参考同事介绍的某产品或使用经验，省得自己比较和尝试了”。

其次，规范性影响。体现为消费者在购买中会有意或无意识地顺从其他人的意愿，从而得到奖赏或避免惩罚。例如，“在单位里，原来自己穿衣服是一个样子，发现大家都穿成另一个样子，由于自己跟别人不一样，往往会感觉格格不入和不舒服，于是只能跟大家保持一致了”。

最后，价值表达影响。这是指个体自觉遵循或内化参照群体所具有的信念和价值观，从而在行为上与之保持一致。例如，“我参加一些车友会，一般大家买的车上用品、旅途用品，我也会买类似的，感觉这样会拉近和大家的心理距离”。

2）家庭对消费意愿的影响。中国人的家庭观念比较强，家庭的需求对购物的影响是非常大的。比如，有孩子的家庭与夫妇两人的家庭在消费上会有很大的不同，受访者经常提及“自从有了孩子以后，不管买东西还是出行都要首先考虑孩子，会将孩子的需求放在第一位”。另外，随着家庭的规模、结构和生命周期的变化，消费者在消费的类别、消费档次选择和消费时间偏好上都会发生相应的变化。

3）社会阶层对消费意愿的影响。我们通过收入、职业、地位和教育背景这四个方面来探索社会阶层及消费者自我感知对消费意愿的影响。访谈结果发现，受访者的消费意愿与行为会受其收入、职业、地位和教育背景特别是个人对自身所处社会阶层的感知的影响，如“自己收入较高，社会地位还可以，会考虑购买比较高档的物品”，“我是一名记者，经常喜欢买一些新闻杂志、DV 机之类的商品，有时也需要买职业装”，“我经常购买图书，喜欢选择优雅内敛的商品，这可能跟我的教育背景有关系”。因此，消费者所处社会阶层及其自我感知对消费有着明显影响，消费者一般会尽力使自己的消费品位与职业、地位、教育背景相匹配。

(3) 社会文化因素对消费意愿的影响

访谈中，我们发现受访者的消费心理与行为带有社会文化的深刻印迹，主要体现为以下几个方面：

1) 消费行为的大众化。中庸、谦和是我国传统文化的重要内涵，体现在消费行为上就是带有明显的“社会取向”和“他人取向”，如有些受访者提到“同事们普遍认可的产品，我会考虑与他们保持一致”。

2) 部分消费者表现出高物质主义倾向。在访谈中我们发现，有些受访者提到“消费能给我带来相当大的快乐”，“周围朋友拥有的物质如汽车、奢侈品等对我的消费影响很大”，“我喜欢购物，购物让我很放松”等。

3) 崇尚节俭、不愿借贷消费的价值观念。中国人历来视勤俭节约为传统美德，未雨绸缪、量入为出的价值观对居民的超前消费有极大的制约作用。访谈中不乏这种观念的体现，如“未来收入预期比较乐观，但当前消费还是比较谨慎”，“即使收入不错，也不愿意负债消费”等。

4) 人情、面子消费占比较大。中国人注重人情，爱面子，这种文化特点体现在消费上就是重视人情消费和面子消费，如“我的消费不多，但人际交往费用是不能少的”。

社会文化因素是影响居民消费意愿与行为的最为广泛和深刻的外在因素，从我们的访谈中可见一斑。

(4) 政策因素对消费意愿的影响

访谈中，受访者普遍对国家一些与居民消费密切相关的政策表现出较高的敏感度，尤其是财政补贴（如家电下乡和以旧换新补贴）、税收（提高个税起征点）、社会保障（医疗和养老保险）、存贷款利率变动方面的政策对消费者的消费与储蓄意愿影响比较显著。

不少受访者都有过积极响应国家消费刺激政策的经历，如国家推出购买节能环保家电将给予一定补贴的财政政策时，新购节能环保家电或进行家电设备升级都会进入考虑范围，而且也有受访者已经实际参与过此类项目。而当个税起征点提高后，他们也觉得似乎自己的收入有了明显增加，所以可以而且应该进行更多数量、更加丰富的消费，以提升自己和家庭的生活质量。另有受访者提到国家出台的社会保障制度如全民医疗保障等政策减少了后顾之忧，使其在消费时可以更大胆。

当然，多数受访者也提到，政策刺激对他们的消费选择能否产生作用也取决于刺激的力度和形式。往往更受欢迎的形式是直接的消费补贴或者减轻个税负担，因为他们认为这些政策措施能使自己明显感觉到近在眼前的“到手利益”。

总之，通过面对面的深度访谈，本书从现实层面对影响居民消费意愿的各种心理因素、社会文化因素和政策因素有了更加明确清晰的把握，从而实现了文献研究结论与田野调查结果的完美衔接，也为后续的实证研究模型设计与假设建立奠定了更为坚实的现实基础。

4.3 实证研究模型：影响居民消费意愿的心理变量及社会文化变量研究模型

基于前面的文献研究与访谈研究可以发现，影响居民消费意愿的因素错综复杂，不一而足。既有消费者自身内在的心理因素，也有外在的社会文化因素，只有进行综合、统筹的梳理和考量，才能尽最大可能勾勒出居民消费意愿的影响因素研究模型。

在诸多影响因素中，心理方面的变量是重中之重，主要包括个性、主观消费知识、消费预期、消费信任、生活方式、参照群体、心理账户等。具体而言：

第一，个性与消费意愿乃至行为之间的关系十分密切，不同个性的消费者在购买行为、媒体选择、产品选择等各个方面都可能出现可辨识的差异，可以说深入渗透在消费者消费生活的各个层面（Kassarjian，1971）。

第二，消费者主观知识水平决定着消费者的信息搜索能力（Rao 和 Sieben，1992）和信息处理行为，它不仅会影响消费者的产品信息收集和处理活动（Alba 和 Hutchinson，1987），而且对最终决策的方向和质量具有关键影响力，因此有充分理由推测消费者主观知识在消费意愿的形成中具有不可忽视的作用。

第三，消费预期也可能从多方面对消费意愿及行为产生重要影响。从个体角度来说，消费预期通过影响消费者的消费需求、消费信心和边际消费倾向，进而对个体消费意愿和行为产生影响；从群体角度而言，消费预期因为具有群体性，所以在群体消费行为中更容易产生“共振效应”，进而对群体消费行为产生影响。

第四，消费信任是消费者与企业、品牌之间的连接纽带。随着信任的加深，由简单认知转向更高级情感的依赖有助于显著削弱感知风险对购买意图的制约，从而有利于形成积极的购买意愿。

第五，生活方式是特定消费模式的重要决定因素。消费者依据内在的生活方式，辅之以个人人格特质及价值观，形成对产品效价、消费类别、消费方式的特殊偏好，这一关联使得具有不同生活方式特征的消费者表现出差异化的消费意愿及消费行为。

第六，参照群体是影响消费行为模式的群体性基因。参照群体通过信息性影响、规范性影响及价值表达性影响（Park 和 Lessig，1977），左右着消费者的选择与决策过程。

第七，心理账户是影响消费意愿和行为的基础性因素。心理账户是本书的创新视角，心理账户的结构、特征标记了不同消费者在金钱领域的消费图腾，而这种内隐的“消费规则”指导着消费者在消费的数量、类别、时间上产生特定差异。

消费心理具有相对的独立性和稳定性，可以标识不同特性消费者的消费意愿和行为模式。然而，任何一个消费者都无法脱离社会文化潜移默化的影响乃至现实的制约。因此，我们在关注消费者内在心理的同时，也不能忽视家庭、社会阶层以及消费文化这些外在的社会性因素对消费意愿的影响和制约作用。许多时候，单一的消费者并非实际的消费决策单元，身处不同规模、结构以及生命周期的家庭时，消费意愿和消费方式都可能出现特定的规律和表现。社会阶层在一定程度上体现了居民的消费能力和消费身份，研究表明，不同社会阶层的消费者在信息来源的选择、购物环境、购物方式以及产品类别的偏好上，存在较为明显的差异。并且，消费者对自身社会阶层的感知可能会与其实际社会阶层存在偏差，因而其对消费意愿形成的影响将更加复杂且有意义。消费文化是特定社会或族群的重要消费基因，在中国，这类消费文化主要体现为物质主义倾向和节俭消费观念、面子文化、人情文化等。消费文化对消费意愿的影响可谓潜移默化，而其作用很可能凸显于一些特定领域，如赠礼、奢侈品消费等。

综上可见，任何单一因素都无法充分且细致地勾勒消费意愿的影响机制，由此我们构建了影响居民消费意愿的心理及社会文化因素模型，如图 4–2 所示。模型中居民消费意愿为因变量，各种心理因素和社会文化因素为自变量，其中个性特征、消费知识、消费预期、消费信任、生活方式、心理账户等为影响居民消费意愿的个体心理变量，参照群体和社会阶层感知为影响居民消费意愿的群体心理变量，家庭和消费文化为影响居民消费意愿的社会文化变量。需要指出的是，对于消费文化这一宏观层面的外在影响因素，本书将着重考察物质主义倾向、节俭消费观念、面子、人情等文化感知变量对消费意愿的影响。该模型反映了影响居民消费意愿的主要因素体系，是后续研究假设和实证分析的重要依据，也是本书的主要理论价值和研究创新所在。

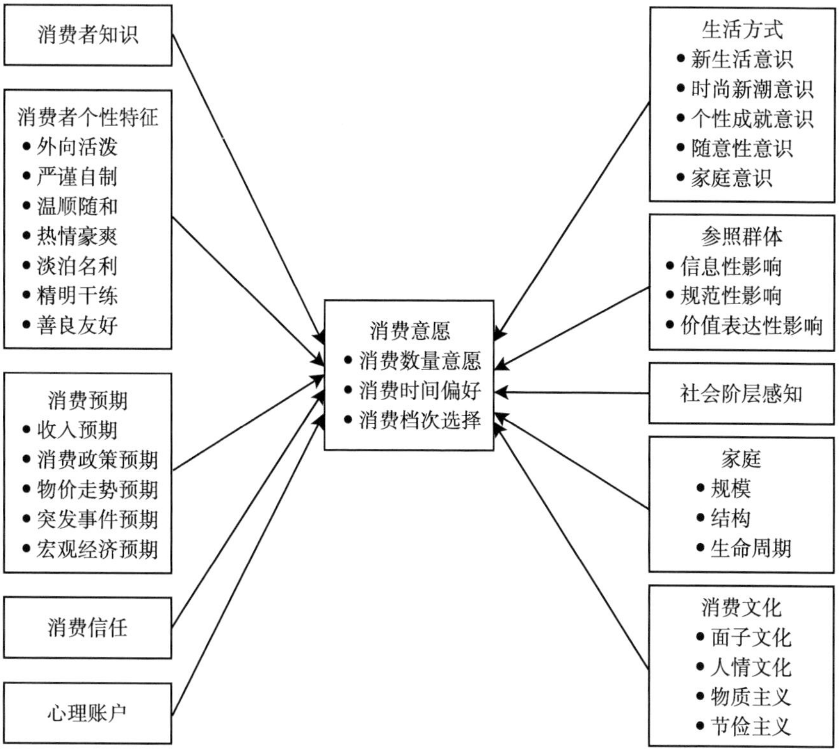

图 4–2 影响居民消费意愿的心理及社会文化因素研究模型

4.4 基本研究假设

为进一步考察上述变量对居民消费意愿的影响方式和程度，我们将采用实证研究方法验证模型中各变量及构成要素与消费意愿之间的关系。基于心理变量及社会文化变量与居民消费意愿的关系模型，本书下面将提出若干假设。

4.4.1 心理变量与居民消费意愿的影响关系

4.4.1.1 个性对居民消费意愿的影响

随着消费者行为研究在 20 世纪 50 年代的兴起，个性成为研究者解释和调查消费者行为的一个重要影响变量。有学者指出，个性与消费者行为的任何一个方面都有着千丝万缕的联系（Kassarjian，1971）。因此，进一步了解消费者的个性及其对消费意愿的影响，将有助于更好地把握消费者的消费行为规律。

我国学者谭华青（2004）研究大学生决策风格与人格的关系，发现人格问卷的部分维度对消费者决策风格的部分因子具有预测性的作用。如人格问卷中测量精神质的量表即倔强、讲求实际，可以预测消费者决策风格的时间导向、冲动导向和熟悉导向三个维度；而测量神经质的量表即反映被试情绪性的部分能够预测消费者决策风格的节俭导向、决策困惑导向维度；测量被试内外向程度的部分可以预测消费者决策风格的时间导向、品牌时尚导向、冲动导向、节俭导向以及熟悉导向五个维度。Chin 和 Ru（2010）调查了个性对在线购物行为的影响。他们发现，大五个性中的神经质、外向性、开放性正面影响娱乐性的购买动机，而在神经质、宜人性、开放性上得分高的消费者更倾向于功利性的购买动机。陈巧林（2010）运用个性特质五因素量表，对武汉市市民进行分析，将武汉市市民分成外向随和型、严谨含蓄型和开放时尚型，并且发现这三种不同类型的市民在旅游消费上表现出明显的差异。从以往的研究中我们可以发现，消费者的个性与决策风格、购买动机及产品的选择都紧密相连。不同的个性特征导致消费者在决策风格，娱乐性和功利性购买动机上存在着显著差异。

以往对消费者个性的研究中主要采用的是根据西方人个性特质研发的量表，如艾森克量表、大五个性因素量表等。由于存在文化差异，中国人的个性特点与西方人有较大不同。我国学者王登峰（2008）根据中国人的个性特点，建立了符合中国人个性特点的大七模型及量表（QZPAS-SF），七大个性特质包括：外向活泼、严谨自制、热情豪爽、淡泊诚信、温顺随和、精明干练、善良友好。本书即根据该模型与量表的七个主要个性特征对居民消费意愿三个维度的影响提出如下假设：

H1.1　消费者个性特征影响居民消费数量意愿

H1.1.1　消费者的外向活泼特征正向影响居民消费数量意愿；

H1.1.2　消费者的严谨自制特征负向影响居民消费数量意愿；

H1.1.3　消费者的热情豪爽特征正向影响居民消费数量意愿；

H1.1.4　消费者的淡泊诚信特征负向影响居民消费数量意愿；

H1.1.5　消费者的温顺随和特征负向影响居民消费数量意愿；

H1.1.6　消费者的精明干练特征负向影响居民消费数量意愿；

H1.1.7　消费者的善良友好特征负向影响居民消费数量意愿。

H1.2　消费者个性特征影响居民消费时间偏好

H1.2.1　消费者的外向活泼特征正向影响居民消费时间偏好；

H1.2.2　消费者的严谨自制特征负向影响居民消费时间偏好；

H1.2.3　消费者的热情豪爽特征正向影响居民消费时间偏好；

H1.2.4　消费者的淡泊诚信特征负向影响居民消费时间偏好；

H1.2.5 消费者的温顺随和特征负向影响居民消费时间偏好；

H1.2.6 消费者的精明干练特征负向影响居民消费时间偏好；

H1.2.7 消费者的善良友好特征负向影响居民消费时间偏好。

H1.3 消费者个性特征影响居民消费档次选择

H1.3.1 消费者的外向活泼特征正向影响居民消费档次选择；

H1.3.2 消费者的严谨自制特征负向影响居民消费档次选择；

H1.3.3 消费者的热情豪爽特征正向影响居民消费档次选择；

H1.3.4 消费者的淡泊诚信特征负向影响居民消费档次选择；

H1.3.5 消费者的温顺随和特征负向影响居民消费档次选择；

H1.3.6 消费者的精明干练特征负向影响居民消费档次选择；

H1.3.7 消费者的善良友好特征负向影响居民消费档次选择。

4.4.1.2 消费知识对居民消费意愿的影响

现有的许多实证研究都检验了消费者知识和购买行为之间的关系，由此反映了消费知识和消费意愿之间的关系。比如，一些学者认为，消费知识有助于理解消费者的信息搜索（Rao 和 Sieben，1992）和信息处理行为，它会对消费者的产品信息收集和处理活动产生影响，并最终影响消费者购买和使用产品（Alba 和 Hutchinson，1987）。消费知识还会影响消费者在此基础上的决策方向与质量。消费知识对于消费者的消费决策有正向影响，也就是说，拥有越高的消费知识，所做出的消费决策的质量可能越高（Park 和 Lessig，1981；Swaminathan，2003）。更进一步研究发现，消费者的品牌知识对于消费者在线零售商的使用意愿具有积极影响（Chen 和 He，2003）。也有学者在对网上银行的研究中发现，不同于互联网经验和互联网自我效能（Self-efficacy），互联网知识对消费者的互联网继续使用意愿有非常显著的影响（Lu 和 Mingxin，2006）。

按照现有文献的研究结论，消费知识划分为主观消费知识、客观消费知识和消费经验。然而在本书中，考虑到客观消费知识的复杂性和消费经验的同一性，我们对于消费知识的测量只从主观消费知识对居民消费意愿不同维度的影响这一角度进行。由此，本书提出如下假设：

H2.1 主观消费知识影响居民消费意愿

H2.1.1 主观消费知识正向影响居民消费数量意愿；

H2.1.2 主观消费知识正向影响居民消费时间偏好；

H2.1.3 主观消费知识正向影响居民消费档次选择。

4.4.1.3 消费预期对居民消费意愿的影响

消费者对消费时机的选择，消费偏好的改变以及进一步消费的倾向都受到消费预期水平高低的影响（孙元明，2001）。由 Engel、Kollat 和 Blaekwell 于 1968

年共同提出的恩格尔—科拉特—布莱克威尔购买行为模式（EKB 模式），认为消费者的预期、态度与规范共同影响购买意愿，进而影响购买选择，并最终影响购买结果（王敏，2011）。此外，在各种不同的消费环境中，预期对消费者心理及其最终消费决策的制定有重要的影响作用。通过研究消费者预期和态度对个人投资组合分配行为的影响，Anoruo 等（2003）提出消费者对社会通货膨胀率及利率预期的乐观程度会直接影响到他们对各种投资证券及现金的分配方式。同时，预期一旦成为投资者做决策时必须考虑的因素，就会形成持续效应，影响居民的长期投资行为和决策制定过程（Anoruo 等，2003）。石文典（2001）亦印证了消费者预期水平变化和股市行情变化及波动高度相关。随后，石文典和肖余春（2004）利用交叉滞后相关法（CLPC）研究消费心理预期与股票涨跌的关系，提出消费心理预期是导致股票涨跌的重要原因，因而消费心理预期不良也是导致近年来消费需求低迷的一个主要原因。其中“宏观形势预期”和“经济政策预期”是消费心理预期因素中对股票涨跌影响最大的两个因子。孙元明（2001）通过对预期水平高低与消费者购买量关系的定量分析，提出预期水平的高低直接制约消费者大件耐用消费品购买量的大小，消费者预期水平越低，消费行为越趋于平淡，购买大件耐用消费品的数量就越少；低预期水平与中、高预期水平相比较，其消费意愿表现出显著差异。此外，消费预期水平高低对于消费意愿的影响，受物价、利率、购买计划等因素的限制和制约。

关于消费预期的测量维度，不同学者在具体变量的表述上存在差异。本书采用石文典（2001）更具代表性的划分维度，即将消费预期分为宏观经济预期、收入预期、消费政策预期、物价走势预期和突发事件预期五个维度。基于此，本书提出如下假设：

H3.1 消费政策预期正向影响居民消费意愿

H3.1.1 消费政策预期正向影响居民消费数量意愿；

H3.1.2 消费政策预期正向影响居民消费时间偏好；

H3.1.3 消费政策预期正向影响居民消费档次选择。

H3.2 宏观经济预期正向影响居民消费意愿

H3.2.1 宏观经济预期正向影响居民消费数量意愿；

H3.2.2 宏观经济预期正向影响居民消费时间偏好；

H3.2.3 宏观经济预期正向影响居民消费档次选择。

H3.3 物价走势预期正向影响居民消费意愿

H3.3.1 物价走势预期正向影响居民消费数量意愿；

H3.3.2 物价走势预期正向影响居民消费时间偏好；

H3.3.3 物价走势预期正向影响居民消费档次选择。

H3.4 突发事件预期负向影响居民消费意愿

H3.4.1 突发事件预期负向影响居民消费数量意愿；

H3.4.2 突发事件预期负向影响居民消费时间偏好；

H3.4.3 突发事件预期负向影响居民消费档次选择。

H3.5 收入预期正向影响居民消费意愿

H3.5.1 收入预期正向影响居民消费数量意愿；

H3.5.2 收入预期正向影响居民消费时间偏好；

H3.5.3 收入预期正向影响居民消费档次选择。

4.4.1.4 消费信任对居民消费意愿的影响

Koufaris 和 Hampoton（2004）认为消费信任会随着长时间的重复接触而发展，同时，消费信任还会决定消费者是否会在未来与卖家再次接触。有研究表明，消费信任是网络购物意愿的决定因素，信任能够降低网上交易风险和技术风险，形成积极的购买态度和购买意愿（赵冬梅和纪淑娴，2010）。Jarvenpaa 等（2000）通过实证分析证明了消费信任作为感知风险的前因，对于网上购物意愿具有正向影响，并且消费信任也可以通过感知风险间接影响购买意愿。也有学者提出感知风险是信任的前因，感知风险直接影响顾客的购买意愿，也可以通过信任间接影响购买意愿（Corbitt、Thanasankit 和 Han，2003）。Mcknight、Cumings 和 Chervany（2000）提出感知风险是信任和购买意愿的调节因素，即在不同感知风险水平下，消费信任对于行为的影响效应有所不同，当环境风险越高的时候，消费信任对行为态度和行为意图的影响越大，反之亦然。有研究指出，对网站缺乏信任的消费者往往不愿意在网上进行交易（胡保玲和云乐鑫，2009）。Gefen（2000）指出消费信任直接影响网上购买意愿。Donna（2006）的实证研究表明，网上购物信任降低了消费者的风险认知，并与网上购物意愿正相关。

综上所述，消费信任对于购买意愿的影响机制可以概括为以下内容：信任的发展是一个动态的过程，消费者的交易过程也是一个动态的过程，因此信任和风险的关系应该是不断变化的。初始信任时期，信任的一方通过一些特征来判断对方的可信度；随着双方关系的进一步发展，消费者所发现的信息不对称的情况逐渐降低，卖方也对消费者有了更多的了解，也就使得环境信任和交易方信任固定在了一定的水平之上，双方进入了信任的维持阶段。对于中介信任，由于交易双方已经有一定的相互认知水平，对于第三方的权威信任也已达成共识，此时，感知风险对购买意图的影响越来越弱，信任成为影响消费者购买态度的主要因素。如前文所述，在交易过程中，消费者对于卖方的信任不会一直仅仅停留在简单的认知（Cognitive）层面上，而会随着双方交易的增多和关系的加深，跃居到更高级的情感（Affective）层面上，此时消费者将自己的情感注入到了这种信任关系之中，这主要表现在信任者自身的心理因素方面，而与被信任者的属性无关。所以，随着情感的注入，消费者最终会调整自己的信任倾向，从而直接影响其购买意愿。基于此，本书提出如下假设：

H4.1 消费信任正向影响居民消费意愿

H4.1.1 消费信任正向影响居民消费数量意愿；

H4.1.2 消费信任正向影响居民消费时间偏好；

H4.1.3 消费信任正向影响居民消费档次选择。

4.4.1.5 生活方式与居民消费意愿的影响关系

生活方式实质上是文化、价值观及人口统计变量的综合体，它通过影响一个人的需求及态度，进而影响其消费意愿和消费行为，也就是说消费者所追求的生活方式通过影响其消费的需求与欲望来影响其购买和使用行为。迄今为止，已有相当数量的国内外学者研究了生活方式对消费行为的直接影响，这种影响在消费者的产品选择、投入消费资源多少等诸多方面都有所体现。生活方式包含着居民如何生活、如何花费以及如何消磨时间等，与消费者的外部行为紧密相连，可以作为判断消费者购买行为的直接根据。在消费者的超前消费行为上，文雅、活跃、富有冒险精神的消费者更容易选择信用卡消费（Plummer，1971）。而从消费延伸的角度来看，则可以将消费视为系统的象征行为，即消费的目的并非以商品实物为对象，而是消费商品中所蕴含的符号意义。消费的意图不在于商品的物质性，而在于商品所象征的人的关系与差别性。因此生活方式在影响消费者的行为意识和决策中扮演着极为重要的角色（马姝和夏建中，2004）。

生活方式对消费意愿的影响十分细致和深入，已有研究表明消费者的时尚生活方式会影响他们的购买趋势（Gutman 和 Mills，1982）。通过对女性消费者的细分研究，Cosmas（1982）确定了 7 类不同的消费群体及其对应模式，从而验证了生活方式对消费行为的重要影响。在以手机消费为例的研究中发现，生活方式之“时尚品位”会促使消费者愿意付出更高的价格并增加购买频次；“中庸内敛”会降低消费者的购买、更换频率，但对支付水平的影响不显著；“完美主义”型消费者则十分注重消费的层次和档次，且同时有较低的购买频率（潘煜和高丽，2009）。由此可见，生活方式中所包含的各种特质因素与消费意愿、消费决策具有显著关联性。更进一步地，通过生活方式可以将消费者整体进行群体化切割，在不同群体的特征因子交互作用下，其消费意愿也可能体现出较为明显的差异化。

由于 China-VALS 量表在借鉴西方研究成果的基础上，对中国消费者的分群、价值观及生活方式进行了契合中国情境的描绘，本书采用 China-VALS 的划分方式，从中选取生活方式的不同意识构面，探讨新生活意识、时尚新潮意识、个性成就意识、随意性意识、家庭意识等对居民消费意愿的影响。基于此，本书做出如下假设：

H5.1 生活方式的不同构面影响居民消费数量意愿

H5.1.1 新生活意识正向影响居民消费数量意愿；

H5.1.2 时尚新潮意识正向影响居民消费数量意愿；

H5.1.3 个性成就意识正向影响居民消费数量意愿；

H5.1.4 随意性意识正向影响居民消费数量意愿；

H5.1.5 家庭意识正向影响居民消费数量意愿。

H5.2 生活方式的不同构面影响居民消费时间偏好

H5.2.1 新生活意识正向影响居民消费时间偏好；

H5.2.2 时尚新潮意识正向影响居民消费时间偏好；

H5.2.3 个性成就意识正向影响居民消费时间偏好；

H5.2.4 随意性意识正向影响居民消费时间偏好；

H5.2.5 家庭意识正向影响居民消费时间偏好。

H5.3 生活方式的不同构面影响居民消费档次选择

H5.3.1 新生活意识正向影响居民消费档次选择；

H5.3.2 时尚新潮意识正向影响居民消费档次选择；

H5.3.3 个性成就意识正向影响居民消费档次选择；

H5.3.4 随意性意识正向影响居民消费档次选择；

H5.3.5 家庭意识负向影响居民消费档次选择。

4.4.1.6 参照群体与居民消费意愿的影响关系

许多研究已经证明了参照群体对消费者的购买行为存在显著的影响作用。Moschis（1976）在对参照群体的研究中发现消费者会通过与参照群体的直接对话和观察他们的行为来做出购买决策。Park 和 Lessig（1978）在研究不同类型消费者（学生和美国家庭妇女）受参照群体影响的差异程度中发现，个人与参照群体间在动机和心理上存在显著的关系。陈家瑶、刘克和宋亦平（2006）通过情景模拟实验法研究了参照群体通过消费者感知价值对购买意愿的影响作用。研究表明，参照群体与消费者自身感知价值有差异时，正面建议会提高消费者的感知价值水平，并提高其购买意愿；而负面建议会降低其感知价值水平，并降低其购买意愿。当两者感知价值相同时，参照群体的影响不显著，需要做进一步的研究。同时，研究发现两组参照群体（朋友和父母）在其影响力上也不存在显著差异。

在本书前期的深度访谈中，我们发现有些受访者提到，在消费时“会参考同事介绍的产品或使用经验，省得自己比较和尝试了”，“我也会买类似的，感觉这样会拉近和大家的心理距离”，这表明来自参照群体的影响也会对居民的消费意愿发生作用。基于 Park 和 Lessig（1977）将参照群体对消费意愿的影响方式划分为信息性影响、规范性影响及价值表达性影响的经典研究，本书提出如下假设：

H6.1　信息性影响正向影响居民消费意愿

H6.1.1　信息性影响正向影响居民消费数量意愿；

H6.1.2　信息性影响正向影响居民消费时间偏好；

H6.1.3　信息性影响正向影响居民消费档次选择。

H6.2　规范性影响正向影响居民消费意愿

H6.2.1　规范性影响正向影响居民消费数量意愿；

H6.2.2　规范性影响正向影响居民消费时间偏好；

H6.2.3　规范性影响正向影响居民消费档次选择。

H6.3　价值表达性影响正向影响居民消费意愿

H6.3.1　价值表达性影响正向影响居民消费数量意愿；

H6.3.2　价值表达性影响正向影响居民消费时间偏好；

H6.3.3　价值表达性影响正向影响居民消费档次选择。

4.4.1.7　心理账户与居民消费意愿的影响关系

心理账户是居民在心理上对结果（尤其是经济结果）的编码、分类和估价的过程，揭示了居民在进行资金决策时的心理认知过程。心理账户的原则之一是居民往往把不同种类的金钱分组和贴上标签，还把不同来源的资金和不同的费用支出进行标记。心理账户的这种特性也被称为非替代性。所谓的非替代性是指个体会把金钱划分到不同的心理账户中去，而在每个不同的心理账户中的金钱都具有不同的功能和用途。比如，同样是 500 元，一个是工资收入，一个是意外之财。居民在心理上对其估价是不同的，并且这两个账户的钱具有非替代性。Kivetz（1999）根据收入来源的不同将收入分为固定收入与意外之财。Henderson（1992）根据财富来源将财富分为赠礼、偶然所得、工作奖金、销售款、遗产等。有些学者如 Thaler、Henderson、Petersen、Soman 和 Lam 根据费用支出用途将其分为服装支出、食品支出和娱乐支出等。

心理账户理论认为，并不是个人财富的绝对增加会导致消费，而是某种账户下的金钱增加会影响未来的消费。传统的经济理论认为，额外收入的存在会导致总的收入效应，从而增加所有商品的消费。然而，相关研究表明，居民被心理账户种类所影响，在决定未来花销的时候，某一特定心理账户种类的节省和花费会影响同一种类的消费。在同一心理账户类型中，先前的消费会降低将来在该账户花费的可能性。先前在该心理账户种类中的花费与当前时间相隔越近，压抑同种类账户消费的趋势就越大，将来这一种类账户的支出就越少。特别是当已发生事件所得商品是由居民自己花钱购买时表现得更加明显。从一个心理账户种类中节省下的钱更有可能在同一种类商品上支出（Henderson 和 Peterson，1992；Soman 和 Lam，2001；Heath 和 Soll，1995）。Heath 和 Soll（1995）发现，费用分类的心理倾向导致消费者在心理账户种类中降低消费，而这和货币理性相悖。消费者可能会认为价格促销所返还的现金是心理账户上的得到，从而把它使用在购买同一种类的产品上。零售商可以利用心理账户的这一特点，将同种类的产品放在价格促销的产品旁（Jha-Dang，2006）。

除了非替代性之外，心理账户还有预算性的特征，居民会预先对自己的财富做出安排。预算性的特征使居民在进行不同类别的消费时有了参照点，居民在决策时试图使自己的消费不超出预算，超出预算被认为是损失，在预算之内则被认为是获益。有研究表明，居民会为不同的消费类目设置心理预算，但预算通常会低估或者高估要购买的特定商品的价格，从而使居民产生“穷鬼”和“大富翁”的认知错觉，进而常常出现消费不足和过度消费的消费误区（Heath，1999）。类似地，居民通过把各项开支记录到特定的心理账户，会使一些开支看起来是过度开支或者开支不足，因此，心理账户效应会成为消费不足现象的一种原因（陈乾鑫和孙晓敏，2011）。

值得注意的是，中国居民的心理账户具有一些独有的特征，如除了非替代性、预算性以外，还具有灵活性。灵活性反映了心理账户的弹性和受到居民的自我控制。不同个性、不同经济水平的个体，其心理账户的灵活性也表现出不同（李爱梅，2004）。这是我们在探讨中国情境下心理账户对居民消费意愿的影响时需要特别关注的。根据以往学者关于心理账户的分类（收入来源、经营投资比重）和心理账户的特征（非替代性、预算性、灵活性）对消费意愿影响的相关研究，本书提出如下假设：

H7.1　收入来源影响居民消费意愿

H7.1.1　收入来源正向影响居民消费数量意愿；

H7.1.2　收入来源正向影响居民消费时间偏好；

H7.1.3　收入来源正向影响居民消费档次选择。

H7.2　经营投资收入占总收入的比重影响居民消费意愿

H7.2.1　经营投资收入占总收入的比重正向影响居民消费数量意愿；

H7.2.2　经营投资收入占总收入的比重正向影响居民消费时间偏好；

H7.2.3　经营投资收入占总收入的比重正向影响居民消费档次选择。

H7.3　心理账户的非替代性特征影响居民消费意愿

H7.3.1　心理账户的非替代性特征负向影响居民消费数量意愿；

H7.3.2　心理账户的非替代性特征负向影响居民消费时间偏好；

H7.3.3　心理账户的非替代性特征负向影响居民消费档次选择。

H7.4 心理账户的预算性特征影响居民消费意愿

H7.4.1 心理账户的预算性特征负向影响居民消费数量意愿；

H7.4.2 心理账户的预算性特征正向影响居民消费时间偏好；

H7.4.3 心理账户的预算性特征负向影响居民消费档次选择。

H7.5 心理账户的灵活性特征影响居民消费意愿

H7.5.1 心理账户的灵活性特征正向影响居民消费数量意愿；

H7.5.2 心理账户的灵活性特征正向影响居民消费时间偏好；

H7.5.3 心理账户的灵活性特征正向影响居民消费档次选择。

4.4.2 社会文化变量与居民消费意愿的影响关系

4.4.2.1 家庭对居民消费意愿的影响

（1）家庭规模对消费意愿的影响

现有的许多实证研究都检验了家庭规模和消费支出之间的关系，由此反映了家庭规模和消费意愿之间的内在联系。比如，一些学者认为，由于在一定程度上存在着家庭消费的规模经济和公共品现象，因此人均消费和家庭人口数之间会呈现负相关关系，人均消费随着家庭人口数的增加逐渐下降（Deaton 等，1989；Dreze 等，1989；Lanjouw 等，1995），即家庭规模越大，消费者的消费意愿就越弱。但是，也有一些实证研究表明，家庭规模与食物总支出、在家就餐支出呈现显著的正相关关系，但在衣物、娱乐和阅读等其他消费支出方面的作用并不明显（Mohamed 和 Schwenk，1993），也即家庭规模越大，消费者在某些消费品类（比如食物）上的消费意愿就越强。从这些研究可以看出，学者们对家庭规模与消费者不同消费品类的消费意愿的关系并没有一致的看法。但不可否认的是，家庭规模的确与消费意愿密切相关。

根据前人的经验，在控制了收入水平后检验家庭规模对消费行为的作用效果会更好，并且用恩格尔回归方程形式来分析消费支出数据时的拟合度是最好的（Abdel-Ghany 和 Schwenk，1993；Fan 和 Abdel-Ghany，2004；Danko 和 Schaninger，1990）。因此，在考察家庭规模对消费数量选择意愿和消费类别选择意愿的影响时，我们建立了双对数回归模型（4-1）；在考察家庭规模对消费档次选择，汽车、住房、奢侈品消费以及借贷消费意愿的影响时，我们建立了半对数回归模型（4-2）。

$$\ln Y = \beta_0 + \beta_1 \ln X_{1i} + \beta_2 X_{2i} \tag{4-1}$$

$$Z = \gamma_0 + \gamma_1 \ln X_{1i} + \gamma_2 X_{2i} \tag{4-2}$$

其中，lnY 为 Y 的自然对数，Y 表示居民在消费数量或消费类别支出方面的意愿；Z 表示居民在消费档次选择，汽车、住房、奢侈品消费以及借贷消费方面的意愿；β_0 和 γ_0 分别为回归模型（4–1）和回归模型（4–2）的常数项；β_1 和 γ_1 分别为回归模型（4–1）和回归模型（4–2）中第 i 个家庭中收入最高者月均收入变量的回归系数；$\ln X_{1i}$ 为 X_{1i} 的自然对数，X_{1i} 为第 i 个家庭中收入最高者的月均收入；X_{2i} 为第 i 个家庭的人口数；β_2 和 γ_2 分别为回归模型（4–1）和回归模型（4–2）中第 i 个家庭人口数的回归系数。

（2）家庭结构对消费意愿的影响

家庭结构影响消费者的消费态度和消费行为（Aric 等，1997）。比如，单亲家庭与正常家庭的居民在住房、食物、交通、服装、娱乐、阅读消费支出状况上就存在着明显差异（Horton 和 Hafstrom，1985；Mohamed 和 Schwenk，1993）。Peter（1988）研究了中国台湾家庭结构和住房消费支出之间的关系，结果显示，相对于单人家庭和核心家庭，扩展家庭的消费者倾向消费更多的住房空间。杨学燕和金海龙（2004）发现，三代同堂家庭、二代同堂家庭、夫妻两人家庭和单身家庭的消费者，在出游时间、计划、方式及对旅游资源的偏好方面都呈现出不同的特点。

实际上，不同类型的家庭，由于收入水平和稳定性是不同的，因而其家庭成员在消费意愿和具体支出的许多方面也有所不同。根据前人经验，本书也采取恩格尔回归方程形式来考察家庭结构对居民消费意愿的影响。具体而言，在考察家庭结构对消费数量选择意愿和消费类别支出意愿的影响时，我们建立了带虚拟变量的双对数回归模型（4–3）；在考察家庭结构对消费档次选择，汽车、住房、奢侈品消费以及借贷消费意愿的影响时，我们建立了带虚拟变量的半对数回归模型（4–4）。

$$\ln Y = \beta_0 + \beta_1 \ln X_i + C_1 D_1 + C_2 D_2 + C_3 D_3 + C_4 D_4 + C_5 D_5 \tag{4–3}$$

$$Z = \gamma_0 + \beta_1 \ln X_i + C_1 D_1 + C_2 D_2 + C_3 D_3 + C_4 D_4 + C_5 D_5 \tag{4–4}$$

其中，$\ln Y$ 为 Y 的自然对数，Y 表示居民在消费总量或消费类型选择方面的意愿；Z 表示居民在消费档次选择，汽车、住房、奢侈品消费以及借贷消费方面的意愿；β_0 和 γ_0 分别为回归模型（4–3）和回归模型（4–4）的常数项；$\ln X_i$ 为 X_i 的自然对数，X_i 为家庭收入最高者的月均收入；$C_j(1 \leqslant j \leqslant 5)$ 是当家庭属于第 j 类结构时的回归系数；$D_j(1 \leqslant j \leqslant 5)$ 是一个取值“1”、“0”的虚拟家庭结构变量，以单身家庭为参照项。

（3）家庭生命周期对消费意愿的影响

作为大量商品和服务平均消费的指示器（Wells 和 Gubar，1966），家庭生命周期对各种类型的产品和服务消费决策和消费行为的重要作用得到了广泛承认（Lansing 和 Morgan，1955；Wells 和 Gubar，1966；Derrick 和 Lehfeld，1980；刘欣，1994；于洪彦和刘艳彬，2007）。刘欣（1994）指出，随着家庭生命周期从一个阶段移向另一个阶段，消费者的消费需求和偏好都会发生变化。实际上，处于不同生命周期阶段的家庭的社会功能和预算是不同的，因而其家庭成员在消费意愿和具体消费类别支出的许多方面也不尽相同。

根据前人经验，我们在考察家庭生命周期对消费数量选择意愿和消费类别支出意愿的影响时，建立了带虚拟变量的双对数回归模型（4-5）；在考察家庭生命周期对消费档次选择，汽车、住房、奢侈品消费以及借贷消费意愿的影响时，建立了带虚拟变量的半对数回归模型（4-6）。

$$\ln Y = \beta_0 + \beta_1 \ln X + C_1 D_1 + C_2 D_2 + C_3 D_3 + C_4 D_4 + C_5 D_5 + C_6 D_6 + C_7 D_7 \quad (4\text{-}5)$$

$$Z = \gamma_0 + \gamma_1 \ln X + C_1 D_1 + C_2 D_2 + C_3 D_3 + C_4 D_4 + C_5 D_5 + C_6 D_6 + C_7 D_7 \quad (4\text{-}6)$$

其中，$\ln Y$ 为 Y 的自然对数，Y 表示居民在消费总量或消费类型选择方面的意愿；Z 表示居民在消费档次选择，汽车、住房、奢侈品消费以及借贷消费方面的意愿；β_0 和 γ_0 分别为回归模型（4-5）和回归模型（4-6）的常数项；β_1 和 γ_1 分别为回归模型（4-5）和回归模型（4-6）中家庭收入最高者月均收入变量的回归系数；$\ln X$ 为 X 的自然对数，X 为家庭收入最高者的月均收入；$C_i(1 \leqslant i \leqslant 7)$ 是当家庭处于第 i 个阶段时的回归系数；D_i（$1 \leqslant i \leqslant 7$）是一个取值“1”、“0”的虚拟家庭生命周期变量，以单身阶段为参照项。

4.4.2.2 社会阶层对消费意愿的影响

社会阶层对居民消费意愿的影响，具体表现在个人的实际社会阶层（由其职业、教育程度、收入、家庭等构成）、社会阶层感知和消费阶层感知对购买意愿的影响。

凡勃伦（1997）认为不同的社会阶层有不同的消费方式，不同的消费方式反映了特定的社会阶层。而布迪厄在其代表作《区分：鉴赏判断的社会批判》中也分析了消费支出与社会阶层的关系。他认为不同的社会阶层形成不同的鉴赏趣味，不同的鉴赏趣味能够通过消费方式、消费水平的差异表现出来。

不同阶层的消费者往往拥有不同的消费动机，继而产生消费行为差异。低层次的人往往试图通过消费方式来掩饰本人所属的实际阶层；高层次者通过消费使自己与低层次者区分开；由于其特殊的秉性和社会阶层，中产阶级更容易与时尚形成互动，成为时尚消费的真正主力军（齐美尔，2001）。就消费产品类别的差异而言，工人阶级由于其所从事的工作，要更加注意身体的力量，所以他们倾向于选择廉价而富有营养的食品；而中产阶级则偏好美味、保健、热量低的食品，以保持良好的体形（李春玲，2011）；社会阶层越高，则对公共图书馆的消费频率越高（胡杨玲，2008）；分属不同收入水平、文化素养的阶层，旅游动机和需求表现出明显差异（罗金华，2008）。

所处社会阶层不同，消费信息渠道也会有很大的差异，不仅如此，特定媒体对不同阶层消费者的吸引力和影响力也有很大不同（刘伟，2004）。比如，低社会阶层的消费者通常信息来源有限，对误导和欺骗性信息缺乏甄别能力。出于补偿的目的，他们在购买决策过程中可能更多地依赖亲朋好友提供的信息；中层消费者会比较多地从媒体上获得各种信息，而且会更主动地从事外部信息搜寻。随着社会阶层的上升，消费者获得信息的渠道会日益增多。

社会阶层对消费者购物场所选择也会产生较大影响。一般而言，高阶层的消费者乐于到环境优雅、品质和服务上乘的商店去购物，因为在这种环境里购物会使他们产生优越感和自信，获得心理上的满足；中层消费者比较谨慎，对购物环境有较高的要求，但也常常在折扣店购物；而低阶层的消费者在高档购物场所则容易产生自卑、不自信和不自在的感觉，因此他们通常选择与自己地位相称的商店购物。

总之，不同阶层的消费者的购买动机、行为、品位、储蓄消费计划都可能有所不同。就美国社会而言，上中阶层的美国人在家具、电器、衣服、食物和休闲时间上与低中阶层追求的目标不同。而低中阶层与上低阶层的人显示出不同的消费目标和审美偏好。上中阶层的消费者的购物选择反映出质量和品位，而下中阶层消费者的选择显示出令人尊敬的特征和整合性，上下阶层消费者的选择显示出数量和现代性，下下阶层则表现出对即时满足的重视。芝加哥小组的研究证实，在 20 世纪 40 年代，上中阶层、下中阶层和上下阶层在家具、电器、衣服、食品和休闲娱乐方面追求不同的购买目标。在住宅、服装和家具等能显示地位与身份的产品的购买上，不同阶层的消费者差别比较明显。

综上所述，本书认为，社会阶层，包括实际社会阶层、社会阶层感知和消费阶层感知的不同，会导致居民在消费数量意愿、消费时间偏好和消费档次选择的意愿方面都存在差异。因此，本书提出如下假设：

H8.1 实际社会阶层正向影响居民消费意愿

H8.1.1 实际社会阶层正向影响居民消费数量意愿；

H8.1.2 实际社会阶层正向影响居民消费时间偏好；

H8.1.3 实际社会阶层正向影响居民消费档次选择。

H8.2 社会阶层感知正向影响居民消费意愿

H8.2.1 社会阶层感知正向影响居民消费数量意愿；

H8.2.2 社会阶层感知正向影响居民消费时间偏好；

H8.2.3 社会阶层感知正向影响居民消费档次选择。

H8.3 消费阶层感知正向影响居民消费意愿

H8.3.1 消费阶层感知正向影响居民消费数量意愿；

H8.3.2 消费阶层感知正向影响居民消费时间偏好；

H8.3.3 消费阶层感知正向影响居民消费档次选择。

4.4.2.3　面子文化与消费意愿的影响关系

面子是一个非常本土化的概念，在中国文化里根深蒂固，深深地影响着中国人的思想及待人处事的态度，进而影响中国人的行为。可以说，面子是中国人的第一性格（Smith，1894），它规定了中国人的社会及人际行为。

在消费领域，面子文化对消费者的消费行为也有非常大的影响。具体而言，面子具有符号象征的作用，象征着个人的身份、地位、财富、形象等。一个人越爱面子，他就越倾向于通过消费来体现对个人具有象征意义的地位和身份，并通过这种方式获得更多的面子。并且，一个人越希望通过消费来获得面子，那么他在消费中的主动导向性也就越高，即越倾向于通过超前消费、高档次的消费来表明自己的身份和地位，从而导致他们在消费中的花费越多，消费水平越高。

面子消费是中国人消费行为中的一个普遍现象，特别是在时尚消费、高档品消费等领域。有学者发现，一个爱面子的人对于时尚的追求就是在第一时间消费最新、最酷的产品或服务，或者为了体现自身身份的人通过消费更多的数量来挣得面子（李洋，2010）。此外，面子的这种符号象征作用，使其成为了一种符号资源。在面子文化影响下，一个人对面子的需求越大，他也就越倾向于通过能充分体现面子的消费偏好来表现自己的身份地位。例如，中国消费者在服饰、轿车、住宅的品牌和档次等方面一般都会考虑面子问题，甚至表现出为挣面子而进行消费的面子消费现象。综上所述，本书做如下假设：

H9.1　面子文化正向影响居民消费意愿

H9.1.1　面子文化正向影响居民消费数量意愿；

H9.1.2　面子文化正向影响居民消费时间偏好；

H9.1.3　面子文化正向影响居民消费档次选择。

4.4.2.4　人情文化对消费意愿的影响

人情是一种存在于人与人之间较弱的情感，是基于互相回报和友好交换形成的，也是人与人进行社会交易时可用来馈赠对方的一种资源。人情和面子一样都是中国非常普遍的一种现象（杨国枢，1993）。作为人际交往中的一种规则、规范，人情是无形的，但又强势地约束着居民的行为。人情文化更是中国消费的一个显著特点，且很多消费都源于人情消费。

居民往往不轻易接受别人的人情，但拒绝人情也是不符合中国人的交往规范的。一般情况下，居民只好先接受，再还给别人更多的人情。这也就是居民所说的“礼尚往来”，这种偿还人情的方式会刺激很多消费。当与自己关系紧密的他人遇到人生重大事项时，为表达祝贺或同情等心意，居民会以实物或金钱的形式对他人进行馈赠（刘艺，2008）。每个人都会根据自身需要去发展自己的人情关系。在现实生活中，中国人讲究“你敬我一尺，我敬你一丈”、“滴水之恩，当涌泉相报”，所以人情是讲究回报的（汪凤炎和郑红，2004）。无论是农村还是城市，抑或不同的社会阶层，人情消费已经成为居民的一项重要支出。综上所述，本书做如下假设：

H10.1 人情文化正向影响居民消费意愿

H10.1.1 人情文化正向影响居民消费数量意愿；

H10.1.2 人情文化正向影响居民消费时间偏好；

H10.1.3 人情文化正向影响居民消费档次选择。

4.4.2.5 物质主义倾向与消费意愿的影响关系

物质主义倾向是个人看重物质拥有权的价值观，具有物质主义倾向的人非常重视购买和拥有物质财富。高物质主义倾向者常常具有较高的消费意愿和消费水平。Richins 和 Dawson（1992）指出，高物质主义倾向者所具有的典型人格和行为特征中，重要的一个便是追求充满财物的生活风格，不愿意过物质简单的生活，如在交通方面，他们往往会选择汽车而非自行车。同时，Richins（1994）指出，低物质主义倾向的消费者更容易与朋友、家人、关系密切者之间建立基于人际关系的财富价值观。关于青少年物质主义倾向的研究发现，物质主义倾向越明显的青少年越是倾向于消费并且越少储蓄（Goldberg 等，2003）。

物质主义倾向对于个体消费意愿具有多方面的影响，这种影响往往表现在消费数量意愿、消费档次选择甚至是提前消费的情形上。具体来说，在消费数量意愿方面即通过消费的数目多少表现出物质上的满足程度；而消费档次的高低决定了物质主义倾向的差异；在消费时间偏好方面由于高物质主义倾向者更倾向于对物品的拥有权，因此可能对本无能力或者暂不需要的物品通过提前购买得以拥有。基于此，本书提出如下假设：

H11.1 物质主义倾向正向影响居民消费意愿

H11.1.1 物质主义倾向正向影响居民消费数量意愿；

H11.1.2 物质主义倾向正向影响居民消费时间偏好；

H11.1.3 物质主义倾向正向影响居民中高档消费选择，负向影响低档消费选择。

4.4.2.6 节俭消费观念与消费意愿的影响关系

节俭消费观念倡导简单标准化的生活方式，主张居民节制自己的生活欲望，合理约束自己的消费行为。Wang 和 Lin（2009）指出，节俭消费观念会对消费者的日常生活以及关于债务、储蓄和消费方面的态度产生明显影响。

与物质主义倾向截然相反，节俭消费观念对于消费意愿呈现出限制、约束的作用形式。就消费数量意愿而言，过多的消费显然不是奉行节俭者所追求的价值观，因此他们表现出较少的消费数量意愿；在消费档次选择方面，过于高档次的消费也不是节俭消费观念的诉求，持有节俭消费观念者往往对中档甚至低档商品呈现出一定的偏好，或者忽略商品档次对于消费的刺激作用；在消费时间偏好方面，在不追求消费数量意愿和消费档次选择的同时，持有节俭消费观念者往往对于尽早消费的意愿也是很低的。由此，本书提出如下假设：

H12.1　节俭消费观念负向影响居民消费意愿

H12.1.1　节俭消费观念负向影响居民消费数量意愿；

H12.1.2　节俭消费观念负向影响居民消费时间偏好；

H12.1.3　节俭消费观念负向影响居民中高档消费选择，正向影响低档消费选择。

4.5　问卷设计与数据收集

4.5.1　变量测量

4.5.1.1　消费意愿变量的测量

根据本书焦点小组访谈的结论，并参照江林和马椿荣（2009）的做法，将消费意愿操作化为三个维度，即消费数量意愿、消费时间偏好和消费档次选择。

其中，对于消费数量意愿的测量，可以用一段时间内居民愿意花费的实际金额来衡量，即居民总体消费支出意愿，比如，某个居民为购买某一类产品的花费越大，就说明其对这类产品的消费意愿越强；消费时间偏好测量的是居民在条件允许的情况下，是否会考虑尽早购买所需的商品；消费档次选择测量的是居民考虑购买高、中、低档产品/服务意愿的强烈程度。在测量时，对于消费数量意愿、消费时间偏好以及消费档次选择的程度测量采用李克特 7 级量表，1 表示非常不同意，7 表示非常同意。具体测项如表 4–1 所示。

表 4–1　消费意愿的测项

<table>
<tr><th colspan="2">测量项目</th><th>测项描述</th><th>参考文献</th></tr>
<tr><td rowspan="5">消费意愿</td><td>消费数量意愿</td><td>（1）我愿意更多地购买所需要的商品</td><td rowspan="5">根据本书焦点小组访谈结果</td></tr>
<tr><td>消费时间偏好</td><td>（2）我愿意尽早购买所需要的商品</td></tr>
<tr><td rowspan="3">消费档次选择</td><td>（3）我倾向于购买高档产品</td></tr>
<tr><td>（4）我倾向于购买中档产品</td></tr>
<tr><td>（5）我倾向于购买价格便宜的商品</td></tr>
</table>

值得指出的是，为了使研究更具有针对性以及得到更有价值的结论，本书对居民消费的类别进行了进一步的细化。依据国家统计局所划分的 8 大消费支出类型，并借鉴中国社会科学院社会学研究所于 2008 年 5 月进行的第二次“中国社会状况综合调查”中关于消费支出的分类标准，我们将消费类型划分为 13 大类，即食品、服装、住房/租房、美容保健、医疗、交通通信、日用品与水电等杂项、教育培训、旅游、文化娱乐、家用电器（电视机、空调、冰箱、洗衣机等）、电子产品（手机、电脑、相机等）、人情支出。对各种消费类别支出意愿的测量，采用居民 3 个月内平均每月在各消费类别上的支出额。具体测项见附录 2 正式调查问卷第三部分的第 1、2、3 题。

4.5.1.2 个体消费心理变量的测量

（1）个性的测量

从现有文献来看，虽然采用大五模式进行个性测量是常规性的做法，但是大五模型是基于西方人人格而建立的，并不完全符合我国消费者的个性特征。本书采用了王登峰与崔红（2008）编制的简明测量中国人人格的形容词量表（QZ-PAS-SF）。改编后的量表包括 29 个形容词，旨在测量中国人独特个性特征的七个维度，即外向性、善良、行事风格、才干、情绪性、人际关系和处世态度，如表 4-2 所示。各测项均采用李克特 6 级量表，1 表示非常不符合，6 表示非常符合，具体测项见附录 2 正式调查问卷的第五部分。

表 4-2 个性的测项

测量项目		测项描述	参考文献
个性	外向活泼	2. 善交际、11. 外向、13. 孤僻、16. 主动、28. 内向、29. 健谈	王登峰和崔红（2008）
	严谨自制	4. 敬业、5. 自制力强、19. 认真	
	热情豪爽	3. 有勇气、26. 爽快、6. 积极	
	淡泊诚信	7. 诚实、15. 纯朴、23. 诚恳、24. 宽宏大量	
	温顺随和	8. 强悍、17. 善解人意、20. 威猛、21. 粗犷	
	精明干练	9. 孜孜不倦、10. 刻苦耐劳、14. 处事周到、18. 谈吐合宜	
	善良友好	1. 暴躁、12. 易迁怒、22. 急躁、25. 爱责怪人、27. 脾气好	

（2）消费知识的测量

按照现有文献的研究结论，消费知识可以划分为主观消费知识、客观消费知识和消费经验。然而在本书中，考虑到客观消费知识的复杂性（即与消费相关的客观知识复杂多样）和消费经验的同一性（即居民一般都有过消费经历），为了检验消费知识与消费意愿之间的关系，我们对于消费知识的测量只从主观消费知识这一角度进行。

本书根据 Srinivasan 和 Ratchford（1991）以及 Mangleburg 和 Bristol（1998）

关于消费者知识的量表，设计了四个测项来测量居民的主观消费知识，具体测项及其来源如表 4-3 所示。该测项也采用李克特 7 级量表，1 表示非常不同意，7 表示非常同意。

表 4-3 消费知识的测项

测量项目	测项描述	参考文献
消费知识	(1) 我感觉我比周围其他人的消费经验更丰富	Bettman 和 Park (1980); Punj 和 Staelin (1983); Brucks (1985)
	(2) 我能比周围其他人掌握更多的消费信息	
	(3) 我觉得凭借自己的能力和经验完全能够选购好一件商品	
	(4) 我通常对我要购买的商品有充分的了解	

(3) 消费预期的测量

在现有的相关文献中，关于消费预期的测量多是针对具体商品的某些属性而进行的，而并没有针对一般消费预期的通用量表。考虑到中国社会环境的特点，本书采用我国学者石文典所提出的测量方式对消费预期的各个维度进行测量，并根据本书研究特点对一些题项进行了精简与修改。该量表共包含了五个测量维度，分别为消费政策预期、宏观经济预期、物价走势预期、突发事件预期和收入预期，具体测项及其来源如表 4-4 所示。所有测项均采用李克特 7 级量表，1 表示非常不同意，7 表示非常同意。

表 4-4 消费预期的测项

测量项目		测项描述	参考文献
消费预期	消费政策预期	(1) 根据我的观察，国家实行的刺激消费的政策已经有了明显效果 (2) 我认为未来国家还将出台一些刺激消费的政策	石文典 (2001)
	宏观经济预期	(3) 我觉得未来我国社会将会更加安定和谐 (4) 国家经济形势未来会越来越好 (5) 我国的综合国力未来将获得逐步提高 (6) 我认为未来国家的社会保障和福利制度改革最终将给人民带来比以前更大的好处	
	物价走势预期	(7) 我认为未来物价上涨速度会加快 (8) 我觉得未来物价还会逐步上涨 (9) 我认为未来物价将会保持平稳	
	突发事件预期	(10) 我觉得我个人和家庭可能会发生一些意外情况 (11) 我认为我将来会有一些额外的支出	
	收入预期	(12) 我相信我的家庭生活水平会越来越高 (13) 我个人及家庭的未来收入状况可能要比目前更好 (14) 我相信我的工资或收入在未来会有较大幅度的增长 (15) 我对自己未来生活充满信心 (16) 我觉得我个人和家庭的就业情况能都得到保障	

（4）消费信任的测量

消费信任的测量改编自 Chaudhuri 和 Holbrook（2001）以及 Tax、Brown 和 Chandrashekaran（1998）关于消费者对组织的信任以及对品牌的信任量表。测量量表包括 5 个测项，具体测项及其来源如表 4-5 所示。量表采用李克特 7 级量表，1 表示非常不同意，7 表示非常同意。

表 4-5 消费信任的测项

测量项目	测项描述	参考文献
消费信任	（1）我认为大多数企业和产品是值得信任的	Chaudhuri 和 Holbrook（2001）；Tax、Brown 和 Chandrashekaran（1998）
	（2）我认为市场上大多数产品都是非常安全的	
	（3）我认为不能相信大多数企业和产品都会信守承诺	
	（4）我发现在和企业打交道时有必要小心谨慎	
	（5）我相信大多数企业和产品是诚实可信的	

（5）生活方式的测量

生活方式是指居民如何生活以及花费时间和金钱的类型，反映了某一特定人群或社会阶层的活动、兴趣及意见。本书以 China-VALS 模型为构架主体，参考刘敏（2009）、车红敏（2007）、潘煜（2009）等在生活方式研究中所采用的问项，设计出本部分测项，具体测项及其来源如表 4-6 所示。所有测项均采用李克特 7 级量表，1 表示非常不同意，7 表示非常同意。

表 4-6 生活方式的测项

测量项目		测项描述	参考文献
生活方式	新生活意识	（1）吸引异性的注目是我很喜欢的感觉	刘敏（2009）；车红敏（2007）；潘煜（2009）
		（2）我向往发达国家的生活方式	
		（3）我追求浪漫安逸的生活	
	时尚新潮意识	（4）我喜欢流行、时髦与新奇的东西	
		（5）流行与实用之间我比较喜欢流行	
		（6）我不会因为经济原因而牺牲自己的品味	
		（7）如果东西坏了，我会更换而不是修理	
		（8）我往往是最早购买最新技术产品的人	
	个性成就意识	（9）我容易对原有事物产生厌倦	
		（10）我做事一向都有计划	
		（11）我做事一向果断，不会犹豫不决	
		（12）我渴望有很大的成就	
		（13）对我来说，家人认为我做得成功是很重要的	

续表

测量项目		测项描述	参考文献
生活方式	经济消费意识	(14) 我通常选择购买最便宜的产品	刘敏（2009）；车红敏（2007）；潘煜（2009）
		(15) 购物前我通常会比较几家商店同类商品的价格	
		(16) 我对自己的花销非常谨慎	
	随意性意识	(17) 有时候我会买一些不需要的东西自娱	
		(18) 我经常会很冲动地做些事情	
	家庭意识	(19) 我喜欢花时间与家人待在一起	
		(20) 对我来说，家庭比事业更加重要	
	理财意识	(21) 对我来说，股票和股份的风险太大	
		(22) 如果有富余的钱，我更愿意把它存入银行	
	面子意识	(23) 穿不同档次的衣服，表明了一个人不同的身份和地位	
		(24) 为使别人看得起，手头不宽裕我也会消费	

(6) 参照群体影响的测量

关于参照群体影响的测量，文献中经常被采用的量表是 Park 和 Lessig（1977）提出的 14 个问项测量量表。该量表包含了参照群体影响的三个测量维度，即信息性影响、规范性影响和价值表达性影响。在本书中，我们直接借鉴了这套测量方式，并对其中的个别词句进行了修改，具体测项及其来源如表 4-7 所示。所有测项均采用李克特 7 级量表，1 表示非常不同意，7 表示非常同意。

表 4-7 参照群体的测项

测量项目	测项描述	参考文献
信息性影响	(1) 我会从专家或专业人士那里寻求同类产品下不同品牌的有关信息	Park 和 Lessig (1977)
	(2) 我会从生产或销售该类产品的业内人士那里寻求有关信息	
	(3) 我会从亲朋好友、邻居或同事那里寻求相关产品知识或使用体验的信息	
	(4) 在挑选商品时，我会受到一些独立机构专业报告的影响（如质量检测部门的证明）	
规范性影响	(5) 专业人士的消费行为会影响我对品牌的选择（如看到懂电脑的人使用某品牌的电脑，我也会倾向于选择该品牌的电脑）	
	(6) 在购买商品时，我会受到周围同事偏好的影响	
	(7) 在购买商品时，我会受到与我有社交关系的人的影响	
	(8) 家庭成员对某种商品的偏好会影响我的选择	
	(9) 他人对我购买某种商品的期望可能会影响我的购买决策	
价值表达性影响	(10) 我感觉购买或使用某种特定品牌的商品会影响他人对我的印象	
	(11) 我认为购买某个特定品牌可以帮助我在大家面前更好地展现真正的我或我希望成为的人	

续表

测量项目	测项描述	参考文献
价值表达性影响	(12) 我购买或使用某款商品是因为该商品具有我所希望拥有的某些特质	Park 和 Lessig (1977)
	(13) 我觉得能成为某类产品广告中的那类人挺好	
	(14) 我购买某个特定品牌是因为会得到其他人的艳羡和尊敬	

(7) 心理账户的测量

心理账户的原则之一是居民往往把不同种类的金钱分组和贴上标签，还会把不同来源的资金和不同的费用支出进行标记（Heath 和 Soll，1996；Shefrin 和 Thaler，1988）。本书参考 Henderson（1992）和 Kivetz（1999）根据收入来源对心理账户进行分类的做法，将心理账户根据收入来源不同划分为常规收入、非常规的额外收入以及经营投资收入，并进一步测量了消费者的收入来源数量与不同收入来源所占比重。此外，本书还参考了李爱梅（2004）的心理账户特征量表。具体测项及其来源如表 4-8 所示。

表 4-8 心理账户的测项

测量项目		测项描述	参考文献
心理账户	收入来源数量	请问您的收入来源有哪些？（请在相应的选项上打“√”，可根据实际情况多选） A. 常规收入（包括工资、农业收入、每月奖金、上浮工资、节假日奖金、福利和业务提成等） B. 非常规的额外收入（意外之财，比如亲戚朋友资助、人情收入、遗产、彩票中奖、礼品等） C. 经营投资收入（包括经营投资收入、固定资产增值、分红等）	Henderson（1992）；Kivetz （1999）；李爱梅（2004）
	不同收入来源所占比重	在您的收入来源中，各项来源的收入占总收入的百分比约是多少？（请在相应选项的下划线处填写百分比） A. 常规收入_________% B. 非常规收入_________% C. 经营投资收入_________%	
		请问，在您对收入的支配中，多少用于储蓄，多少用于消费？（请在以下选项的下划线处填写百分比） A. 消费_________% B. 储蓄_________%	
	心理账户的特征	(1) 我对每个月的生活开支、特定开支和存款都有预算	
		(2) 我每年都有预定的存款计划	
		(3) 我会提前预算每个月的花销	
		(4) 我一般会根据预算把固定工资的部分存起来	
		(5) 对于心仪已久的物品，哪怕超出预算我都会购买	
		(6) 一般来说，来得快的钱也容易花掉	

续表

测量项目		测项描述	参考文献
心理账户	心理账户的特征	(7) 我的各项开支根据经济状况灵活变化	Henderson (1992); Kivetz (1999); 李爱梅 (2004)
		(8) 有时候我购物完全是一种冲动	
		(9) 我经常根据不同的开支项目单独做计划	
		(10) 我会每年、每月或者每周计算我的收支状况	
		(11) 我对各个方面开支的钱计划得很准确，极少变化	
		(12) 赌博赢来的钱和辛苦赚来的钱不是一回事	

4.5.1.3 社会文化变量的测量

(1) 家庭规模、家庭结构和家庭生命周期的测量

家庭规模一般用家庭成员人口数目的多少来表示（高梦滔和毕岚岚，2010）。就家庭结构而言，本书根据不同代际家庭成员的血缘和婚姻关系，并参照我国学者刘艳彬（2008）对中国城市家庭结构的测量方法，将家庭结构划分为 6 种类型，即单身家庭、夫妇两人家庭、核心家庭、主干家庭、单亲家庭和其他类型家庭。对于家庭生命周期的分类，学者们基于不同的考虑曾提出了多种划分方法，其中最受认可的是传统家庭生命周期理论，即 Wells 和 Gubar（1966）的 9 阶段模型。本书关于家庭生命周期的测量问项就是建立在传统家庭生命周期理论的基础上，将家庭生命周期分为 9 个阶段，即单身、新婚、满巢Ⅰ、满巢Ⅱ、满巢Ⅲ、空巢Ⅰ、空巢Ⅱ、寡居Ⅰ、寡居Ⅱ。具体测项及其来源如表 4-9 所示。

表 4-9 家庭规模、家庭结构和家庭生命周期的测项

测量项目	测项描述	参考文献
家庭规模	目前，与您一起生活的家人共有几个人（包括您自己）？ A. 1 人 B. 2 人 C. 3 人 D. 4 人 E. 5 人 F. 6 人及以上	高梦滔和毕岚岚 (2010)
家庭结构	请问您的家庭结构属于下列哪种？ A. 单身家庭（目前独自一人生活，包括大学生） B. 夫妇两人家庭（尚没有子女；或者虽有子女但已经都离家，平时没有一起生活） C. 核心家庭（夫妇两人+仍与您一起生活的子女，并且子女必须是未婚的） D. 主干家庭（夫妇两人+仍与您一起生活的已婚子女，包括孙子女在内） E. 单亲家庭（父亲或母亲一方+子女） F. 其他家庭（不符合以上情况的其他类型家庭）	刘艳彬 (2008)

续表

测量项目	测项描述	参考文献
家庭生命周期	请问下列哪一项符合您的情况？ A. 未婚，平时独自一人生活（包括大学生） B. 已婚，但是还没有孩子 C. 已婚，有孩子，但最小孩子的年龄不到 7 岁 D. 已婚，有孩子，但最小的孩子还未离家，平时仍与您生活在一起 E. 已婚，有孩子，且孩子已经结婚但仍跟您生活在一起 F. 夫妇两人生活，其中一人还在工作，孩子都已离家 G. 夫妇两人生活，两人都不再工作，孩子都已离家 H. 老伴去世，独自一人生活	Wells 和 Gubar（1966）

（2）社会阶层感知的测量

国内影响最大的社会阶层测量量表是陆学艺教授在《中国社会阶层分析》中开发的量表。该量表以职业分类为基础，以组织资源、经济资源、文化资源占有状况为标准，在后来的社会学研究中影响力较大。因此，本书在此量表基础上加上阶层认同的测量问项，从实际社会阶层、社会阶层感知和消费阶层感知 3 个层面考察，构成了最终的社会阶层测量量表。具体测项及其来源如表 4-10 所示。

表 4-10　社会阶层感知的测项

测量项目	测项描述	参考文献
实际社会阶层	（1）请问您是：A. 城市户口　B. 农村户口 （2）您的文化程度： A. 小学及以下　B. 初中　C. 高中/中专/技校 D. 大专　E. 本科　F. 研究生及以上 （3）您的平均年全部收入： A. 5000 元以下　B. 5000~10000 元 C. 10001~30000 元　D. 30001~50000 元 E. 50001~100000 元　F. 100001~150000 元 G. 150001~200000 元　H. 200001~300000 元 I. 300001 元及以上 （4）您所从事的工作属于： A. 国家与社会管理者　B. 经理人员　C. 私营企业主 D. 专业技术人员阶层　E. 办事人员　F. 个体工商户 G. 商业服务业员工　H. 产业工人　I. 农民 J. 城乡无业、失业、半失业者　K. 学生	陆学艺（2002）
社会阶层感知	在您看来，您本人的社会经济地位属于： A. 下层　B. 中下层　C. 中层 D. 中上层　E. 上层	
消费阶层感知	在您看来，您本人的消费地位属于： A. 下层　B. 中下层　C. 中层 D. 中上层　E. 上层	

(3) 面子文化与人情文化的测量

对于面子的测量，本书主要参考李洋（2010）的面子文化量表，具体测项及其来源如表 4–11 所示。该量表采用李克特 7 级量表，1 表示非常不同意，7 表示非常同意。

对于人情的测量，本书主要参照陈盈盈（2011）的人情观量表，具体测项如表 4–12 所示。

表 4–11 面子文化的测项

测量项目	测项描述	参考文献
面子	(1) 买名牌是有面子的体现	李洋（2010）
	(2) 送礼和宴请与面子有关	
	(3) 不懂时尚会被人看不起	
	(4) 面子是有钱人需要考虑的事情	
	(5) 人都爱面子，在外人面前会更舍得花钱	

表 4–12 人情文化的测项

测量项目	测项描述	参考文献
人情	(1) 我认为人情是中国五千年文明的体现	陈盈盈（2011）
	(2) 我感觉世态日益炎凉	
	(3) 我认为不能为人情违背自己的原则	
	(4) 我认为对陌生人也要讲人情	
	(5) 我认为人情是人与人之间的感情	
	(6) 随着城市的发展，我感觉人与人之间越来越疏远	
	(7) 我觉得人情讲究的是互惠互利	
	(8) 我认同滴水之恩当涌泉相报的思想	

(4) 物质主义倾向与节俭消费观念的测量

物质主义倾向量表改编自 Rinchins（1987）和 Sirgy 等（1998）对物质主义倾向的测量。量表旨在测量消费者对拥有物质的重视程度和物质给其带来的幸福与快乐的程度。节俭消费观念的量表来自 Lastovcka 等（1999），量表旨在反映消费者购买的自律性和消费生活方式的智慧性。具体测项及其来源如表 4–13 所示。

表 4–13 物质主义倾向的测项

测量项目	测项描述	参考文献
物质主义倾向	(1) 拥有奢侈品是快乐人生的重要方面	Rinchins（1987）；Sirgy 等（1998）
	(2) 我很看重拥有名车豪宅、漂亮的衣服等	
	(3) 我喜欢购买能够影响地位和声望的新产品	

续表

测量项目	测项描述	参考文献
物质主义倾向	(4) 当我购买昂贵的商品时，我感觉很棒，他人会认为我是个成功人士	Rinchins (1987); Sirgy 等 (1998)
	(5) 我喜欢购买奢侈品，因为这让我与众不同	
	(6) 我的物品都很重要，因为它们能让我鹤立鸡群	
节俭消费观念	(7) 能够最大限度地做到物尽其用，让我感觉很好	Lastovcka 等 (1999)
	(8) 如果能够重新使用已有的物品，就没有必要再买新的	
	(9) 我认为我在花钱方面非常谨慎	
	(10) 我训练自己能够将钱花到最有用的地方	

4.5.1.4 消费政策变动的测量

当前关于政策对消费影响的研究中，多数还是采取基于历史数据的建模分析方法，从计量经济学的角度对政策实施的效果进行事后分析。这种方法虽然具有较高的通适性和接受度，但显然无法触及消费者的心理层面，亦即离真实的消费心理太远，且并不能对特定政策可能引发的消费者内在反应进行很好的探查和解读。随着政策和居民消费之间影响关系的研究逐渐深入，部分学者已经开始进行一些拓展和新的尝试，如在建立动态数量模型的过程中，对当时政策环境的变动趋势（如利率、税率水平等）进行仿真设定，然后推测可能产生的消费增量（Blinder 和 Morgan，2005）。情景模拟法作为进行预测的外部条件模拟方法，逐渐出现在基于历史数据的计量分析研究中，由此，财政、货币政策的当年基准线及改变幅度都依据现有政策的变动趋势得以确定（刘畅，2012）。Kimball（2012）在一项对财政政策有效性的研究中，则提到可以采用类似于虚拟政策的返税（200 美元）或提供信贷（2000 美元），来观察居民家庭对这笔款项的支配途径。Kotlikoff、Samuelson 和 Johnson（1988）提供了更加生动的政策模拟场景，在测量不同生命周期下的消费者是否会做出稳定且一致的消费决策时，该研究将背景政策按照当时的大环境进行了设定（如存、贷款利率均为 4%），进而观察消费者的消费决策和行为。

综观上述研究所采用的方法，都是基于现实情况对政策现状或变动进行简单模拟，虽然比单纯的模型拟合更加贴近真实环境，但对消费者的意愿和心理涉及仍然不够。有鉴于此，本书对近 3 年中国各项消费政策的变动情况进行梳理，并按照最近一次政策调整（包括方向和幅度）模拟出 4 项主要消费政策即财政政策、货币政策（利率和信贷）、税收政策和社会保障政策（养老和医疗）的虚拟情景，用问卷的方法呈现并测量居民消费意愿在不同消费支出类别上所发生的改变及所受的影响。这里仅列出各项政策的模拟情景及问项，具体情景和问项参见附录 2 正式调查问卷第二部分的内容。

4.5.2 问卷构成与预调研

在本书各主要变量的测量量表的基础上，我们设计了本书的初始问卷。问卷的开头是填写说明，主要的测量内容则分为以下六个部分：

第一部分测量消费者的收入来源以及心理账户的特征。

第二部分采用情景模拟的方法，测量财政政策（家电节能和以旧换新补贴）、税收政策（个税起征点提高）、社会保障制度（养老金水平提高、医疗保险增加）、货币政策（存款利率下调、贷款利率下调）等相关政策变动的情况下，居民消费意愿的变化程度。这里需要说明的是，考虑到消费政策对居民消费意愿的影响相对宏观且综合，因此，不同于后面将居民消费分为 13 个具体消费类别的分类方式，本书在该部分借助了更加结构化的消费支出分类方法，即学者李爱美提出的 6 大类支出账户归类法，包括生活必需品开支、家庭建设与个人发展开支、情感维系开支、享乐休闲支出、安全保障储蓄和风险投资，用以分别考察消费政策变动对居民各主要消费类别支出意愿的影响及其差异。

第三部分测量消费意愿的构成维度及具体消费类别的支出意愿。消费意愿的构成维度包括消费数量意愿、消费时间偏好、消费档次选择。关于受访者对具体消费类别的支出意愿，本书根据国家统计局关于居民消费的统计分类标准，选择能够充分和全面反映居民消费生活的食品、服装、住房、美容保健、医疗、交通通信、教育培训、旅游、文化娱乐、家用电器、电子产品、人情支出以及杂项 13 个子项进行调查，以详细测量居民对不同消费类别商品的支出意愿及其差异。此外，为深入考察 13 大类没有涵盖的居民对超前消费和某些特殊商品的消费意愿，在该部分问卷中专门对受访者的借贷消费意愿以及住房、汽车和奢侈品等特殊品购买意愿进行了调查。不仅如此，该部分问卷还涉及居民在收入增加或减少的情况下，优先考虑增加或控制的消费类别的调查，由此深入了解居民的具体消费倾向和偏好。

第四部分调查影响消费意愿的相关个体心理和群体心理变量以及社会文化变量，如消费预期、生活方式、消费知识、消费信任、参照群体影响、物质主义倾向、节俭消费观念、面子文化、人情文化等。这是本书实证研究影响居民消费意愿的心理及社会文化因素的主要数据来源。

第五部分是消费者个性调查。由于个性的问项均是一些形容词，因此把该部分单独列出作为问卷的第五部分。

第六部分涉及受访者的个人信息，包括性别、年龄、地域、收入、受教育程度、职业、社会阶层感知和家庭情况等。

初始问卷形成之后，为了检查每个问项中的含义对于被调查者而言是否清楚，确保正式调查能达到理想结果，我们于2012年4月28日至5月16日实施了预调研。预调研采取配额抽样和便利抽样的方法，由10名同学负责资料收集。具体而言，每名负责问卷调查的同学，要保证回收10份有效问卷。每人根据个人的人际关系将问卷发放给自己熟悉的家庭，并且每个家庭填写问卷的只能是1人。其中，还要求各位同学保证这10份问卷要涉及不同年龄、收入、受教育程度和居住区域（城镇/农村）的被调查者。具体各个指标的配额数量按照国家统计局2010年人口普查相关数据进行分配。比如，对于同学甲，他负责回收的10份问卷中，被调查者最好是在20~29岁、30~39岁、40~49岁、50~59岁、60岁及以上这5个年龄段平均分配，并且尽量满足以下标准：①高收入消费者2份，中等收入者6份，低收入者2份；②城市5份，农村5份；③文盲1份，小学3份，中学4份，高中1份，大专及以上学历1份。

具体调查时，使用Qualtrics在线调查和纸质问卷调查两种调查方式。对于老年人以及那些文化程度不高、对问卷理解有困难的人，要求调查者进行面对面的纸质问卷调查，以便及时答疑解惑，保证问卷资料质量。预调研最终收回有效问卷100份，基本上每位同学都按照预调研计划完成了任务。根据预调研调查结果，本书研究人员对预调研问卷进行了信度分析，并对各位调查人员的调查意见进行汇总和系统整理。同时，根据此次预调研结果，本书对问卷中个别问题的表述方式或者词句进行了进一步的修改，对其中的一些问项进行了替换或删减，从而形成了如附录2所示的正式调查问卷。

4.5.3 正式问卷调查

在对正式调查问卷（附录2）进行确认后，我们开始进行正式的大规模问卷调查。调查对象包括全国31个省（市）地区，年龄在18~65岁的城镇及农村居民。调查时间为2012年10月1日至2012年10月21日，共计3周。

在正式问卷调查中，考虑到经济、时间和精力等成本的限制，以及样本回收率的问题，我们在实地调查时采用了适用的抽样方法（Keppel、Saufely和Tokunaga，1992），即便利抽样方法。许多学者的研究证明这种方法是可行的。有学者指出，在中国情境中通过个人社会关系来进行问卷调查，能够更好地获取被调查者的合作，保证问卷的回收率（Hitt等，2004）。具体操作时，我们聘请中国人民大学各个院系（以商学院为主）的学生担任调查员，每个学生分配5份问卷的任务，要求学生利用十一假期回家探亲期间对家人、亲戚、朋友进行调查，假期结束返校后回收问卷。这一方式保证了项目组能够迅速大规模地收集数据。另外，为了确保能有效地接触到调查所拟定的目标人群，我们还采用了配额抽样方法。参照国家统计局2010年人口普查相关数据资料，我们制定了抽样配额比例标准，要求各位调查员在调查过程中对被调查者按照配额标准进行筛选，以保证问卷尽可能覆盖到全国不同性别、年龄、受教育程度、收入水平和居住区域（城市和农村）的被调查者，具体做法与预调研基本相一致。

具体调查时主要采用面对面纸质问卷调查和 Qualtrics 在线调查相结合的方式。其中，面对面的纸质问卷调查方式主要用于老年人以及那些文化程度不高、对问卷理解有困难的被调查者，以便能够及时答疑解惑，保证问卷资料质量。实际调查时仍以家庭为单位进行，强调每个家庭找 1 人（最好是一家之长）填写问卷即可。另外，为保障问卷的有效性和数据质量，本书对调查人员采取现金激励措施，每份合格问卷给予 20 元人民币的奖励。

4.5.4 样本描述

（1）有效样本选取

在正式调研阶段，本书共发放问卷 1600 份，回收问卷 1462 份。问卷回收率达到 91.36%。考虑到所采用的数据分析方法，本书对样本进行了严格筛选，首先根据配额标准筛选掉一些不符合要求的问卷，然后进一步对问卷回答内容进行审核，剔除了不合理作答和主体数据不全的问卷，最终得到有效样本 1383 份，占总回收问卷的 94.6%。正式问卷的数据分析涉及因子分析、回归分析和计量经济分析，本书的有效样本量能够保证数据分析结果的可靠性。根据 Comrey 和 Lee（1992）关于因子分析的样本容量评定分级表，当样本量为 1000 或更多时，分析结果会非常好。

（2）有效样本基本信息描述

1）性别、年龄与学历分布。从性别构成上看，本书的 1383 个样本中，男性 734 人，占 53%，女性 649 人，占 47%，如图 4-3 所示。

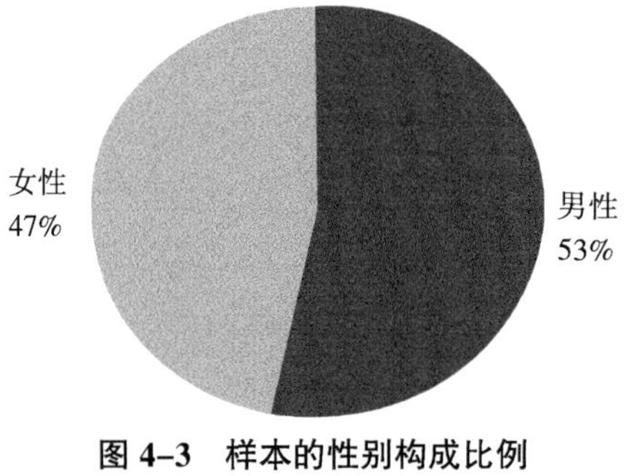

图 4-3　样本的性别构成比例

从样本的年龄构成来看，18~30 岁的共 360 人，占总样本数的 26%；31~40 岁的共 274 人，占总样本数的 20%；41~50 岁的共 292 人，占总样本数的 21%；51~60 岁的共 236 人，占总样本数的 17%；61 岁及以上的共 221 人，占总样本数的 16%。如图 4–4 所示。

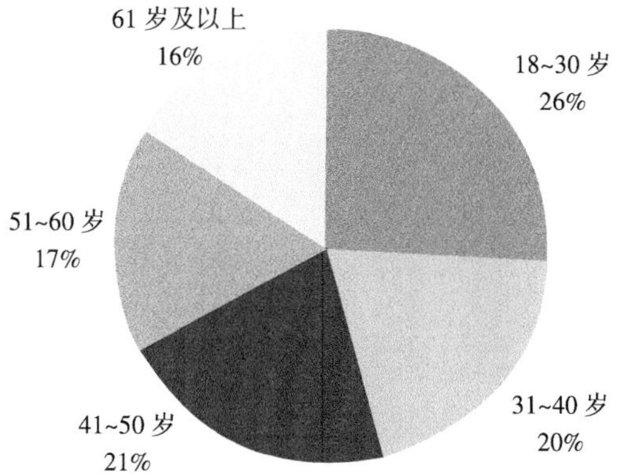

图 4–4 样本的年龄构成比例

从样本的学历构成来看，受教育水平在初中及以下的共 326 人，占总样本数的 24%；受教育水平为高中/中专/技校的共 358 人，占总样本数的 26%；受教育水平为大专和本科的共 600 人，占样本总数的 43%；受教育水平为研究生及以上的共 99 人，占样本总数的 7%。如图 4–5 所示。

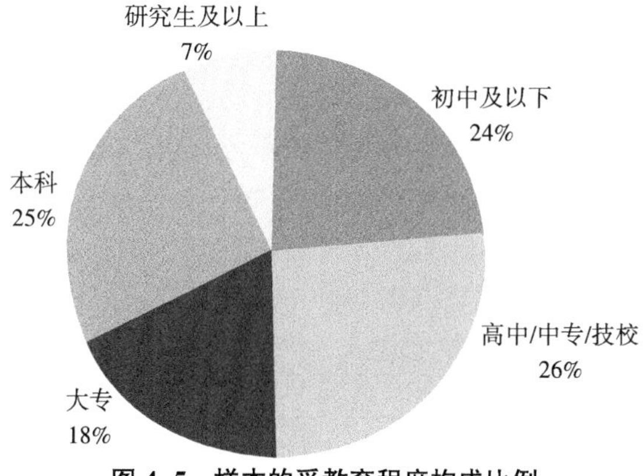

图 4–5 样本的受教育程度构成比例

2）职业、收入与地区分布。从样本所处的职业来看，国家与社会管理者 149 人，占样本总数的 10.77%；经理人员（企业管理人员）89 人，占样本总数的 6.44%；私营业主 53 人，占样本总数的 3.83%；专业技术人员 243 人，占样本总数的 17.57%；办事人员 128 人，占样本总数的 9.26%；个体工商户 91 人，占样本总数的 6.58%；商业服务人员 132 人，占样本总数的 9.55%；产业工人 135 人，占样本总数的 9.76%；农业劳动者 175 人，占样本总数的 12.65%；城市无业、失业、半失业者 66 人，占样本总数的 4.77%；学生 122 人，占样本总数 8.82%。如图 4–6 所示。

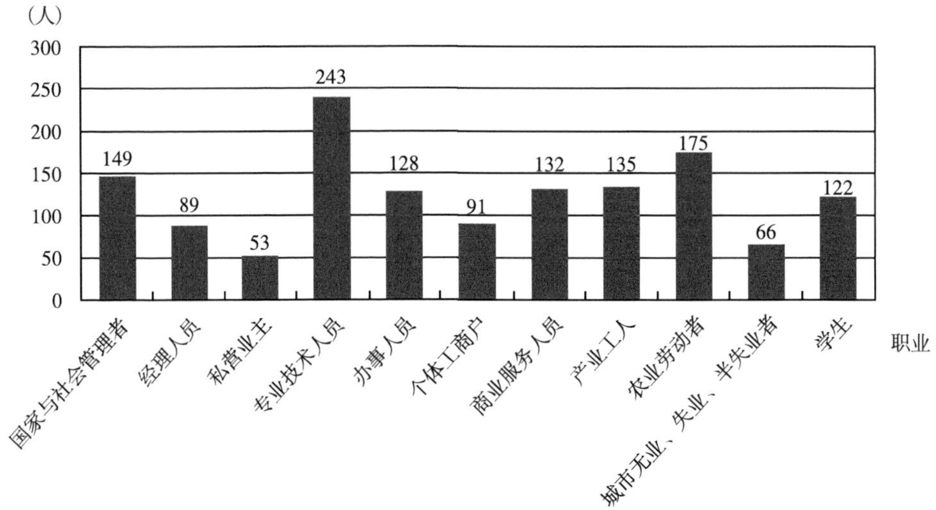

图 4–6　样本的职业构成

从样本个人年收入的构成来看，收入低于 5000 元的共 253 人，占样本总数的 18.3%；5000~10000 元的共 159 人，占 11.5%，10001~30000 元的共 301 人，占总数的 21.8%；30001~50000 元的共 233 人，占样本总数的 16.8%；50001~100000 元的共 248 人，占样本总数的 17.9%；100001~150000 元的共 79 人，占样本总数的 5.7%；150001~200000 元的共 40 人，占样本总数的 2.9%；200001~300000 元的共 36 人，占样本总数的 2.6%；300000 元以上的共 34 人，占样本总数的 2.5%。如图 4–7 所示。

从样本的地区分布来看，东部地区（包括北京、天津、河北、辽宁、上海、江苏、浙江、福建、山东、广东和海南 11 个省、市）共 768 人，占样本总数的 56%；西部地区（包括四川、重庆、贵州、云南、西藏、陕西、甘肃、青海、宁夏、新疆、广西和内蒙古 12 个省、市、自治区）共 261 人，占样本总数的 19%；中部地区（包括山西、吉林、黑龙江、安徽、江西、河南、湖北和湖南 8 个省）共 351 人，占样本总数的 25%。如图 4–8 所示。

从样本的户籍分布来看，农村户口共有 470 人，占样本总数的 34%，城市户口共有 913 人，占样本总数的 66%，如图 4–9 所示。

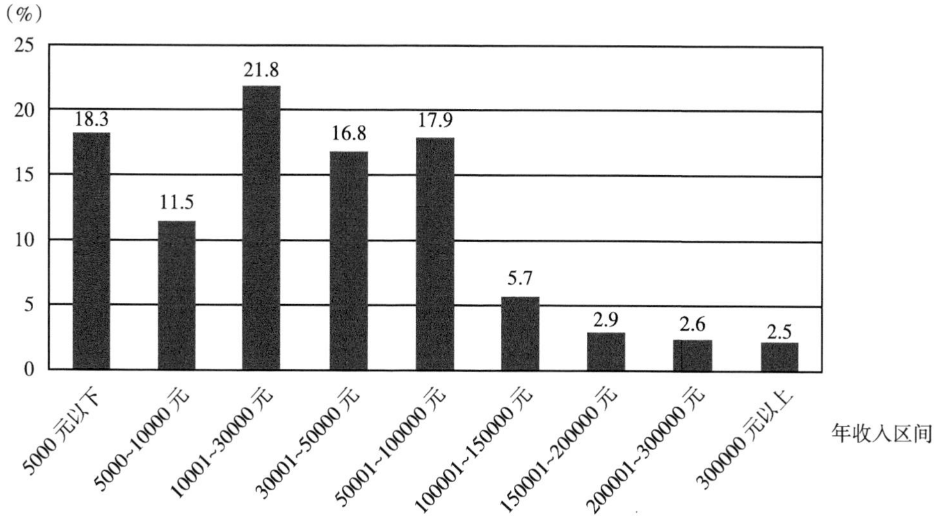

图 4–7 样本的个人年收入构成比例

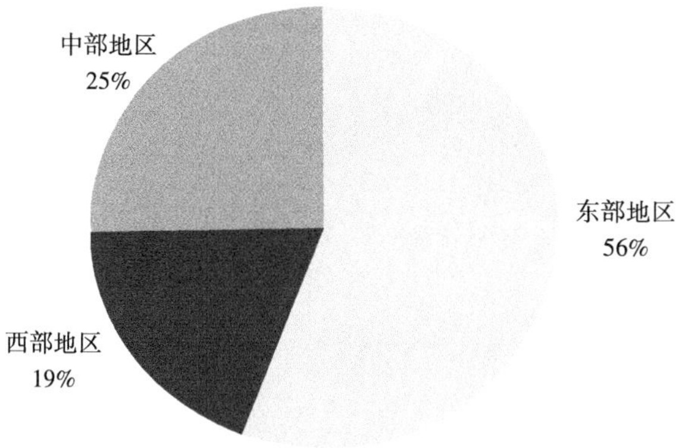

图 4–8 样本的地区构成比例

图 4–9 样本的户籍构成比例

5 消费意愿与心理变量、社会文化变量及政策因素影响关系的实证检验

根据正式调研回收的数据资料，本章将对理论研究模型和主要假设进行具体的分析和检验，并在此基础上进一步探讨和验证变量间的交互影响。首先，对数据的基本特征进行分析，主要包括变量测项的信度和效度分析，以及重要统计变量的描述性分析；其次，对单一变量与消费意愿的关系进行检验，具体分析了心理因素、社会文化因素以及消费政策对消费意愿的影响；再次，在综合文献回顾和假设检验的基础上，推导并建立了多个关键变量对消费意愿交互影响的子模型，进一步深化了对消费率偏低的影响因素的作用机制研究；最后，详细分析了不同类别居民消费意愿的人口统计特征。

5.1 数据基本特征分析

5.1.1 信度与效度分析

（1）信度分析

信度是指量表的可靠性或稳定性。本书对影响消费意愿的各心理变量进行测量时，大量借用了文献中的现有量表，因此，首先需要对其测量信度进行检验。这里我们采用 Cronbach's Alpha 系数进行检验。一般认为 Alpha 等于 0.7 是一个可以接受的比较低的临界值。

从表 5-1 中可以看出，消费预期、生活方式、参照群体、消费信任、消费知识、面子、人情、物质主义倾向、节俭主义观念和个性特征的 Alpha 值都大于 0.7，说明各变量的测量具有较好的内部一致性，即内部信度较好。

（2）效度检验

由于本书所采用的量表是由现有量表改造而来的，因此我们邀请了三位专家阅读问卷，以保证问卷的表面效度和内容效度。之后在剔除掉不符合数据分析要

表 5-1 问卷的信度分析

变量		测量问项数	Alpha 值
消费预期	消费政策预期	2	0.766
	宏观经济预期	4	
	物价走势预期	3	
	突发事件预期	2	
	收入预期	5	
生活方式	新生活意识	3	0.715
	时尚新潮意识	4	
	个性成就意识	4	
	随意性意识	2	
	家庭意识	2	
参照群体	信息性影响	4	0.767
	规范性影响	5	
	价值表达性影响	5	
消费信任	消费信任	5	0.773
消费知识	消费知识	4	0.785
消费文化	面子	5	0.748
	人情	8	0.757
	物质主义倾向	6	0.905
	节俭消费观念	4	0.745
个性特征	外向活泼	5	0.757
	严谨自制	2	
	热情豪爽	3	
	淡泊诚信	4	
	温顺随和	4	
	精明干练	4	
	善良友好	5	

求的问卷数据及问项之后，最终得到表 5-2 中的有效变量维度。对于量表结构效度的检验，这里采用验证性因子分析法（CFA）进行检验。这里的 CFA 检验是针对问卷中采用多问项测量的变量进行的，包括生活方式的五个变量、参照群体影响的三个变量、消费文化的四个变量和个性特质的七个变量。

表 5-2 问卷的效度检验

潜变量	测量指标	因素负荷量	组合信度	AVE
新生活意识	Q4-17	0.75	0.73	0.580
	Q4-18	0.77		

续表

潜变量	测量指标	因素负荷量	组合信度	AVE
时尚新潮意识	Q4-20	0.82	0.75	0.500
	Q4-21	0.70		
	Q4-24	0.61		
个性成就意识	Q4-28	0.85	0.62	0.500
	Q4-29	0.54		
随意性意识	Q4-33	0.72	0.69	0.530
	Q4-34	0.73		
家庭意识	Q4-35	0.77	0.69	0.520
	Q4-36	0.68		
信息性影响	Q4-45	0.91	0.81	0.680
	Q4-46	0.74		
规范性影响	Q4-49	0.52	0.80	0.500
	Q4-50	0.75		
	Q4-51	0.80		
	Q4-52	0.73		
价值表达性影响	Q4-54	0.78	0.81	0.520
	Q4-55	0.82		
	Q4-57	0.61		
	Q4-58	0.64		
面子	Q4-59	0.75	0.76	0.450
	Q4-60	0.72		
	Q4-61	0.57		
	Q4-62	0.64		
人情	Q4-66	0.77	0.80	0.510
	Q4-67	0.78		
	Q4-68	0.68		
	Q4-71	0.53		
消费信任	Q4-82	0.85	0.85	0.650
	Q4-83	0.80		
	Q4-86	0.78		
物质主义倾向	Q4-76	0.78	0.90	0.660
	Q4-77	0.84		
	Q4-78	0.85		
	Q4-79	0.76		
	Q4-80	0.84		
外向活泼	Q5-2	0.73	0.81	0.520
	Q5-11	0.74		
	Q5-16	0.68		

续表

潜变量	测量指标	因素负荷量	组合信度	AVE
外向活泼	Q5-29	0.73	0.81	0.520
严谨自制	Q5-4	0.75	0.70	0.540
	Q5-5	0.72		
热情豪爽	Q5-3	0.73	0.67	0.500
	Q5-26	0.68		
淡泊诚信	Q5-7	0.61	0.68	0.424
	Q5-15	0.80		
	Q5-23	0.51		
温顺随和	Q5-8	0.85	0.82	0.600
	Q5-17	0.59		
	Q5-21	0.86		
精明干练	Q5-9	0.62	0.81	0.520
	Q5-10	0.72		
	Q5-14	0.80		
	Q5-18	075		
善良友好	Q5-1	0.80	0.80	0.500
	Q5-12	0.79		
	Q5-22	0.53		
	Q5-25	0.65		

注：Chi-square = 938.917，df = 439，CFI = 0.918，TLI = 0.901，RMSEA = 0.049。

从表 5-2 可以看出，CFA 的拟合指数 Chi-square 是 938.917，自由度是 439，两者的比值是 2.14，处于 2~5 的范围；CFI 是 0.918，TLI 是 0.901，均大于 0.9；RMSEA 是 0.049，小于 0.05。因而 CFA 分析具有较好的拟合优度。进一步来看，各问项对测量变量的标准化系数值均大于 0.500，并且除了个别变量外，大部分变量的 AVE 值都大于 0.500，这说明问卷中各问项在各自的测量变量上具有较好的收敛效度。由此，我们认为本书的测量问卷具有较好的效度，所收集的数据可用于进一步的分析。

5.1.2 测量变量的描述性统计特征分析

在探索变量间关系之前，我们对各测量变量的基本描述性特征进行检验，变量的描述性统计特征如表 5-3、表 5-4、表 5-5 所示。表中主要报告了三种数据特征：第一是各变量的平均值，该数据报告于表 5-3、表 5-4、表 5-5 的对角线上；第二是各变量的标准差，该数据报告于表 5-3、表 5-4、表 5-5 对角线上的括号中；第三是各相关变量两两之间的相关系数，这里采用了 Pearson 相关系数，该数据报告于表 5-3、表 5-4、表 5-5 的对角线以下部分。

表 5-3　测量变量的基本描述性特征

	1	2	3	4	5	6	7	8	9	10
1. 收入预期	4.88（1.2）									
2. 消费政策预期	0.407**	4.37（1.07）								
3. 物价走势预期	0.150	0.198	3.89（0.63）							
4. 宏观经济预期	0.400**	0.356**	0.221	4.78（1.34）						
5. 突发事件预期	–0.030	0.289*	0.140	–0.022	4.0（1.25）					
6. 新生活意识	0.166	0.321**	0.016	–0.141	0.175	4.19（1.38）				
7. 时尚新潮意识	0.180	0.313**	0.059	–0.064	0.323**	0.651**	3.12（1.19）			
8. 个性成就意识	0.159	0.328**	0.029	0.077	0.171	0.198	0.401**	4.52（1.07）		
9. 随意性意识	–0.048	–0.099	–0.181	0.174	–0.069	–0.238*	–0.404**	–0.150	5.23（1.06）	
10. 家庭意识	0.066	–0.100	0.338**	0.101	0.032	–0.058	–0.141	–0.212	0.194	5.26（1.24）
11. 信息性影响	0.052	0.108	0.127	–0.042	0.060	0.069	0.033	0.328**	0.177	–0.072
12. 规范性影响	0.007	0.152	0.166	–0.139	0.273*	0.064	0.072	0.098	0.081	0.112
13. 价值表达性影响	–0.004	0.159	0.066	0.078	0.424**	0.306**	0.325**	0.070	0.011	–0.096
14. 消费信任	0.127	–0.036	0.015	0.235	–0.044	–0.189	–0.095	0.029	0.136	–0.088
15. 消费知识	0.221	0.061	0.014	–0.108	0.191	0.125	0.349**	0.437**	–0.161	0.053
16. 面子	–0.009	0.289*	0.062	–0.020	0.329**	0.378**	0.243*	0.253*	–0.041	–0.045
17. 人情	0.087	0.172	0.050	0.156	0.280*	–0.042	0.112	0.097	0.023	0.163
18. 物质主义倾向	0.122	0.255*	0.012	0.074	0.291*	0.277*	0.506**	0.371**	–0.202	–0.141
19. 节俭消费观念	–0.003	–0.007	–0.094	0.176	–0.081	–0.252*	–0.508**	–0.130	0.556**	0.258*
20. 精明干练	0.278*	0.051	–0.055	0.140	0.140	0.012	0.038	0.298*	–0.064	0.021
21. 外向活泼	0.082	–0.075	0.132	0.049	–0.015	–0.094	0.068	0.327**	–0.136	0.211
22. 严谨自制	0.135	–0.006	0.107	–0.022	–0.031	–0.232	–0.333*	0.155	0.119	0.026
23. 淡泊诚信	0.181	0.046	0.090	0.111	0.049	–0.096	–0.228	0.247*	0.229	0.183
24. 温顺随和	0.131	–0.019	–0.003	0.049	–0.149	0.010	–0.008	0.175	0.079	0.081
25. 善良友好	0.100	–0.079	0.081	0.059	–0.124	–0.147	–0.166	0.170	0.058	0.128
26. 热情豪爽	0.220	0.045	–0.160	–0.155	0.215	0.083	0.224	0.465**	–0.311**	–0.105
27. 消费数量意愿	0.130	0.275*	0.216	–0.096	0.168	0.427**	0.527**	0.251*	–0.270*	0.047
28. 消费时间偏好	–0.009	0.169	0.252*	0.027	0.074	0.106	0.256*	0.307*	–0.234	–0.081
29. 消费档次选择	0.266*	0.226	0.027	–0.110	0.249*	0.461**	0.527**	0.443**	–0.413**	–0.109

注：** 表示 $p<0.01$；* 表示 $p<0.05$；对角线上的数字表示变量的平均值，括号内为标准差；对角线下方的数字表示 Pearson 相关系数。

表 5-4 测量变量的基本描述性特征

	11	12	13	14	15	16	17	18	19	20
11. 信息性影响	4.71（0.88）									
12. 规范性影响	0.276*	4.57（1.01）								
13. 价值表达性影响	0.192	0.329**	3.91（1.09）							
14. 消费信任	–0.002	–0.069	–0.120	3.73（0.99）						
15. 消费知识	0.461**	0.157	0.139	–0.004	4.23（1.15）					
16. 面子	0.280*	0.286*	0.419**	0.033	0.289*	4.27（0.99）				
17. 人情	0.014	0.021	0.254*	0.227	–0.005	0.222	4.48（0.55）			
18. 物质主义倾向	0.188	0.251*	0.437**	0.296*	0.289*	0.380**	0.111	3.09（1.4）		
19. 节俭消费观念	–0.103	–0.011	–0.182	0.176	–0.263*	0.034	0.121	–0.243	5.23（0.82）	
20. 精明干练	–0.103	–0.101	–0.035	0.151	0.192	–0.021	0.182	0.097	–0.068	4.16（0.53）
21. 外向活泼	–0.110	–0.201	–0.223	0.023	0.162	–0.109	0.122	–0.083	0.079	0.579**
22. 严谨自制	0.074	–0.018	–0.329*	0.094	0.111	–0.080	–0.098	–0.241	0.160	0.583**
23. 淡泊诚信	0.142	–0.028	–0.198	0.052	0.130	0.057	0.172	–0.304*	0.173	0.457**
24. 温顺随和	0.074	–0.126	–0.192	–0.182	0.080	0.009	–0.095	–0.253*	0.067	0.033
25. 善良友好	0.134	–0.171	–0.351**	0.057	0.171	–0.004	–0.091	–0.191	0.110	0.320*
26. 热情豪爽	–0.010	–0.078	0.024	0.031	0.406**	0.055	0.232	0.084	–0.152	0.650**
27. 消费数量意愿	0.098	0.277*	0.261*	0.068	0.257*	0.330**	0.080	0.661**	–0.250	0.071
28. 消费时间偏好	0.077	–0.011	–0.027	0.091	0.043	0.247*	0.207	0.315*	–0.185	0.197
29. 消费档次选择	0.184	0.085	0.343**	–0.190	0.484**	0.300*	0.058	0.492**	–0.440**	0.140

注：** 表示 $p<0.01$；* 表示 $p<0.05$；对角线上的数字表示变量的平均值，括号内为标准差；对角线下方的数字表示 Pearson 相关系数。

表 5–5 测量变量的基本描述性特征

	21	22	23	24	25	26	27	28	29
21. 外向活泼	4.29（0.61）								
22. 严谨自制	0.439**	4.57（0.67）							
23. 淡泊诚信	0.374**	0.694**	4.92（0.73）						
24. 温顺随和	0.227	0.238	0.460**	4.88（0.66）					
25. 善良友好	0.493**	0.612**	0.561**	0.645**	4.74（0.82）				
26. 热情豪爽	0.558**	0.392**	0.308*	–0.060	0.149	4.29（0.68）			
27. 消费数量意愿	0.102	–0.113	–0.169	–0.142	–0.143	0.133	3.24（1.43）		
28. 消费时间偏好	0.339**	0.039	0.092	0.203	0.071	0.104	0.392**	4.80（1.32）	
29. 消费档次选择	0.015	–0.156	–0.147	–0.044	–0.092	0.324**	0.470**	0.027	2.48（1.4）

注：** 表示 $p<0.01$；* 表示 $p<0.05$；对角线上的数字表示变量的平均值，括号内为标准差；对角线下方的数字表示 Pearson 相关系数。

5.2 心理变量与消费意愿的关系验证

在前文大量文献及理论支撑下，本书搭建完成了影响居民消费意愿的心理及社会文化因素（变量）体系，并对各假设进行了逐一论证和阐述。接下来，本章将重点采用（多元）回归分析法检验个性、消费知识、消费预期、生活方式、参照群体、心理账户等个体心理变量对居民消费意愿的作用及影响，从而对前述假设进行系统性验证。社会文化变量部分与此类同，故不再赘述。

5.2.1 个性与消费意愿的关系验证

在表 5-6 中，我们可以看到消费数量意愿、消费时间偏好与消费档次选择（高、中、低）各自调整后的判定系数为 0.061、0.026、0.188、0.033、0.067，均达到了本书对回归分析的要求。此外，消费数量意愿、消费时间偏好与消费档次选择（高、中、低）的 D-W 值分别为 1.855、1.9、1.826、1.985 和 1.823，均在 2 左右，这说明以上回归模型的随机误差项没有严重的序列自相关现象。同时，消费数量意愿、消费时间偏好与消费档次选择（高、中、低）的 VIF 值均小于 1.2，说明 5 个回归模型中各自的自变量不存在严重的共线性问题。因此，总体来看，5 个回归模型拟合度较好，可进一步分析模型中各个自变量的系数统计显著性。以后各部分的模型优度判定方法与此类同，皆不再一一赘述。

在本书中，我们将个性的七个部分分别与消费数量意愿、消费时间偏好、消费档次选择以及相应的消费类别进行回归分析，并将收入作为控制变量。从表 5-6 中可以看到，外向活泼、严谨自制、热情豪爽对消费数量意愿呈现正向影响，而淡泊诚信、温顺随和、精明干练、善良友好则负向影响消费数量意愿。不过，所有这些个性特征与消费数量意愿的关系都不显著，因此假设 H1.1 不成立，即假设 H1.1.1 至假设 H1.1.7 没有得到验证。个性中的外向活泼、严谨自制与消费时间偏好有显著正向相关关系，其他个性特征与消费时间偏好没有显著关系，因此假设 H1.2 中的假设 H1.2.1 成立，其余不成立。严谨自制之所以对消费时间偏好具有显著的正向影响而非负向影响，可能是具有这种个性特征的居民，总是担心一旦延迟消费就无法实现消费需求的情况出现，因此，基于这种有备无患的谨慎心理，他们愿意尽早购买所需要的产品。个性特征中的外向活泼、热情豪爽与高档产品消费意愿显著正相关，假设 H1.3.1 和假设 H1.3.3 成立。淡泊诚信与高档产品消费意愿显著负相关，与低档产品消费意愿显著正相关，假设 H1.3.4 成立。严谨自制与低档产品消费意愿呈现正相关，与高档产品消费意愿呈现负相关，但是都不显著，仅与中档产品消费意愿呈现显著正相关，因此假设 H1.3.2 不成立。

表 5-6 个性与消费数量意愿、消费时间偏好和消费档次选择之间的关系验证

		消费数量意愿	消费时间偏好	消费档次选择		
				高档	中档	低档
		标准化系数	标准化系数	标准化系数	标准化系数	标准化系数
个性特征	外向活泼	0.035	0.087**	0.069**	0.049	-0.026
	严谨自制	0.005	0.115***	-0.044	0.132**	0.002
	热情豪爽	0.018	-0.027	0.119***	0.016	-0.086
	淡泊诚信	-0.088	0.086	-0.155***	-0.093	0.065*
	温顺随和	-0.028	-0.026	-0.009	0.055	-0.019
	精明干练	-0.001	-0.063	0.045	-0.094	0.101
	善良友好	-0.050	0.003	-0.040	0.006	-0.022
回归模型	R^2 值	0.061	0.026	0.188	0.033	0.067
	D-W 值	1.855	1.9	1.826	1.985	1.823
	VIF 值	均小于 1.19	均小于 1.19	均小于 1.195	均小于 1.195	均小于 1.195
控制变量	平均月收入					

注：*** 表示 p<0.01；** 表示 p<0.05；* 表示 p<0.1。

随后，我们将个性的各个特征与不同类别的消费支出意愿进行了回归分析。在加入控制变量收入之后，我们发现外向活泼与服装、美容保健、文化娱乐、旅游、电子产品的消费意愿显著正相关；严谨自制与食品、人情支出类消费意愿显著正相关；热情豪爽与文化娱乐消费意愿显著正相关；淡泊诚信则与服装、美容保健、文化娱乐、医疗方面的消费意愿显著负相关；温顺随和与食品消费意愿显著正相关，与杂项消费意愿显著负相关；精明干练与医疗消费意愿显著正相关，与电子产品消费意愿显著负相关；善良友好与不同消费类别的支出意愿均不相关。具体分析数据如表 5-7 所示。

表 5-7 个性与具体消费类别支出意愿的关系

		食品	服装	居住	美容保健	交通通信	文化娱乐	医疗
		标准化系数	标准化系数	标准化系数	标准化系数	标准化系数	标准化系数	标准化系数
个性特征	外向活泼	0.036	0.111***	-0.022	0.067**	0.017	0.077***	-0.034
	严谨自制	0.093**	0.052	-0.019	0.029	0.047	-0.045	-0.033
	热情豪爽	0.037	0.040	0.021	0.033	0.047	0.058*	-0.001
	淡泊诚信	-0.064	-0.090*	-0.023	-0.115***	-0.063	-0.141***	-0.076*
	温顺随和	0.077**	0.036	0.013	0.016	-0.037	-0.034	0.005
	精明干练	-0.029	-0.052	0.044	0.036	0.029	0.058	0.196**
	善良友好	0.025	-0.024	0.004	-0.032	-0.04	-0.021	-0.014

续表

		食品	服装	居住	美容保健	交通通信	文化娱乐	医疗
		标准化系数	标准化系数	标准化系数	标准化系数	标准化系数	标准化系数	标准化系数
回归模型	R^2 值	0.160	0.171	0.153	0.158	0.193	0.191	0.038
	D-W 值	1.695	1.910	1.964	1.916	1.987	1.927	1.883
	VIF 值	均小于 2.3	均小于 2.3	均小于 2.3	均小于 2.3	均小于 2.3	均小于 1.6	均小于 2.3
控制变量	平均月收入							

		杂项	教育培训	旅游	人情支出	电子产品	家用电器
		标准化系数	标准化系数	标准化系数	标准化系数	标准化系数	标准化系数
个性特征	外向活泼	0.010	0.006	0.128***	0.02	0.081***	-0.008
	严谨自制	-0.020	0.017	0.040	0.116***	-0.003	-0.026
	热情豪爽	-0.010	-0.001	0.009	-0.012	0.039	0.049
	淡泊诚信	-0.058	0.010	0.001	-0.048	-0.002	-0.037
	温顺随和	-0.071**	-0.014	0.050	0.048	-0.009	-0.074
	精明干练	0.056	-0.014	-0.059	-0.009	-0.098**	0.046
	善良友好	-0.061	-0.005	-0.009	-0.069	0.027	0.046
回归模型	R^2 值	0.132	0.001	0.213	0.189	0.155	0.070
	D-W 值	1.868	1.868	1.806	1.690	1.845	1.829
	VIF 值	均小于 1.4	均小于 2	均小于 2.1	均小于 2	均小于 2.1	均小于 2.3
控制变量	平均月收入						

注：*** 表示 $p<0.01$；** 表示 $p<0.05$；* 表示 $p<0.1$。

最后，我们分析个性特征与借贷消费意愿、汽车购买意愿、住房购买意愿以及奢侈品购买意愿之间的关系。从结论中可以看到，个性特征中的热情豪爽和淡泊诚信与借贷消费意愿、汽车购买意愿、住房购买意愿以及奢侈品购买意愿有显著的关系。其中淡泊诚信负向显著影响借贷消费意愿、汽车购买意愿、住房购买意愿以及奢侈品购买意愿；而热情豪爽正向显著影响汽车购买意愿、住房购买意愿。其他个性特征与借贷消费意愿、汽车购买意愿、住房购买意愿以及奢侈品购买意愿不相关（如表 5-8 所示）。

表 5-8　个性与借贷消费意愿、汽车购买意愿、住房购买意愿以及奢侈品购买意愿的关系

		借贷消费意愿	汽车购买意愿	住房购买意愿	奢侈品购买意愿
		标准化系数	标准化系数	标准化系数	标准化系数
个性特征	外向活泼	0.017	0.016	-0.048	0.081
	严谨自制	-0.062	0.007	0.035	-0.094
	热情豪爽	0.047	0.122***	0.118***	0.072
	淡泊诚信	-0.097**	-0.080**	-0.106***	-0.145***

续表

		借贷消费意愿	汽车购买意愿	住房购买意愿	奢侈品购买意愿
		标准化系数	标准化系数	标准化系数	标准化系数
个性特征	温顺随和	-0.069	-0.041	-0.030	-0.038
	精明干练	-0.006	-0.056	-0.009	0.047
	善良友好	-0.012	-0.046	-0.003	-0.021
回归模型	R^2 值	0.104	0.108	0.071	0.169
	D-W 值	1.868	1.686	1.799	1.917
	VIF 值	均小于 1.4	均小于 2	均小于 2.1	均小于 2
控制变量	平均月收入				

注：*** 表示 p<0.01；** 表示 p<0.05。

总体来看，外向型性格的人，比如外向活泼与热情豪爽的人，倾向于对具有享乐性质的商品进行消费，而淡泊诚信与精明干练等内向性格的人倾向于少消费。从消费数量意愿、消费时间偏好与消费档次选择来看，外向活泼的人倾向于消费得更多、更超前、更高档；淡泊诚信的人倾向于消费得更少、更低档，在借贷消费方面更保守，购买更少的奢侈品。

5.2.2 消费知识与消费意愿的关系验证

通过对消费者的消费知识与其消费数量意愿、消费时间偏好以及消费档次选择的关系验证，我们从表 5-9 中可以看出，在 0.01 的显著性水平上，消费知识与消费数量意愿的相关关系具有统计意义上的显著性，即假设 H2.1.1 得到验证；消费知识与消费时间偏好的相关关系具有统计意义上的显著性，即假设 H2.1.2 得到验证；而消费知识与消费档次选择部分相关，即假设 H2.1.3 部分成立。具体来说，消费知识与高档产品消费意愿、中档产品消费意愿具有统计意义上的显著性；消费知识与低档产品消费意愿不具有统计意义上的显著性。

表 5-9 消费知识与消费数量意愿、消费时间偏好和消费档次选择的关系

		消费数量意愿	消费档次选择			消费时间偏好
			高档	中档	低档	
		标准化系数	标准化系数	标准化系数	标准化系数	标准化系数
消费知识		0.240***	0.024***	0.0086**	-0.048	0.086***
回归模型	R^2 值	0.025	0.057	0.0070	0.002	0.012
	D-W 值	1.864	1.842	1.9280	1.823	1.916
	VIF 值	1.000	1.000	1.000	1.000	1.000
控制变量		平均月收入				

注：*** 表示 p<0.01；** 表示 p<0.05。

此外，从表 5-10 中可以看到，在 0.01 的显著性水平上，消费知识与食品、服装、美容保健、交通通信、文化娱乐、医疗、旅游、人情支出、电子产品、家用电器、杂项类消费意愿存在正向相关关系。但是，消费知识与居住、教育培训类消费意愿却未能通过显著性检验。

表 5-10 消费知识与具体消费类别支出意愿的关系

		食品	服装	居住	美容保健	交通通信	文化娱乐	医疗
		标准化系数	标准化系数	标准化系数	标准化系数	标准化系数	标准化系数	标准化系数
消费知识		0.240***	0.086***	0.031*	4.146***	0.162***	0.153***	0.146***
控制变量		平均月收入						
回归模型	$\bar{R}^2$ 值	0.057	0.007	0.002	0.025	0.023	0.021	0.010
	D-W 值	1.842	1.928	1.823	1.864	1.756	1.880	1.840
	VIF 值	均小于 1.1	均小于 1.1	均小于 1.1	均小于 1.1	均小于 1.1	均小于 1.1	均小于 1.1

		教育培训	旅游	人情支出	电子产品	家用电器	杂项
		标准化系数	标准化系数	标准化系数	标准化系数	标准化系数	标准化系数
消费知识		0.024	0.158***	0.126***	0.102***	0.104***	0.104***
控制变量		平均月收入					
回归模型	$\bar{R}^2$ 值	0.024	0.015	0.010	0.012	0.010	0.021
	D-W 值	1.704	1.671	1.873	1.916	1.817	1.880
	VIF 值	均小于 1.1	均小于 1.1	均小于 1.1	均小于 1.1	均小于 1.1	均小于 1.1

注：*** 表示 $p<0.01$；* 表示 $p<0.1$。

总体来看，消费者自身所具有的消费知识通过对其消费数量意愿、消费时间偏好和消费类别选择产生作用，从而对消费意愿产生影响，且这种影响是正向的。其中，消费知识对于美容保健产品消费意愿的影响最为强烈。消费知识的提高，会促使消费者提前消费，并增加消费的数量，且更多地是增加美容保健和电子产品类别的消费。

在将平均月收入作为控制变量之后，可得到表 5-11 中消费知识对几类特殊消费类型的影响关系：在 0.01 的显著性水平上，消费知识对于借贷消费意愿、汽车购买意愿、住房购买意愿以及奢侈品购买意愿都有具有显著正向影响。消费者所具有的消费知识会增强其自身的消费信息，对于奢侈品购买意愿的影响最为明显，其次是借贷消费意愿和汽车购买意愿，而对于住房购买意愿的影响相对较弱。

5.2.3 消费预期与消费意愿的关系验证

从表 5-12 来看，在将平均月收入作为控制变量后，得到如下结果：

表 5-11 消费知识与借贷消费意愿、汽车购买意愿、住房购买意愿及奢侈品购买意愿的关系

		借贷消费意愿	汽车购买意愿	住房购买意愿	奢侈品购买意愿
		标准化系数	标准化系数	标准化系数	标准化系数
消费知识		0.153***	0.146***	0.104***	0.226***
控制变量		平均月收入			
回归模型	$\bar{R}^2$ 值	0.023	0.021	0.010	0.050
	D-W 值	1.756	1.881	1.840	1.904
	VIF 值	均小于 1.1	均小于 1.1	均小于 1.1	均小于 1.1

注：*** 表示 p<0.01。

表 5-12 消费预期与消费数量意愿、消费时间偏好和消费档次选择的关系

		消费数量意愿	消费时间偏好	消费档次选择		
				高档	中档	低档
		标准化系数	标准化系数	标准化系数	标准化系数	标准化系数
消费预期	消费政策预期	0.046*	0.033	0.058*	0.031	0.022
	宏观经济预期	−0.102***	0.054	0.189***	−0.034	−0.138***
	物价走势预期	0.031	0.050	0.030	−0.010	0.051
	突发事件预期	−0.098***	0.011	0.044	0.006	−0.001
	收入预期	0.090***	0.145***	0.091***	0.222***	−0.078**
回归模型	R^2 值	0.303	0.034	0.188	0.052	0.075
	D-W 值	1.836	1.900	1.826	2.002	1.819
	VIF 值	均小于 1.4	均小于 1.4	均小于 1.4	均小于 1.4	均小于 1.4
控制变量	平均月收入					

注：*** 表示 p<0.01；** 表示 p<0.05；* 表示 p<0.1。

在 0.1 的显著性水平上，消费政策预期对消费数量意愿和消费档次选择（高档）具有显著的正向影响。因此，假设 H3.1 及其子假设部分成立。在 0.01 的显著性水平上，宏观经济预期对消费数量意愿和消费档次选择（低档）具有显著的负向影响，对消费档次选择（高档）具有显著的正向影响。因此，假设 H3.2 及其子假设部分成立。物价走势预期对消费数量意愿、消费时间偏好和消费档次选择不具有显著的影响。因此，假设 H3.3 及其子假设皆不成立。在 0.01 的显著性水平上，突发事件预期对于消费数量意愿具有显著的负向影响。因此，假设 H3.4.1 成立。在 0.01 的显著性水平上，收入预期对消费数量意愿、消费时间偏好、消费档次选择（高档和中档）具有显著的正向影响；在 0.05 的显著性水平上，收入预期对消费档次选择（低档）具有显著的负向影响。因此，假设 H3.5 及其子假设部分成立。

总体而言，收入预期是影响居民消费意愿的重要因素，对消费数量意愿、消费时间偏好和消费档次选择都具有显著影响。而物价走势预期对消费数量意愿、消费时间偏好和消费档次选择的影响均不显著。与消费时间偏好和消费档次选择相比，消费数量意愿受到消费预期各维度影响更大。

在将平均月收入作为控制变量后，得到表 5-13 中消费预期与具体消费类别支出意愿的关系。

表 5-13 消费预期与具体消费类别支出意愿的关系

		食品	服装	居住	美容保健	交通通信	文化娱乐	医疗
		标准化系数	标准化系数	标准化系数	标准化系数	标准化系数	标准化系数	标准化系数
消费预期	消费政策预期	0.012**	0.036	0.039	0.060*	0.012	0.011	0.011
	宏观经济预期	-0.044	-0.040	-0.079**	-0.093***	-0.093***	-0.018	-0.018
	物价走势预期	0.014*	0.033	-0.029	0.038	0.021	0.031	0.031
	突发事件预期	0.054	-0.035	0.071**	0.038	0.073**	-0.037	-0.037
	收入预期	0.03	0.050	0.136***	0.016	0.085**	-0.104***	-0.104***
回归模型	R^2 值	0.121	0.032	0.119	0.151	0.136	0.023	0.023
	D-W 值	1.566	1.943	1.892	1.922	1.943	1.950	1.950
	VIF 值	均低于 1.4	均小于 1.4	均低于 1.4	均低于 1.4	均低于 1.4	均低于 1.4	均低于 1.4
控制变量	平均月收入							

		杂项	教育培训	旅游	人情支出	电子产品	家用电器
		标准化系数	标准化系数	标准化系数	标准化系数	标准化系数	标准化系数
消费预期	消费政策预期	0.007	-0.003	0.050	0.012	0.012	0.036
	宏观经济预期	0.031	0.043	-0.104***	-0.103***	-0.103***	-0.003
	物价走势预期	-0.017	0.024	0.066**	0.032	0.032	0.073**
	突发事件预期	0.083***	0.037	0.039	0.080***	0.080***	0.033
	收入预期	0.016	0.098***	0.057*	0.121***	0.121***	0.033
回归模型	R^2 值	0.132	0.011	0.133	0.112	0.112	0.032
	D-W 值	1.868	1.708	1.766	1.925	1.925	1.960
	VIF 值	均小于 1.4	均小于 1.4	均小于 1.4	均小于 1.4	均小于 1.4	均小于 1.4
控制变量	平均月收入						

注：*** 表示 $p<0.01$；** 表示 $p<0.05$；* 表示 $p<0.1$。

消费政策预期对食品类、美容保健类消费意愿具有显著的正向影响；消费政策预期对居住类、服装类、交通通信类、文化娱乐类、医疗类、杂项类、教育培训类、旅游类、人情支出类、电子产品类和家用电器类消费意愿的影响不显著；宏观形势预期对居住类、美容保健类、交通通信类、旅游类、人情支出类和电子产品类消费意愿具有显著的负向影响，对食品类、服装类、文化娱乐类、医疗类、杂项类、教育培训类和家用电器类消费意愿的影响不显著；物价走势预期对食品类、旅游类和家用电器类消费意愿具有显著影响，对居住类、服装类、美容保健类、交通通信类、文化娱乐类、医疗类、杂项类、教育培训类、人情支出类和电子产品类消费意愿的影响不显著；突发事件预期对居住类、交通通信类、杂项类、人情支出类、电子产品类消费意愿具有显著影响，对食品类、服装类、美容保健类、文化娱乐类、医疗类、教育培训类、旅游类、家用电器类消费意愿的影响不显著；收入预期对居住类、交通通信类、文化娱乐类、医疗类、教育培训类、旅游类、人情支出类和电子产品类消费意愿具有显著影响，对食品类、服装类、美容保健类、杂项类和家用电器类消费意愿的影响不显著。

在将平均月收入作为控制变量予以控制后，得到表 5–14 中消费预期与几类特殊消费支出的影响关系：

表 5–14 消费预期与借贷消费意愿、汽车购买意愿、住房购买意愿及奢侈品购买意愿的关系

		借贷 消费意愿	汽车 购买意愿	住房 购买意愿	奢侈品 购买意愿
		标准化系数	标准化系数	标准化系数	标准化系数
消费预期	消费政策预期	0.035*	–0.026	0.021*	0.035*
	宏观经济预期	–0.017	0.001	–0.025*	–0.017
	物价走势预期	0.008*	–0.041*	0.052	0.008
	突发事件预期	0.013	0.003	–0.025*	0.013
	收入预期	0.009*	0.064*	0.190**	0.140**
回归模型	R^2 值	0.001	0.002	0.001	0.001
	D–W 值	1.907	1.895	1.839	1.907
	VIF 值	均小于 1.4	均小于 1.4	均小于 1.4	均小于 1.4
控制变量	平均月收入				

注：** 表示 $p<0.05$；* 表示 $p<0.1$。

消费政策预期对于借贷消费意愿、住房购买意愿和奢侈品购买意愿具有显著影响，对于汽车购买意愿没有显著影响；宏观形势预期对于住房购买意愿具有显著影响，对于借贷消费意愿、汽车购买意愿和奢侈品购买意愿没有显著影响；物价走势预期对于借贷消费意愿、汽车购买意愿存在显著负向影响，对于住房购买意愿和奢侈品购买意愿没有显著影响；突发事件预期对于住房购买意愿具有显著负向影响，对于借贷消费意愿、汽车购买意愿和奢侈品购买意愿没有显著影响；收入预期对于借贷消费意愿、汽车购买意愿、住房购买意愿和奢侈品购买意愿具有显著的正向影响。

我国居民消费存在较大的差异性，人口统计变量也是引起消费差异的重要原因，特别是年龄和文化程度对于居民收入预期的影响相对更加明显。不同年龄阶段的居民处于不同的职业发展时期，其收入预期会有显著差异；不同文化程度的人具有不同的信息处理能力，会使其产生不同的收入预期，进而影响其消费意愿。

从表 5-15 可以看出，年龄与居民收入预期呈现显著的正相关关系，说明随着年龄的增大，居民的收入预期会普遍向好，对于未来的收入更具有信心。

表 5-15 年龄对居民收入预期的影响

		收入预期
		标准化系数
年龄		0.027**
回归模型	R^2 值	0.070
	D-W 值	1.708
	VIF 值	1.421
控制变量	平均月收入	

注：** 表示 p<0.05。

由表 5-16 可以看出，文化程度与居民收入预期具有显著的正相关关系，说明随着居民文化程度的提高，其收入预期也不断向好。

表 5-16 文化程度对居民收入预期的影响

		收入预期
		标准化系数
文化程度		0.038*
回归模型	R^2 值	0.078
	D-W 值	1.707
	VIF 值	1.566
控制变量	平均月收入	

注：* 表示 p<0.1。

5.2.4 消费信任与消费意愿的关系验证

关于消费信任对消费意愿各个维度的影响关系，在将平均月收入作为控制变量后，本书得到的结果如表 5-17 所示，即消费信任对消费数量意愿、消费时间

表 5-17 消费信任与消费数量意愿、消费时间偏好与消费档次选择的关系

		消费数量意愿	消费时间偏好	消费档次选择		
				高档	中档	低档
		标准化系数	标准化系数	标准化系数	标准化系数	标准化系数
消费信任		0.046*	0.033*	0.058	0.031	0.022
回归模型	R^2 值	0.282	0.005	0.167	0.009	0.061
	D-W 值	1.845	1.892	1.853	1.970	1.850
	VIF 值	均小于 1.4	均小于 1.4	均小于 1.4	均小于 1.4	均小于 1.4
控制变量	平均月收入					

注：* 表示 p<0.1。

偏好具有显著正向影响。因此，假设 H4.1、H4.1.1 和 H4.1.2 成立。

在将平均月收入作为控制变量后，得到表 5-18 中消费信任与具体消费类别支出意愿的关系：消费信任对食品、美容保健、医疗、旅游等消费意愿具有显著的正向影响；对居住、交通通信、文化娱乐、杂项、教育培训、人情支出、电子产品和家用电器等消费意愿的影响不显著。

表 5-18 消费信任与具体消费类别支出意愿的关系

		食品	居住	美容保健	交通通信	文化娱乐	医疗
		标准化系数	标准化系数	标准化系数	标准化系数	标准化系数	标准化系数
消费信任		0.019*	-0.031	0.011*	0.039	0.010	0.008*
回归模型	R^2 值	0.119	0.100	0.144	0.125	0.158	0.014
	D-W 值	1.569	1.884	1.924	1.964	1.998	1.949
	VIF 值	均小于 1.4	均小于 1.4	均小于 1.4	均小于 1.4	均小于 1.4	均小于 1.4
控制变量	平均月收入						
		杂项	教育培训	旅游	人情支出	电子产品	家用电器
		标准化系数	标准化系数	标准化系数	标准化系数	标准化系数	标准化系数
消费信任		0.032	0.046	0.061**	-0.018	-0.028	-0.008
回归模型	R^2 值	0.128	0.002	0.124	0.105	0.092	0.025
	D-W 值	1.858	1.688	1.790	1.675	0.092	0.025
	VIF 值	均小于 1.4	均小于 1.4	均小于 1.4	均小于 1.4	均小于 1.4	均小于 1.4
控制变量	平均月收入						

注：** 表示 $p<0.05$，* 表示 $p<0.1$。

在将平均月收入作为控制变量予以控制后，得到表 5-19 中消费信任与几类特殊消费类型的关系：消费信任对于居民住房购买意愿和奢侈品购买意愿具有显著的负向影响，对于居民借贷消费意愿和汽车购买意愿没有显著影响。

表 5-19 消费信任与借贷消费意愿、汽车购买意原、住房购买意愿及奢侈品购买意愿的关系

		借贷消费意愿	汽车购买意愿	住房购买意愿	奢侈品购买意愿
		标准化系数	标准化系数	标准化系数	标准化系数
消费信任		-0.041	-0.057	-0.169**	-0.114*
回归模型	R^2 值	0.021	0.025	0.001	0.059
	D-W 值	1.776	1.866	1.929	1.972
	VIF 值	均小于 1.4	均小于 1.4	均小于 1.4	均小于 1.4
控制变量	平均月收入				

注：** 表示 $p<0.05$；* 表示 $p<0.1$。

此外，由于我国居民消费存在较大的差异性，人口统计变量也是引起消费信任差异的重要原因，特别是社会阶层对于居民消费信任的影响相对更加明显。不同社会阶层的居民，由于所处的职业、教育程度、收入及生活方式不同，其对市场及消费环境的信任程度会有明显差异，进而也会影响他们的消费意愿。

从表 5-20 可以看出，社会阶层与居民消费信任呈现显著的正相关关系。这说明居民的社会阶层越高，其接触的信息范围越大，信息质量也越高，由此对加强消费信任进而提高消费意愿具有促进作用。

表 5-20 社会阶层对居民消费信任的影响

		消费信任
		标准化系数
社会阶层		0.113**
回归模型	$\bar{R}^2$ 值	0.021
	D-W 值	1.760
	VIF 值	1.500
控制变量	平均月收入	

注：** 表示 p<0.05。

5.2.5 生活方式与消费意愿的关系验证

生活方式与消费意愿（消费数量意愿、消费时间偏好、消费档次选择）以及与消费类别的回归分析结果如表 5-21 所示。

表 5-21 生活方式与消费数量意愿、消费时间偏好和消费档次选择的关系

		消费数量意愿	消费时间偏好	消费档次选择		
				高档	中档	低档
		标准化系数	标准化系数	标准化系数	标准化系数	标准化系数
生活方式	新生活意识	0.023	0.018	0.030	0.065**	0.003
	时尚新潮意识	0.287***	0.069**	0.371***	0.042	−0.182***
	个性成就意识	−0.054**	0.133***	0.034	0.110***	0.006
	随意性意识	0.164***	0.039	0.067**	0.026	−0.027
	家庭意识	0.027	0.105***	−0.026	0.011	0.086***
	控制变量	平均月收入				
回归方程	R^2 值	0.193	0.038	0.321	0.036	0.098
	D-W 值	1.886	1.927	1.864	1.927	1.775
	VIF 值	均小于 1.7				

注：*** 表示 p<0.01；** 表示 p<0.05。

在将平均月收入作为控制变量之后，可得到表 5-21 中生活方式 5 大维度对总体消费意愿的影响关系：新生活意识对于消费者的中档产品消费意愿具有显著正向影响；时尚新潮意识对消费数量意愿、消费时间偏好、高档产品消费意愿具有显著正向影响，而对低档产品消费意愿具有显著负向影响，因此假设 H5.3.1、假设 H5.1.2、假设 H5.2.2 和假设 H5.3.2 得到验证；个性成就意识对消费数量意愿具有显著负向影响，对消费时间偏好及中档产品消费意愿具有显著正向影响，因此假设 H5.1.3 未得到验证，假设 H5.2.3 和假设 H5.3.3 得到验证；随意性意识对消费数量意愿及高档产品消费意愿具有显著正向影响，因此假设 H5.1.4 和假设 H5.3.4 得到验证；家庭意识对消费时间偏好以及低档产品消费意愿都有显著正向影响，因此假设 H5.2.5 和假设 H5.3.5 得到验证。其余假设未得到支持验证。

在将平均月收入作为控制变量之后，可得到表 5-22 中生活方式 5 大维度对各类消费支出的影响关系：

表 5-22 生活方式与具体消费类别支出意愿的关系

		食品	服装	居住	美容保健	交通通信	文化娱乐	医疗
		标准化系数	标准化系数	标准化系数	标准化系数	标准化系数	标准化系数	标准化系数
生活方式	新生活意识	0.042	0.036	0.016	0.010	0.047	0.008	-0.018
	时尚新潮意识	0.087***	0.205***	0.093***	0.201***	0.116***	0.162***	0.116***
	个性成就意识	0.045*	0.043	0.057**	0.024	0.046*	0.076***	0.009
	随意性意识	0.008	0.043	0.047	0.028	0.044	0.051*	-0.061*
	家庭意识	0.068**	0.040	0.033	0.048*	0.026	-0.002	0.049*
	控制变量	平均月收入						
回归方程	$\bar{R}^2$ 值	0.129	0.159	0.095	0.128	0.119	0.140	0.021
	D-W 值	1.906	2.035	1.979	1.943	2.050	2.038	1.711
	VIF 值	均小于 1.7						

		杂项	教育培训	旅游	人情支出	电子产品	家用电器
		标准化系数	标准化系数	标准化系数	标准化系数	标准化系数	标准化系数
生活方式	新生活意识	0.001	0.065*	0.058**	0.024	0.022	-0.014
	时尚新潮意识	0.098***	-0.027	0.091***	-0.004	0.171***	0.069**
	个性成就意识	0.051*	0.106***	0.060**	0.075***	0.038	0.062**
	随意性意识	0.050	0.053	0.076***	0.027	0.080***	0.016
	家庭意识	0.001	-0.039	0.041	0.000	0.032	0.003
	控制变量	平均月收入					
回归方程	$\bar{R}^2$ 值	0.085	0.020	0.171	0.108	0.135	0.055
	D-W 值	2.001	1.846	2.030	1.836	1.900	1.817
	VIF 值	均小于 1.7					

注：*** 表示 $p<0.01$；** 表示 $p<0.05$；* 表示 $p<0.1$。

在 0.05 的显著性水平上，新生活意识对旅游类消费意愿具有显著正向影响，对教育培训类消费意愿具有边际正向影响（0.1 水平上显著）；时尚新潮意识对除教育培训支出和人情支出以外的其他各消费类别支出意愿都具有显著正向影响；个性成就意识对居住、文化娱乐、教育培训、旅游、人情支出、家用电器类消费意愿具有显著正向影响；随意性意识对旅游及电子产品类消费意愿有显著正向影响，而对文化娱乐和医疗类消费意愿具有边际正向影响（0.1 水平上显著）；家庭意识对食品类消费意愿有显著正向影响，而对美容保健和医疗消费意愿具有边际正向影响（0.1 水平上显著）。

在将平均月收入作为控制变量之后，可得到表 5-23 中生活方式 5 大维度对几类特殊消费类型的影响关系。

表 5-23 生活方式与借贷消费意愿、汽车购买意愿、住房购买意愿及奢侈品购买意愿的关系

		借贷消费意愿	住房购买意愿	汽车购买意愿	奢侈品购买意愿
		标准化系数	标准化系数	标准化系数	标准化系数
生活方式	新生活意识	0.005	0.056	0.027	0.041
	时尚新潮意识	0.307***	0.037	0.271*	0.360***
	个性成就意识	0.003	0.030*	0.024	-0.041
	随意性意识	0.081**	0.023	0.054	0.144***
	家庭意识	-0.067***	0.015	-0.036	-0.043*
	控制变量	平均月收入			
回归方程	$\bar{R}^2$ 值	0.201	0.344	0.041	0.032
	D-W 值	1.727	1.880	1.878	1.910
	VIF 值	均小于 1.7			

注：*** 表示 p<0.01；** 表示 p<0.05；* 表示 p<0.1。

从表 5-23 中可以看出，在 0.05 的显著性水平上，新生活意识对借贷消费意愿、汽车购买意愿、住房购买意愿和奢侈品购买意愿均没有显著影响；时尚新潮意识对借贷消费意愿、奢侈品购买意愿都具有显著正向影响，而对汽车购买意愿具有边际正向影响（0.1 水平上显著）；个性成就意识只对住房购买意愿具有边际正向影响（0.1 水平上显著）；随意性意识对借贷消费意愿和奢侈品购买意愿具有显著正向影响；家庭意识对借贷消费意愿有显著负向影响，而对奢侈品购买意愿具有边际负向影响（0.1 水平上显著）。

总体而言，生活方式 5 大维度对居民消费意愿的影响具有差异化和多重性的特点，其中时尚新潮意识对各种消费支出类型都有比较显著的影响力，新生活意识、个性成就意识主导档次性消费，随意性意识渗入体验娱乐类消费，家庭意识则更多体现为对基础用品和生活必需品的影响力。

5.2.6 参照群体影响与消费意愿的关系验证

在本书中，我们将参照群体对居民消费意愿的影响分为三个维度，分别是信息性影响、规范性影响和价值表达性影响。参照群体影响的各个维度与消费数量意愿、消费时间偏好和消费档次选择的关系如表 5-24 所示。

表 5-24 参照群体影响与消费数量意愿、消费时间偏好和消费档次选择的关系

		消费数量意愿	消费时间偏好	消费档次选择		
				高档	中档	低档
		标准化系数	标准化系数	标准化系数	标准化系数	标准化系数
参照群体影响	信息性影响	0.046*	0.115***	0.023	0.079*	0.022
	规范性影响	-0.102***	0.026	-0.063	0.052	0.121***
	价值表达性影响	0.031	0.039	0.287***	0.011	-0.081**
回归模型	R^2 值	0.303	0.017	0.188	0.025	0.060
	D-W 值	1.836	1.900	1.826	1.947	1.832
	VIF 值	均小于 1.4	均小于 1.19	均小于 1.195	均小于 1.195	均小于 1.195
控制变量	平均月收入					

注：*** 表示 p<0.01；** 表示 p<0.05；* 表示 p<0.1。

从表 5-24 中可以看出，对于消费数量意愿而言，信息性影响正向影响消费数量意愿，规范性影响负向影响消费数量意愿，价值表达性影响则对消费数量意愿的影响不显著。因此，假设 H6.1.1 成立，假设 H6.2.1 和假设 H6.3.1 不成立。对于消费时间偏好而言，信息性影响是显著的，假设 H6.1.2 成立。而就参照群体对消费档次选择的影响来看，信息性影响正向影响中档产品消费意愿，对高档产品消费意愿和低档产品消费意愿的影响则不显著。规范性影响正向影响低档产品消费意愿，而价值表达性影响正向影响居民对高档产品的消费意愿，负向影响其对低档产品的消费意愿，假设 H6.1.3、H6.2.3 和 H6.3.3 成立。

同时，本书进一步分析了参照群体对具体消费类别支出意愿的影响。从表 5-25 中可以看出，信息性影响对各大类商品和服务的消费意愿的影响均不显著；规范性影响对部分类别商品和服务的消费意愿起到负面的影响作用，比如负向影响了消费者在文化娱乐方面的消费意愿。而价值表达性影响成为影响各大类商品消费意愿的重要因素，其中主要表现在对居民的服装、居住、美容保健、交通通信、文化娱乐、教育培训、旅游、电子产品以及杂项类的消费意愿具有正向影响。

随后，我们进一步考察参照群体对居民借贷消费意愿以及汽车购买意愿、住

表 5–25 参照群体影响与具体消费类别支出意愿的关系

		食品	服装	居住	美容保健	交通通信	文化娱乐	医疗
		标准化系数	标准化系数	标准化系数	标准化系数	标准化系数	标准化系数	标准化系数
参照群体影响	信息性影响	–0.023	–0.003	–0.028	0.008	0.028	0.000	0.031
	规范性影响	0.066	–0.028	–0.030	–0.063	–0.070	–0.113***	–0.032
	价值表达性影响	0.035	0.190***	0.075**	0.201***	0.132***	0.240***	0.016
回归模型	$\bar{R}^2$ 值	0.173	0.007	0.002	0.168	0.183	0.199	0.019
	D–W 值	1.587	1.928	1.823	1.175	1.967	1.986	1.898
	VIF 值	均小于 1.19	均小于 1.1	均小于 1.1	均小于 1.19	均小于 1.19	均小于 1.19	均小于 1.19
控制变量	平均月收入							

		教育培训	旅游	人情支出	电子产品	家用电器	杂项
		标准化系数	标准化系数	标准化系数	标准化系数	标准化系数	标准化系数
参照群体影响	信息性影响	0.058	0.056	0.016	0.006	0.024	0.020
	规范性影响	–0.031	–0.025	0.037	–0.030	0.003	–0.031
	价值表达性影响	0.086***	0.126***	0.006	0.137***	0.039	0.147***
回归模型	$\bar{R}^2$ 值	0.014	0.204	0.174	0.058	0.062	0.108
	D–W 值	1.639	1.812	1.699	1.912	1.877	1.759
	VIF 值	均小于 1.19	均小于 1.19	均小于 1.19	均小于 1.19	均小于 1.19	均小于 1.19
控制变量	平均月收入						

注：*** 表示 p<0.01；** 表示 p<0.05。

房购买意愿、奢侈品购买意愿的影响。我们发现，信息性影响对居民借贷消费意愿以及汽车购买意愿、住房购买意愿、奢侈品购买意愿的影响不明显，而规范性影响对消费者的借贷消费意愿、汽车购买意愿、住房购买意愿具有显著的负向影响，但对奢侈品购买意愿的负向影响不显著。与规范性影响相反，价值表达性影响正向影响了消费者的借贷消费意愿、汽车购买意愿、住房购买意愿以及奢侈品购买意愿。具体数据如表 5–26 所示。

表 5–26 参照群体影响与借贷消费意愿、汽车购买意愿、住房购买意愿及奢侈品购买意愿的关系

		借贷消费意愿	汽车购买意愿	住房购买意愿	奢侈品购买意愿
		标准化系数	标准化系数	标准化系数	标准化系数
参照群体影响	信息性影响	0.015	0.047	0.045	–0.015
	规范性影响	–0.076*	–0.126***	–0.083*	–0.057
	价值表达性影响	0.267***	0.218***	0.156***	0.350***

续表

		借贷消费意愿	汽车购买意愿	住房购买意愿	奢侈品购买意愿
		标准化系数	标准化系数	标准化系数	标准化系数
回归模型	R^2 值	0.129	0.121	0.073	0.226
	D-W 值	1.772	1.906	1.821	1.903
	VIF 值	均小于 1.195	均小于 1.195	均小于 1.195	均小于 1.192
控制变量	平均月收入				

注：*** 表示 p<0.01；* 表示 p<0.1。

综上所述，参照群体对消费数量意愿、消费时间偏好以及消费档次选择均有一定程度的影响。其中，参照群体的信息性影响主要影响居民的消费时间偏好；价值表达性影响对消费的促进作用较大，具体表现在服装、居住、美容保健、交通通信、文化娱乐、教育培训、旅游、电子产品以及杂项类的消费上。同时，价值表达性影响对居民借贷消费意愿、汽车购买意愿、住房购买意愿以及奢侈品购买意愿也产生了积极的影响。而参照群体的规范性影响却与价值表达性影响相反，表现为阻碍居民的消费意愿，规范性影响显著负向影响居民的消费数量意愿以及居民借贷消费意愿、汽车购买意愿、住房购买意愿。从中我们也可以看出，在我国居民中存在的群体规范并不鼓励超前消费与即时消费。

5.2.7 心理账户与消费意愿的关系验证

关于心理账户与消费意愿的关系检验，首先，本书主要验证了收入来源的数量以及不同来源收入所占比重对消费意愿各个维度的影响。其次，我们进一步分析了收入来源数量以及不同来源收入所占比重与消费类别之间的关系。最后，本书探索性分析了心理账户的特征与消费意愿之间的关系。

（1）收入来源数量与消费意愿的关系检验

首先，我们将收入来源的数量作为自变量，将消费数量意愿、消费时间偏好和消费档次选择分别作为因变量来考察收入来源的数量与它们之间的关系。

表 5-27 显示了收入来源数量与消费数量意愿、消费时间偏好以及消费档次选择之间的关系。从现有数据的结果分析，在控制收入对消费意愿的影响之后，收入来源的数量与消费数量意愿及高档产品消费意愿均显著正相关，即收入来源数量越多，居民越倾向于消费更多、更高档，假设 H7.1.1 和假设 H7.1.3 成立。但是，收入来源的数量对消费时间偏好具有显著的负向影响，因此假设 H7.1.2 不成立。

在此基础上，我们进一步分析了收入来源的数量与具体消费类别支出意愿之间的关系，收入来源数量与食品、居住、美容保健、文化娱乐、医疗、杂项、旅

表 5–27　收入来源数量与消费数量意愿、消费时间偏好和消费档次选择的关系

		消费数量意愿	消费时间偏好	消费档次选择		
				高档	中档	低档
		标准化系数	标准化系数	标准化系数	标准化系数	标准化系数
收入来源数量		0.182***	–0.052*	0.072***	–0.021	–0.007
控制变量	平均月收入	0.09***	0.037	0.363***	0.131***	–0.225***
回归模型	R^2 值	0.303	0.003	0.150	0.016	0.052
	D–W 值	1.836	1.939	1.879	1.949	1.828
	VIF 值	均小于 1.4	均小于 1.4	均小于 1.4	均小于 1.4	均小于 1.4

注：*** 表示 $p<0.01$；* 表示 $p<0.1$。

游、人情支出、家用电器类的消费意愿均显著正相关，而与交通通信、电子产品以及教育培训方面的消费意愿不相关。从回归的标准系数上看，收入来源数量对文化娱乐与杂项类消费意愿的影响较大，在 0.1 左右。具体数据如表 5–28 所示。

表 5–28　收入来源数量与具体消费类别支出意愿的关系

		食品	服装	居住	美容保健	交通通信	文化娱乐
		标准化系数	标准化系数	标准化系数	标准化系数	标准化系数	标准化系数
收入来源数量		0.086***	0.078**	0.069***	0.069***	0.021	0.094***
控制变量	平均月	0.364**	0.360***	0.319***	0.413***	0.368***	0.357***
回归模型	$\bar{R}^2$ 值	0.051	0.258	0.154	0.051	0.258	0.150
	D–W 值	1.874	1.797	1.952	1.874	1.797	1.879
	VIF 值	均小于 1.71	均小于 1.71	均小于 1.71	均小于 1.71	均小于 1.71	均小于 1.7

		医疗	杂项	教育培训	旅游	人情支出	电子产品	家用电器
		标准化系数	标准化系数	标准化系数	标准化系数	标准化系数	标准化系数	标准化系数
收入来源数量		0.061***	0.106***	0.009	0.074***	0.075***	–0.017	0.084***
控制变量	收入	0.121***	0.072***	0.421***	0.395***	0.351***	0.225***	0.275***
回归模型	$\bar{R}^2$ 值	0.154	0.006	0.198	0.176	0.176	0.067	0.150
	D–W 值	1.952	1.667	1.835	1.678	1.678	1.849	1.879
	VIF 值	均小于 1.71	均小于 1.52	均小于 1.61	均小于 1.76	均小于 1.59	均小于 2.25	均小于 1.70

注：*** 表示 $p<0.01$；** 表示 $p<0.05$。

（2）经营投资收入所占比重与消费意愿的关系分析

根据文献和访谈研究，不同来源收入如常规收入、非常规收入和经营投资收入所占的比重对消费意愿具有直接影响。本书假设经营投资收入所占比重越大，居民的消费意愿越高。

从表 5–29 中可以看出，经营投资收入所占比重与消费数量意愿和消费时间偏好的关系都不显著，假设 H7.2.1 和假设 7.2.2 不成立。而经营投资收入所占比重与高档产品消费意愿呈显著正相关关系，与低档产品消费意愿呈显著负相关关

表 5-29 不同收入来源所占比重与消费数量意愿、消费时间偏好和消费档次选择的关系

		消费数量意愿	消费时间偏好	消费档次选择		
				高档	中档	低档
		标准化系数	标准化系数	标准化系数	标准化系数	标准化系数
收入来源比重	常规收入	0.046*	0.031	−0.0130	−0.048	−0.043
	非常规收入	−0.102***	−0.038	0.0401	−0.033	−0.006
	经营投资收入	0.031	0.041	0.2260***	0.047	−0.159***
回归模型	R^2 值	0.303	0.004	0.0530	0.006	0.024
	D-W 值	1.836	1.986	1.8560	1.967	1.851
	VIF 值	均小于 1.2	均小于 1.19	均小于 1.12	均小于 1.12	均小于 1.12
控制变量	平均月收入					

注：*** 表示 p<0.01；* 表示 p<0.1。

系，因此假设 H7.2.3 成立，即经营投资收入所占比重越高，居民越倾向于选择高档产品，越不愿意选择低档产品。

我们进一步分析了经营投资收入所占比重与具体的消费类别支出意愿之间的关系。如表 5-30 所示，在不同来源收入所占比重与各个消费类别支出意愿的关系中，我们看到，经营投资收入与所有类别的消费意愿均显著正相关，并且从回归系数比较来看，经营投资收入比常规收入与非常规收入对各个消费类别的支出意愿的影响更大，即经营投资收入越高，其对消费意愿的拉动越强。常规收入所

表 5-30 不同收入来源所占比重与具体消费类别支出意愿的关系（一）

		食品	服装	居住	美容保健	交通通信	文化娱乐
		标准化系数	标准化系数	标准化系数	标准化系数	标准化系数	标准化系数
收入来源比重	常规收入	0.096***	0.156***	0.139***	0.104***	0.123***	0.092***
	非常规收入	0.070**	0.089***	−0.010	0.113***	0.031	0.085***
	经营投资收入	0.219***	0.287***	0.277***	0.304***	0.219***	0.287***
回归模型	$\bar{R}^2$ 值	0.026	0.104	0.087	0.026	0.104	0.109
	D-W 值	1.628	1.747	1.873	1.628	1.747	1.944
	VIF 值	均小于 1.71	均小于 1.71	均小于 1.71	均小于 1.71	均小于 1.71	均小于 1.7
		教育	医疗	旅游	人情支出	电子产品	家用电器
		标准化系数	标准化系数	标准化系数	标准化系数	标准化系数	标准化系数
收入来源比重	常规收入	0.131***	0.046	0.125***	0.101***	0.056**	0.057***
	非常规收入	0.043*	0.130***	0.069***	0.009	0.024	0.075***
	经营投资收入	0.277***	0.017	0.265***	0.275***	0.203***	0.336***
回归模型	$\bar{R}^2$ 值	0.087	0.109	0.084	0.026	0.176	0.067
	D-W 值	1.873	1.944	1.835	1.628	1.678	1.849
	VIF 值	均小于 1.71	均小于 1.7	均小于 1.61	均小于 1.71	均小于 1.59	均小于 2.25

注：*** 表示 p<0.01；** 表示 p<0.05；* 表示 p<0.1。

占比重除与医疗不相关外，与其他产品的消费意愿均正相关。非常规收入与居住、交通通信、人情支出、电子产品类消费意愿不相关，这可能是由于非常规收入在总收入中所占比重相对较小，所以在一些重要商品的消费意愿上影响不明显。这一现象也可以用心理账户来解释，即居民更倾向于将非常规收入用于享乐性需求方面，比如服装、美容保健、文化娱乐、旅游等。

（3）心理账户特征与消费意愿之间的关系分析

心理账户具有灵活性、预算性和非替代性等特征。我们假设心理账户的灵活性特征正向影响消费意愿的各个维度，而预算性与非替代性特征负向影响消费数量意愿和消费档次选择。心理账户特征与消费数量意愿、消费时间偏好和消费档次选择的关系如表 5–31 所示。

表 5–31　心理账户特征与消费数量意愿、消费时间偏好和消费档次选择的关系

		消费数量意愿	消费时间偏好	消费档次选择		
				高档	中档	低档
		标准化系数	标准化系数	标准化系数	标准化系数	标准化系数
心理账户特征	灵活性	0.346*	0.216***	0.393***	0.105	–0.167***
	预算性	–0.002	0.183**	0.049	0.017	0.146
	非替代性	0.031	–0.115	0.024	–0.012	0.114**
回归模型	R^2 值	0.303	0.054	0.315	0.013	0.128
	D–W 值	1.836	1.977	1.882	1.897	1.744
	VIF 值	均小于 1.2	均小于 1.5	均小于 1.5	均小于 1.5	均小于 1.5
控制变量	平均月收入					

注：*** 表示 p<0.01；** 表示 p<0.05；* 表示 p<0.1。

从表 5–31 可以看出，灵活性正向影响居民消费意愿的假设得到验证。灵活性特征反映了心理账户的弹性和受到居民自我控制的程度，即心理账户的灵活性越高，不同账户之间可以转换的弹性越大，居民越倾向于消费更多、提前消费和高档次消费，从而假设 H7.5.1、假设 H7.5.2 和假设 H7.5.3 得以成立。根据心理账户的预算性特征，居民会预先安排自己的财富，因而预算性负向影响消费数量意愿，但数据显示这种影响不显著，即假设 H7.4.1 不成立。同时预算性正向影响消费时间偏好，假设 H7.4.2 成立；而预算性与高、中、低三个档次的消费意愿不相关，假设 H7.4.3 不成立。心理账户的非替代性特征与消费数量意愿和消费时间偏好的关系不显著，即假设 H7.3.1 和假设 H7.3.2 不成立；但非替代性与低档产品消费意愿正相关，假设 H7.3.3 成立。

接下来，我们分析不同性别、年龄、学历、职业以及经济状况的人群在心理账户的预算性、灵活性和非替代性特征方面是否存在显著差异。

心理账户的预算性在男女性别之间不存在显著差异，而灵活性在两性之间存在显著差异（$M_{男}=3.67$，$M_{女}=3.87$，$p=0.10$），说明女性心理账户的灵活性比男性高；但非替代性在两性之间的差异不显著。

心理账户的预算性在年龄上的差异是显著的（$F=3.615$，$p=0.000$），尤其是18~25岁的年轻人与61岁以上的老年人之间存在着明显的差异（3.95 vs. 4.68，$p=0.000$），老年人的心理账户的预算性比年轻人更强，而年轻人尤其在18~25岁年龄段的年轻人预算性较差。灵活性在年龄上的差异是显著的（$F=27.3$，$p=0.000$），即灵活性随着年龄的增加而减小；灵活性与年龄的相关系数为-0.382，18~40岁、40~60岁与60岁以上三个年龄段存在着明显的差异。非替代性在年龄上也有显著差异（$F=3.296$，$p=0.001$），主要体现在18~30岁的年轻人与61~65岁的老年人之间的差异，老年人的非替代性明显高于18~25岁与25~30岁两个年龄段的年轻人（4.19 vs. 3.66 vs. 3.59，$p=0.000$）。

心理账户特征在不同受教育程度或不同学历的人群中存在明显差异，其中心理账户的预算性在受教育程度或学历上存在着显著的差异（$F=3.543$，$p=0.003$），主要体现在拥有高中学历、本科学历、研究生及以上学历人群之间，高中学历群体的心理账户的预算性显著高于本科学历群体（4.52 vs. 4.22，$p=0.045$），也显著高于研究生及以上学历的群体（4.52 vs. 4.04，$p=0.030$）。灵活性在不同学历人群中也存在明显差异（$F=28.43$，$p=0.000$）。从各年龄段的灵活性的均值分析可以看出，学历越高，居民心理账户的灵活性就越大。由于不同学历人群之间差异均显著，学历与心理账户的灵活性存在正相关关系（相关系数为$r=0.33$，$p=0.001$）。非替代性在学历上的差异也是显著的（$F=4.28$，$p=0.001$），这种差异具体表现在初高中学历拥有者与本科学历拥有者之间，拥有初高中学历的人群的心理账户非替代性要显著高于拥有本科学历的人群（3.98 vs 3.60，$p=0.001$）。

心理账户的预算性特征与灵活性特征在不同经济状况的人群中是有显著差异的（$F=4.750$，$p=0.000$），（$F=7.023$，$p=0.000$），而非替代性特征没有显著差异（$F=1.53$，$p=0.141$）。具体来看，预算性特征在经济状况之间的差异主要体现在收入在5000元以下的群体与收入在30000元以上的群体之间，这两种经济情况的群体的心理账户的预算性较小，与其他收入群体存在明显的差异。随着收入的增加，灵活性也相应增大，年收入在30000元以下的人群与年收入在30000元以上的人群在心理账户的灵活性上存在较大的差异（3.61 vs. 4.55，$p=0.016$）。非替代性在不同收入的人群中无显著差异。

心理账户的预算性在不同职业的人群中存在显著的差异（$F=3.78$，$p=0.000$）。具体来看，专业技术人员，城市无业、失业、半失业人员及产业工人的心理账户的预算性较高，而私营业主、农业劳动者和学生三个群体的心理账户的预算性较低。灵活性在不同职业的人群中也存在显著差异（$F = 16.79$，$p = 0.000$），具体来看，私营业主、商业服务业人员以及学生的灵活性比较高，而产业工人、农业劳动者以及城市无业、失业、半失业人员的灵活性较低。非替代性在不同职业的人群中也存在着显著的差异（$F = 2.21$，$p = 0.015$），具体来看，国家与社会管理者、专业技术人员、商业服务业人员与学生的非替代性较低，而私营业主、个体工商户、产业工人以及城市无业、失业、半失业者的非替代性较高。

总体而言，心理账户的预算性特征主要受到年龄、学历、经济状况以及职业的影响。心理账户的灵活性特征比较活跃，主要受到性别、年龄、学历、经济状况以及职业的影响，不同性别、年龄、学历、经济状况以及职业的群体在灵活性上都存在着显著的差异。而心理账户的非替代性特征主要受到年龄、学历和职业的影响，性别及经济状况对非替代性的影响不显著。

综上所述，居民的消费意愿会受到心理账户的影响。具体表现在居民对于不同来源收入的感知是不同的。经营投资收入相较于常规收入与非常规收入，对居民消费的拉动作用最大。经营投资收入所占比重越大，居民在各大类别上的消费都倾向于越多，并且档次越高。同时，实证研究也表明，收入来源数量增多对居民消费也具有一定的拉动作用。此外，本研究进一步验证了心理账户的三个特征与消费意愿之间的关系，可以看出灵活性特征与消费意愿呈现正相关的关系，而预算性特征正向影响消费时间偏好，非替代性特征则负向影响居民的消费档次选择。而心理账户上述特征的作用程度受到居民性别、年龄、受教育程度、经济状况以及职业等多种因素的影响。

5.3 社会文化变量与消费意愿的关系验证

5.3.1 家庭规模、家庭生命周期、家庭结构与消费意愿的关系分析

（1）不同规模家庭的消费意愿特征分析

1）家庭规模与消费数量意愿、消费时间偏好和消费档次选择的关系。家庭规模与消费数量意愿、消费时间偏好和消费档次选择关系的回归分析结果如表 5-32 所示。

从表 5-32 中可以看到，家庭规模与消费数量意愿呈现负相关关系，也即随着家庭规模的增加，总消费支出意愿会下降，但是这种关系在统计上并不显著；

表 5-32 家庭规模与消费数量意愿、消费时间偏好和消费档次选择的关系

	消费数量意愿	消费时间偏好	消费档次选择		
			高档	中档	低档
	标准化系数	标准化系数	标准化系数	标准化系数	标准化系数
家庭规模	−0.026	0.013	−0.046*	0.008	−0.205
收入	0.527***	0.000	0.388***	0.226***	−9.837***
$\bar{R}^2$ 值	0.278	−0.001	0.153	0.049	0.065
D−W 值	1.766	1.940	1.862	1.941	1.854
VIF 值	1.003	1.002	1.002	1.003	1.002

注：*** 表示 p<0.01；* 表示 p<0.1。

家庭规模对高档产品消费意愿具有显著的负向影响，即家庭规模越大，高档产品消费意愿越低。不过，家庭规模与中档产品消费意愿和低档产品消费意愿的关系却未能通过显著性检验；家庭规模与消费时间偏好也不存在显著的线性关系。

2）家庭规模与不同消费类别支出意愿的关系。家庭规模与不同消费类别支出意愿的关系的回归分析结果如表 5-33 所示。值得注意的是，在家庭规模对教育培训消费意愿的回归模型中，调整后的判定系数为 0，因此，家庭规模对教育培训消费意愿的影响可以忽略。

表 5-33 家庭规模与具体消费类别支出意愿的关系

	食品	服装	居住	美容保健	交通通信	文化娱乐
	标准化系数	标准化系数	标准化系数	标准化系数	标准化系数	标准化系数
家庭规模	−0.109***	−0.017	0.035	0.052**	−0.010	−0.038
收入	0.408***	0.450***	0.351***	0.398***	0.405***	0.396***
$\bar{R}^2$ 值	0.181	0.202	0.124	0.158	0.163	0.159
D−W 值	1.618	1.845	1.966	1.945	1.940	1.912
VIF 值	1.002	1.002	1.002	1.002	1.002	1.002

	医疗	杂项	教育培训	旅游	人情支出	电子产品	家用电器
	标准化系数	标准化系数	标准化系数	标准化系数	标准化系数	标准化系数	标准化系数
家庭规模	0.058**	0.047*	0.040	−0.098***	−0.041	−0.045	0.013
收入	0.266***	0.078***	0.028	0.424***	0.375***	0.378***	0.346***
$\bar{R}^2$ 值	0.072	0.007	0.000	0.199	0.143	0.148	0.117
D−W 值	1.660	1.865	1.802	1.731	1.686	1.776	1.724
VIF 值	1.002	1.002	1.027	1.018	1.004	1.018	1.019

注：*** 表示 p<0.01；** 表示 p<0.05；* 表示 p<0.1。

从表 5-33 中可以看到，家庭规模对食品、旅游类消费意愿具有显著的负向影响，对美容保健、医疗和杂项类消费意愿具有显著的正向影响，但对服装、居住、交通通信、文化娱乐、人情支出、电子产品、家用电器类消费意愿的影响却不具有统计上的显著性。

3）家庭规模对借贷消费意愿和汽车、住房及奢侈品购买意愿的影响。家庭规模与借贷消费意愿和汽车、住房及奢侈品购买意愿关系的回归分析结果如表 5–34 所示。从表 5–34 中可以看到，家庭规模对借贷消费意愿、奢侈品购买意愿有显著的负向影响，即家庭规模越大，借贷消费意愿和奢侈品购买意愿越低。家庭规模对汽车和住房购买意愿具有正向影响，但这种关系却未能通过显著性检验。

表 5–34　家庭规模与借贷消费意愿和汽车、住房及奢侈品购买意愿的关系

	借贷消费意愿	汽车购买意愿	住房购买意愿	奢侈品购买意愿
	标准化系数	标准化系数	标准化系数	标准化系数
家庭规模	–0.084***	0.013	0.010	–0.062**
收入	0.264***	0.292***	0.238***	0.375***
$\bar{R}^2$ 值	0.078	0.083	0.055	0.145
D–W 值	1.727	1.860	1.786	1.894
VIF 值	1.002	1.002	1.002	1.002

注：*** 表示 p<0.01；** 表示 p<0.05。

（2）家庭结构与消费意愿的关系检验

1）家庭结构与消费数量意愿、消费时间偏好和消费档次选择的关系。家庭结构与消费意愿的回归分析结果如表 5–35 所示。从表 5–35 中可以看到，核心家庭、单亲家庭居民的消费数量意愿显著高于单身家庭居民的消费数量意愿。夫妇两人家庭居民的消费数量意愿虽然高于单身家庭居民的消费数量意愿，但在统计上并不显著。主干家庭和其他类型家庭居民的消费数量意愿要低于单身家庭居民

表 5–35　家庭结构与消费数量意愿、消费时间偏好和消费档次选择的关系

	消费数量意愿	消费时间偏好	消费档次选择		
			高档	中档	低档
	标准化系数	标准化系数	标准化系数	标准化系数	标准化系数
夫妇两人家庭	0.019	0.011	–0.042	–0.018	0.063*
核心家庭	0.100***	0.026	–0.019	0.005	–0.034
主干家庭	–0.028	0.015	–0.063**	–0.048	0.047
单亲家庭	0.078***	0.093***	0.080***	–0.039	0.008
其他家庭	–0.013	–0.024	–0.088***	0.013	0.078**
收入	0.519***	–0.029	0.395***	0.131***	–0.230***
$\bar{R}^2$ 值	0.293	0.006	0.174	0.017	0.067
D–W 值	1.744	1.943	1.899	1.949	1.863
VIF 值	均小于 2.03	均小于 2.01	均小于 2	均小于 1.9	均小于 2

注：*** 表示 p<0.01；** 表示 p<0.05；* 表示 p<0.1。

的消费数量意愿，但这种差异在统计上也不显著。家庭结构不同的居民在高档产品消费意愿上具有显著差异，但是在中档产品消费意愿方面并没有显著区别，对低档产品消费意愿的差别也不大。在消费时间偏好上，与单身家庭相比，单亲家庭的居民明显愿意尽早消费产品/服务。

2）不同家庭结构居民的具体消费类别支出意愿的特点。家庭结构与不同消费类别支出意愿的关系的回归分析结果如表 5-36 所示。值得注意的是，家庭结构对教育培训的回归模型中，调整后的判定系数为 0.002，非常小，因此，家庭结构因素对教育培训支出意愿的影响可以忽略不计。

表 5-36 家庭结构与具体消费类别支出意愿的关系

	食品	服装	居住	美容保健	交通通信	文化娱乐
	标准化系数	标准化系数	标准化系数	标准化系数	标准化系数	标准化系数
夫妇两人家庭	0.111***	-0.087*	0.106**	-0.029	-0.023	-0.098***
核心家庭	0.118***	0.006	0.174***	-0.008	0.094***	-0.106***
主干家庭	0.030	-0.131***	0.067**	-0.078**	-0.040	-0.123***
单亲家庭	0.102***	0.057*	0.047*	0.064**	0.079***	0.012
其他家庭	0.037	-0.050*	0.044	-0.022	-0.011	-0.070**
收入	0.404***	0.445***	0.342***	0.397***	0.388***	0.407***
$\bar{R}^2$ 值	0.181	0.228	0.136	0.168	0.175	0.175
D-W 值	1.585	1.826	1.972	1.903	1.917	1.924
VIF 值	均小于 2.01	均小于 2.02	均小于 2.02	均小于 2.02	均小于 2.02	均小于 2.02

	医疗	杂项	教育培训	旅游	人情支出	电子产品	家用电器
	标准化系数	标准化系数	标准化系数	标准化系数	标准化系数	标准化系数	标准化系数
夫妇两人家庭	0.175***	0.035	-0.036	-0.012	0.144***	-0.083**	0.071
核心家庭	0.158***	0.103***	-0.016	-0.037	0.208***	-0.008	0.177***
主干家庭	0.220***	0.024	-0.017	-0.114***	0.046	-0.089**	0.046
单亲家庭	0.105***	0.055**	0.009	0.052*	0.089***	0.104***	0.089**
其他家庭	0.100***	-0.019	-0.096**	-0.028	0.073**	-0.031	0.034
收入	0.077***	0.257***	0.022	0.427***	0.369***	0.378***	0.331***
$\bar{R}^2$ 值	0.040	0.076	0.002	0.202	0.166	0.168	0.130
D-W 值	1.846	1.638	1.784	1.715	1.675	1.771	1.730
VIF 值	均小于 2.02	均小于 2.02	均小于 1.84	均小于 2.02	均小于 2.11	均小于 1.96	均小于 2.70

注：*** 表示 p<0.01；** 表示 p<0.05；* 表示 p<0.1。

从表 5-36 中还可以看出，不同家庭结构的居民在食品、服装、居住、美容保健、交通通信、文化娱乐、旅游、人情支出、电子产品和家用电器等方面的消费意愿都具有一定差异。尤其是在医疗支出意愿方面，家庭结构不同的居民呈现出不同的特点，其中，主干家庭居民的医疗支出意愿是最高的。

3）不同家庭结构居民在借贷消费意愿和汽车、住房及奢侈品购买意愿方面的特点。家庭结构与借贷消费意愿和汽车、住房及奢侈品购买意愿方面关系的回归分析结果如表 5-37 所示。从表中我们可以看出，家庭结构不同，其借贷消费意愿和奢侈品购买意愿具有很大差异。其中，夫妇两人家庭、核心家庭、主干家庭、其他家庭中居民的借贷消费意愿显著低于单身家庭居民，而单亲家庭居民的借贷消费意愿则显著高于单身家庭居民；夫妇两人家庭、核心家庭、主干家庭、其他家庭中居民的奢侈品购买意愿要低于单身家庭居民。另外，家庭结构不同的居民，在汽车和住房购买意愿方面也具有一定差异。

表 5-37 家庭结构与借贷消费意愿和汽车、住房及奢侈品购买意愿的关系

	借贷消费意愿	汽车购买意愿	住房购买意愿	奢侈品购买意愿
	标准化系数	标准化系数	标准化系数	标准化系数
夫妇两人家庭	-0.074**	-0.065*	-0.053	-0.108***
核心家庭	-0.102***	0.031	0.019	-0.102***
主干家庭	-0.103***	-0.076**	-0.018	-0.140***
单亲家庭	0.029	0.005	0.044	0.039
其他家庭	-0.093***	-0.063**	-0.026	-0.117***
收入	0.258***	0.267***	0.219***	0.390***
$\bar{R}^2$ 值	0.078	0.087	0.052	0.177
D-W 值	1.729	1.884	1.798	1.903
VIF 值	均小于或等于 2	均小于或等于 2	均小于 2.01	均小于 2

注：*** 表示 $p<0.01$；** 表示 $p<0.05$；* 表示 $p<0.1$。

（3）不同家庭生命周期居民的消费意愿特征分析

1）不同家庭生命周期的居民在消费数量意愿、消费时间偏好和消费档次选择方面的特点。家庭生命周期与消费数量意愿、消费时间偏好和消费档次选择关系的回归分析结果如表 5-38 所示。

表 5-38 家庭生命周期与消费数量意愿、消费时间偏好和消费档次选择的关系

	消费数量意愿	消费时间偏好	消费档次选择		
			高档	中档	低档
	标准化系数	标准化系数	标准化系数	标准化系数	标准化系数
新婚阶段	0.051**	0.009	0.047*	0.009	-0.047
满巢 1 阶段	0.043	0.044	-0.018	-0.057*	0.022
满巢 2 阶段	0.059**	-0.015	-0.087***	-0.046	-0.003
满巢 3 阶段	-0.061**	-0.021	-0.094***	-0.096***	0.081***

续表

	消费数量意愿	消费时间偏好	消费档次选择		
			高档	中档	低档
	标准化系数	标准化系数	标准化系数	标准化系数	标准化系数
空巢 1 阶段	0.000	0.003	-0.035	-0.064**	0.032
空巢 2 阶段	-0.040	-0.034	-0.148***	-0.130***	0.146***
孤寡阶段	-0.108***	-0.047	-0.147***	-0.157***	0.121***
收入	0.488***	-0.039	0.369***	0.108***	-0.204***
$\bar{R}^2$ 值	0.301	0.001	0.198	0.049	0.090
D-W 值	1.740	1.946	1.847	1.934	1.829
VIF 值	均小于 1.7	均小于 1.71	均小于 1.71	均小于 1.71	均小于 1.7

注：*** 表示 $p<0.01$；** 表示 $p<0.05$；* 表示 $p<0.1$。

从表 5-38 中可以看到，新婚阶段和满巢 2 阶段家庭居民的消费数量意愿比单身阶段显著高一些，满巢 3 阶段和孤寡阶段家庭居民的消费数量意愿比单身阶段显著低一些，满巢 1 阶段和空巢阶段家庭居民的消费数量意愿与单身阶段则没有明显差异；不同家庭生命周期阶段的居民在消费档次选择意愿上具有一定差异，处于家庭生命周期前段的居民，如单身阶段、新婚阶段家庭中的居民，对于中高档产品的消费意愿相对较强，而处于家庭生命周期后段的居民，比如空巢 1 阶段、空巢 2 阶段和孤寡阶段家庭中的居民，对于低档产品的消费意愿更强；不同家庭生命周期阶段的居民在消费时间偏好上的差异不显著。

2）不同家庭生命周期的居民在具体消费类别支出意愿上的特点。家庭生命周期与各消费类别支出意愿关系的分析结果如表 5-39 所示。从表 5-39 中可以看到，处于不同家庭生命周期阶段的居民，在食品、服装、居住、美容保健、交通通信、文化娱乐、旅游、人情支出、电子产品、家用电器等方面的消费意愿具有一定差异。尤其是不同家庭生命周期阶段的居民在医疗支出意愿方面差别较大，单身阶段和新婚阶段家庭中居民的医疗支出意愿最低，而空巢 2 阶段家庭中居民的医疗支出意愿最高。

表 5-39 家庭生命周期与具体消费类别支出意愿的关系

	食品	服装	居住	美容保健	交通通信	文化娱乐
	标准化系数	标准化系数	标准化系数	标准化系数	标准化系数	标准化系数
新婚阶段	0.041	0.023	0.149***	0.065**	0.086***	0.002
满巢 1 阶段	0.020	-0.010	0.143***	0.011	0.074***	-0.013
满巢 2 阶段	0.095***	-0.029	0.143***	-0.010	0.085***	-0.141***
满巢 3 阶段	0.029	-0.172***	0.054*	-0.107***	-0.065**	-0.167***
空巢 1 阶段	0.054*	-0.080***	0.072**	-0.005	-0.019	-0.092***

续表

	食品	服装	居住	美容保健	交通通信	文化娱乐
	标准化系数	标准化系数	标准化系数	标准化系数	标准化系数	标准化系数
空巢 2 阶段	0.047*	-0.173***	0.042	-0.053*	-0.097***	-0.128***
孤寡阶段	0.027	-0.128***	-0.031	-0.039	-0.103***	-0.127***
收入	0.413***	0.395***	0.319***	0.371***	0.341***	0.364***
$\bar{R}^2$ 值	0.171	0.258	0.152	0.175	0.201	0.202
D-W 值	1.582	1.797	1.966	1.928	1.890	1.905
VIF 值	均小于 1.71	均小于 1.71	均小于 1.71	均小于 1.7	均小于 1.71	均小于 1.7

	医疗	杂项	教育培训	旅游	人情支出	电子产品	家用电器
	标准化系数	标准化系数	标准化系数	标准化系数	标准化系数	标准化系数	标准化系数
新婚阶段	0.016	0.026	-0.087**	0.025	0.098***	-0.017	0.035
满巢 1 阶段	0.131***	0.049	-0.023	-0.039	0.080***	0.003	0.089**
满巢 2 阶段	0.206***	0.101***	0.051	-0.003	0.234***	-0.054	0.052
满巢 3 阶段	0.205***	-0.015	0.040	-0.082**	0.043	-0.094***	-0.006
空巢 1 阶段	0.190***	0.037	0.044	-0.019	0.143***	-0.064**	0.047
空巢 2 阶段	0.295***	0.016	0.018	-0.038	0.041	-0.167***	-0.066*
孤寡阶段	0.142***	-0.045	-0.032	-0.083***	0.023	-0.109***	-0.086**
收入	0.133***	0.246***	0.036	0.428***	0.361***	0.351***	0.306***
$\bar{R}^2$ 值	0.094	0.078	0.008	0.201	0.179	0.180	0.133
D-W 值	1.845	1.642	1.788	1.710	1.672	1.784	1.737
VIF 值	均小于 1.7	均小于 1.8	均小于 1.6	均小于 1.7	均小于 1.8	均小于 1.6	均小于 2.3

注：*** 表示 p<0.01；** 表示 p<0.05；* 表示 p<0.1。

3）不同家庭生命周期的居民在借贷消费意愿和汽车、住房及奢侈品购买意愿方面的特点。家庭生命周期与借贷消费意愿和汽车、住房、奢侈品购买意愿等方面关系的回归分析结果如表 5-40 所示。

表 5-40 家庭生命周期与借贷消费意愿和汽车、住房及奢侈品购买意愿的关系

	借贷消费意愿	汽车购买意愿	住房购买意愿	奢侈品购买意愿
	标准化系数	标准化系数	标准化系数	标准化系数
新婚阶段	0.085***	0.098***	0.099***	0.018
满巢 1 阶段	-0.015	0.073**	0.070**	-0.057**
满巢 2 阶段	-0.108***	-0.061*	-0.028	-0.159***
满巢 3 阶段	-0.133***	-0.119***	-0.088***	-0.163***
空巢 1 阶段	-0.085***	-0.083***	-0.053*	-0.099***
空巢 2 阶段	-0.151***	-0.151***	-0.147***	-0.196***
孤寡阶段	-0.106***	-0.168***	-0.132***	-0.159***
收入	0.226***	0.228***	0.177***	0.362***

续表

	借贷消费意愿	汽车购买意愿	住房购买意愿	奢侈品购买意愿
	标准化系数	标准化系数	标准化系数	标准化系数
$\bar{R}^2$ 值	0.114	0.150	0.105	0.212
D-W 值	1.712	1.889	1.778	1.853
VIF 值	均小于 1.7	均小于 1.71	均小于 1.71	均小于 1.71

注：*** 表示 p<0.01；** 表示 p<0.05；* 表示 p<0.1。

在表 5-40 中可以看到，处于不同家庭生命周期阶段的居民，在借贷消费意愿和汽车、住房及奢侈品购买意愿方面也呈现出较大的差异。比如，新婚阶段家庭的居民在借贷消费和汽车、住房购买方面的消费倾向性都比较高，而空巢 2 阶段和孤寡阶段家庭的居民在所有方面的消费支出意愿都比较低。

5.3.2 社会阶层感知与消费意愿的关系验证

本书的数据分析结果表明，不同社会阶层的消费分层明显（龚维斌，2010），而且不同的社会阶层在消费数量意愿、消费时间偏好、消费档次选择上都存在显著的差异，具体结果如表 5-41 所示。

表 5-41 社会阶层感知与消费数量意愿、消费时间偏好和消费档次选择的关系

		消费数量意愿	消费时间偏好	消费档次选择		
				高档	中档	低档
		标准化系数	标准化系数	标准化系数	标准化系数	标准化系数
实际社会阶层		0.032*	-0.011	0.068**	0.239***	0.117***
社会阶层感知		0.211***	0.017	0.338***	0.186***	-0.188***
消费阶层感知		0.170***	0.012	0.332***	0.143***	-0.260***
回归模型	$\bar{R}^2$ 值	0.084	0.103	0.113	0.188	0.075
	VIF 值	均小于 1.4	均小于 1.4	均小于 1.4	均小于 1.4	均小于 1.4
	D-W 值	1.891	1.920	1.849	1.915	1.843
	控制变量	平均月收入				

注：*** 表示 p<0.01；** 表示 p<0.05；* 表示 p<0.1。

从表 5-41 中我们可以看到，实际社会阶层对高档产品消费意愿、中档产品消费意愿和低档产品消费意愿具有显著的正向影响，对消费数量意愿也有显著的正向影响，但对消费时间偏好的影响并不显著，因此假设 H8.1.1 和假设 H8.1.3 成立；社会阶层感知对消费数量意愿、高档产品消费意愿、中档产品消费意愿和低档产品消费意愿具有显著影响，因此假设 H8.2.1 和假设 H8.2.3 成立；消费阶层感知对消费数量意愿、高档产品消费意愿、中档产品消费意愿和低档产品消费意愿具有显著影响，因此假设 H8.3.1 和假设 H8.3.3 成立。社会阶层感知和消费阶层感知都对低档产品消费意愿有负向的影响作用，且消费阶层感知对于低档商产品消费意愿的负向影响作用的绝对值要大于社会阶层感知的影响作用。此外，实际社会阶层、社会阶层感知和消费阶层感知对于消费时间偏好都不具有显著影响关系。

在将平均月收入作为控制变量之后，可得到表 5-42 中社会阶层感知与 13 个具体消费类别支出意愿关系的回归分析结果。从表 5-42 中可以看到，实际社会阶层对于食品、居住、美容保健、交通通信、文化娱乐、医疗、教育培训、旅游、人情支出和家用电器类消费意愿都具有显著的正向影响，对于服装类消费意愿的影响不显著，对于杂项和电子产品类消费意愿存在显著的负向影响。实际社会阶层对于旅游类消费意愿的影响作用系数最大，对于美容保健类消费意愿的正向影响作用最小。社会阶层感知对于食品、服装、居住、美容保健、交通通信、文化娱乐、医疗、杂项、教育培训、旅游、人情支出、电子产品和家用电器类消费意愿都具有显著的正向影响，其中对于旅游类消费意愿的影响作用系数最大，对于教育培训类消费意愿的影响作用系数最小。消费阶层感知对于除教育培训以外的其余 12 项消费类别支出意愿都具有显著的正向影响，其中对于旅游类消费

表 5-42　社会阶层感知与具体消费类别支出意愿的关系

	食品	服装	居住	美容保健	交通通信	文化娱乐
	标准化系数	标准化系数	标准化系数	标准化系数	标准化系数	标准化系数
实际社会阶层	0.187***	0.018	0.338***	0.141***	0.185***	0.231***
社会阶层感知	0.310***	0.331***	0.260***	0.330***	0.308***	0.333***
消费阶层感知	0.276***	0.320***	0.211***	0.291***	0.262***	0.300***
$\bar{R}^2$ 值	0.095	0.109	0.067	0.108	0.094	0.110
D-W 值	1.661	1.819	1.975	1.943	1.975	1.951
VIF 值	均小于 1.4	均小于 1.4	均小于 1.4	均小于 1.4	均小于 1.4	均小于 1.4
控制变量	平均月收入					

	医疗	杂项	教育培训	旅游	人情支出	电子产品	家用电器
	标准化系数	标准化系数	标准化系数	标准化系数	标准化系数	标准化系数	标准化系数
实际社会阶层	0.331***	−0.091***	0.148***	0.514***	0.369***	−0.018***	0.431***
社会阶层感知	0.110***	0.203***	0.045**	0.378***	0.236***	0.202***	0.162***
消费阶层感知	0.077**	0.163***	0.011	0.339***	0.190***	0.234***	0.151***
$\bar{R}^2$ 值	0.011	0.040	0.001	0.142	0.055	0.040	0.026
D-W 值	1.847	1.761	1.662	1.771	1.625	1.911	1.839
VIF 值	均小于 1.4	均小于 1.4	均小于 1.4	均小于 1.4	均小于 1.4	均小于 1.4	均小于 1.4
控制变量	平均月收入						

注：*** 表示 $p<0.01$；** 表示 $p<0.05$。

意愿的影响作用系数最大，对于医疗类消费意愿的影响作用系数最小，消费阶层感知对于教育培训消费没有显著的影响作用。

社会阶层感知与借贷消费意愿和汽车、住房及奢侈品购买意愿的关系如表 5-43 所示。

表 5-43 社会阶层感知与借贷消费意愿和汽车、住房及奢侈品购买意愿的关系

	借贷消费意愿	汽车购买意愿	住房购买意愿	奢侈品购买意愿
	标准化系数	标准化系数	标准化系数	标准化系数
实际社会阶层	0.109***	0.186***	0.100***	0.077**
社会阶层感知	0.219***	0.216***	0.173***	0.305***
消费阶层感知	0.186***	0.228***	0.149***	0.304***
$\bar{R}^2$ 值	0.047	0.046	0.029	0.092
D-W 值	1.747	1.855	1.821	1.91
VIF 值	均小于 1.4	均小于 1.4	均小于 1.4	均小于 1.4
控制变量	平均月收入			

注：*** 表示 p<0.01；** 表示 p<0.05。

从表 5-43 中可以看出，实际社会阶层对于借贷消费意愿、汽车购买意愿、住房购买意愿和奢侈品购买意愿均具有显著影响。其中，对汽车购买意愿的影响系数最大，对奢侈品购买意愿的影响系数最小。社会阶层感知对于借贷消费意愿、汽车购买意愿、住房购买意愿和奢侈品购买意愿均具有显著影响。其中，对奢侈品购买意愿的影响系数最大，对住房购买意愿的影响系数最小。消费阶层感知对于借贷消费意愿、汽车购买意愿、住房购买意愿和奢侈品购买意愿均具有显著影响。其中，对奢侈品购买意愿的影响系数最大，对住房购买意愿的影响系数最小。

5.3.3 面子文化与消费意愿的关系验证

（1）面子文化与消费数量意愿、消费时间偏好、消费档次选择的关系

面子文化与消费数量意愿、消费时间偏好、消费档次选择关系的回归分析结果如表 5-44 所示。从表中可以看出，面子文化对消费数量意愿、消费时间偏好均具有显著的正向影响，因此假设 H9.1.1 和假设 H9.1.2 得到支持；面子文化对高档产品消费意愿具有显著的正向影响，而对中档产品消费意愿和低档产品消费意愿不具有显著的正向影响，因此假设 H9.1.3 得到部分支持。

（2）面子文化与具体消费类别支出意愿的关系

面子文化与具体消费类别支出意愿关系的回归分析结果如表 5-45 所示。从表 5-45 中可以看出，面子文化对服装、居住、旅游、交通通信和美容保健类消费意愿具有显著的正向影响，而对食品、杂项、教育培训、文化娱乐、医疗和电

表 5-44　面子文化与消费数量意愿、消费时间偏好和消费档次选择的关系

		消费数量意愿	消费时间偏好	消费档次选择		
				高档	中档	低档
		标准化系数	标准化系数	标准化系数	标准化系数	标准化系数
面子文化		0.151***	0.075***	0.236***	0.092	0.004
回归模型	$\bar{R}^2$ 值	0.022	0.004	0.055	0.008	-0.001
	D-W 值	1.789	1.931	1.861	1.964	1.849
	VIF 值	1.000	1.000	1.000	1.000	1.000
控制变量	平均月收入					

注：*** 表示 p<0.001。

表 5-45　面子文化与具体消费类别支出意愿的关系

		食品	服装	居住	旅游	交通通信	电子产品
		标准化系数	标准化系数	标准化系数	标准化系数	标准化系数	标准化系数
面子文化		0.068	0.084***	0.031***	0.078***	0.058***	0.060
回归模型	$\bar{R}^2$ 值	0.153	0.162	0.151	0.201	0.180	0.097
	D-W 值	1.688	1.837	1.956	1.844	1.988	1.912
	VIF 值	1.034	1.034	1.034	1.035	1.035	1.032
控制变量	平均月收入						

		杂项	教育培训	文化娱乐	人情支出	医疗	家用电器	美容保健
		标准化系数	标准化系数	标准化系数	标准化系数	标准化系数	标准化系数	标准化系数
面子文化		0.073	-0.030	0.131	0.073	0.017	0.010	0.103***
回归模型	$\bar{R}^2$ 值	0.096	0.005	0.171	0.178	0.018	0.060	0.151
	D-W 值	1.730	1.672	1.976	1.684	1.870	1.846	1.958
	VIF 值	1.034	1.033	1.035	1.034	1.035	1.032	1.035
控制变量	平均月收入							

注：*** 表示 p<0.001。

子产品类消费意愿的影响则不显著。

（3）面子文化与借贷消费意愿和汽车、住房及奢侈品购买意愿的关系

面子文化与借贷消费意愿和汽车、住房及奢侈品购买意愿关系的回归分析结果如表 5-46 所示。从表中可以看出，面子文化对汽车、住房和奢侈品购买意愿均有显著的正向影响，而对借贷消费意愿的影响则不是很显著。

表 5-46　面子文化与借贷消费意愿和汽车、住房及奢侈品购买意愿的关系

		借贷消费意愿	汽车购买意愿	住房购买意愿	奢侈品购买意愿
		标准化系数	标准化系数	标准化系数	标准化系数
面子文化		0.198	0.132***	0.098***	0.252***
回归模型	$\bar{R}^2$ 值	0.038	0.017	0.009	0.063

续表

		借贷消费意愿	汽车购买意愿	住房购买意愿	奢侈品购买意愿
		标准化系数	标准化系数	标准化系数	标准化系数
回归模型	D-W 值	1.761	1.879	1.829	1.880
	VIF 值	1.000	1.000	1.000	1.000
控制变量	平均月收入				

注：*** 表示 p<0.001。

5.3.4 人情文化与消费意愿的关系验证

（1）人情文化与消费数量意愿、消费时间偏好、消费档次选择的关系

人情文化与消费数量意愿、消费时间偏好、消费档次选择关系的回归分析结果如表 5-47 所示。

表 5-47 人情文化与消费数量意愿、消费时间偏好和消费档次选择的关系

		消费数量意愿	消费时间偏好	消费档次选择		
				高档	中档	低档
		标准化系数	标准化系数	标准化系数	标准化系数	标准化系数
人情文化		0.099***	0.115	0.004***	0.077	0.087
回归模型	$\bar{R}^2$ 值	0.009	0.012	−0.001	0.005	0.007
	D-W 值	1.596	1.944	1.858	1.972	1.847
	VIF 值	1.000	1.000	1.000	1.000	1.000
控制变量	平均月收入					

注：*** 表示 p<0.001。

从表 5-47 中可以看出，人情文化对于消费数量意愿具有显著的正向影响，假设 H10.1.1 得到支持；对于消费时间偏好的影响不显著，假设 H10.1.2 未得到支持；对于高档产品消费意愿具有显著的正向影响，但对中档产品消费意愿和低档产品消费意愿的影响不显著，所以假设 H10.1.3 部分得到支持。

（2）人情文化与借贷消费意愿和汽车、住房及奢侈品购买意愿的关系

人情文化与借贷消费意愿和汽车、住房及奢侈品购买意愿关系的回归分析结果如表 5-48 所示。从表中可以看出，人情文化对于借贷消费意愿和汽车、住房及奢侈品购买意愿的影响都不显著。

表 5-48 人情文化与借贷消费意愿和汽车、住房及奢侈品购买意愿的关系

	借贷消费意愿	汽车购买意愿	住房购买意愿	奢侈品购买意愿
	标准化系数	标准化系数	标准化系数	标准化系数
人情文化	−0.008	−0.011	−0.020	0.015

续表

		借贷消费意愿	汽车购买意愿	住房购买意愿	奢侈品购买意愿
		标准化系数	标准化系数	标准化系数	标准化系数
回归模型	$\bar{R}^2$ 值	-0.001	-0.001	0.000	-0.001
	D-W 值	1.742	1.888	1.832	1.898
	VIF 值	1.000	1.000	1.000	1.000
控制变量	平均月收入				

5.3.5 物质主义倾向与消费意愿的关系验证

（1）物质主义倾向与消费数量意愿、消费时间偏好和消费档次选择的关系

物质主义倾向与消费数量意愿、消费时间偏好和消费档次选择关系的回归分析结果如表 5-49 所示。从表中可以看出，物质主义倾向与消费数量意愿之间存在显著的正向相关关系，假设 H11.1.1 得到验证；物质主义倾向与消费时间偏好并不相关，假设 H11.1.2 没有得到验证；物质主义倾向与消费档次选择之间存在显著的正向相关关系，即消费者物质主义倾向越高，越倾向于高档消费，越不愿意进行低档消费，假设 H11.1.3 得到验证。

表 5-49　物质主义倾向与消费数量意愿、消费时间偏好和消费档次选择的关系

		消费数量意愿	消费时间偏好	消费档次选择		
				高档	中档	低档
		标准化系数	标准化系数	标准化系数	标准化系数	标准化系数
物质主义倾向		0.347***	0.051	0.415***	0.079***	-0.125***
控制变量	收入	0.126***	0.013	0.281***	0.102***	-0.197***
回归模型	$\bar{R}^2$ 值	0.157	0.003	0.308	0.020	0.065
	D-W 值	1.904	1.917	1.902	1.953	1.824
	VIF 值	1.064	1.063	1.064	1.062	1.063

注：*** 表示 $p<0.01$。

（2）物质主义倾向与具体消费类别支出意愿的关系

物质主义倾向与具体消费类别支出意愿关系的回归分析结果如表 5-50 所示。从表 5-50 中可以看出，物质主义倾向对服装、居住、美容保健、交通通信、文化娱乐、杂项、教育培训、旅游、人情支出、电子产品和家用电器类消费意愿均具有显著的正向影响，而对食品和医疗类消费意愿的影响则不显著。

（3）物质主义倾向与借贷消费意愿和汽车、住房及奢侈品购买意愿的关系

我们进一步分析了物质主义倾向与借贷消费意愿和汽车、住房及奢侈品购买意愿的关系，回归分析结果如表 5-51 所示。从表中可以看出，物质主义倾向与

表 5-50 物质主义倾向与具体消费类别支出意愿的关系

		食品	服装	居住	美容保健	交通通信	文化娱乐
		标准化系数	标准化系数	标准化系数	标准化系数	标准化系数	标准化系数
物质主义倾向		0.029	0.263***	0.068**	0.251***	0.161***	0.256***
控制变量	收入	0.369***	0.363***	0.376***	0.359***	0.431***	0.392***
回归模型	$\bar{R}^2$ 值	0.141	0.247	0.157	0.235	0.245	0.269
	D-W 值	1.682	1.830	1.941	1.956	1.967	1.985
	VIF 值	1.064	1.064	1.064	1.066	1.065	1.066

		医疗	杂项	教育培训	旅游	人情支出	电子产品	家用电器
		标准化系数	标准化系数	标准化系数	标准化系数	标准化系数	标准化系数	标准化系数
物质主义倾向		0.044	0.198***	0.093***	0.151***	0.057**	0.157***	0.109***
控制变量	收入	0.168***	0.304***	0.097***	0.395***	0.353***	0.281***	0.224***
回归模型	$\bar{R}^2$ 值	0.032	0.160	0.021	0.206	0.136	0.124	0.073
	D-W 值	1.883	1.739	1.660	1.793	1.630	1.928	1.856
	VIF 值	1.064	1.064	1.061	1.065	1.063	1.061	1.061

注：*** 表示 p<0.01；** 表示 p<0.05。

借贷消费意愿和汽车、住房及奢侈品购买意愿存在显著的正相关关系。

表 5-51 物质主义倾向与借贷消费意愿和汽车、住房及奢侈品购买意愿的关系

		借贷消费意愿	汽车购买意愿	住房购买意愿	奢侈品购买意愿
		标准化系数	标准化系数	标准化系数	标准化系数
物质主义倾向		0.180***	0.271***	0.218***	0.479**
控制变量	收入	0.325***	0.216***	0.173***	0.237***
回归模型	$\bar{R}^2$ 值	0.167	0.149	0.096	0.341
	D-W 值	1.789	1.870	1.783	1.900
	VIF 值	1.064	1.064	1.065	1.064

注：*** 表示 p<0.01；** 表示 p<0.05。

5.3.6 节俭消费观念与消费意愿的关系验证

（1）节俭消费观念与消费数量意愿、消费时间偏好、消费档次选择的关系

节俭消费观念与消费数量意愿、消费档次选择和消费时间偏好关系的回归分析结果如表 5-52 所示。从表中可以看出，节俭消费观念对消费数量意愿和消费档次（高档）选择存在显著的负向影响，对消费档次（低档）选择存在显著的正向影响，对消费时间偏好具有显著的正向影响，因此假设 H12.1.1 和假设 H12.1.3 得到验证，假设 H12.1.2 未得到验证。

表 5-52 节俭消费观念与消费数量意愿、消费时间偏好和消费档次选择的关系

		消费数量意愿	消费时间偏好	消费档次选择		
				高档	中档	低档
		标准化系数	标准化系数	标准化系数	标准化系数	标准化系数
节俭消费观念		-0.185***	0.077***	-0.230***	-0.038	0.247***
控制变量	收入	0.188***	0.028	0.362***	0.124***	-0.206***
回归模型	$\bar{R}^2$ 值	0.077	0.003	0.199	0.020	0.113
	D-W 值	1.855	1.917	1.888	1.943	1.832
	VIF 值	1.015	1.063	1.008	1.008	1.009

注：*** 表示 p<0.01。

（2）节俭消费观念与具体消费类别支出意愿的关系验证

表 5-53 为节俭消费观念与具体消费类别支出意愿的回归分析结果。从表 5-53 中可以看出，节俭消费观念对食品、服装、居住、美容保健、交通通信、文化娱乐、杂项、教育培训、旅游、电子产品类消费意愿均具有显著的负向影响，而对医疗消费意愿具有显著的正向影响，对人情支出和家用电器类消费意愿的影响则不显著。

表 5-53 节俭消费观念与具体消费类别支出意愿的关系

		食品	服装	居住	美容保健	交通通信	文化娱乐
		标准化系数	标准化系数	标准化系数	标准化系数	标准化系数	标准化系数
节俭消费观念		-0.046*	-0.152***	-0.052**	-0.118***	-0.080***	-0.171***
控制变量	收入	0.371***	0.408***	0.386***	0.405***	0.461***	0.434***
回归模型	$\bar{R}^2$ 值	0.143	0.204	0.155	0.190	0.227	0.236
	D-W 值	1.685	1.841	1.942	1.930	1.996	1.976
	VIF 值	1.016	1.016	1.016	1.018	1.017	1.017

		医疗	杂项	教育培训	旅游	人情支出	电子产品	家用电器
		标准化系数	标准化系数	标准化系数	标准化系数	标准化系数	标准化系数	标准化系数
节俭消费观念		0.111***	-0.059*	-0.072***	-0.086***	0.009	-0.175**	-0.008
控制变量	收入	0.193***	0.345***	0.110***	0.420***	0.368***	0.297***	0.249***
回归模型	$\bar{R}^2$ 值	0.043	0.127	0.018	0.192	0.133	0.130	0.061
	D-W 值	1.867	1.722	1.667	1.805	1.635	1.930	1.844
	VIF 值	1.016	1.016	1.016	1.018	1.016	1.016	1.016

注：*** 表示 p<0.01；** 表示 p<0.05；* 表示 p<0.1。

（3）节俭消费观念与借贷消费意愿和汽车、住房及奢侈品购买意愿的关系

我们进一步分析了节俭消费观念与借贷消费意愿和汽车、住房及奢侈品购买意愿的关系，回归分析结果如表 5-54 所示。从表中可以看出，节俭消费观念对借贷消费意愿和汽车、住房和奢侈品购买意愿都具有显著的负向影响。

表 5-54 节俭消费观念与借贷消费意愿和汽车、住房及奢侈品购买意愿的关系

		借贷消费意愿	汽车购买意愿	住房购买意愿	奢侈品购买意愿
		标准化系数	标准化系数	标准化系数	标准化系数
节俭消费观念		-0.213***	-0.217***	-0.176***	-0.294**
控制变量	收入	0.235***	0.261***	0.210***	0.320***
回归模型	$\bar{R}^2$ 值	0.110	0.124	0.082	0.207
	D-W 值	1.686	1.884	1.807	1.902
	VIF 值	1.009	1.000	1.009	1.009

注：*** 表示 p<0.01；** 表示 p<0.05。

5.3.7 人口统计变量对面子文化和人情文化的影响验证

另外，我们还分析了主要人口统计变量对面子文化和人情文化的影响。分析结果显示，所处年龄阶段和社会阶层不同，居民所受到的面子文化和人情文化的影响程度也有所不同，进而对消费意愿的影响产生明显差异。具体分析结果如表 5-55 和表 5-56 所示。

表 5-55 年龄对面子文化、人情文化的影响

		面子文化	人情文化
		标准化系数	标准化系数
年龄		0.109**	0.001**
回归模型	$\bar{R}^2$ 值	0.009	-0.003
	D-W 值	1.824	1.916
	VIF 值	1.000	1.000
控制变量	平均月收入		

注：** 表示 p<0.05。

表 5-56 社会阶层对面子文化、人情文化的影响

		面子文化	人情文化
		标准化系数	标准化系数
社会阶层		0.134***	0.011
回归模型	$\bar{R}^2$ 值	0.015	0.002
	D-W 值	1.872	1.896
	VIF 值	1.000	1.000
控制变量	平均月收入		

注：*** 表示 p<0.01。

从表 5-55 和表 5-56 可以看出，年龄对面子文化具有显著的正向影响，说明年龄越大的人越看重面子；年龄对人情文化具有显著的正向影响，即随着年龄的增长，居民越来越重视人情往来。此外，社会阶层对于面子文化呈现显著的正向影响，说明随着社会阶层的上升，居民对面子的重视程度也相应提高；而社会阶层对人情文化的影响则不显著，这在一定程度上也显示出中国社会对于人情的普遍看重。

5.4 消费政策对居民消费意愿的影响检验

考虑到消费政策对居民消费意愿的影响相对宏观且综合，因此，不同于此前心理及社会文化变量分析中将居民消费分为 13 个具体消费类别的分类方式，本书在消费政策对居民消费意愿的影响验证中，借助了更加结构化的消费支出分类方法，即学者李爱美（2004）提出的 6 大类支出账户归类法——生活必需品开支、家庭建设与个人发展开支、情感维系开支、享乐休闲支出、安全保障储蓄和风险投资，用以分别考察消费政策变动对居民各主要消费类别支出意愿的影响及差异。

5.4.1 财政政策（家电补贴）对居民消费意愿的影响检验

（1）家电补贴政策对居民购买意愿的影响检验

本书对在政府实施的家电补贴政策的影响下居民家电购买意愿变动的均值进行了比较分析，结果如表 5-57 所示。数据分析显示，随着家电补贴政策的出台，居民在家电购买方面的意愿和消费支出明显增加（均值由 3 上升为 3.46）。

表 5-57 家电补贴政策下居民家电购买意愿的均值检验

消费支出类别	支出意愿
家电购买	3.46***

注：*** 表示 $p<0.01$。

（2）财政政策（家电补贴）对居民消费支出类型的影响检验

本书对不同户籍居民在财政政策（家电补贴）刺激下的购买倾向分析表明，该政策对消费购买意愿的倾向性呈现显著的正向影响；并且按照户籍归属分类，该政策对城市户口和农村户口居民的消费购买意愿的倾向性均呈现显著的正向影响，其中对农村户口居民的影响相比城市户口居民更为显著（3.56 vs. 3.44，$p < 0.037$）。

从居民的职业差异来看，家电补贴政策可实现对各职业身份居民的积极刺激，多数居民均会对这种政策刺激给出正向回应，不存在关键性的内部分化。

（3）不同代际的消费群体对家电补贴政策的反应

当前我国居民消费存在多种分化和差异性，其中尤以代际差异（不同年龄段消费者）和收入差异引发的关注最多，而后者又与前面提到的职业差异有部分关联和重叠，因此更有价值的是分析代际即年龄差异对政策效果的影响。有鉴于此，本书特针对居民年龄差异与财政政策的关联进行了细化探究。为方便操作并更好地对应于研究问题，总体样本按照年龄被拆分为三个群组：青年群组（18~35岁，包括“80后”和“90后”）、中年群组（36~55岁，包括“60后”和“70后”）、老龄群组（56岁及以上）①。下文与此类同，不再赘述。

从各组家电购置意愿的均值比较来看，青年群组和中年群组对家电补贴政策格外青睐，其购买意愿均显著强于老年群组，如表5-58所示。

表5-58　家电补贴政策下不同代际群体家电购买意愿的比较分析

消费支出类别	对比群体		显著性水平
家电购买意愿	$M_{老龄} = 4.28$	$M_{青壮} = 4.50$	$p = 0.004$
		$M_{中年} = 4.53$	$p = 0.001$

5.4.2 税收政策（个税起征点提高）对居民消费意愿的影响检验

（1）减税政策对居民不同消费类别支出意愿的影响检验

在提高个税起征点的减税政策影响下，居民不同消费类别支出意愿变动的均值比较分析结果如表5-59所示。从表中可以看到，减税政策能够促进居民消费支出意愿。其中，减税政策对生活必需品开支、家庭建设与个人发展开支、情感维系开支、享乐休闲支出和安全保障储蓄这五大消费支出类型均具有正向影响，而风险投资倾向则呈现降低趋势。

表5-59　减税政策下居民不同消费类别支出意愿的比较分析

消费支出类别	支出意愿
生活必需品开支	4.20***
家庭建设与个人发展开支	4.22***
情感维系开支	4.11***
享乐休闲支出	4.07***
安全保障储蓄	4.24***
风险投资	3.85***

注：*** 表示 $p<0.01$。

① 此处的老龄群组并非社会学意义上的老年群体（>60岁），主要是为了区别“60后”以及更年轻的群体，同时为保持该群体具有合适的分析样本量，因此以56岁为基准线。

（2）减税政策对居民主要消费类别支出意愿的影响检验

进一步的户籍差异对比发现，减税政策对城市居民和农村居民的此项消费支出均具有正向影响，但农村居民对情感维系开支的消费意愿更为显著（4.09 vs. 4.17，$p < 0.077$）。

当考虑职业差异时，个税起征点的提高对绝大多数职业居民的风险投资倾向都具有一定的抑制作用，而私营企业主的风险投资倾向却有所提升（5.02 vs. 3.61~3.96，$p < 0.064$）。

（3）不同代际的消费群体对减税政策的消费类别支出意愿反应

从各组在不同消费支出类目上的意愿均值比较来看，在税收政策影响下，各年龄层居民在生活必需品开支（$F = 1.008$，$p = 0.365$）、家庭建设与个人发展（$F = 1.233$，$p = 0.292$）、情感维系开支（$F = 0.048$，$p = 0.953$）、风险投资（$F = 0.078$，$p = 0.925$）这四大支出类目上均没有表现出显著差异，其政策反应趋势均与总体水平一致。而在享乐休闲支出（$F = 2.704$，$p = 0.067$）和安全保障储蓄（$F = 3.407$，$p = 0.033$）这两项上则存在分化。通过更进一步的群组对比发现，这两类消费支出下的差异来源主要是青壮年群组与老龄群组之间的差异：在享乐休闲支出方面，$M_{青壮} = 4.15$，$M_{老龄} = 3.98$，$p = 0.024$；在安全保障储蓄方面，$M_{青壮} = 4.19$，$M_{老龄} = 4.34$，$p = 0.009$。

5.4.3 社会保障政策（养老金水平提高）对居民消费意愿的影响检验

（1）养老金水平提高政策对居民主要消费类别支出意愿的影响检验

在提高养老金水平政策影响下，不同消费类别支出意愿变动的均值比较分析结果如表 5-60 所示。从表中我们可以发现，养老金水平提高政策对于居民消费类别支出意愿的各个方面均有显著且相对强烈的影响。具体而言，在生活必需品开支、家庭建设与个人发展开支、情感维系开支、享乐休闲支出、安全保障储蓄

表 5-60 养老金水平提高政策下居民不同消费类别支出意愿的比较分析

消费支出类别	支出意愿
生活必需品开支	4.31***
家庭建设与个人发展开支	4.21***
情感维系开支	4.13***
享乐休闲支出	4.18***
安全保障储蓄	4.27***
风险投资	3.93***

注：*** 表示 $p<0.01$。

这五大方面呈现显著正向影响。另外，居民的风险投资可能与前述几大消费支出变动背道而驰，呈现减弱趋势。

（2）养老金水平提高时居民主要消费类别支出意愿的差异分析

养老金水平提高的政策环境下，城市户口居民和农村户口居民在风险投资方面存在较大差异（4.11 vs 3.67，$p < 0.01$），前者愿意增加风险投资，后者更倾向于选择减少风险投资，而且幅度不容忽视。另外，农村消费者的安全保障储蓄意向要明显高于城市消费者（4.42 vs. 4.21）。

养老金水平提高对不同职业的消费群体而言，不存在特别突出的特殊效果。仅有的一点细微差异还是与农业劳动者这一群体有关，即其在安全保障储蓄的倾向上高于多数其他职业类型的居民群体。

（3）不同代际的消费群体对养老金水平提高政策的消费类别支出意愿反应

从各组不同消费类别支出意愿的均值比较来看，在养老金水平提高政策的影响下，各年龄层居民在家庭建设与个人发展开支（$F = 1.133$，$p = 0.322$）、享乐休闲支出（$F = 1.957$，$p = 0.142$）、风险投资开支（$F = 0.060$，$p = 0.942$）这三大支出类目上均没有表现出显著差异，而在生活必需品开支（$F = 30.069$，$p = 0.000$）、情感维系开支（$F = 4.234$，$p = 0.015$）和安全保障储蓄（$F = 14.236$，$p = 0.000$）这三项上则呈现出分化。通过更进一步的群组对比发现，这三类消费支出下的差异来源主要是老龄群组与其他两大群组之间的差异，如表 5-61 所示。

表 5-61 养老金水平提高政策下各代际群体存在显著差异的消费类别支出意愿比较分析

消费支出类别	对比群体		显著性水平
生活必需品消费开支	$M_{老龄} = 4.58$	$M_{青壮} = 4.21$	$p = 0.000$
情感维系开支	$M_{老龄} = 4.23$	$M_{青壮} = 4.11$	$p = 0.008$
		$M_{中年} = 4.11$	$p = 0.008$
安全保障储蓄	$M_{老龄} = 4.47$	$M_{青壮} = 4.17$	$p = 0.000$
		$M_{中年} = 4.25$	$p = 0.000$

注：本表为简化表格，仅呈现存在显著差异的消费类别支出项目和相关消费群体比较。

5.4.4 社会保障政策（医疗保险增加）对居民消费意愿的影响检验

（1）医疗保险增加政策对居民不同消费类别支出意愿的影响检验

本书中，我们研究了医疗报销比例提高这种最具典型性的医疗保险增加政策对居民消费支出意愿的影响。在该政策影响下，不同消费类别的支出意愿变动均值比较分析结果如表 5-62 所示。

从表 5-62 中可以发现，医疗保险增加政策将对居民消费支出的各个方面产

表 5-62　医疗保险增加政策下居民不同消费类别支出意愿的均值检验

消费支出类别	支出意愿
生活必需品开支	4.38***
家庭建设与个人发展开支	4.30***
情感维系开支	4.19***
享乐休闲支出	4.24***
安全保障储蓄	4.25***
风险投资	3.96*

注：*** 表示 $p<0.01$；* 表示 $p<0.1$。

生显著且非常强烈的影响。与养老金水平提高时的情况类似，在生活必需品开支、家庭建设与个人发展开支、情感维系开支、享乐休闲支出、安全保障储蓄这五大方面具有正向影响，而对风险投资的影响为负，但并不大。

（2）医疗保险增加时居民不同消费类别支出意愿的差异分析

医疗保险增加对不同户籍居民的安全保障储蓄均有显著的正向影响。但城市户口居民和农村户口居民在安全保障储蓄方面存在较大差异（4.18 vs. 4.43，$p < 0.01$），前者愿意投入安全保障储蓄方面的消费增加较少，后者增加相对较多。

相较于养老金水平提高，医疗保险增加对居民消费的刺激力度具有明显的政策效应，但其在各个职业身份的消费群体中并没有体现出显著的差异化效果。

（3）不同代际的消费群体对医疗保险增加政策的消费类别支出意愿反应

从各组之间在不同消费支出类目上的意愿均值比较来看，在医疗保险增加政策影响下，各年龄层消费者在家庭建设与个人发展开支（$F = 0.351$，$p = 0.704$）、情感维系开支（$F = 0.640$，$p = 0.527$）、享乐休闲支出（$F = 0.360$，$p = 0.697$）、风险投资（$F = 0.262$，$p = 0.770$）上均没有表现出显著差异。而在生活必需品开支（$F = 3.228$，$p = 0.040$）和安全保障储蓄（$F = 6.594$，$p = 0.001$）这两项上则呈现出分化。通过更进一步的群组对比发现，这两类消费支出下的差异来源主要是老龄群组与其他两大群组之间的差异，如表 5-63 所示。

表 5-63　医疗保险增加政策下各代际群体存在显著差异的消费类别支出意愿比较分析

消费支出类别	对比群体		显著性水平
生活必需品开支	$M_{老龄} = 4.55$	$M_{青壮} = 4.37$	$p = 0.064$
		$M_{中年} = 4.31$	$p = 0.012$
安全保障储蓄	$M_{老龄} = 4.41$	$M_{青壮} = 4.22$	$p = 0.002$
		$M_{中年} = 4.20$	$p = 0.001$

注：本表为简化表格，仅呈现存在显著差异的消费类别支出项目和相关消费群体比较。

5.4.5 货币政策（降低存款利率）对居民消费意愿的影响检验

（1）存款利率下调对居民不同消费类别支出意愿的影响检验

在存款利率下调政策影响下，居民不同消费类别支出意愿变动的均值比较分析结果如表 5-64 所示。

表 5-64 存款利率下调政策下居民不同消费类别支出意愿的均值检验

消费支出类别	支出意愿
生活必需品开支	4.18***
家庭建设与个人发展开支	4.18***
情感维系开支	4.03*
享乐休闲支出	4.06***
安全保障储蓄	3.95**
风险投资	4.01

注：*** 表示 $p<0.01$；** 表示 $p<0.05$；* 表示 $p<0.1$。

从表 5-64 中可以发现，存款利率下调对多种消费类别支出意愿存在正向影响。首先，在存款利率下调的政策下，生活必需品开支、家庭建设与个人发展开支受到正向的刺激作用。其次，受存款利率下调政策的影响，情感维系开支、享乐休闲支出也有所提升。最后，安全保障储蓄意愿的变动也与预期方向相符，出现了下降的态势。

（2）存款利率下调时居民不同消费类别支出意愿的差异分析

在存款利率下调的情况下，城市居民和农村居民在风险投资方面存在较大差异（4.08 vs. 3.83，$p < 0.01$），前者愿意增加风险投资，后者更倾向于减少风险投资。

与此同时，职业差异下的政策反应也出现分化，私营业主的投资倾向要显著强于几乎所有的其他职业群体（4.62 vs. 3.67~4.09，$p < 0.098$）。此外，与多数其他职业群体相比，农业劳动者在存款利率下降时的风险投资倾向也显著不足（3.67 vs. 4.07~4.62，$p < 0.082$）。

（3）不同代际的消费群体对存款利率下调政策的消费类别支出意愿反应

从各组之间在不同消费支出类目上的意愿均值比较来看，在存款利率下调政策的影响下，各年龄层消费者在生活必需品开支（$F = 1.636$，$p = 0.195$）、家庭建设与个人发展开支（$F = 1.493$，$p = 0.225$）、安全保障储蓄（$F = 0.165$，$p = 0.848$）这三大支出类目上均没有表现出显著差异，而在情感维系开支（$F = 2.503$，$p = 0.082$）方面，其仅有边际异化，差距并不明显，总体来看，居民在这四大项支出意愿上的政策反应趋势均与总体水平一致。而在享乐休闲支出（$F = 5.008$，$p =$

0.006）和风险投资（F = 5.831，p = 0.003）这两项上则呈现出分化。通过更进一步的群组对比发现，这两类消费支出下的差异来源主要是老龄群组与其他两大群组（青年、中年）之间的差异，如表 5-65 所示。

表 5-65　存款利率下调政策下各代际群体存在显著差异的消费类别支出意愿比较分析

消费支出类别	对比群体		显著性水平
享乐休闲支出	$M_{老龄}=3.95$	$M_{青壮}=4.07$	p=0.032
		$M_{中年}=4.12$	p=0.001
风险投资	$M_{老龄}=3.85$	$M_{青壮}=4.04$	p=0.004
		$M_{中年}=4.06$	p=0.001

注：本表为简化表格，仅呈现存在显著差异的消费类别支出项目和相关消费群体比较。

5.4.6　货币政策（降低贷款利率）对居民消费意愿的影响检验

（1）贷款利率下调对居民不同消费类别支出意愿的影响检验

在贷款利率下调政策的影响下，不同消费类别支出意愿变动的均值比较分析结果如表 5-66 所示。从表中可以看出，贷款利率下调对多种消费支出意愿有刺激作用，尤其体现在生活必需品开支和家庭建设与个人发展开支之上。但该政策变动对享乐休闲支出和风险投资基本没有影响，居民消费支出意愿与政策变动前保持一致。

表 5-66　贷款利率下调政策下不同消费类别支出意愿的均值检验

消费支出类别	支出意愿
生活必需品开支	4.09***
家庭建设与个人发展开支	4.19***
情感维系开支	4.04***
享乐休闲支出	4.02
安全保障储蓄	4.03*
风险投资	3.97

注：*** 表示 $p<0.01$；* 表示 $p<0.1$。

（2）贷款利率下调时居民不同消费类别支出意愿的差异分析

贷款利率下调时，城市居民与农村居民在风险投资方面存在显著性差异（4.18 vs. 3.83，$p < 0.000$），前者有增加趋势，而后者则显著下降。

在考虑职业差异时，私营业主在风险投资方面与国家和社会管理者，专业技术人员，产业工人，农业劳动者，城乡无业、失业、半失业者等其他群体（4.51 vs. 3.70~3.97，$p < 0.090$）存在显著差异，这与税收政策以及存款利率下调政策的效

果完全一致。

（3）不同代际的消费群体对贷款利率下调政策的消费类别支出意愿反应

从各组之间不同消费类别支出意愿的均值比较来看，在贷款利率下调政策的影响下，各年龄层居民在生活必需品开支（$F = 1.216$，$p = 0.297$）、安全保障储蓄（$F = 1.350$，$p = 0.260$）上均没有表现出显著差异，而在享乐休闲支出（$F = 2.403$，$p = 0.091$）方面，其仅有边际异化，差距并不明显，总体来看，居民在这三大项上的政策反应趋势均与总体水平一致。而在家庭建设与个人发展开支（$F = 8.464$，$p = 0.000$）、情感维系开支（$F = 3.014$，$p = 0.049$）和风险投资（$F = 2.896$，$p = 0.056$）这三项上则呈现出了较为明显的分化，如表 5-67 所示。

表 5-67　贷款利率下调政策下各代际群体存在显著差异的消费类别支出意愿比较分析

消费支出类别	对比群体		显著性水平
家庭建设与个人发展开支	$M_{老龄} = 4.07$，$M_{中年} = 4.18$，$M_{青壮} = 4.28$		两两比较 $p < 0.05$
情感维系开支	$M_{青壮} = 4.10$	$M_{中年} = 4.03$	$p = 0.051$
		$M_{老龄} = 4.00$	$p = 0.029$
风险投资	$M_{青壮} = 4.05$	$M_{老龄} = 3.90$	$p = 0.020$

注：本表为简化表格，仅呈现存在显著差异的消费类别支出项目和相关消费群体比较。

5.5　多变量对居民消费意愿的交互影响

为深入研究居民消费意愿不足的内在影响机制，本书在 5.2、5.3 和 5.4 分析的基础上，进一步考察了一些关键变量对消费意愿可能产生的交互作用。首先，基于之前关于各个变量与消费意愿关系的数据分析结果，筛选出对消费意愿具有显著影响的重要变量；其次，参考第 3 章的文献回顾内容，根据所筛选出来的不同变量之间的理论逻辑关系，构建它们对消费意愿影响的交互作用模型；最后，在已有数据资料的基础上，运用 AMOS 对建立的交互影响模型进行检验。

5.5.1　交互效应的关键研究变量筛选

根据研究变量是否对消费意愿存在显著影响，本书首先排除了一些相对不重要的变量，筛选出比较关键的心理变量和社会文化变量。

5.5.1.1　关键心理变量的筛选

根据之前的数据分析，消费知识、消费信息、消费预期、参照群体影响以及心理账户都对消费意愿具有显著影响，因此我们考虑将这些关键心理变量放入交互模型进行进一步考察和分析。具体而言，消费知识对消费数量意愿（$\beta = 0.240$，$p < 0.01$）、消费时间偏好（$\beta = 0.086$，$p < 0.01$）和借贷消费意愿（$\beta = 0.153$，$p < 0.01$）都有显著的正向影响；消费信任正向影响消费数量意愿（$\beta = 0.046$，$p < 0.1$）和消费时间偏好（$\beta = 0.033$，$p < 0.1$）；消费预期中的宏观形势预期（$\beta = -0.102$，$p < 0.01$）、突发事件预期（$\beta = -0.098$，$p < 0.01$）对消费数量意愿具有显著的负向影响，收入预期则正向影响消费数量意愿（$\beta = 0.09$，$p < 0.01$）、消费时间偏好（$\beta = 0.145$，$p < 0.01$）和借贷消费意愿（$\beta = 0.009$，$p < 0.1$），而物价走势预期虽然从整体上看对消费数量意愿和消费时间偏好没有显著影响，但它却正向影响着食品（$\beta = 0.008$，$p < 0.1$）、旅游（$\beta = 0.066$，$p < 0.05$）、家用电器（$\beta = 0.073$，$p < 0.05$）和借贷（$\beta = 0.008$，$p < 0.1$）等重要品类方面的消费意愿；参照群体的信息性影响正向影响消费数量意愿（$\beta = 0.046$，$p < 0.1$）和消费时间偏好（$\beta = 0.115$，$p < 0.05$），规范性影响负向影响消费数量意愿（$\beta = -0.102$，$p < 0.05$）和借贷消费意愿（$\beta = -0.076$，$p < 0.1$），而价值表达性影响对借贷消费意愿具有显著的正向影响（$\beta = 0.267$，$p < 0.05$）；心理账户的灵活性特征正向影响消费数量意愿（$\beta = 0.346$，$p < 0.1$）和消费时间偏好（$\beta = 0.216$，$p < 0.05$），预算性特征则对消费时间偏好具有显著的正向影响（$\beta = 0.183$，$p < 0.01$）。

心理变量中的其他因素，如个性、生活方式、消费预期中的物价走势预期以及心理账户的不可替代性特征，则被排除在交互效应分析之外。这是因为，个性反映的是相对比较稳定的个体特征，然而消费行为却受到很多不断变化的外在因素的影响，这使得个性因素对消费意愿的影响不十分显著，因此相较而言，个性因素的重要性较弱。类似地，居民的生活方式是相对稳定的因素，对消费意愿的影响也是相对稳定的，生活方式对消费意愿的影响会因外界因素的影响而被削弱。此外，在居民可预期的一段时期内物价水平往往不会出现很大幅度的上涨或下跌，而消费者的需求也是相对稳定的，因此物价走势预期不会对居民的消费意愿产生很大的影响。在心理账户的三个特征中，不可替代性特征是前人研究得出的较为稳健的结果（Thaler，1999），是非理性消费行为的表现之一，且普遍地存在于消费者中，因此消费意愿受心理账户可替代性的影响会较弱。

5.5.1.2 关键社会文化变量的筛选

就社会文化变量而言，我们考虑将面子文化和物质主义倾向放入交互模型做进一步考察和分析。这是因为，根据之前的数据分析结果，面子文化对消费数量意愿（$\beta = 0.151$，$p < 0.01$）、消费时间偏好（$\beta = 0.075$，$p < 0.01$）都有显著的正向影响，物质主义倾向对消费数量意愿（$\beta = 0.347$，$p < 0.01$）、借贷消费意愿（$\beta = 0.180$，$p < 0.01$）也有显著的正向影响。

在其他社会文化变量中，社会阶层是个相对稳定的概念，在一段时期内不可能发生很大变化，因此探讨社会阶层和其他变量之间对消费意愿的交互影响的意义不大。就人情文化而言，其引发的消费主要体现在人与人之间的互惠关系中，主要随着地域风俗习惯的差异而产生明显变化，与心理变量和其他社会文化变量的相关关系不明显（如表 5-3~表 5-5 所示），因此不太合适将其纳入交互影响分析中。节俭消费观念与物质主义倾向在一定程度上是相互对立的概念，探讨物质主义倾向与其他因素的交互影响就能够从侧面反映节俭消费观念对消费意愿的影响，因此两者择其一即可，本书重点考察物质主义倾向。而宏观的消费政策因素是基于情境设置的测项，具有很强的情境依赖性，因此并不适合考察它在常规情形下与其他变量的交互作用。对于家庭因素和社会阶层因素，本书采取的是名义性测量，其本身分类等于或大于 5 种，将之转化为哑变量之后分析起来非常繁杂，因此很难综合考虑它们与其他变量的交互作用。

综上所述，我们最终考虑进行交互效应分析的心理变量和社会文化变量包括消费知识、消费信任、消费预期（宏观经济预期、收入预期、物价走势预期、突发事件预期）、参照群体影响、心理账户特征（灵活性、预算性）、面子文化和物质主义倾向。并且，从表 5-3~表 5-5 中可以看出，这些变量之间也存在一定的相关关系。比如，参照群体信息性影响和消费知识具有显著的相关关系（$r = 0.461$，$p < 0.01$），面子文化与参照群体的价值表达影响（$r = 0.419$，$p < 0.01$），参照群体的价值表达影响与物质主义倾向（$r = 0.437$，$p < 0.01$）等重要变量之间的相关关系也都是显著的。因此，选择这些关键变量进行交互效应分析是合适的。

5.5.1.3 交互效应研究中关于因变量的说明

在之前的数据分析中，一般是将研究变量与消费意愿不同维度的关系分别进行分析，并未将消费意愿作为一个整体性构念进行综合分析。而在交互效应研究中，我们将更加侧重考察不同变量间的交互作用对整体消费意愿的影响。因此，我们经过认真考量，选取消费数量意愿、消费时间偏好和借贷消费意愿 3 个采用 7 点李克特量表的测项来对消费意愿进行整体性测量。之所以不再考察消费档次选择，主要是因为消费档次选择的测量比较复杂，有高、中、低三个不同的水平，并且这三个不同的水平对消费意愿的影响存在着不一致性，如有些变量只对高档消费意愿的影响显著，有些变量对低档消费意愿的影响显著，而有些变量则对所有档次消费意愿的影响都显著，等等。因此，考虑到数据分析的复杂性，我们舍弃了消费档次选择这一维度。另外，在实际分析中，我们也不再采用不同消费类别的实际支出来反映其消费数量意愿，而是统一采用问卷中居民关于消费数量意愿、消费时间偏好和借贷消费意愿的 3 个 7 点李克特主观评价量表测项来进行测量。

5.5.2 多变量交互效应模型的构建和验证

根据所筛选的关键变量之间可能存在的理论逻辑关系，我们分别构建了 3 个交互效应模型并提出相应的研究假设，然后对其进行检验分析。

5.5.2.1 *消费预期与心理账户特征对消费意愿的交互作用*

（1）消费预期与心理账户特征对消费意愿的交互效应模型及研究假设

消费者对消费时机的选择，消费偏好的改变以及最终的消费倾向都受到消费预期水平高低的影响（孙元明，2001）。由 Engel、Kollat 和 Blaekwell（1968）共同提出的恩格尔—科拉特—布莱克威尔购买行为模式（EKB 模式），认为消费者的预期、态度与规范共同影响购买意愿，进而影响购买选择，并最终影响购买结果。此外，在各种不同的消费环境中，消费预期对消费者心理及其最终消费决策的制定有重要的影响作用（Bearden、Richard 和 Netemeyer，1989）。

然而，除了直接的影响作用，消费预期对消费意愿的影响过程还可能是间接的，即通过更深层的心理机制起作用，如心理账户的灵活性。换言之，消费预期会影响居民心理账户的灵活性，从而对其消费意愿产生进一步的影响。具体而言，居民心理账户的灵活性反映的是根据外界因素和经济状况的变化对心理账户进行调整的弹性和灵活变化的程度（李爱梅，2005），它会受到外界多个因素的影响（周静等，2011）。比如，对宏观经济状况转好的预期会提升消费者开支计划变动的灵活程度（Cheema 等，2006）。具体而言，宏观经济预期反映了消费者对未来经济的乐观程度，突发事件预期的测项则反映了居民对未来不确定事件的预先筹备，收入预期则反映了居民对未来收入增长的乐观程度，物价走势预期反映的是人们对未来物价上涨的估计，因此它们都有可能提升居民心理账户的灵活性。而突发事件预期反映的是居民对未来不确定事件和意外支出的估计，如果对未来突发事件的预期较高，居民则会提升对心理账户的严格管理和控制，采取更加保守的消费态度，从而导致心理账户灵活性的降低。突发事件预期反映的是居民对未来突发事件的预先筹备。另外，根据之前的研究分析可知，心理账户的灵活性对居民的消费数量意愿（$\beta = 0.346$，$p < 0.01$）和消费时间偏好（$\beta = 0.216$，$p < 0.01$）具有显著的正向影响。因此，我们认为，居民消费预期有可能通过心理账户的灵活性而共同对消费意愿产生影响。

综合以上对消费预期、心理账户的灵活性与消费意愿之间关系的推导，可以构建出如图 5-1 所示的交互效应模型，并提出如下研究假设。

H13.1 心理账户的灵活性在消费预期和消费意愿之间起着中介作用。换言之，居民的消费预期影响居民心理账户的灵活性，进而影响其消费意愿。

H13.1.1 *居民的宏观经济预期正向影响居民心理账户的灵活性，进而正向*

图 5-1 消费预期与心理账户特征对消费意愿的交互效应模型

影响其消费意愿；

H13.1.2 居民的突发事件预期负向影响居民心理账户的灵活性，进而负向影响其消费意愿；

H13.1.3 居民的收入预期正向影响居民心理账户的灵活性，进而正向影响其消费意愿。

H13.1.4 居民的物价走势预期正向影响居民心理账户的灵活性，进而正向影响其消费意愿。

（2）数据分析结果

我们采用依次回归法检验心理账户灵活性的中介作用（Baron 和 Kenny，1986）。具体而言，如表 5-68 中 M2 和 M3 所示，宏观经济预期与心理账户灵活性之间有着显著的正相关关系（$\beta = 0.08$，$p < 0.01$），将宏观经济预期和心理账户灵活性同时作为自变量、消费意愿作为因变量进行回归分析的结果显示，心理账户灵活性和消费意愿之间仍然有显著的正相关关系（$\beta = 0.094$，$p < 0.01$），而宏观经济预期和消费意愿之间也有着显著的正相关关系（$\beta = 0.089$，$p < 0.01$），因此，心理账户灵活性在宏观经济预期和消费意愿之间起着中介作用，H13.1.1 得到验证。

表 5-68 宏观经济预期对消费意愿的影响及心理账户灵活性的中介作用

变量	消费意愿	心理账户灵活性	消费意愿
	M1	M2	M3
年龄	-0.102***	0.034**	-0.105***
性别	-0.083	0.004	-0.083
宏观经济预期	0.097**	0.080**	0.089**
心理账户灵活性			0.094**
F 值	40.295***	5.133**	33.137***
D-W 值	1.689	1.793	1.697
R^2	0.099	0.014	0.108

注：R^2 为未调整的值，系数未经标准化。

同理，心理账户灵活性在突发事件预期和消费意愿之间起着中介作用（如表 5-69 所示），突发事件预期对心理账户灵活性具有显著的正向影响（$\beta = -0.082$，$p < 0.001$），控制突发事件预期后，心理账户灵活性显著地正向影响消费意愿（$\beta =$

0.112，$p < 0.001$），但突发事件预期对消费意愿的负向影响程度更强（β = −0.135，$p < 0.001$），故 H13.1.2 得到验证。

表 5-69 突发事件预期对消费意愿的影响及心理账户灵活性的中介作用

变量	消费意愿	心理账户灵活性	消费意愿
	M1	M2	M3
年龄	−0.1***	0.027*	−0.103***
性别	−0.09	−0.011	−0.089
突发事件预期	−0.126***	−0.082**	−0.135***
心理账户灵活性			0.112***
F 值	43.252***	5.277**	36.688***
D-W 值	1.714	1.787	1.724
R^2	0.106	0.014	0.118

注：R^2 为未调整的值，系数未经标准化。

心理账户灵活性在收入预期和消费意愿之间起着中介作用（如表 5-70 所示），收入预期对心理账户灵活性有着显著的正向影响（β = 0.114，$p < 0.001$），控制收入预期后，心理账户灵活性仍显著正向影响消费意愿（β = 0.095，$p < 0.01$），H13.1.3 得到验证。

表 5-70 收入预期对消费意愿的影响及心理账户灵活性的中介作用

变量	消费意愿	心理账户灵活性	消费意愿
	M1	M2	M3
年龄	−0.102***	0.037**	−0.106***
性别	−0.103	−0.019	−0.101
收入预期	0.064*	0.114***	0.054
心理账户灵活性			0.095**
F 值	37.958***	7.533***	31.40***
D-W 值	1.691	1.789	1.700
R^2	0.094	0.020	0.103

注：R^2 为未调整的值，系数未经标准化。

心理账户灵活性在物价走势预期和消费意愿之间起着中介作用（如表 5-71 所示），物价走势预期对心理账户灵活性具有显著的正向影响（β = 0.08，$p < 0.01$），控制物价走势预期后，心理账户灵活性显著正向影响消费意愿（β = 0.096，$p < 0.01$），H13.1.4 得到验证。综上，假设 H13.1 得到验证。

表 5-71 物价走势预期对消费意愿的影响及心理账户灵活性的中介作用

变量	消费意愿	心理账户灵活性	消费意愿
	M1	M2	M3
年龄	-0.104***	0.033**	-0.107***
性别	-0.084	0.007	-0.084
物价走势预期	0.068*	0.080**	0.061*
心理账户灵活性			0.096**
F 值	38.239***	5.186**	31.706***
D-W 值	1.699	1.786	1.707
R^2	0.095	0.014	0.104

注：R^2 为未调整的值，系数未经标准化。

5.5.2.2 参照群体影响、消费信任和消费知识对消费意愿的交互作用

（1）参照群体影响、消费信任和消费知识对消费意愿的交互效应模型及研究假设

参照群体的信息性影响有可能对消费信任和消费知识产生正向影响。消费知识和消费信任可以来自个体自身的学习以及对消费经验的总结，但还有一个重要来源是参照群体的影响。参照群体对消费者的决策行为有着显著的影响作用（Moschis，1976），来自参照群体的正面或负面建议会对个体的消费知识和消费信任产生一定的影响，进而影响其购买决策（陈家瑶、刘克和宋亦平，2006）。具体而言，当消费者对某种产品或服务不了解或不确定性时，消费者会积极地收集相关信息，观察那些他们认为是“产品专家”的人的消费选择行为，或依据形象代言人来推断品牌质量（Park 和 Lessig，1977）。参照群体的信息性影响会影响消费者的购买决策过程，包括对产品的评价（Cohen 和 Goldenk，1972）以及产品或品牌的选择（Bearden 和 Etzel，1982）。如果来自参照群体的信息增加了消费者关于特定产品或服务的知识，或提升了消费者处理不确定性购买决策的能力，参照群体的信息性影响就对个体的消费知识产生了正向影响；如果来自参照群体的信息增加了消费者对某个商家、产品或者品牌的信任，参照群体的信息性影响就对个体的消费信任产生了正向影响（Park 和 Lessig，1977）。

参照群体的规范性影响对消费信任、消费知识也会产生影响。个体在消费环境中会受到来自周围群体的压力，从而被迫在消费决策时遵从某些社会规范（Kelman，1961）。因此，在参照群体的规范性影响下，消费者在消费产品或选择品牌时，会积极迎合所在群体的期望，以便得到群体的认可和赞同，或是避免因超出群体的期望而受到群体的惩罚。在此过程中，参照群体的规范性影响会正向影响个体关于产品、品牌、商家的消费知识和信任感等（Park 和 Lessig，1977）。

消费知识和消费信任对消费意愿具有重要影响。根据前人研究，主观消费知

识会影响消费者的信息搜索及信息处理活动，进而影响其消费决策（Alba 和 Hutchinson，1987；Rao 和 Sieben，1992）。从消费知识的测项中可以看出，消费知识包括消费者感知到的自身与他人所拥有的消费信息或消费经验的对比，以及对自身消费知识的评价（Bettman 和 Park，1980；Brucks，1985；Punj 和 Staelin，1983）。当消费者对自身消费知识的评价较低时，他们进行信息搜索和自主做出购买决策的信心就会减弱，从而更依赖于外界信息的刺激和干扰，如参照群体的影响。同样，消费者对商家或所购买品牌的信任正向影响着其消费意愿（Gefen，2000；赵冬梅和纪淑娴，2010）。根据前人提出的消费信任的测项，消费信任主要包括对产品、企业、品牌的信任程度（Chaudhuri 和 Holbrook，2001；Tax、Brown 和 Chandrashekaran，1998）。此外，根据之前的数据分析结果，消费知识对消费数量意愿（$\beta = 0.240$）、消费时间偏好（$\beta = 0.086$）和借贷消费意愿（$\beta = 0.153$）有正向的影响作用，消费信任对消费数量意愿（$\beta = 0.046$）、消费时间偏好（$\beta = 0.033$）也有正向的影响作用。

综上所述，可构建如图 5-2 所示的参照群体影响、消费信任和消费知识与消费意愿的交互效应模型，并提出如下研究假设。

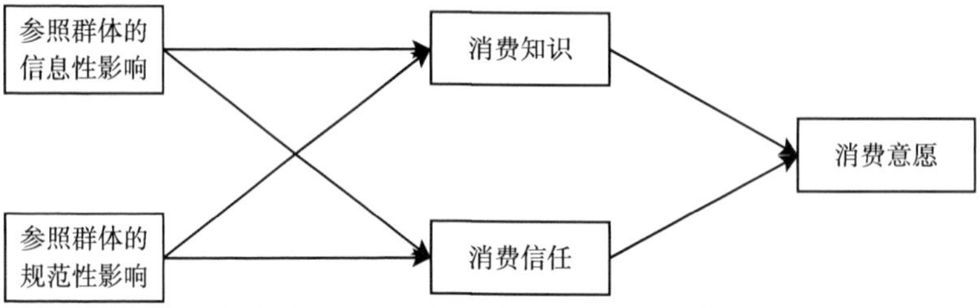

图 5-2　参照群体影响与消费知识、消费信任对消费意愿的交互影响模型

H14.1　消费知识和消费信任在参照群体信息性影响和消费意愿之间起着中介作用。

H14.1.1　消费知识在参照群体信息性影响和消费意愿之间起着中介作用；

H14.1.2　消费信任在参照群体信息性影响和消费意愿之间起着中介作用。

H15.1　消费知识和消费信任在参照群体规范性影响和消费意愿之间起着中介作用。

H15.1.1　消费知识在参照群体规范性影响和消费意愿之间起着中介作用；

H15.1.2　消费信任在参照群体规范性影响和消费意愿之间起着中介作用。

（2）数据分析结果

在图 5-2 的交互效应模型中，信息性影响的测项有 2 个、规范性影响的测项有 4 个、消费信任的测项有 3 个、消费知识的测项有 3 个，消费意愿的测项仍然包含消费数量意愿、消费时间偏好和借贷消费意愿 3 项。

同样，我们采用依次回归法检验消费知识和消费信任的中介作用。具体而言，如表 5-72 中 M2 和 M3 所示，参照群体信息性影响与消费知识之间有着显著的正相关关系（$\beta = 0.371$，$p < 0.001$），将参照群体信息性影响和消费知识同时作为自变量、消费意愿作为因变量进行回归分析的结果显示，消费知识和消费意愿之间有显著的正相关关系（$\beta = 0.249$，$p < 0.001$），而参照群体信息性影响和消费意愿之间仍有着显著的正相关关系（$\beta = 0.07$，$p < 0.05$），因此，消费知识在参照群体信息性影响和消费意愿之间起着中介作用，H14.1.1 得到验证。

表 5-72 消费知识对参照群体信息性影响和消费意愿的关系的中介作用

变量	消费意愿	消费知识	消费意愿
	M1	M2	M3
年龄	-0.1***	0.013	-0.105***
性别	-0.08	0.026	-0.09
信息性影响	0.162***	0.371***	0.07*
消费知识			0.249***
F 值	48.09***	57.971***	56.058***
D-W 值	1.708	1.918	1.722
R^2	0.116	0.137	0.17

注：R^2 为未调整的值，系数未经标准化。

类似地，消费信任在参照群体信息性影响和消费意愿之间也有着中介作用（如表 5-73 所示），参照群体信息性影响对消费信任有着显著的正向影响（$\beta = 0.15$，$p < 0.001$），控制参照群体信息性影响后，消费信任对消费意愿的影响显著（$\beta = -0.075$，$p < 0.01$），H14.1.2 得到验证。

表 5-73 消费信任对参照群体信息性影响和消费意愿的关系的中介作用

变量	消费意愿	消费信任	消费意愿
	M1	M2	M3
年龄	-0.1^{***}	-0.067^{***}	-0.107^{***}
性别	-0.08	0.2^{***}	-0.068
信息性影响	0.162^{***}	0.15^{***}	0.174^{***}
消费信任			-0.075^{**}
F 值	48.09^{***}	28.71^{***}	37.906^{***}
D-W 值	1.708	1.7	1.725
R^2	0.116	0.073	0.122

注：R^2 为未调整的值，系数未经标准化。

同理，消费知识在参照群体规范性影响和消费意愿之间起着中介作用（如表 5-74 所示），参照群体规范性影响对消费知识具有显著的正向影响（$\beta = 0.093$，$p < 0.01$），控制参照群体规范性影响后，消费知识显著地正向影响消费意愿（$\beta = 0.271$，$p < 0.001$），故 H15.1.1 得到验证。

表 5-74 消费知识对参照群体规范性影响和消费意愿的关系的中介作用

变量	消费意愿	消费知识	消费意愿
	M1	M2	M3
年龄	-0.104***	0.006	-0.106***
性别	-0.104	-0.013	-0.1
规范性影响	0.074*	0.093**	0.048*
消费知识			0.271***
F 值	38.561***	3.239*	55.304***
D-W 值	1.705	1.901	1.724
R^2	0.095	0.009	0.168

注：R^2 为未调整的值，系数未经标准化。

消费信任在参照群体规范性影响和消费意愿之间起着中介作用（如表 5-75 所示），参照群体规范性影响对消费信任具有显著的正向影响（$\beta = 0.169$，$p < 0.001$），控制参照群体规范性影响后，消费信任对消费意愿的影响仍然显著（$\beta = -0.063$，$p < 0.05$），H15.1.2 得到验证。综上所述，研究假设 H14.1 和假设 H15.1 均得到验证。

表 5-75 消费信任对参照群体规范性影响和消费意愿的关系的中介作用

变量	消费意愿	消费信任	消费意愿
	M1	M2	M3
年龄	-0.104***	-0.066***	-0.108***
性别	-0.104	0.171**	-0.093
规范性影响	0.074*	0.169***	0.084**
消费信任			-0.063*
F 值	38.561***	31.336***	30.131***
D-W 值	1.705	1.714	1.72
R^2	0.095	0.079	0.099

注：R^2 为未调整的值，系数未经标准化。

5.5.2.3 参照群体影响、面子文化与物质主义倾向对消费意愿的交互作用

（1）参照群体影响、面子文化与物质主义倾向及消费意愿的交互效应模型及研究假设

参照群体是与个人的评价、追求或行为有重大相关性的、真实的或虚构的个体或群体（Park，1977）。个体身边的同学、朋友等都是其重要的参照群体。而参照群体会在信息、规范、价值表达等方面影响消费者的观念和行为。在这个过程中，消费者会更加倾向于获得商品的所有权，进而达到与参照群体相一致的消费目的。这与物质主义倾向相一致，即在参照群体的影响下，消费者更加渴求获得商品的所有权，强化了物质主义倾向，进而提高了消费意愿。比如，参照群体的价值表达性影响主要反映消费者在物质产品或者品牌追求方面与群体保持一致的倾向，如“我购买某个特定品牌是因为会得到其他人的艳羡和尊敬”等，因此消费者对参照群体的价值表达性影响的依赖极有可能影响其物质主义倾向。而之前的数据分析表明，物质主义倾向正向影响个体的消费数量意愿（$\beta = 0.347$）、消费时间意愿（$\beta = 0.0.051$）和借贷消费意愿（$\beta = 0.180$）。因此，我们可得到如下假设：

H16.1 物质主义倾向在参照群体影响对消费意愿的影响关系中起中介作用。

H16.1.1 物质主义倾向在参照群体信息性影响对消费意愿的影响关系中起中介作用；

H16.1.2 物质主义倾向在参照群体规范性影响对消费意愿的影响关系中起中介作用；

H16.1.3 物质主义倾向在参照群体价值表达性影响对消费意愿的影响关系中起中介作用。

作为中国文化中的特色构成部分，面子文化是影响居民消费意愿的重要社会文化因素之一（Smith，1894）。例如，面子文化意识越高的消费者，越倾向于通过超前消费、高档消费展现自己的身份，从而导致更高的消费额和更高的消费水平。因此，从某种程度上看，面子文化引发的消费行为也强化了炫耀性消费行为，强调面子意识将使人们更倾向于消费炫耀性商品来作为社会地位的象征。而根据 Marcoux 等（1997）的研究，物质主义正是炫耀性购买行为的一个主要维度。因此，面子文化对于物质主义会产生一定的影响。此外，Richins 和 Dawson（1992）指出，高物质主义倾向者所具有的典型人格和行为特征中，重要表现之一是追求充满物质财富的生活，不愿意保持物质简单的生活，比如在交通方面，他们往往会选择汽车而非自行车。并且，在高物质主义倾向的影响下，个体的消费意愿也会提升。而如前分析，物质主义倾向又会强化消费者的消费意愿，因此，本书提出如下假设：

H17.1　物质主义倾向在面子文化对消费意愿的影响关系中起中介作用。

综上所述，可构建如图 5-3 所示的交互关系模型并提出如下研究假设。

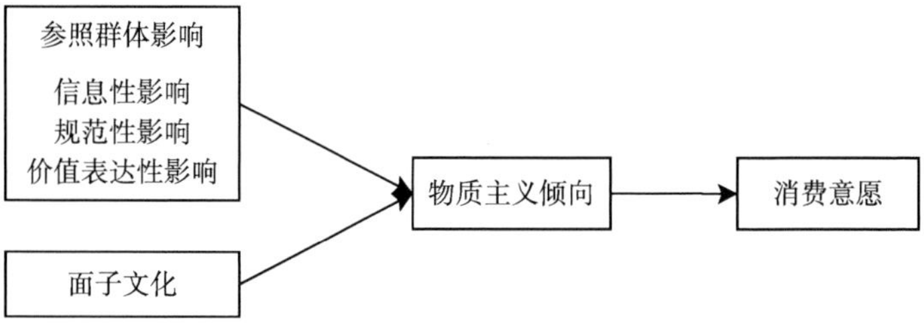

图 5-3　参照群体影响、面子文化与物质主义倾向对消费意愿的交互影响模型

（2）数据分析结果

在图 5-3 的交互影响模型中，面子文化的测项有 5 个，信息性影响的测项有 4 个，规范性影响的测项有 5 个，价值表达性影响的测项有 5 个，物质主义倾向的测项有 6 个。消费意愿的测项仍然由消费数量意愿、消费时间偏好和借贷消费意愿这 3 项构成。

同样，本书采用依次回归方法来检验物质主义倾向的中介作用。具体而言，如表 5-76 中 M2 和 M3 所示，信息性影响与物质主义倾向之间具有显著的正相关关系（$\beta = 0.142$，$p < 0.001$），将信息性影响、物质主义倾向作为自变量，将消费意愿作为因变量进行回归分析结果显示，物质主义倾向与消费意愿之间具有显著的正相关关系（$\beta = 0.419$，$p < 0.001$），而信息性影响与消费意愿之间的相关关系不显著（$\beta = 0.043$，$p > 0.05$），这说明物质主义倾向在信息性影响对消费意愿的影响关系中起完全中介的作用，H16.1.1 得到验证。

表 5-76　物质主义倾向对信息性影响和消费意愿关系的中介作用

变量	消费意愿	物质主义倾向	消费意愿
	M1	M2	M3
年龄	-0.102***	-0.104***	-0.058***
性别	-0.083	-0.161*	-0.037
信息性影响	0.102**	0.142**	0.043
物质主义倾向			0.419***
F 值	27.103***	33.314***	87.347***
D-W 值	1.766	1.715	1.866
R^2	0.244	0.269	0.463

注：R^2 为未调整的值，系数未经标准化。

如表 5-77 中 M2 和 M3 所示，规范性影响与物质主义倾向之间具有显著的正相关关系（$\beta = 0.163$，$p < 0.001$），将规范性影响、物质主义倾向作为自变量，将消费意愿作为因变量进行回归分析结果显示，物质主义倾向与消费意愿之间具有显著的正相关关系（$\beta = 0.419$，$p < 0.001$），规范性影响与消费意愿之间的相关关系也显著（$\beta = 0.085$，$p < 0.05$），这说明物质主义倾向在规范性影响对消费意愿的影响关系中起部分中介的作用，H16.1.2 得到验证。

表 5-77　物质主义倾向对规范性影响和消费意愿关系的中介作用

变量	消费意愿	物质主义倾向	消费意愿
	M1	M2	M3
年龄	-0.102***	-0.19***	-0.059***
性别	-0.129	-0.104**	-0.051
规范性影响	0.153***	0.163***	0.085*
物质主义倾向			0.419***
F 值	30.158***	34.173***	88.739***
D-W 值	1.782	1.714	1.876
R^2	0.257	0.274	0.466

注：R^2 为未调整的值，系数未经标准化。

如表 5-78 中 M2 和 M3 所示，价值表达性影响与物质主义倾向之间具有显著的正相关关系（$\beta = 0.649$，$p < 0.01$），将价值表达性影响、物质主义倾向作为自变量，将消费意愿作为因变量进行回归分析结果显示，物质主义倾向与消费意愿之间具有显著的正相关关系（$\beta = 0.329$，$p < 0.001$），价值表达性影响与消费意愿之间的相关关系也显著（$\beta = 0.178$，$p < 0.001$），这说明物质主义倾向在价值表达性影响对消费意愿的影响关系中起部分中介的作用，H16.1.3 得到验证。

表 5-78　物质主义倾向对价值表达性影响和消费意愿关系的中介作用

变量	消费意愿	物质主义倾向	消费意愿
	M1	M2	M3
年龄	-0.06***	-0.06***	-0.056***
性别	-0.91	-0.138*	-0.046
价值表达性影响	0.391***	0.649**	0.178***
物质主义倾向			0.329***
F 值	84.043***	261.768***	94.761***
D-W 值	1.853	1.765	1.885
R^2	0.405	0.616	0.478

注：R^2 为未调整的值，系数未经标准化。

如表 5-79 中 M2 和 M3 所示，面子文化与物质主义倾向之间具有显著的正相关关系（$\beta = 0.473$，$p < 0.01$），将面子文化、物质主义倾向作为自变量，将消费意愿作为因变量进行回归分析结果显示，物质主义倾向与消费意愿之间具有显著的正相关关系（$\beta = 0.381$，$p < 0.001$），面子文化与消费意愿之间的相关关系也显著（$\beta = 0.085$，$p < 0.01$），这说明物质主义倾向在面子文化对消费意愿的影响关系中起部分中介的作用，H17.1 得到验证。

表 5-79　物质主义倾向对面子文化和消费意愿关系的中介作用

变量	消费意愿	物质主义倾向	消费意愿
	M1	M2	M3
年龄	-0.102***	-0.134***	-0.062***
性别	-0.09	-0.103*	-0.039
面子文化	0.265***	0.473**	0.085**
物质主义倾向			0.381***
F 值	57.66***	164.453***	89.519***
D-W 值	1.825	1.803	1.866
R^2	0.345	0.527	0.467

注：R^2 为未调整的值，系数未经标准化。

5.6 居民消费意愿的人口统计特征分析

5.6.1 居民当前优先考虑增加和减少的消费支出类别

在本书的实证研究中，我们对居民当前优先考虑增加和减少的消费支出类别进行了统计。我们在问卷中列出了 13 类商品或服务，让被访者从中选择 3 项优先考虑的消费支出类别。

在优先考虑增加的消费支出类别中，从选择频数的占比来看，排在前 3 位的依次是食品、旅游和服装，如图 5-4 所示。这 3 项消费内容的选择频数占比均超过了总样本的 35%。从整体消费类型来看，主要涉及衣食类的生活必需品及部分休闲类消费内容。

在优先考虑减少的消费支出类别中，从选择频数的占比来看，排在前 3 位的依次是旅游、服装和文化娱乐，如图 5-5 所示。这 3 项消费内容的选择频数比例均超过了总样本的 1/3，也就是说，被访者中有 33%以上的人选择了这 3 项。从

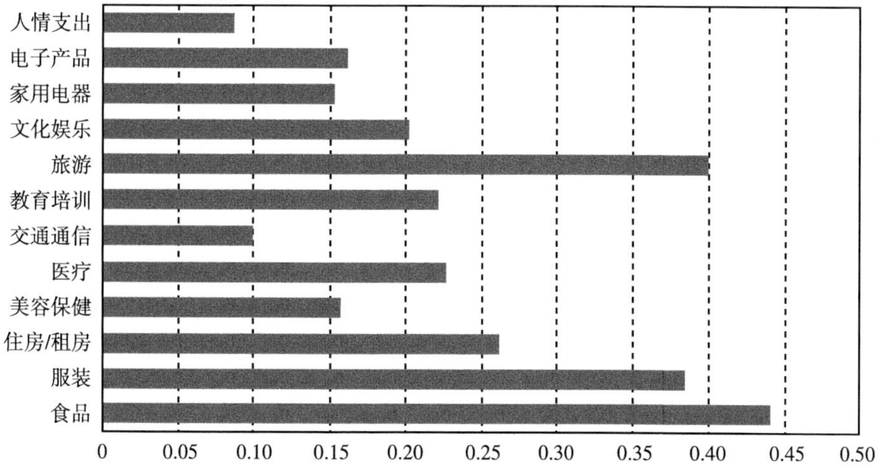

图 5-4　居民优先考虑增加的消费支出类别

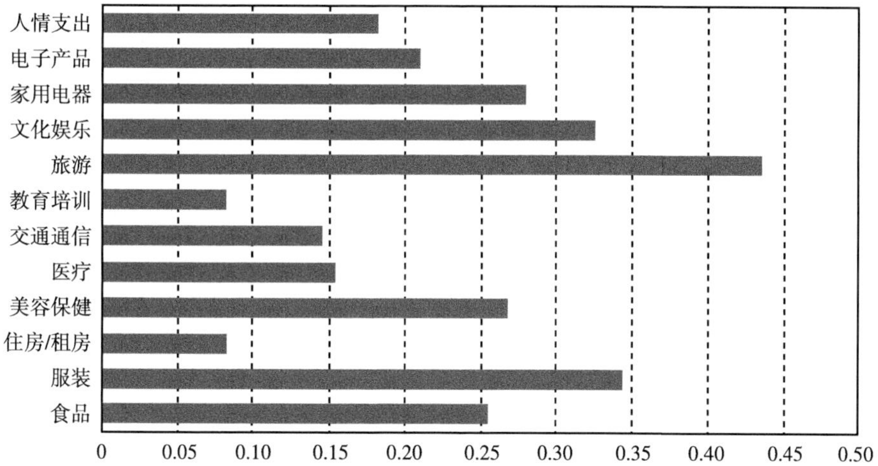

图 5-5　居民优先考虑减少的消费支出类别

整体消费类别来看，主要涉及享乐休闲类以及部分生活必需品等消费内容。

在这一节中，我们还通过描述统计来探索具备不同人口统计特征的居民在优先考虑增加或减少的消费支出类别上的差异。这里所采用的人口统计特征包括性别、年龄、经济收入、受教育程度以及地理分布。

5.6.2　按性别区分的居民优先考虑的消费支出类别

从性别差异角度来看，按性别将数据分为两组，其中男性 734 人，女性 649 人。选择频数是各组在每类消费支出类别上的选择频数，选择频数占比用各组选择频数除以各组的人数得到。计算选择频数占比的目的是比较各组之间在同一类商品上的选择差异。

(1) 按性别区分的居民优先考虑增加的消费支出类别

按性别区分的居民优先考虑增加的消费支出类别的选择情况如表 5-80 所示。

表 5-80　按性别区分的居民优先考虑增加消费支出类别

	男性（734 人）		女性（649 人）	
	选择频数	频数占比	选择频数	频数占比
食品	300	0.409	308	0.475
服装	209	0.285	321	0.495
住房/租房	219	0.298	142	0.219
美容保健	57	0.078	156	0.240
医疗	186	0.253	124	0.191
交通通信	91	0.124	47	0.072
教育培训	161	0.219	142	0.219
旅游	279	0.380	270	0.416
文化娱乐	157	0.214	120	0.185
家用电器	135	0.184	77	0.119
电子产品	140	0.191	83	0.128
人情支出	85	0.116	34	0.052

基于选择频数占比所得到的曲线如图 5-6 所示。从图 5-6 中可以看到，男性居民和女性居民在优先考虑增加的消费支出类别中差异最大的是服装和美容保健（女高于男），其次为住房/租房和电子产品（男高于女）。

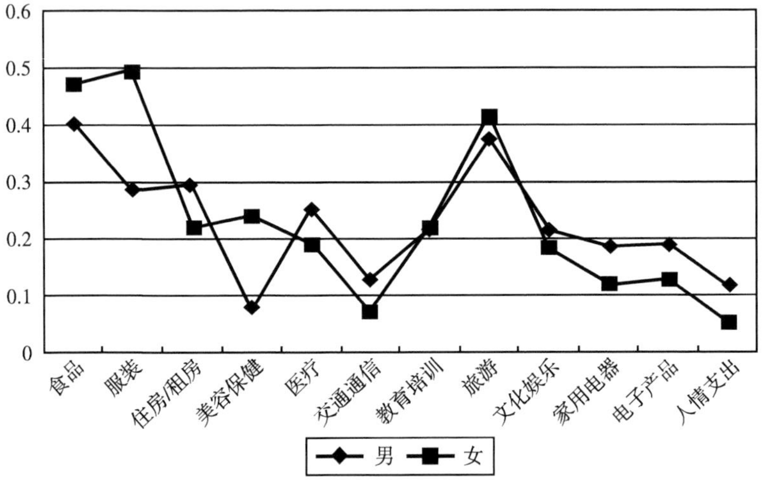

图 5-6　按性别区分的居民优先考虑增加的消费支出类别

(2) 按性别区分的居民优先考虑减少的消费支出类别

按性别区分的居民优先考虑减少的消费支出类别的选择情况如表 5-81 所示。

表 5-81 按性别区分的居民优先考虑减少的消费支出类别

	男性（734 人）		女性（649 人）	
	选择频数	频数占比	选择频数	频数占比
食品	182	0.248	169	0.260
服装	224	0.305	248	0.382
住房/租房	70	0.095	45	0.069
美容保健	145	0.198	145	0.223
医疗	119	0.162	95	0.146
交通通信	128	0.174	75	0.116
教育培训	63	0.086	51	0.079
旅游	341	0.465	256	0.394
文化娱乐	235	0.320	212	0.327
家用电器	205	0.279	181	0.279
电子产品	151	0.206	141	0.217
人情支出	97	0.132	71	0.109

基于选择频数占比所得到的曲线如图 5-7 所示。从图 5-7 中可以看到，男性居民和女性居民在优先考虑减少的消费支出类别中差异最大的是服装（女高于男），其次为旅游和交通通信（男高于女）。而男性居民和女性居民在其他优先考

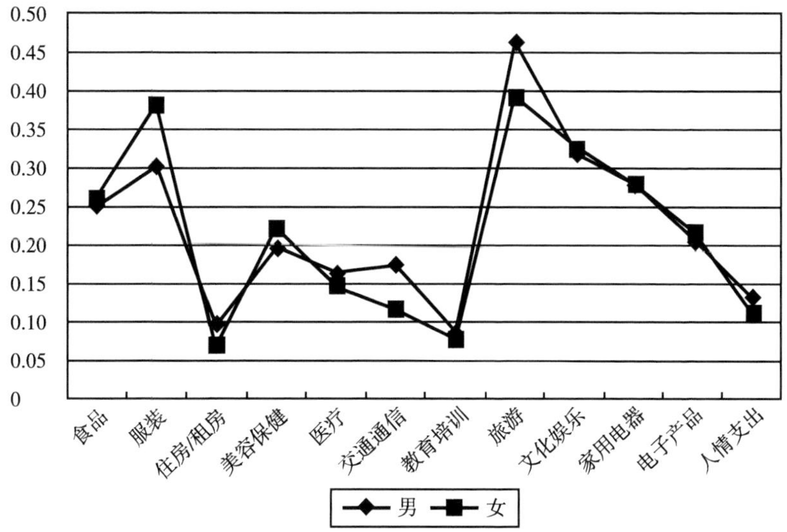

图 5-7 按性别区分的居民优先考虑减少的消费支出类别

虑减少的消费支出类别的选择上基本接近。

5.6.3 按年龄区分的居民优先考虑的消费支出类别

为便于比较年龄差异与居民优先考虑的消费支出类别的关系，我们将样本数据按年龄分为五组，其中 18~30 岁的 360 人，31~40 岁的 274 人，41~50 岁的 292 人，51~60 岁的 236 人，61 岁及以上的 221 人。

（1）按年龄区分的居民优先考虑增加的消费支出类别

按年龄区分的居民优先考虑增加的消费支出类别的选择情况如表 5-82 所示。

表 5-82 按年龄区分的居民优先考虑增加的消费支出类别

	18~30 岁（360 人）		31~40 岁（274 人）		41~50 岁（292 人）		51~60 岁（236 人）		61 岁及以上（221 人）	
	选择频数	频数占比	选择频数	频数占比	选择频数	频数占比	选择频数	频数占比	选择频数	频数占比
食品	93	0.372	64	0.321	75	0.414	68	0.500	51	0.665
服装	156	0.489	82	0.401	88	0.390	75	0.318	73	0.240
住房/租房	21	0.283	30	0.328	24	0.301	25	0.237	16	0.113
美容保健	82	0.186	69	0.175	58	0.151	42	0.136	37	0.113
医疗	45	0.097	50	0.146	59	0.164	35	0.292	26	0.548
交通通信	52	0.131	43	0.091	50	0.113	34	0.085	24	0.059
教育培训	31	0.253	24	0.299	26	0.267	16	0.144	18	0.090
旅游	165	0.414	130	0.456	137	0.438	92	0.398	76	0.244
文化娱乐	145	0.258	87	0.212	82	0.161	72	0.208	62	0.145
家用电器	84	0.114	81	0.135	80	0.151	80	0.203	62	0.181
电子产品	83	0.247	59	0.223	57	0.120	42	0.110	48	0.050
人情支出	31	0.092	36	0.062	36	0.065	24	0.102	43	0.113

基于选择频数占比所得到的曲线如图 5-8 所示。从图 5-8 中可以看到，不同年龄段的居民在优先考虑增加的消费支出类别上具有较大差异。例如，61 岁及以上的居民对医疗、食品类产品的消费意愿明显高于其他 4 个年龄段，而对服装、住房/租房、旅游和电子产品类产品的消费意愿明显低于其他 4 个年龄段的居民。值得注意的是，居民对于医疗类产品的消费意愿随着年龄段的上升而增加，而对于服装类产品的消费意愿则随着年龄段的上升而下降。

（2）按年龄区分的居民优先考虑减少的消费支出类别

按年龄区分的居民优先考虑减少的消费支出类别的选择情况如表 5-83 所示。

基于选择频数占比所得到的曲线如图 5-9 所示。从图 5-9 中可以看到，不同年龄段的居民在优先考虑减少的消费支出类别上具有一定的差异。例如，18~30

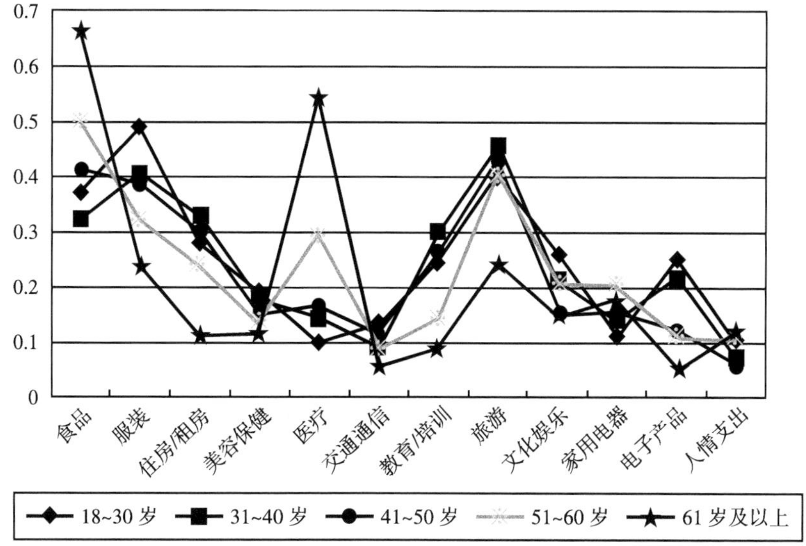

图 5-8 按年龄区分的居民优先考虑增加的消费支出类别

表 5-83 按年龄区分的居民优先考虑减少的消费支出类别

	18~30 岁（360 人）		31~40 岁（274 人）		41~50 岁（292 人）		51~60 岁（236 人）		61 岁及以上（221 人）	
	选择频数	频数占比	选择频数	频数占比	选择频数	频数占比	选择频数	频数占比	选择频数	频数占比
食品	93	0.258	64	0.234	75	0.257	68	0.288	51	0.231
服装	156	0.433	82	0.299	88	0.301	75	0.318	73	0.330
住房/租房	21	0.058	30	0.109	24	0.082	25	0.106	16	0.072
美容保健	82	0.228	69	0.252	58	0.199	42	0.178	37	0.167
医疗	45	0.125	50	0.182	59	0.202	35	0.148	26	0.118
交通通信	52	0.144	43	0.157	50	0.171	34	0.144	24	0.109
教育培训	31	0.086	24	0.088	26	0.089	16	0.068	18	0.081
旅游	165	0.458	130	0.474	137	0.469	92	0.390	76	0.344
文化娱乐	145	0.403	87	0.318	82	0.281	72	0.305	62	0.281
家用电器	84	0.233	81	0.296	80	0.274	80	0.339	62	0.281
电子产品	83	0.231	59	0.215	57	0.195	42	0.178	48	0.217
人情支出	31	0.086	36	0.131	36	0.123	24	0.102	43	0.195

岁的居民倾向于减少服装、文化娱乐类产品的消费，并且其意愿明显高于其他 4 个年龄段；61 岁及以上的居民倾向于减少人情支出，其意愿明显高于其他 4 个年龄段。

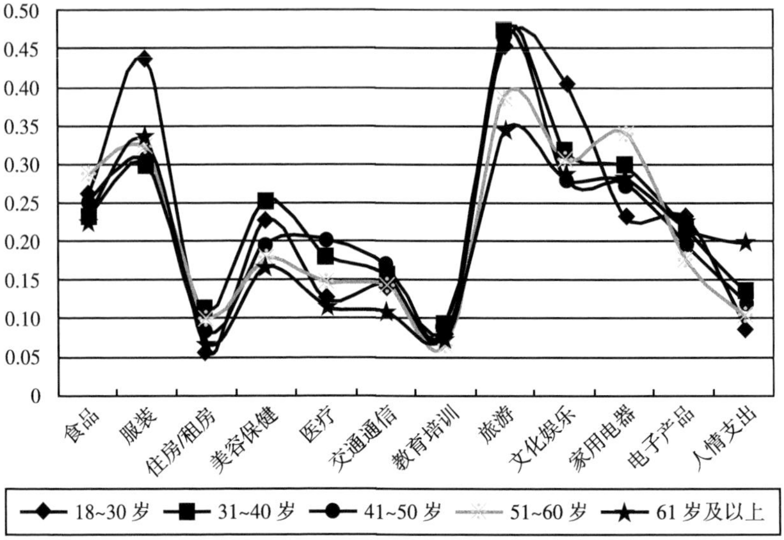

图 5-9　按年龄区分的居民优先考虑减少的消费支出类别

5.6.4　按收入水平区分的居民优先考虑的消费支出类别

从家庭收入水平差异来看，为便于比较，我们按人均年收入水平将样本数据分为 4 组，其中人均年收入为 30000 元及以下的 715 人，30001~50000 元的 235 人，50001~100000 元的 248 人，100000 元以上的 185 人。

（1）按收入水平区分的居民优先考虑增加的消费支出类别

按收入水平区分的居民优先考虑增加的消费支出类别的选择情况如表 5-84 所示。

表 5-84　按收入水平区分的居民优先考虑增加的消费支出类别

	30000 元及以下（715 人）		30001~50000 元（235 人）		50001~100000 元（248 人）		100000 元以上（185 人）	
	选择频数	频数占比	选择频数	频数占比	选择频数	频数占比	选择频数	频数占比
食品	365	0.510	116	0.494	81	0.327	45	0.243
服装	279	0.390	92	0.391	94	0.379	60	0.324
住房/租房	177	0.248	62	0.264	66	0.266	56	0.303
美容保健	85	0.119	38	0.162	48	0.194	44	0.238
医疗	193	0.270	53	0.226	36	0.145	29	0.157
交通通信	74	0.103	23	0.098	27	0.109	14	0.076
教育培训	166	0.232	40	0.170	50	0.202	47	0.254
旅游	231	0.323	92	0.391	121	0.488	105	0.568
文化娱乐	124	0.173	38	0.162	53	0.214	60	0.324

续表

	30000 元以下（715 人）		30001~50000 元（235 人）		50001~100000 元（248 人）		100000 元以上（185 人）	
	选择频数	频数占比	选择频数	频数占比	选择频数	频数占比	选择频数	频数占比
家用电器	113	0.158	40	0.170	37	0.149	21	0.114
电子产品	101	0.141	41	0.174	50	0.202	26	0.141
人情支出	66	0.092	12	0.051	21	0.085	19	0.103

基于选择频数占比所得到的曲线如图 5-10 所示。从图 5-10 中可以看到，不同人均年收入水平的居民在优先考虑增加的消费支出类别上具有较大差异。例如，年收入水平在 100000 元以上的居民，对旅游类产品的消费意愿明显高于其他 3 个收入水平的居民，而对食品类产品的消费意愿明显低于其他 3 个收入水平的居民。值得注意的是，居民对于旅游与美容保健类产品的消费意愿随着年收入水平的上升而增加，而对食品类产品的消费意愿则随着收入水平的上升而下降。

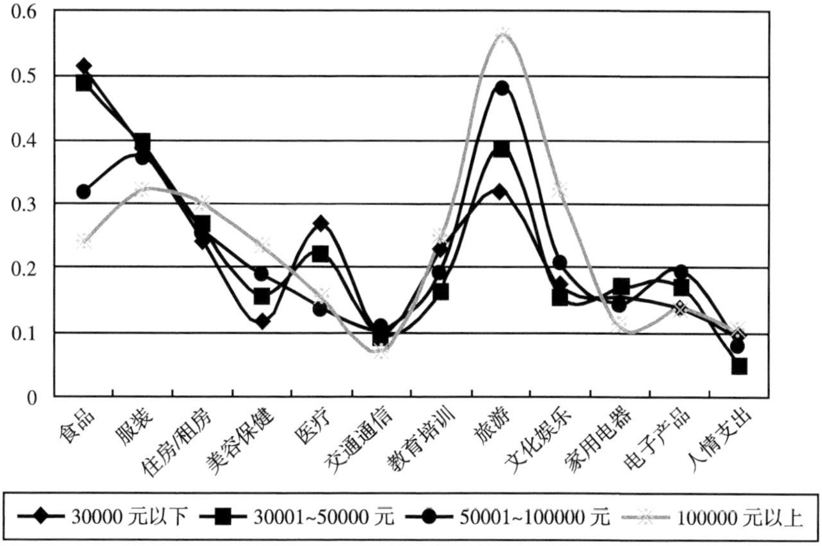

图 5-10 按收入水平区分的居民优先考虑增加的消费支出类别

（2）按收入水平区分的居民优先考虑减少的消费支出类别

按收入水平区分的居民优先考虑减少的消费支出类别的选择情况如表 5-85 所示。

基于选择频数占比所得到的曲线如图 5-11 所示。从图 5-11 中可以看到，不同人均年收入水平的居民在优先考虑减少的消费支出类别上的差异较小，不同收

表 5-85 按收入水平区分的居民优先考虑减少的消费支出类别

	30000 元以下 (715 人)		30001~50000 元 (235 人)		50001~100000 元 (248 人)		100000 元以上 (185 人)	
	选择频数	频数占比	选择频数	频数占比	选择频数	频数占比	选择频数	频数占比
食品	195	0.273	53	0.226	61	0.246	41	0.222
服装	275	0.385	73	0.311	77	0.310	47	0.254
住房/租房	53	0.074	28	0.119	13	0.052	21	0.114
美容保健	159	0.222	45	0.191	43	0.173	39	0.211
医疗	89	0.124	38	0.162	45	0.181	43	0.232
交通通信	98	0.137	33	0.140	40	0.161	32	0.173
教育培训	51	0.071	23	0.098	21	0.085	20	0.108
旅游	281	0.393	108	0.460	119	0.480	85	0.459
文化娱乐	237	0.331	76	0.323	76	0.306	57	0.308
家用电器	202	0.283	67	0.285	73	0.294	43	0.232
电子产品	152	0.213	50	0.213	52	0.210	37	0.200
人情支出	87	0.122	26	0.111	33	0.133	24	0.130

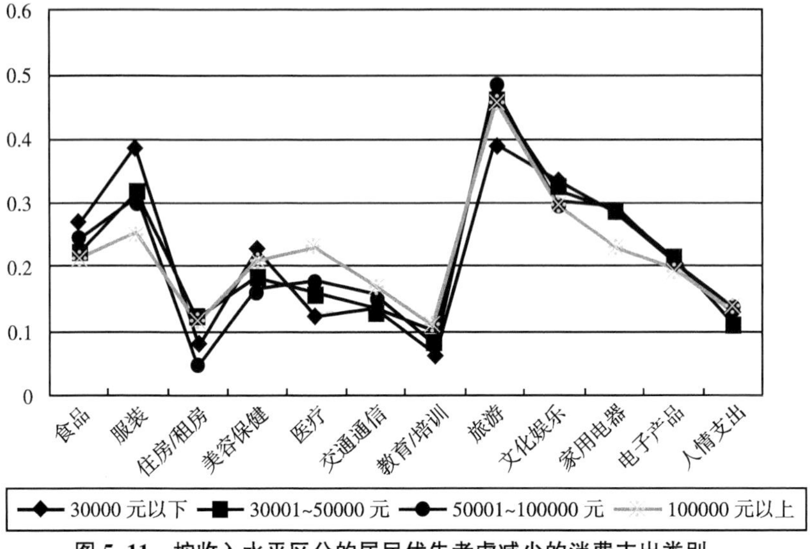

图 5-11 按收入水平区分的居民优先考虑减少的消费支出类别

入水平的居民都倾向于减少对旅游、服装和文化娱乐方面的消费。不过，收入水平在 30000 元以下的居民减少服装类产品消费的意愿明显高于其他 3 个收入水平的居民，而对减少旅游类产品消费的意愿明显低于其他 3 个收入水平的居民。

5.6.5 按受教育水平区分的居民优先考虑的消费支出类别

从受教育水平来看，不同受教育水平的居民优先考虑增加和减少的消费支出类别存在差异。为便于比较，我们按受教育水平将样本数据分为三组，其中受教育水平为初中及以下的326人，高中/中专/大专的609人，大学本科及以上的448人。

（1）受教育水平与居民优先考虑增加的消费支出类别的差异

按受教育水平区分的居民优先考虑增加的消费支出类别的选择情况如表5-86所示。

表5-86 按受教育水平区分的居民优先考虑增加的消费支出类别

	初中及以下（326人）		高中/中专/大专（609人）		大学本科及以上（448人）	
	选择频数	频数占比	选择频数	频数占比	选择频数	频数占比
食品	184	0.564	274	0.450	151	0.337
服装	112	0.344	231	0.379	184	0.411
住房/租房	57	0.175	155	0.255	148	0.330
美容保健	33	0.101	102	0.167	81	0.181
医疗	118	0.362	138	0.227	57	0.127
交通通信	30	0.092	60	0.099	48	0.107
教育培训	52	0.160	129	0.212	124	0.277
旅游	67	0.206	261	0.429	222	0.496
文化娱乐	45	0.138	116	0.190	118	0.263
家用电器	71	0.218	97	0.159	43	0.096
电子产品	28	0.086	105	0.172	89	0.199
人情支出	24	0.074	54	0.089	40	0.089

基于选择频数占比所得到的曲线如图5-12所示。从图5-12中可以看到，不同受教育水平的居民在优先考虑增加的消费支出类别上具有较大差异。例如，受

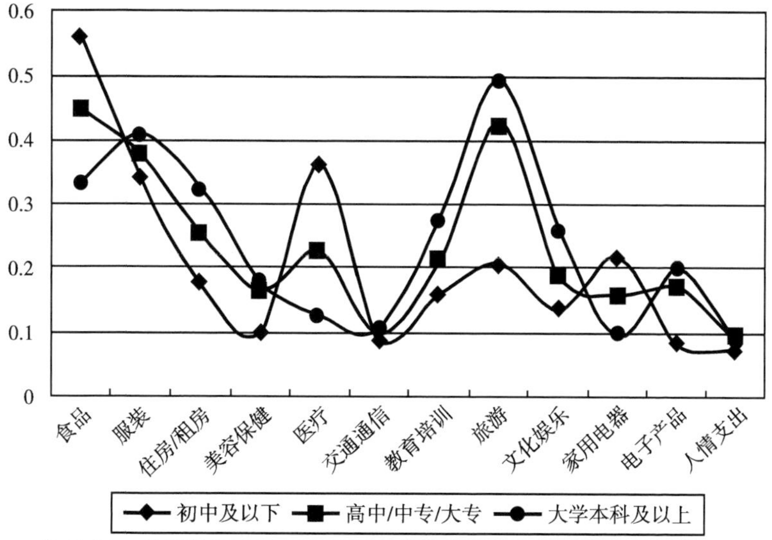

图5-12 按受教育水平区分的居民优先考虑增加的消费支出类别

教育水平为大学本科及以上水平的居民，对旅游、住房/租房、教育培训以及文化娱乐类产品的消费意愿明显高于另外两种受教育水平的居民，而在食品、医疗和家用电器类产品的消费意愿方面明显低于另外两种受教育水平的居民。值得注意的是，居民对于旅游、住房/租房、教育培训以及文化娱乐类产品的消费意愿随着受教育水平的上升而增加，而对食品、医疗及家用电器类产品的消费意愿则随着受教育水平的上升而下降。

（2）按受教育水平区分的居民优先考虑减少的消费支出类别

按受教育水平区分的居民优先考虑减少的消费支出类别的选择情况如表 5-87 所示。

表 5-87 按受教育水平区分的居民优先考虑减少的消费支出类别

	初中及以下（326 人）		高中/中专/大专（609 人）		大学本科及以上（448 人）	
	选择频数	频数占比	选择频数	频数占比	选择频数	频数占比
食品	98	0.301	146	0.240	107	0.239
服装	114	0.350	197	0.323	162	0.362
住房/租房	25	0.077	51	0.084	40	0.089
美容保健	67	0.206	132	0.217	89	0.199
医疗	35	0.107	102	0.167	78	0.174
交通通信	37	0.113	102	0.167	64	0.143
教育培训	24	0.074	53	0.087	38	0.085
旅游	120	0.368	264	0.433	215	0.480
文化娱乐	93	0.285	192	0.315	163	0.364
家用电器	89	0.273	182	0.299	116	0.259
电子产品	54	0.166	136	0.223	101	0.225
人情支出	26	0.080	64	0.105	53	0.118

基于选择频数占比所得到的曲线如图 5-13 所示。从图 5-13 中可以看到，不同受教育水平的居民在优先考虑减少的消费支出类别上的差异较小。不过值得注意的是，居民减少旅游、文化娱乐类产品消费的意愿随着受教育水平的上升而增加。

5.6.6 按人口地理特征区分的居民优先考虑的消费支出类别

从地区差异与居民优先考虑的消费支出类别的关系来看，一方面可以按照居民户口所在地是城市还是农村将样本数据分为两组；另一方面可以按照居民所在地区是北京、东部地区、中部地区还是西部地区将样本数据分为四组。之所以将北京单列出来，是因为北京作为中国的政治经济文化中心，其居民的消费意愿可能会出现与其他地区不同的特征，并且在问卷调查中有超过 1/4 的样本来自北

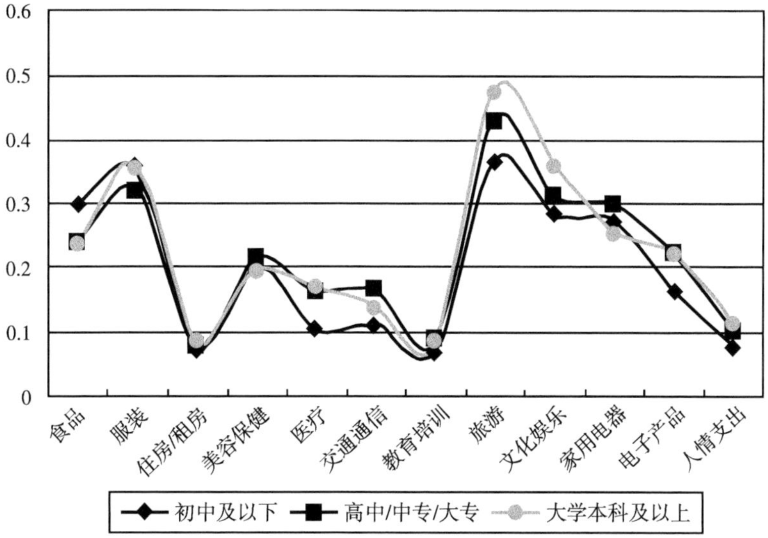

图 5-13 按受教育水平区分的居民优先考虑减少的消费支出类别

京。此外，在进行比较时，我们在每组选择了具有代表性的 3 个地区，其中东部地区包括山东、河北、辽宁三省，中部地区包括河南、山西、江西三省，西部地区包括陕西、西藏和内蒙古三省。以下分析皆剔除了未填答或未完整填答被试地理特征的问卷。

5.6.6.1 按人口地理特征区分的居民优先考虑增加的消费支出类别

（1）城乡居民在优先考虑增加的消费支出类别上的差异

按城乡区分的居民优先考虑增加的消费支出类别的选择情况如表 5-88 所示。

表 5-88 按城乡区分的居民优先考虑增加的消费支出类别

	城市（968 人）		农村（414 人）	
	选择频数	频数占比	选择频数	频数占比
食品	401	0.414	204	0.493
服装	369	0.381	154	0.372
住房/租房	246	0.254	109	0.263
美容保健	173	0.179	40	0.097
医疗	196	0.202	115	0.278
交通通信	84	0.087	54	0.130
教育培训	211	0.218	91	0.220
旅游	448	0.463	97	0.234
文化娱乐	206	0.213	69	0.167
家用电器	118	0.122	92	0.222
电子产品	154	0.159	66	0.159
人情支出	81	0.084	35	0.085

基于选择频数占比所得到的曲线如图 5–14 所示。从图 5–14 中可以看到，城乡居民在优先考虑增加的消费支出类别上具有较大差异。例如，城市居民对旅游、美容保健和文化娱乐类产品的消费意愿明显高于农村居民，而对家用电器、食品和医疗类产品的消费意愿明显低于农村居民。

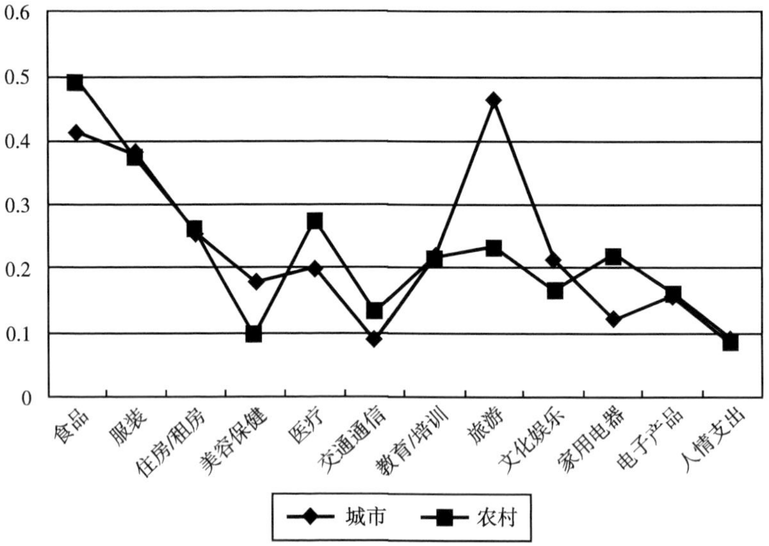

图 5–14 按城乡区分的居民优先考虑增加的消费支出类别

（2）不同省域的居民在优先考虑增加的消费支出类别上的差异

按省域区分的居民优先考虑增加的消费支出类别的选择情况如表 5–89 所示。

表 5–89 按省域区分的居民优先考虑增加的消费支出类别

	北京（446 人）		东部地区（167 人）		中部地区（224 人）		西部地区（202 人）	
	选择频数	频数占比	选择频数	频数占比	选择频数	频数占比	选择频数	频数占比
食品	184	0.413	76	0.455	110	0.491	88	0.436
服装	172	0.386	75	0.449	76	0.339	80	0.396
住房/租房	118	0.265	42	0.251	63	0.281	62	0.307
美容保健	86	0.193	30	0.180	22	0.098	21	0.104
医疗	95	0.213	26	0.156	59	0.263	55	0.272
交通通信	34	0.076	18	0.108	28	0.125	28	0.139
教育培训	85	0.191	36	0.216	50	0.223	66	0.327
旅游	193	0.433	70	0.419	63	0.281	80	0.396
文化娱乐	98	0.220	37	0.222	38	0.170	34	0.168
家用电器	49	0.110	27	0.162	40	0.179	28	0.139
电子产品	67	0.150	27	0.162	39	0.174	26	0.129
人情支出	32	0.072	13	0.078	30	0.134	13	0.064

基于选择频数占比所得到的曲线如图 5–15 所示。从图 5–15 中可以看到，各个地域的居民在优先考虑增加的消费支出类别上具有一定的差异。尤其是西部地区的居民对教育培训类产品的消费意愿明显高于其他地域的居民，中部地区居民对旅游类产品的消费意愿明显低于其他地域的居民。从整个曲线图看，北京和东部地区的居民在食品、住房/租房、美容保健、交通通信、教育培训、旅游、文化娱乐、电子产品、人情支出等许多方面的消费意愿上倾向一致。

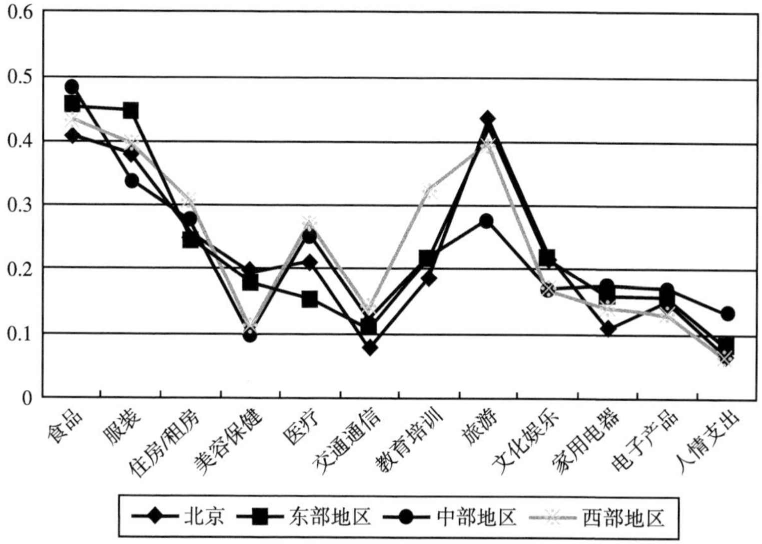

图 5–15 按省域区分的居民优先考虑增加的消费支出类别

5.6.6.2 按人口地理特征区分的居民优先考虑减少的消费支出类别

（1）按城乡区分的居民优先考虑减少的消费支出类别

按城乡区分的居民优先考虑减少的消费支出类别的选择情况如表 5–90 所示。

表 5–90 按城乡区分的居民优先考虑减少的消费支出类别

	城市（968 人）		农村（414 人）	
	选择频数	频数占比	频数占比	选择频数
食品	231	0.121	117	0.283
服装	323	0.153	148	0.357
住房/租房	75	0.041	40	0.097
美容保健	181	0.106	103	0.249
医疗	165	0.049	47	0.114
交通通信	147	0.056	54	0.130
教育培训	83	0.030	29	0.070
旅游	422	0.177	171	0.413

续表

	城市（968 人）		农村（414 人）	
	选择频数	频数占比	频数占比	选择频数
文化娱乐	323	0.127	123	0.297
家用电器	273	0.115	111	0.268
电子产品	198	0.093	90	0.217
人情支出	116	0.054	52	0.126

基于选择频数占比所得到的曲线如图 5-16 所示。从图 5-16 中可以看到，城乡居民在优先考虑减少的消费支出类别上具有较大差异。总体上看，城市居民减少各类产品消费的意愿要明显低于农村居民。

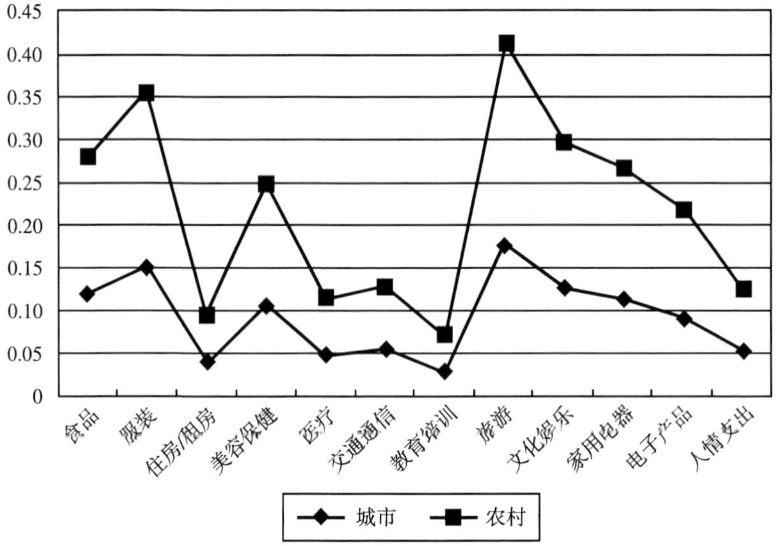

图 5-16 按城乡区分的居民优先考虑减少的消费支出类别

（2）不同省域的居民在优先考虑减少的消费支出类别上的差异

按省域区分的居民优先考虑减少的消费支出类别的选择情况如表 5-91 所示。

表 5-91 按省域区分的居民优先考虑减少的消费支出类别

	北京（446 人）		东部地区（167 人）		中部地区（224 人）		西部地区（202 人）	
	选择频数	频数占比	选择频数	频数占比	选择频数	频数占比	选择频数	频数占比
食品	105	0.235	29	0.174	81	0.362	36	0.178
服装	172	0.386	75	0.449	76	0.339	80	0.396
住房/租房	37	0.083	21	0.126	18	0.080	16	0.079
美容保健	97	0.217	23	0.138	43	0.192	70	0.347

续表

	北京（446 人）		东部地区（167 人）		中部地区（224 人）		西部地区（202 人）	
	选择频数	频数占比	选择频数	频数占比	选择频数	频数占比	选择频数	频数占比
医疗	52	0.117	26	0.156	37	0.165	24	0.119
交通通信	51	0.114	30	0.180	28	0.125	36	0.178
教育培训	32	0.072	15	0.090	14	0.063	11	0.054
旅游	202	0.453	66	0.395	93	0.415	100	0.495
文化娱乐	159	0.357	48	0.287	66	0.295	82	0.406
家用电器	102	0.229	65	0.389	60	0.268	45	0.223
电子产品	103	0.231	34	0.204	48	0.214	44	0.218
人情支出	55	0.123	23	0.138	26	0.116	28	0.139

基于选择频数占比所得到的曲线如图 5–17 所示。从图 5–17 中可以看到，各个地域的居民在优先考虑减少的消费支出类别上具有一定的差异。尤其是中部地区对减少食品消费支出的意愿明显高于其他地域的居民，西部地区对减少美容保健消费支出的意愿明显高于其他地域的居民，北京地区居民则对减少家用电器、服装消费支出的意愿要高于其他地域的居民。

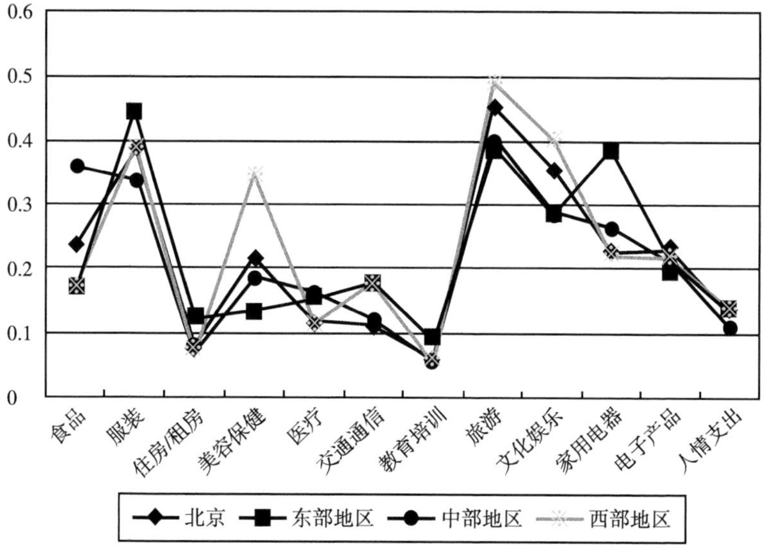

图 5–17 按省域区分的居民优先考虑减少的消费支出类别

5.6.7 居民优先考虑的消费支出类别与人口统计特征的对应分析

通过以上分析，我们可以从性别、年龄、收入水平、受教育水平以及人口地理特征这五个方面对最有可能优先考虑增加或减少某类消费支出的人群特征进行描述，如表 5-92 所示。需要指明的是，表中的描述都是相对而言的，比如对于食品类消费支出，女性相较于男性对增加该类产品消费的倾向性更高，因此，在描述优先考虑增加该类产品消费的居民特征时，就会显示性别特征为女性。

表 5-92　优先考虑增加或减少某类消费支出的居民人口统计特征

消费支出类别	优先考虑增加该类产品消费的居民人口统计特征	优先考虑减少该类产品消费的居民人口统计特征
食品	女性；51 岁及以上；收入水平在 5 万元以下；受教育水平较低；居住在农村	51~60 岁；收入水平在 3 万元以下；受教育水平较低；居住在农村
服装	女性；18~30 岁；随受教育水平的上升而上升；居住在东部地区	女性；18~30 岁；收入水平在 3 万元以下；居住在农村
住房/租房	男性；18~50 岁，尤以 31~40 岁的居民倾向性最高；收入水平在 10 万元以上；大学本科及以上学历；居住在西部地区	不明显
美容保健	女性；随年龄增加而下降；随收入增加而上升；居住在城市	31~40 岁；居住在农村
医疗	男性；随年龄增加而上升，61 岁及以上的人倾向性最高，51~60 岁年龄段的人次之；收入水平在 5 万元以下；随受教育水平上升而下降，初中及以下学历的居民倾向性最高；居住在农村	收入水平在 10 万元以上；居住在农村；中部地区
交通通信	男性；18~30 岁	男性；初中及以下学历；居住在农村；东部和西部地区
教育培训	31~40 岁；收入水平在 10 万元以上或 3 万元以下；随受教育水平提高而增加，大学本科及以上学历的居民倾向性最高	居住在农村
旅游	18~60 岁，尤以 31~40 岁的居民倾向性最高；随收入上升而增加，收入水平在 10 万元以上的居民倾向性最高；随受教育水平提高而明显增加，大学本科及以上学历的居民倾向性最高；居住在城市	男性；随受教育水平提高而增加；居住在农村；北京或西部地区
文化娱乐	18~30 岁；收入水平在 10 万元以上；随受教育水平提高而增加，大学本科及以上学历居民的倾向性最高；北京和东部地区较高	18~30 岁；随受教育水平提高而增加；居住在农村；北京或西部地区
家用电器	男性；51~60 岁；初中及以下学历居民的倾向性最高；居住在农村；中部地区	51~60 岁；高中/中专/大专学历；居住在农村；东部地区
电子产品	男性；18~30 岁居民的倾向性最高，31-40 岁居民次之；收入水平为 3 万~10 万元的中等收入水平；大学本科及以上学历	居住在农村
人情支出	男性；中部地区	61 岁及以上

从具体的消费内容来看，在经济条件允许的情况下，居民优先考虑增加的前五种消费支出类别依次为旅游、食品、服装、住房/租房、医疗；在出现财务困难时，居民优先考虑减少的前五种消费支出类别依次为旅游、服装、文化娱乐、家用电器、美容保健；即使出现了财务困难，居民地不愿减少的消费支出

类别是住房/租房和教育培训，可见这两类消费支出对于我国居民而言是具有刚性的。旅游和服装的需求弹性最大，经济境况好时会大幅增加，反之则会出现低迷的情况。

值得注意的是，就医疗而言，即使出现财务困难也不愿意减少的消费者是那些年龄在 61 岁及以上以及收入水平和受教育水平比较低的人。这是因为一方面，对于 61 岁及以上的老年人而言，由于身体健康状况日益下降，医疗是非常重要的一项消费支出，具有很强的刚性；另一方面，对于收入水平和受教育水平都很低的人而言，现有的医疗支出可能属于基本的生存性支出，因此即使财务困难时也不可能减少这一部分的支出。对于家用电器等耐用性消费品而言，农村居民的消费热情明显要高于城市居民，不难看出农村仍是家用电器类产品最具前景的市场。对于旅游类休闲产品和服务，城市居民的消费倾向显著高于农村居民，这可能是因为城市居民的经济收入情况相对于农村居民要好。因此，目前休闲娱乐类产品的市场重点仍是城市居民而非农村居民。

总之，本章的研究分析表明，影响消费意愿的因素不仅包括多个单一的心理因素和社会文化因素，如心理账户、消费知识、消费信任、消费预期、生活方式、个性、社会阶层、参照群体、家庭因素、社会文化因素和政策因素等，还包括多个心理因素和社会文化因素的交互作用。通过单一变量的回归分析，我们直观地验证了消费意愿影响因素的类型以及它们对消费意愿的具体影响程度；而通过多变量交互影响的研究分析，则更深层次地挖掘了不同的心理变量以及社会文化变量对消费意愿产生影响的内在心理机制。并且，本书还对居民在可能的情况下优先考虑增加的消费支出类别进行了详细考察，从而对居民消费意愿的具体指向做了进一步分析。需要指出的是，本书中所验证的各种心理因素对居民消费意愿的影响效应在这些具体消费支出类别上同样适用，并且可以结合具体商品类别对其影响内容、影响方式特别是居民对象做更深入的有针对性的研究。另外，对于不同的消费内容，优先考虑对其进行消费的人群是具有不同的人口统计特征的，这就为各类消费品的生产商和销售商细分和开拓市场提供了基础，同时也为政府决策部门勾勒了制定和实施相关消费政策的潜在受众。

6 研究结果与讨论

在大规模问卷调查数据资料的基础上，本书采用描述性统计分析、因子分析、回归分析、计量模型、方差分析等实证分析技术，分别验证了个性、消费知识、消费预期、消费信任、生活方式、心理账户、参照群体影响等个体心理因素，以及消费政策和家庭、社会阶层感知、面子、人情、物质主义倾向、节俭消费观念等社会文化因素对居民消费数量意愿、消费时间偏好、消费档次选择以及具体消费类别支出意愿的影响；同时，还通过多变量交互模型的构建和检验，进一步考察了多个关键研究变量对消费意愿产生的交互作用；另外，还指出了我国居民消费意愿基于人口统计特征的差异性和特殊性。基于相关实证分析结果，本章将对主要研究结论进行归纳和讨论，并从我国居民的心理特征和现实消费状况出发，进一步深入分析导致我国居民消费意愿不足和消费率偏低的心理与社会成因。

6.1 心理变量对居民消费意愿具有直接影响

基于实证分析结果，我们首先分别从心理变量和社会文化变量入手，系统分析和讨论我国居民消费意愿不足的主要成因。

6.1.1 个性对居民消费意愿存在一定影响

本书根据实证研究分析结果，证明不同维度的个性特征与消费意愿的数量、时间和选择方面存在着直接或间接的影响关系。这里主要从居民消费数量意愿、消费时间偏好、消费档次选择以及消费类别倾向四个方面讨论并得出以下结论。

（1）个性对居民消费数量意愿没有显著影响

从研究结果来看，个性的各个维度如外向活泼或者严谨自制等与消费数量意愿没有显著的相关关系。这可能是由于个性只是影响消费数量意愿的众多因素中的一个因素而已，它所能解释的变动量是很小的。前人的研究也指出个性有时并不直接影响消费行为，而是通过其他一些中介变量来对消费行为产生影响（Ekinci和 Dawes，2009）。

（2）个性对居民消费档次的选择具有显著的影响

根据研究结果，个性特征中的外向活泼与热情豪爽均正向影响消费者的高档消费选择；淡泊诚信负向影响消费者的高档消费选择，正向影响低档消费选择。本书得出的研究结论与我国学者谭华青对大学生决策风格与人格关系的研究结论相一致，即消费者的内外向个性特征可以预测消费者决策时的品牌时尚导向及节俭导向。

（3）外向活泼与严谨自制的个性特征对居民提前购买有正向作用

个性特征中的外向活泼与严谨自制均正向影响消费者的消费时间偏好。前人的研究指出，个性的精神质即倔强、讲究实际以及内外向特征可以预测消费者决策风格的时间导向（谭华青，2004）。而本书中的外向活泼特征与外向的个性特征是相对应的，具有这种特征的居民，在消费时间偏好上也会表现出活跃、主动和积极一面，愿意尽早实现消费；严谨自制则主要反映个体的行事方式及态度，与倔强和讲求实际的神经质特征是对应的，具有严谨自制特征的居民，担心一旦延迟消费就无法实现消费需求的情况出现，基于这种有备无患的谨慎心理，他们愿意尽早购买所需要的产品，因而在消费时间偏好上倾向于尽早消费。

（4）不同个性特征的居民在消费类别支出意愿上存在差异

具体来说，外向活泼型的性格与享乐品方面的消费意愿正相关；严谨自制与食品以及人情支出方面的消费意愿显著相关；热情豪爽与文化娱乐方面的消费意愿正相关；淡泊诚信与服装、美容、文化娱乐、医疗等方面的消费意愿显著负相关；温顺随和与食品方面的消费意愿正相关，与杂项方面的消费意愿负相关；精明干练与医疗方面的消费意愿正相关，与电子产品方面的消费意愿负相关；善良友好与消费类别不相关。总体来看，外向型性格如外向活泼与热情豪爽的人倾向于在具有享乐性质的商品上多消费，而淡泊诚信与精明干练等内向性格的人倾向于少消费享乐品和进行功能性消费。这与学者 Chin 和 Ru 的研究结论是相一致的，他们发现个性中的外向性、开放性会正面影响娱乐性的购买动机，而神经质、宜人性等更倾向于功利性的购买动机。

总体来看，外向活泼与淡泊诚信两种典型的中国人个性对居民消费意愿的影响比较大。从消费数量意愿、消费时间偏好与消费档次选择上来看，外向活泼的人倾向于消费得更多、更超前、更高档；淡泊诚信性格的人倾向于消费得更少、更低档，在借贷消费方面更保守，购买更少的奢侈品。

6.1.2 消费知识对居民消费意愿存在一定影响

消费知识对消费意愿和选择决策有显著的影响。不同的消费知识水平通过影响信息搜索和处理行为，最终影响消费者购买和使用产品，这与前人的研究结论一致（Alba 和 Hutchinson，1987；Rao 和 Sieben，1992；Swaminathan，2003）。本书实证检验了主观消费知识对消费数量意愿、消费时间偏好、消费档次选择和消费类别支出意愿的影响，并得出以下研究结论。

（1）消费知识水平高，会促使居民消费数量意愿增强和消费时间提前

居民自身所具有的消费知识通过对其消费数量意愿、消费时间偏好和消费档次选择产生作用，从而对消费意愿产生影响，且这种影响是正向的。也就是说，当居民的消费知识水平越高时，居民越倾向于尽早并努力购买自己看中的商品，且他们的消费数量越多。消费知识水平实质上是居民对于消费对象的主观认知水平，即居民对消费对象了解程度的一种自我感知，这种感知水平反映了居民对于正确把握消费对象的自信心。当这种源于消费知识而形成的消费自信心越强时，居民对自己所认可的消费对象或活动更有把握且更加坚定，不易受到他人及环境的影响而犹豫不决，由此也就表现出更强烈的消费意愿。

（2）消费知识对居民不同消费类别支出意愿的影响各异

消费知识会影响不同产品类别的消费支出意愿。除了教育和培训这两大产品类别外，消费知识的增加会不同程度地促进消费意愿的提升。简单来说，教育和培训是一种大额消费，它们受消费者现有和预期收入水平的影响更为明显。而随着消费者的消费知识水平的提高，在一定收入能力范围内，他们会倾向于尽早并努力消费自己看中的商品，且消费的数量也会增多。与此同时，随着消费知识水平的提高，他们的消费信心更强，对于创新型消费产品表现出更大的好奇和热情，更愿意在美容保健、电子类产品上消费更多，进而进一步强化自己的消费信心。

此外，在一定收入水平范围内，随着消费知识的增长，首先是消费者对于奢侈品这种自我表现型商品的消费意愿明显提升；其次是借贷消费意愿和汽车购买意愿也有提升。而对于住房购买意愿，由于它往往是一种家庭消费行为，并且涉及的金额较大，故而受消费知识的影响有所弱化。

6.1.3 消费预期与居民消费意愿密切相关

（1）不同类型的消费预期对居民消费意愿的影响各有差异

1）消费政策预期对于居民消费数量意愿具有显著的正向影响。首先，当居民预期相关政策使得扩大或从事某些特殊消费活动能带来额外利益时，就会乐于

增加消费数量，这与孙元明（2001）研究提出的预期水平高低会直接影响消费者大件耐用消费品购买意愿的研究结论相一致。他提出，消费者预期水平越低，消费行为越趋于平淡，购买大件耐用消费品的数量就越少，低预期水平与中、高预期水平相比较，其消费意愿表现出显著差异。其次，消费政策预期对于高档消费选择存在显著的正向影响，这说明当居民预期政府将出台更多有利于消费的政策时，居民会提高消费档次，增加对高档商品和服务的消费量；但消费政策预期对于居民的中低档商品消费意愿的影响是不显著的，这可能是因为居民对于中低档商品的消费是一种常态化消费。此外，消费政策预期对于消费时间偏好的影响关系不显著，本书认为这主要是因为目前我国消费政策的出台往往是长期性的，对于居民的消费时间偏好不构成明显的即时影响。

2）宏观经济预期对居民消费数量意愿存在显著的负向影响。即当居民预期宏观经济走势向好时，他们反而会降低当期消费数量。这是因为良好的宏观经济预期实际上反映了居民的一种良性消费判断，即市场消费品更丰富、技术更先进、质量更优秀、物价更低廉，因此居民会相应地降低当前消费数量，以期在未来实现更好的消费选择。并且，在收入既定的前提下，居民因为预期未来不会出现商品短缺或市场动荡的情况，所以会减少当期囤积行为，进而导致当期消费数量减少。此外，宏观经济预期对于居民的低档消费选择存在显著的负向影响，对于居民的高档消费选择存在显著的正向影响，即当居民预期宏观经济形势发展向好、商品供给更充裕时，居民会减少低档消费，增加高档消费，以提高自身的生活品质。总之，如果消费主体认为政府政策相对稳定，宏观经济形势前景良好，那么消费主体的心理承受力将大大增强，对政府的信赖度将提高，从而形成合理消费预期（乔臣，2010）

3）物价走势预期对居民的消费时间偏好存在正向影响。即当居民预期未来物价上涨时，会更倾向于选择在当期或尽早实现消费，以求避免因延期消费而导致消费成本增加的经济风险。居民物价走势预期与消费数量意愿、消费档次选择等不存在显著相关关系。

4）突发事件预期对居民消费数量意愿存在显著的负向影响。突发事件预期越高，居民对于未来生活中的意外支出预期越强，越会降低消费数量。以我国农村“新农合”政策的实施为例，研究表明“新农合”使非医疗支出类的家庭消费增加了约5.6%[①]，这一正向作用随着农村居民医疗保险保障水平的提高而增强。并且，这种情况在没有医疗支出的家庭中仍然存在，而在收入较低或健康状况较

① 白重恩，李宏彬，吴斌珍. 医疗保险与消费：来自新型农村合作医疗的证据［J］. 经济研究，2012（2）：41-53.

差的家庭中表现得更为明显。这些结果都与医疗保险减少预防性储蓄的假说相一致（白重恩、李宏彬和吴斌珍，2012），也与已有文献中指出的对下岗和失业的担心会使消费者持相当谨慎的态度，进而降低消费倾向（葛守昆，2002）的结论相似。

5）收入预期对于居民消费数量意愿、消费时间偏好和消费档次选择都存在显著的影响。其中，收入预期对于居民消费数量意愿、消费时间偏好存在显著的正向影响，即当居民对未来收入预期比较乐观时，对未来消费能力就会形成良性预期，这种预期会有效增加消费数量并促使其尽早进行消费。并且，随着收入预期的提高，居民对于中高档产品的消费意愿也会随之提高，对于低档产品的消费意愿则随之降低。

（2）不同类型的消费预期对居民不同消费类别支出意愿的影响表现不同

1）消费政策预期对于食品、美容保健类消费存在显著的正向影响。当预期未来政府将出台更为积极的消费政策时，居民会相应地增加食品类和美容保健类产品的消费。换言之，居民对于这两类消费类别的消费政策敏感度更高。

2）宏观经济预期对居住、美容保健、交通通信、文化娱乐、旅游、人情支出、电子产品和家用电器等方面的消费支出意愿存在显著的负向影响。即居民预期宏观经济形势向好时，会降低这些消费类别的消费。由此可以看出，受到宏观经济预期影响的主要是非生活必需品类的消费，生活必需品类的消费受宏观经济预期的影响不大。

3）物价走势预期对食品、旅游和家用电器等消费存在显著的正向影响。即当居民预期未来物价会上涨时，会增加这些商品和服务的当期消费数量。可以说，相较于其他消费类别，食品、旅游和家用电器这三类消费的价格敏感度更高。

4）突发事件预期对于居住、交通通信、文化娱乐、杂项、人情支出、电子产品和家用电器等方面的消费存在显著的正向影响。突发事件预期越高，居民对于未来生活中的意外支出预期越强。同时，随着我国经济发展和理财投资业务的全面普及，居民的理财投资观念普遍加强，主要表现在不再通过增加储蓄等方式来进行货币保值，而是投资收益稳健的理财产品或消费类别如黄金制品，从而提高收益，保值财产。表现在消费类别的选择上，居民往往会在居住、交通通信、家用电器和电子产品等具有投资价值的消费类别上增大消费，以预防未来突发事件的大笔支出。

5）收入预期对居住、交通通信、文化娱乐、教育、旅游、人情支出、电子产品等存在显著的正向影响。当居民对未来收入预期乐观时，会对未来消费能力形成一种良性预期，这种预期一方面能提升居民的消费信心，另一方面会促使居民乐于实现当前消费，因此会增加居住类、文化娱乐类等消费类别的消费数量，实现尽早消费。收入预期对于医疗类消费存在显著的负向影响，说明居民对于自身收入预期越乐观，其投入到医疗类的消费数量会越低。

(3) 年龄和文化程度对居民收入预期具有显著的正向影响

1) 年龄对居民收入预期具有显著的正向影响。随着年龄的增大，居民的收入预期会普遍向好，对于未来的收入更具有信心。消费预期作为预期的一种表现形式，是经济活动中人的意识的一个组成部分，是居民对未来经济消费活动的一种估计和主观判断（肖争艳等，2005）。预期会受到决策人的年龄、自身立场、观点、方法、地位、经验、所掌握的信息资料以及判断分析能力等的影响（于光耀和徐娜，2011）。

2) 文化程度对居民收入预期具有显著的正向影响。随着居民文化程度的提高，居民的预期收入水平也会相应增加。一般而言，文化程度的提高，意味着居民工作能力的提升，以及获得更好的工作机会的可能性，从而会产生向好的收入预期。

6.1.4 消费信任对居民消费意愿具有显著的正向影响作用

(1) 消费信任对消费数量意愿和消费时间偏好存在显著的正向影响

当居民对企业以及消费环境的信任感提升时，就会增加消费数量，并提早进行消费，这与通常的理论认知是一致的。Jarvenpaa 等（2000）也通过实证分析证明了消费信任对购物意愿具有正向影响。实际上，当居民对商品或服务的提供商具有充分的信任感时，其品牌忠诚度和重复购买率会随之提高，进而会相应地增加消费数量，提早实现消费行为。

消费信任对于居民关于不同档次产品和服务的消费意愿没有显著影响。这是因为在很大程度上，高、中、低档产品和服务可以依据商品价格进行区分，而商品价格本身又是一种质量信号，所以，消费者已经不需要通过收集产品信息、逐步建立信任来选择消费档次了。此外，消费能力作为影响消费者选择消费档次的决定性因素，基本不会受到消费信任的影响。即使居民对某一产品或服务的质量非常信任，在其消费能力无法满足这一商品或服务的价格条件时，居民也无法实现消费。

(2) 消费信任对食品、美容保健、医疗和旅游等方面的消费支出意愿存在显著的正向影响

当居民对食品、美容保健、医疗和旅游等商品或服务的信任度提高时，其在这些方面的消费数量就会相应增加。消费信任会随着长时间的重复接触而发展，同时，消费信任还会决定消费者是否会在未来与卖家再次接触（Koufaris 和

Hampoton，2004）。实际上，对于食品、美容保健和医疗等与居民生命健康安全直接相关的消费类别，消费者的消费信任在消费过程中具有重要的影响。目前，在食品安全事故频发的大背景下，随着“奥美定”事故、“超女”王贝整容致死等美容事故的曝光，居民对于食品、美容保健和医疗等消费类别安全性的敏感度已经越来越高。旅游类消费成为当前消费市场的一大热点。旅游类消费具有不可储存性、不可异地消费性和不可试用性等特点，使得消费信任在消费过程中更为重要。只有提高居民对旅游类消费的信任程度，才能有效提高旅游类消费的消费意愿和总量。

此外，消费信任对居住、交通通信、文化娱乐、教育、人情支出、电子产品和家用电器等消费类别的影响并不显著，主要是因为这些消费类别与居民自身生命健康安全的关联度较小，不需要居民在对产品或服务建立起充分信任的前提下才进行消费。但这并不意味着消费信任在这些类别的消费过程中无足轻重，相反，在目前消费环境网络化的大背景下，消费信任的建立和维护在消费决策过程中的作用越来越重要。

（3）社会阶层对居民消费信任具有显著的正向影响

不同社会阶层的人，由于收入水平、社会地位和知识阅历不同，对目前企业及市场的消费信任程度会有明显的差异，进而会直接影响其消费意愿。本书研究表明，社会阶层对居民消费信任具有显著的正向影响。这是因为，居民的社会阶层越高，其接触信息的范围越大，信息质量越高，这对于加强消费信任具有促进作用。这种影响的来源并不唯一，可能是源于社会阶层暗含的价值观、态度等特征因素使不同阶层的消费者对消费环境形成了各异的信任水平（Jones 和 George，1998），也可能是其不同的经济实力、社会地位乃至消费经验等所带来的知识、阅历在起作用。

6.1.5 生活方式的不同维度对居民消费意愿和消费支出类别影响各异

（1）生活方式的不同维度对居民消费意愿的影响有所差异

从总体上看，反映居民生活方式的五大因素：新生活意识、时尚新潮意识、个性成就意识、随意性意识以及家庭意识都对消费意愿产生了影响，但是它们产生影响的途径与相对强度有所差异。具体来说：

1）新生活意识促进消费者的中档品购买意愿。具体来说，相较于其他生活方式维度的影响而言，新生活意识的作用相对偏弱，在目前的消费结构中并没有形成较强影响。而新生活意识较强的又往往是一部分中青年人群（肖玉琴，2009），所以通过某些品类的中档消费选择来体现这种生活追求。

2）时尚新潮意识正向促进消费水平的提升。时尚新潮意识是指居民追求时尚与潮流消费、采用新技术和新产品的意识，它是居民生活方式中对消费数量意愿、消费时间偏好和消费档次选择都产生正向影响的变量，且作用强度较大。

3）个性成就意识对消费时间偏好和中档消费选择有正向作用。强烈的个性成就意识将促使消费者以尽快购置所需消费品的方法来彰显其自身价值。同时，通过透视该生活方式特征群体的年龄结构可发现，个性成就意识比较高的群体是中青年群体，因此在消费档次选择方面所表现出的特征也与新生活意识强的群体类似，即借助中档品消费实现其价值诉求。

4）随意性意识主要对高端消费形成正向促进作用。随意性意识更多地偏向于冲动性消费，呈现精神狂热的特点。具有高随意性意识的消费者在消费高档品和奢侈品时，通常不会像家庭主妇购买蔬菜那样斤斤计较，反而会在某种冲动和刺激下一掷千金。

5）家庭意识引致更多必需品消费，但对消费数量意愿的影响并不强。本书研究表明，家庭意识对低端的基础性商品消费有比较强的刺激作用，但对奢侈品和借贷消费的消费意愿却具有较大的抑制作用，这导致家庭意识总体上对消费数量意愿的影响不是很明显。

（2）生活方式的不同维度对居民消费支出结构具有影响

生活方式的不同维度对居民整体的消费支出结构具有一定影响，具体表现如下：

1）新生活意识促进教育和旅游消费。有新生活意识的消费者追求一种不同于当下而又高于当下的生活体验和感受，因此他们对精神文化方面的消费会有比较强烈的偏好。他们既寄望于通过教育投入改善自身知识水平和个人素质，进入更高层面的价值体系，又热爱通过旅游来品味和感悟生活。因此，教育消费中所包含的对当下及未来生活品质的提升是这部分消费者关注的重心所在，而旅游作为休闲消费的重要组成部分，也是新生活意识较强的消费者所格外看中的（郭鲁芳，2006）。

2）时尚新潮意识对居民不同消费类别支出意愿具有极大的影响。时尚新潮意识在居民消费意愿中的作用最为显著和强烈，几乎对所有消费类别的支出意愿都具有正向拉升作用。可以说，从食品、服装类消费到旅游和休闲类消费，几乎都有时尚新潮意识的推动。

3）个性成就意识正向促进食品、居住、交通通信、文化娱乐、教育培训、旅游、人情支出及家用电器类消费。具有高个性成就意识的消费者，对来自重要他人（如家庭成员等）的评判尤其重视，对家居设施、生活水平非常舍得投入，从而彰显其家庭与事业的成功。而在文化教育上的高消费又是其获得成就与尊重的前提或条件。

4）随意性意识渗入体验类消费。随意性意识强的消费者经常会不自觉地渴望获得一种体验，而文化娱乐消费、旅游休闲、电子产品的人机交互等都是很好的选择。

5）家庭意识作用偏弱，主要引致保健类消费。当代消费者很大程度上将维持自身健康作为对家庭尽到责任的重要保障，因此具有高家庭意识的消费者往往不吝于在保健类消费品上投资。诸如保健品、医疗维护项目等都是比较可能的消费品类，而在食品等基础消费支出方面，他们也倾向于提高消费量和消费档次，如经常性的家庭聚餐等。

6.1.6 参照群体不同的影响方式都会对居民消费意愿产生影响

（1）信息性影响对居民消费数量意愿、消费时间偏好和消费档次选择具有一定的正向作用

本书研究表明，参照群体的信息性影响对居民的消费数量、消费时间偏好和消费档次选择都具有正向影响。参照群体的信息性影响反映了居民在消费生活中向参照群体寻求消费信息的程度。当居民越依赖这种信息渠道时，他对消费对象就越有自信。这种自信源于他认为这是正确的消费选择，因为他心目中的参照群体都是这么认为的。因此，强信息性影响可以使居民增强消费信心，从而更愿意扩大消费范围，尽早购买看中的商品和努力去实现消费，因而消费意愿也就更强。陈素川（1997）也认为群体内部的信息主要包括消费者行为的信息、消费者态度的信息等，这些内容无不与群体内其他个体消费者的心理及行为相关联。由于消费者普遍存在着求美、求新、求奇、求实、求廉、求好、自尊等心理，因而任何一则有价值或对其有利的信息，都能引起众多消费者的兴趣，激发其消费需求。因此，信息沟通是否及时、信息是否具有一定的时效、信息是否领导时代潮流，对消费者就显得更加重要。

（2）规范性影响对居民消费数量意愿和消费档次选择具有负向作用

参照群体的规范性影响对居民消费数量意愿和消费档次选择的作用是负向的，也就是说，居民受到来自参照群体的规范性影响越强，越可能倾向于缩减消费数量，降低消费档次。规范性影响的强弱实际上反映了居民在消费中顺从群体规范的程度。从数据来看，目前我国居民整体上仍倾向于崇尚节俭消费，因此，居民受到的规范性影响越大，推迟消费、减少消费、抵挡消费的可能性越大。

（3）价值表达性影响对居民消费数量意愿、消费档次选择具有正向作用

参照群体的价值表达性影响对居民消费数量意愿和消费档次选择都具有一定的正向作用。参照群体的价值表达性影响实质上是居民通过自身的消费向参照群

体表达价值观、展示个性，并渴望受到参照群体的重视和他人羡慕的一种方式。本书研究表明，价值表达性影响显著影响了居民在借贷消费以及购买汽车、住房、奢侈品方面的支出意愿。从具体的消费类别来看，价值表达性影响对服装、居住、美容保健、交通通信、文化娱乐、教育、旅游、电子产品等方面的消费支出意愿都会产生影响。

6.1.7 心理账户对居民消费意愿存在影响

(1) 收入来源的数量对居民的消费数量意愿及消费档次选择具有正向作用

本书主要从两个方面来考察心理账户对居民消费意愿的影响：一是收入来源的数量，二是收入来源的构成（各项收入所占的比重）。不同来源的收入带给居民的心理感受是不一样的，由此引发的消费多少也不同。研究结果表明，收入来源的多少与居民的消费数量意愿、消费档次选择具有正相关关系。收入来源越多，居民的消费数量越多，消费档次越高。由此可以看出，不仅收入总量会影响居民的消费，收入的来源也会影响居民消费的数量和档次，当居民的收入来源渠道增加时，居民的消费数量意愿和消费档次选择也会有所增加与提高。此外，本书研究结果表明，收入来源的数量与消费时间偏好呈负相关关系。

(2) 相对于常规收入，经营投资收入对居民消费意愿的拉动作用更大

本书将收入来源划分为常规收入、非常规收入以及经营投资收入三项。从研究结果来看，常规收入与高档消费负相关，而经营投资收入与高档消费正相关。同样的现象在居民的奢侈品消费中也得到了验证，即常规收入所占比重与奢侈品消费负相关，而经营投资收入正向影响奢侈品的消费。这些研究结果与前人的研究是一致的。Kivetz（1999）研究发现，居民会把不同种类的金钱分组和贴上标签，不同来源的收入带给居民的心理感受不同。对于买彩票所得或者馈赠所得，居民往往表现出比工作所得更高的边际消费倾向。而且 Karlsson 等人的研究也指出当前资产对居民消费的影响是比较大的。

除此之外，我们还发现，经营投资收入越高，对消费的拉动越强。除了医疗之外，常规收入和经营投资收入对食品、服装、居住、美容保健、交通通信、文化娱乐、电子产品、旅游、人情支出、家用电器等方面的消费支出意愿均有正向影响，但经营投资收入的判别系数比常规收入的更大。这说明，经营投资收入所占的比重对消费的拉动更强。非常规收入与居住、交通通信、医疗、家用电器、人情支出等方面的消费支出意愿不相关，这可能是由于居民一般更倾向于将非常规收入用于享乐性的需求，比如服装、美容保健、文化娱乐、电子产品、旅游等方面，也可能是因为非常规收入中在总收入所占比重相对较小，所以在一些重要商品的消费上表现不明显。

（3）心理账户的预算性、灵活性及非替代性对居民消费意愿有较大影响

从研究结果来看，心理账户的灵活性对消费意愿的影响最大。灵活性特征正向影响居民的消费数量意愿、消费档次选择和消费时间偏好，即灵活性越大，居民越倾向于消费更多、超前消费和消费更高档次的商品。心理账户的预算性对消费数量意愿的影响是不显著的。前人研究指出，心理预算会造成消费不足和过度消费两种情况，即可以使居民产生“穷鬼”或者“大富翁”的认知错觉，因此，常常造成消费不足和过度消费的误区（Health，1999；陈乾鑫和孙晓敏，2011）。但是，预算性对居民消费时间偏好具有正向影响，也就是说，预算性得分越高的消费者，越倾向于提前购买。预算性对消费档次选择没有显著的影响；心理账户的非替代性特征与低档消费是正相关的。

Thaler（1985）指出心理账户的非替代性表现在三个方面：一是不同的账户来源导致的非替代性，二是不同消费支出类别的设立导致的非替代性，三是不同的储存方式导致的非替代性。心理账户这种非替代性的本质是心理账户理论与传统经济学的区别之处。传统经济学指出，额外的收入会导致总的收入效应，增加所有商品的消费。但心理账户理论提出，由于居民会把不同来源的收入贴上标签，这种不同来源的收入之间的非替代性使增加的收入并不一定会导致更多消费。本书也验证了这个结论，即心理账户的非替代性得分越高，居民越倾向于压抑高档消费，同时越倾向于低档消费。

（4）心理账户特征在不同性别、年龄、学历、职业的居民中存在显著差异

前人的研究成果指出，心理账户特征受到商品吸引力、归类模糊、评价方法以及人际关系、性别和生活地区文化的影响（周静等，2011）。本书进一步拓展了这一结论，认为人口统计变量如性别、年龄、学历、职业、经济状况等均对心理账户特征具有影响。

1）不同性别、年龄、学历、职业的人在心理账户的灵活性特征方面存在差异。研究结果表明，相较于男性，女性的心理账户的灵活性更高；灵活性随着年龄的增加而减小，灵活性与年龄的相关系数为-0.382；而且，随着学历与收入的增加，居民心理账户的灵活性也会提高。

2）经济状况是影响心理账户特征的重要因素。经济状况对心理账户的预算性和灵活性两个特征产生了显著的影响，这与李爱梅（2004）的研究结论是一致的。但是与李爱梅的研究结论相区别的是，本书发现年均收入在 30 万元以上和 5000 元以下人群的心理账户的预算性较小。灵活性随着收入的增加而变大，年均收入在 30000 元以上的人群与年均收入在 30000 元以下的人群在灵活性上存在着较大的差异（3.61 vs. 4.55，$P = 0.016$）。

3）学历即受教育程度也是心理账户特征的重要影响因素。不同学历的人群

在心理账户的三个特征上都有非常显著的差异。高学历的人群在灵活性方面高于低学历的人群，学历越高的居民的灵活性越高；预算性与学历是负相关的，本科及以上学历的人群的预算性要显著低于初高中学历的人群；在非替代性方面，学历越高，非替代性越低，初高中学历的人群的非替代性要显著高于本科学历的人群（3.98 vs. 3.60，$p = 0.001$）。总之，学历越高的人群，灵活性越高，越不容易受到心理账户的非替代性特征的影响，其消费决策过程比低学历人群的行为更为理性。

4）职业对心理账户的三个特征均有显著的影响。预算性、灵活性以及非替代性在不同职业的人群中也存在较大的差异。从心理账户的预算性来看，专业技术人员，城市无业、失业、半失业人员及产业工人的心理账户的预算性较高，而私营业主、农业劳动者和学生的心理账户的预算性较低；从灵活性来看，私营业主、商业服务业人员以及学生的灵活性比较高，而产业工人，农业劳动者以及城市无业、失业、半失业人员的灵活性较低；从非替代性来看，国家与社会管理者、专业技术人员、商业服务人员与学生的非替代性较低，而私营业主，个体工商户，产业工人以及城市无业、失业、半失业人员的非替代性较高。

6.2 社会文化因素对居民消费意愿的影响不容忽视

6.2.1 居民消费意愿随家庭规模、结构与生命周期的不同而呈现不同特点

（1）家庭规模对消费意愿的影响因消费支出类型的不同而有所差异

1）家庭规模小型化有利于提升居民在食品、旅游、高档品、奢侈品等方面的消费率。家庭规模对居民食品、旅游、高档产品、借贷消费以及奢侈品等方面的消费支出意愿呈现显著的负向影响。居民人均食品消费支出和人均旅游消费支出随着家庭人口数的增加而降低，最直观的原因在于家庭消费规模经济和公共品现象，这与前人的研究是相一致的（Deaton 等，1989；Dreze 等，1989；Lanjouw 等，1995）。即由于同一家庭成员可以分享一定的家庭公共品，人均消费和家庭人口数之间会呈现负相关关系，人均消费随着家庭人口数的增加而逐渐下降（高梦滔和毕岚岚，2010）。随着家庭人口数的增加，居民关于高档品、奢侈品以及借贷消费的消费意愿却显著下降，这说明了家庭小型化有利于居民消费观念的转变，有利于高档品、奢侈品和借贷消费的消费率提升。因此，要拉动食品、旅

游、高档品（包含奢侈品）的消费，转变居民的消费观念（接受借贷消费），提高居民的消费质量，就应该首先关注“小型家庭”的消费需求。

2）较大规模的家庭会增加居民在交通通信、医疗等商品与服务上的消费。家庭规模对居民交通通信、医疗、杂项的消费支出意愿呈现显著的正向影响，即居民人均交通通信支出、人均医疗支出和人均杂项支出的意愿随着家庭人口数的增加而显著增加。一般而言，规模大的家庭中老人、孩子较多，因此在消费中用于医疗、交通通信的费用就较高。

3）家庭规模对居民教育培训、住房、服装、美容等方面消费意愿的影响微弱。本书中，家庭规模对居民服装、居住、美容保健、文化娱乐、教育培训、人情支出、电子产品、家用电器等方面的消费意愿没有显著影响。这是因为，家庭规模对消费支出产生规律性作用有一个重要的前提，即不同规模家庭的收入水平和收入增加幅度相当，然而，这种情况在当前的中国是难以实现的。通过对比家庭收入最高者的收入水平，可以看出，两口之家和三口之家的收入水平要明显高于其他规模家庭。

当前我国居民在服装、美容保健和文化娱乐方面的消费弹性很大，当财务状况好时，居民会首先倾向于增加这方面的消费；但当出现经济困难时，居民也会首先缩减这方面的需求。因此，居民在服装、美容保健和文化娱乐等方面的消费需求更多地受到收入的影响，而家庭规模因素在家庭成员的收入水平、闲暇水平不均等时，对居民消费意愿的影响就会非常弱。

就居住和教育培训方面的支出意愿而言，中国传统的“望子成龙，望女成凤”的教育观念、“攒钱买房置业”的房权观念，以及当前就业压力和职业方面的需求，致使居民在教育培训和住房方面的刚性需求倾向较强。不论何种规模的家庭，教育培训和住房都是居民消费生活的“重头戏”。

诸如电子产品和家用电器之类的大件耐用品，其使用周期较长，购买频率较低，一旦家庭进行了购买，则很长时间内将不会再产生类似消费。也就是说，耐用品的使用寿命很可能大于家庭人口数增减的时间跨度，因而不同规模家庭的居民在电子产品和家用电器方面的消费意愿的差异就十分微弱。企业要提高居民在耐用品方面的消费意愿，一方面要增强此类产品对家庭人口数变动的敏感性，丰富产品品类，比如针对结婚、孩子出生等事件开发适合新婚和孩子需求的产品，从而增大产品的购买频率；另一方面，应该将营销目标锁定比较有潜力的市场。

（2）不同结构家庭的居民呈现出不同的消费意愿和消费类别倾向

不同结构的家庭在成员人数、家庭负担、经济收入等方面都是不同的，相应地其家庭需求内容也不同，居民由此呈现不同的消费偏好和意愿，这在前人研究中也得到了证实（Horton 和 Hafstrom，1985；Mohamed 和 Schwenk，1993；Peter，

1988；杨学燕和金海龙，2004）。就我国当前家庭结构而言，总体上看，核心家庭和单亲家庭的居民总消费支出意愿较高，如果条件允许，他们也愿意消费更多数量的商品。并且，核心家庭的数目也是最多的，占总家庭数目的比例接近 50%（国家统计局，2012），因此，无论是国家消费政策的制定，还是企业营销工作的开展，都应该首先关注核心家庭的居民需求。

1）单身家庭居民比较关心时尚，思想开放，崇尚娱乐和休闲，一般经济上没有负担，购买力比较强，因此在服装、美容保健、文化娱乐、旅游、电子产品方面都表现出较强的消费意愿，对高档产品、奢侈品的购买意愿也较高，并且如有必要非常愿意进行借贷消费。不过，单身家庭居民在食品、居住、医疗、人情、家用电器方面的支出意愿较低，对低档产品的消费意愿较低。

2）夫妇两人家庭只有夫妻两人组成，一般而言，这类家庭的居民负担较轻，有较多的可支配金钱，注重享受和生活的品质，因此在食品、居住、美容保健、医疗、旅游、人情方面的支出意愿较高，借贷消费意愿也比较高。

3）核心家庭居民在食品、居住、交通通信、人情、家用电器方面的支出意愿最高，购买奢侈品、汽车的意愿也较高。这可能是因为现如今我国很多核心家庭中，孩子人数不超过 2 个（大多数都是 1 个），夫妻双方一般都会工作，储蓄积累压力较小，对孩子也舍得投资。不过，这类家庭居民在文化娱乐方面的支出意愿较低，借贷消费意愿也比较低。

4）主干家庭居民的医疗支出意愿最高，但其在服装、美容保健、文化娱乐、旅游、电子产品等方面的支出意愿是最低的，并且，主干家庭居民的借贷消费意愿、购买汽车以及奢侈品的意愿都是最低的。这可能是因为主干家庭的老人和孩子较多，所以在医疗方面的支出较高，并且由于这类家庭的财务压力比较重，因此居民的各项消费支出意愿都很低，比较节省。

5）单亲家庭居民的消费意愿呈现特殊性。目前我国单亲家庭的数量逐渐增多，根据国家计划生育委员会发布的《中国家庭发展报告 2014》，2010 年我国单亲家庭数量已达到 2396 万户[①]。一般而言，单亲家庭居民由于经济来源单一，非常容易面临经济困难，因此会呈现消费量的缩减和消费意愿的降低。但是在本书中，一反常态，单亲家庭居民在服装、美容保健、旅游、电子产品等方面的支出意愿是最高的；此外，单亲家庭居民对高档产品、奢侈品和汽车的购买意愿也最高，在交通通信、家用电器等方面的支出意愿也较高，借贷消费倾向很强，并愿意尽早进行消费。但他们在居住方面的支出意愿较低，对低档产品的

① 刘洁. 中国家庭户均 3.02 人　单亲家庭超 2000 万户［EB/OL］. 财经网，http：//economy.caijing.com.cn/2014-05-15/114185407.html.

支出意愿也较低。这可能是由家庭残缺引起的心理紧张、不适、不满而导致的补偿性消费行为。

(3) 不同生命周期阶段的家庭居民的消费意愿呈现出不同的特点

在家庭生命周期的各个阶段，由于受到经济收入、社会功能和家庭生活模式的影响，居民消费意愿和行为会呈现出不同的特点，这在前人的相关研究中已经得到了体现（刘欣，1994；Wells 和 Gubar，1966；于洪彦和刘艳彬，2007）。就我国不同生命周期阶段家庭居民的消费意愿来看，满巢 2 阶段和新婚阶段家庭居民的总消费支出意愿最高，满巢 3 阶段和孤寡阶段家庭居民的总消费支出意愿最低。具体而言，不同生命周期阶段家庭居民的消费意愿特点如下：

1）单身阶段家庭居民在服装、文化娱乐、教育培训、旅游、电子产品等方面的支出意愿是最高的，在美容保健、家用电器等方面的支出意愿也较高，愿意进行借贷消费，对中高档产品、奢侈品有较强的购买倾向，对低档品很排斥。这可能是因为年轻的单身者一般经济上没有负担，购买力比较强，在消费上追求时尚和流行，并崇尚娱乐和休闲。

2）新婚阶段家庭居民在汽车和住房方面的购买意愿是最高的，在美容保健、交通通信、文化娱乐、居住、旅游、电子产品、服装、家用电器等方面的支出意愿也很高。并且，这类家庭居民的借贷消费意愿较高，喜欢购买中高档产品和奢侈品。一方面，这可能是因为建立一个家庭需要购买许多家用产品；另一方面，这类家庭居民的负担暂时也较轻，相对其他群体比较富裕，因而是许多产品和服务的重要市场。

3）满巢 1 阶段家庭居民的消费意愿具有明显特点。一般而言，第一个孩子的到来会增加家庭负担，使其在经济和闲暇时间上都非常紧张，因而满巢 1 阶段家庭的居民在消费的很多方面可能出现萎缩态势。但是，本书中的研究结果却一反常态，满巢 1 阶段家庭居民在服装、文化娱乐、旅游、电子产品和家用电器等方面的支出意愿很高，在汽车、住房、美容保健等方面的支出意愿也较高，能够接受借贷消费的观念，并喜欢购买高档产品、奢侈品。出现这种情况，一方面可能是因为中国的“独生子女政策”使得“宝宝家庭”倾向于为孩子创造最好的物质条件；另一方面也可能是因为现代年轻父母的消费观已经由传统的“勤俭克己”转向“追求享受”，不仅敢于花钱，而且会花钱。

4）满巢 2 阶段家庭居民在服装、教育培训、旅游、电子产品等方面的支出意愿很高，在居住、美容保健、交通通信、医疗、家用电器等方面的支出意愿也较高，日常消费中倾向于购买中档产品，但在娱乐方面的支出意愿很低。这可能是因为满巢 2 阶段家庭居民的财政状况一般比满巢 1 阶段更为宽松，消费能力增加，消费商品覆盖面广，消费行为也趋于成熟和理性。

5）处于满巢 3 阶段的家庭，孩子通常到了接受高等教育的阶段，因而居民在教育培训方面的支出意愿很高。同时，这类家庭的居民也愿意花钱来更新以前所买的家用电器等耐用消费品。不过，满巢 3 阶段家庭居民并不愿意在服装、旅游、奢侈品和住房方面多花钱，也不愿意进行借贷消费，在食品、美容保健、文化娱乐等方面的支出意愿最低。一方面可能是因为这一阶段家庭教育储蓄和赡养老人的负担增大，另一方面可能是因为这一阶段家庭居民的消费更为稳定和理性，并养成了勤俭和精打细算的习惯，购物时极为重视产品/服务的性价比。

6）空巢 1 阶段家庭居民在教育培训、旅游方面的支出意愿是很高的，在食品、美容保健、家用电器等方面的支出意愿也较高，倾向于购买高档产品和奢侈品。这可能是因为处于这一阶段家庭的居民在经济上和时间上是相对最为宽裕的时期，因此常会买一些高档产品和奢侈品，对许多产品及服务的消费热情和意愿也相应增加。

7）空巢 2 阶段家庭居民在医疗、教育培训、旅游等方面的支出意愿很高，在美容保健、交通通信、家用电器等方面的支出意愿也较高。但这类家庭居民在服装、居住、电子产品、汽车、中高档产品等方面的支出意愿很低，不愿意进行借贷消费，最倾向于购买低档产品。这可能是因为，处于这一阶段家庭的居民中户主大多已经退休，虽然退休后可用时间较多，在教育培训和旅游方面具有一定的补偿性消费动机，但由于经济收入有所减少，因而比较节俭，除了健康类和娱乐休闲类产品及服务，他们在其他方面的消费需求会大大降低。

8）孤寡阶段家庭居民在食品、住房、交通通信、旅游、人情、家用电器、汽车等方面的支出意愿最低，在电子产品方面的支出意愿较低，并且偏爱购买低档产品。处于这一阶段的老人实际上过着一种简单而经济的生活，除了在保健方面开支较大，在其他方面的消费需求都不高。

6.2.2 实际社会阶层、社会阶层感知及消费阶层感知对居民消费意愿的影响存在差异

社会阶层具有三个关键的测量指标，即实际社会阶层、社会阶层感知和消费阶层感知。实际社会阶层是以客观社会经济指标来确定的，而社会阶层感知和消费阶层感知属于纯心理指标。在现实中，消费者的实际社会阶层和社会阶层感知往往并不能完全重合。很多人拥有较高的收入水平、受教育程度，从事着很好的职业，但并不认为自身属于一个较高的社会阶层。相反，一些并不拥有许多经济、文化资源的个体却渴望自己获得高社会阶层的认同，在消费阶层感知上超出自身的实际地位。一般而言，社会阶层感知和消费阶层感知越高的人，其追求阶

层认同和自我实现的动机会越强，因而其消费行为更明显地表现出该阶层具有的共同特征。

处于不同社会阶层的居民，在消费方向、消费模式、消费品位方面都存在着显著的差异，这和前人的研究理论是一致的（Bourdieu，1984；保罗·福塞尔，1998；齐美尔，2001；许枫叶，2013）。然而具体到消费数量意愿、消费档次选择、消费类别等各项指标上，本书对实际社会阶层、社会阶层感知和消费阶层感知对消费意愿的影响进行了更深入细致的分析。

（1）社会阶层感知、消费阶层感知对消费数量意愿和中高档商品消费意愿具有正向影响

本书认为，社会阶层感知主要影响居民对商品质量和数量的消费意愿，即高阶层居民倾向于选择更多更好的商品和服务，而与短期或是长期消费的关系不明显。研究结果表明，社会阶层感知对于居民消费数量意愿具有显著的正向影响，这说明社会阶层感知越高，居民对商品和服务的需求就越大，消费总量也会增加；社会阶层感知对于中高档产品和服务的消费意愿存在着显著的正向影响，对低档产品和服务存在着显著的负向影响。这说明当居民感知自己的社会阶层地位较高、拥有的经济资源和文化资源较丰富时，居民会提高消费档次，增加对中高档商品的消费量，并会减少对低档品的消费量。

消费阶层感知对居民消费意愿也有类似的影响。研究结果表明，消费阶层感知对于居民消费数量意愿、中高档产品和服务的消费意愿存在着显著的正向影响，对低档产品和服务的消费意愿存在着显著的负向影响，而对于居民消费时间偏好没有显著作用。因此，本书认为，消费阶层感知对居民消费意愿的影响，主要体现在所选商品和服务的质量及品位上，与购买时间的影响关系不明显。当居民认为自己的消费阶层地位较高时，就会购买更高质量、更能彰显自身品位与地位的商品和服务。购买这些商品或者是炫耀性消费，或者是为了满足自己对商品品质的要求。此时，居民会提高消费档次，增加对高档商品的消费量，减少对低档商品的消费量。同时，居民对商品和服务的需求会增多，消费总量也会有所增加。

（2）实际社会阶层、社会阶层感知、消费阶层感知对于消费类别的影响具有差异

实际社会阶层对于食品、居住、美容保健、交通通信、文化娱乐、医疗、教育培训、旅游、人情支出和家用电器等方面的消费支出意愿都具有显著的正向影响，对于服装消费支出意愿的影响不显著，对于电子产品、杂项等方面的消费支出意愿则存在负向影响。实际社会阶层对各项具体消费品类支出意愿的影响程度大小按顺序排列依次是旅游、家用电器、人情支出、居住、医疗、服装、文化娱乐、食品、交通通信、教育培训、美容保健、电子产品。

社会阶层感知对医疗消费支出意愿的影响作用最小，对旅游消费支出意愿的影响最为敏感。这是因为，旅游属于非必要的消费，而医疗则具有刚性需求特点。社会阶层感知对各项消费品类支出意愿的影响程度按大小关系排序依次是旅游、文化娱乐、服装、美容保健、食品、交通通信、居住、人情支出、电子产品、家用电器、医疗和教育培训。

与社会阶层感知对各类别消费支出意愿的作用相类似，消费阶层感知对旅游消费支出意愿的影响最为敏感，对医疗消费支出意愿的影响不显著。但是，消费阶层感知对教育培训消费支出意愿的影响作用是最小的，这可能是因为，教育培训在中国较少成为消费者炫耀自己经济实力和品位的一种手段，而是作为一种未来谋生的手段，因而始终占据着消费总额的一席之地，也占据了我国文化消费中的绝大部分份额。消费阶层感知对各项消费品类支出意愿的影响程度按大小关系排序分别是旅游、服装、文化娱乐、美容保健、食品、交通通信、电子产品、居住、人情支出、家用电器、医疗和教育培训。

（3）实际社会阶层、社会阶层感知、消费阶层感知对汽车、住房和奢侈品的购买意愿以及借贷消费意愿具有正向影响

本书研究表明，实际社会阶层、社会阶层感知、消费阶层感知对于居民对汽车、住房和奢侈品的购买意愿以及借贷消费意愿都具有正向影响。

住房消费属于大宗消费，涉及的金额较大，对经济的拉动作用较为明显。高社会阶层的居民更有实力进行住房投资。虽然购买别墅也具有炫耀性消费的功效，但对资金的需求更大，因而消费阶层感知高的群体很难仅因地位炫耀而真正地实现房地产投资。所以在此项数据分析中，社会阶层感知对住房购买意愿的影响系数略大于消费阶层感知的影响系数。

消费阶层感知对汽车购买意愿的影响略大于社会阶层感知，更大于实际社会阶层。这说明汽车消费和居民自我认知的消费档次是紧密相关的。汽车对消费者而言除了实用功能之外，还提供着重要的地位性功能，用以彰显购车人的社会阶层。往往是自我意识中对消费阶层越清晰越重视的居民，其炫耀性消费心理就会越明显，因而对汽车的购买意愿越大。

2013 年《中国奢侈品报告》显示，中国人年消费奢侈品超千亿美元。奢侈品消费对于一些人而言，不仅能满足其实际的物质需求，而且还大大地满足了其实现自我、标榜地位的心理需求，他们通过购买奢侈品来暗示自己也是顶级消费阶层中的一员。数据结果证实了这一点，实际社会阶层对奢侈品购买意愿的影响，远远比不上社会阶层感知和消费阶层感知这些心理变量对奢侈品购买意愿的作用程度。

社会阶层感知对于借贷消费意愿的影响系数最高。社会阶层感知越高的居

民，对自己还款的能力越有自信，从而更敢于使用承担风险的借贷消费方式。数据分析结果也揭示出，提高居民收入水平是增强借贷消费意愿的有效途径。当居民认为未来生活有所保障，自我的阶层感知较高的时候，会适当提高借贷消费意愿。

（4）社会阶层感知与消费阶层感知在预测消费意愿方面比实际社会阶层更有意义

从实际数据中可以看到，社会阶层感知和消费阶层感知对于消费数量选择的影响要远远大于实际社会阶层的影响作用，即认为自身处于更高社会阶层和消费阶层的消费者比实际处于同一阶层但是并不自知的消费者要购买更多的商品和服务总量。同时，这些高阶层感知者还会在消费档次的选择上更加挑剔，他们会热衷于购买高档产品，尽力避免低档产品，而实际社会阶层较高的消费人群则没有这一现象。无论是对产品总量还是档次，实际社会阶层较高的人群都没有表现出高度的敏感，他们更多地购买既能够满足物质生活需要，又不过度奢华的中档产品。

在消费产品的具体类别分析中，社会阶层感知和消费阶层感知高的人群表现出对服装消费的高度敏感以及高的奢侈品购买意愿，而实际社会阶层高的人群则没有这一现象。由此可知，服装是彰显高阶层身份的一个重要工具。而教育培训消费则对高阶层感知者没有太大的吸引力。可见，就我国目前的文化环境来说，教育培训的主要目的是取得更好的职位，是确保生存的一种投资，而非炫耀地位的一种工具。高实际社会阶层人群也有他们的偏好，这部分消费者更愿意将金钱花费在旅游、家用电器等方面的消费上，可见高实际社会阶层人群更注重生活品质的提高和自我愉悦的感受而非他人认同。

6.2.3　面子、人情、物质主义倾向、节俭消费观念等文化因素对居民消费意愿具有不同程度的影响

基于面子文化、人情文化、物质主义倾向和节俭消费观念这几个视角，本书深入考察了中国社会文化对居民消费意愿的影响。

（1）面子文化对居民消费意愿具有正向影响

本书研究表明，面子文化对居民消费数量意愿有很大的促进作用。中国人爱面子的表现之一就是买东西喜欢“多多益善”，而且跟风消费。人们常常通过消费商品来显示或提升自己的面子，这些都促进了居民对消费数量的追求。在消费档次选择上，面子文化对高档产品消费意愿的作用更加明显。这可能是因为，消费比他人高档的商品，常常被人们视为一个提升自己面子的重要途径。不过，面子文化对中、低端产品消费意愿的影响并不显著。面子文化对于消费时间偏好具

有正向的影响。可能是由于攀比、炫耀等消费心理作用，人们一般会尽早购买自己所需的商品。

在消费类别上，面子文化对于更能体现自身面子的商品类别如服装、居住、旅游、交通通信和美容保健等商品和服务的消费意愿的影响会更加明显。比如服装消费，人们通过穿名牌衣服来获得别人的尊重，给自己挣得面子。另外，在特殊消费品上，汽车、住房、奢侈品等商品会非常吸引爱面子的人的青睐。由于中国传统文化主张“量入为出”，反对“寅吃卯粮”，面子文化对借贷消费的影响不是很显著。

（2）人情文化在一定程度正向影响居民消费意愿

本书研究结果表明，人情文化对居民的消费数量意愿有较为明显的促进作用。中国人讲究“礼尚往来”、“来而不往非礼也”等，这样的人情文化观念会增加居民对商品的消费。人情文化对高档产品的消费具有明显的刺激作用，但对消费时间偏好的影响不大。

另外，人情文化对于人情支出意愿具有很大的影响。这其中既包括仪式性的人情消费，例如婚礼、生日、满月等；又包括非仪式性的人情消费，如逢年过节亲戚间的互访、探望病人、平时加深感情等。当前，人情消费的功利性逐渐增强，并更多地用物的价值来体现，因此人情消费的内容、范围等不断扩大，从以前的结婚、生子、老人过寿，扩展到现在乔迁、升学、参军、拜师、就业等都需要人情消费支出。

在特殊消费品（住房、汽车、奢侈品、信贷）上，人情文化的影响并不显著。这可能是因为这些特殊消费品与消费者的消费能力关系更为密切，并且，在日常的人情来往中，这些特殊消费品并不是中国人进行“礼尚往来”的首选。

（3）不同年龄、社会阶层的居民受面子文化和人情文化影响的程度不同

不同年龄和社会阶层的人，受到面子文化影响的程度不同。本书研究表明，年龄越大的人对面子越重视；社会阶层越高的人，相应的面子观念就越强烈。在中国，社会阶层与面子密切相关（何友晖，2001）。面子是依一个人在社会阶层中所占据的身份地位而定的，面子具有社会性（金耀基，2002）。在相似的环境或圈子里（同一阶层），人们在吃穿用等物品方面都有一个潜在的消费理念或消费习惯，这些都影响了居民的面子观。

处于不同年龄阶段的人，受到人情文化的影响程度也不相同。人情是人与人进行社会交易时，可以用来馈赠对方的一种资源，也是社会中人与人应该怎样相处的社会规范（黄兴国，2004）。所以，年龄越大的人，由于社会阅历相对于年轻人而言更加丰富，更懂得如何按照社会规范去与人相处，更加注重人情。然而，不同社会层次的人群之间，所受到的人情文化的影响并没有显著差异。这可

能是因为，人情文化在每一个阶层都存在，不会由于阶层的高低导致人情观的明显变化。

（4）物质主义倾向与节俭消费观念对居民消费意愿呈现出相反的影响

本书研究表明，物质主义倾向高的居民更偏向于多消费、高档次消费；而持有节俭消费观念的居民更倾向于少消费、低档次消费。

物质主义倾向对居民消费数量意愿具有正向影响，而节俭消费观念则对居民消费数量意愿具有负向作用。这是因为，物质主义倾向的消费理念就是尽可能多地消费，表现为更多数量上的消费；而节俭消费观念倡导的消费理念则是尽可能节约开支或少消费，因此表现为更低的消费数量意愿。

就消费档次选择而言，物质主义倾向与节俭消费观念的影响也存在显著不同。物质主义倾向对中高档商品消费意愿具有正向影响，对低档商品消费意愿呈现负向影响。这可能是因为，中高档商品往往以名牌、名贵为特征，并且很容易通过品牌、款式甚至是包装形式所体现，更容易引起周围人的关注，这与物质主义倾向注重物质而非价值本身的消费观念相一致。与之相反，持有节俭消费观念的居民则更倾向于低档商品消费而非中高档商品消费。换句话说，持节俭消费观念的居民不看重消费档次提高带来的消费体验，而是更为注重基本的消费需求和商品本身的功用。

在消费支出类别上，除食品和医疗支出外，物质主义倾向对服装、居住、美容保健、交通通信、文化娱乐、教育培训、旅游、人情支出、电子产品、家用电器等各项商品和服务的消费意愿均呈正向影响。这充分说明，物质主义倾向更看重通过满足物质需要和消费来获得一种心理满足感。而与之相反，节俭消费观念则对食品、服装、居住、美容保健、交通通信、文化娱乐、教育培训、旅游、电子产品等大部分商品和服务的消费意愿具有负向影响，这与节俭消费观念倡导的节约开支、减少消费的观念相一致。不过，节俭消费观念对人情支出和家用电器方面消费支出意愿的影响不显著，可能的原因是目前家用电器是用以满足生活需要的必需品，而人情往来属于特殊的消费类别，因此都不在节俭消费观念考虑的消费类别范畴之内。

6.3 消费政策对居民消费意愿具有多方面的重要影响

6.3.1 积极的财政政策正向影响居民消费意愿

本书实证研究结果表明，随着家电补贴政策的出台，居民在购买家电方面的消费支出意愿明显增加。究其原因，首先，家电补贴政策优惠幅度明显，使得居民对于更新和购买家电的意愿加大。本书调研期间，正值国家实施家电以旧换新补贴政策，根据补贴细则，购买空调、平板电视、电冰箱、洗衣机和热水器五大类节能家电产品在政策期内可享受 70~550 元的补贴。这样一来，居民在满足生活必需设备购置需求的同时，能够节约大量的资金投入成本，因此，多数居民均会对这种政策刺激给出积极响应，这也说明该政策具有很强的普适性和统筹操作价值。其次，我国大多数城镇居民家庭的家电用品到了更新换代的时间。以空调为例，2011 年我国城镇居民家庭每百户空调拥有量为 122 台，在北京、上海、江苏、浙江等经济发达的省、直辖市，百户拥有量达到 170 台以上。这些高保有量地区已进入空调更新换代时期，且计划更换空调的居民二次购买时更加注重消费体验和产品品质。[①] 在家电以旧换新政策的刺激下，居民更倾向于及时更新，提前、尽快购买。最后，国家推行节能家电的使用，符合居民低能耗的消费诉求，适销对路的产品结合家电以旧换新补贴政策进一步提升了居民的购买意愿。

本书调查结果显示，相对而言，农村居民比城镇居民更加看重财政（家电）补贴政策。随着农村居民收入的提高，他们对家用电器的消费需求量大大增加，所感受到的家电产品购买的政策激励也更加明显。这与一些学者的倡议是相一致的，即鼓励和支持出台相类似的财政政策，以重点激发那些需求旺盛且正处于消费决策点附近的消费者，如广大农村消费者（王广深和王金秀，2009）。但需要注意的是，城镇居民的家电更新换代周期一般比农村居民要快。因此，从促进消费增加的意义上说，家电以旧换新政策对城镇居民和农村居民应当都可以起到比较显著的效果。

另外，本书还发现，城乡无业、失业、半失业者的家电购买意愿为 3.02，远低于 3.46 的平均水平，且几乎没有受到家电补贴政策的任何影响。这说明该群

① 中国家电产业 1.3 万亿元，2014 年家电利好［EB/OL］. 中国行业研究网，http：//www.chinairn.com/news/20140115/161654500.html，2014-01-15.

体的需求受生活条件制约较大，对补贴性财政政策并不敏感，毕竟这样的政策是以刺激和放大基本需求为前提的。

总之，财政补贴作为一种依托生活基本物资对居民进行消费支持和鼓励的政策形式，能够在很大限度上促进居民消费意愿的提升。尤其是正处于家庭构建期和家庭优化成熟期的青年、中年两代消费群表现出了对家电补贴财政政策的强烈反响。因此，家电补贴政策若能与当下比较时兴的新型家电挂钩，并扩大其覆盖范围，那么以“80 后”、“90 后”为代表的青年一代和以“60 后”、“70 后”为代表的中年消费群将分别进行家电的大量购入和全面升级，这将会极大地刺激处于下滑态势的家电产业，并进一步推动总体消费形势向好。

6.3.2 减税政策促进了居民消费意愿的提升

本书实证分析发现，减税可促进总体消费意愿的提升，这一结论与前人研究相一致。在个体层面，已经有部分学者考察了减税政策（以减少个人所得税征收为例）对消费的提振作用，包括模型和调研实证等（吴航和寿徽，2007；刘宁，2009）。本书还更进一步分析了减税政策对各种消费类别支出意愿的影响作用。

首先，受政策影响，居民生活必需品开支、家庭建设与个人发展开支以及安全保障储蓄的消费预算增加明显。并且，这也是居民在税后收入增加时，最优先考虑的消费预算调整的三个方面，说明居民对于改善基本生活状况和提高生活保障的需求明确。

其次，随着减税政策的出台，情感维系开支和享乐休闲支出的消费预算也有所提升，但增长幅度不大。这是因为这类消费支出属于高消费，消费预算的增加要在满足基本生活消费的前提下才会有所考虑，所以尽管此类消费预算有所增加，但不会大幅度增加。

最后，风险投资的预算呈现降低的趋势。这主要是因为，大多数工薪阶层的消费者属于资金风险厌恶型，在税后收入得到提高的情形下，对于风险高、收益不确定的投资会持更为谨慎的态度。

另外，本书还有以下几点发现：

第一，在减税导致税后收入增加、可支配收入提高时，农村居民对情感维系开支的消费意愿更为显著。

第二，相对于老龄群组而言，青年群组受到减税政策的消费刺激会表现出更强的支出意愿和相对较小增幅的储蓄意愿。可观的收入增加预期加上超前意识和注重体验的消费观，使得青年群组有更为强烈的消费意愿和享乐休闲支出倾向。相较之下，老龄群组的消费观念保守，日常开支较少，且其普遍倾向便是攒钱。再加上减税政策给他们带来的收入增量并不大，因此在因减税而增加有限的收入后，老年人群更倾向于进行储蓄而非消费。

6.3.3 完善社会保障政策有利于增强居民消费意愿

(1) 养老保险政策对提升居民消费意愿具有积极的促进作用

本书实证分析结果表明，当居民确保自己老有所养时，将会在多数消费支出类目上体现出消费倾向的提升。这是因为充足的养老金会消除居民的后顾之忧，提升其消费信心，由此使其乐于扩大消费范围和增加消费数量。其中影响按大小排列依次是生活必需品开支（食品、服装）、安全保障储蓄、家庭建设与个人发展开支、享乐休闲支出、情感维系开支等。

本书研究结果还显示，居民风险投资支出上的特殊变化并不像税收政策那样由世代差异所引起，与之相反，各年龄群的消费者体现出了十足的“默契”和一致性，实际上它体现的很可能是消费者对不同类型收入增加的心理账户分配思维，后文将对此展开论述。还需要指出，本书研究结果显示，社会保障政策下安全保障储蓄的提升与税收政策下的表征非常吻合，消费者倾向于遵循心理账户不可替代性的运转规则——“将该干什么的钱还让它干什么”，也就是留一部分在储蓄账户中，不会完全消费甚至提前透支。

另外，通常情况下，多数政策调整对老龄消费群体的刺激效果一般会弱于对青年群体的刺激效果。然而，本书研究结果表明，在生活必需品、情感维系、安全保障储蓄等消费支出领域，养老金提升政策对老年消费群体的刺激强于青年群体。

(2) 医疗保险政策对居民消费意愿的提升具有积极影响

本书研究结果表明，当居民对未来的医疗保障状况更有信心时，将会在多数消费支出类别上体现出消费倾向的提升。实际上，合理的医疗保障，使居民不至于因为担心疾病的冲击而影响正常生活，从而大大降低了其消费顾虑，使其变得乐于扩大消费范围和增加消费数量。如同实证研究结果表明的，各消费类别支出意愿的变动规律和倾向性与养老金水平提升政策下的情况大同小异。

现实中，“看病难、看病贵”已经成为中国社会医疗领域的“顽疾”，严重制约着居民支出账户的优化，医疗保障的安全资金长期高企。因此，医疗保险增加政策（如提高报销比例、扩大覆盖范围、增加医疗报销项目等）是帮助居民扭转其心理账户畸形分配，使消费支出搭配合理化的重要举措之一。

除此之外，本书还获得了以下发现：

1）医疗保险增加政策在农村居民中的刺激效果弱于城市居民。这可能是由于城市居民在各方面的保障相对比较完善，对于安全保障的压力和担忧相对要小一些，因此在医疗保险增加政策的刺激下，将更可能放开消费束缚，降低保障性储蓄在总收入中的比例，从而提升消费水平。

2）医疗保险增加政策下老龄消费群体更倾向于安全保障和基本生活支出。老龄群体对生活必需品这种常规支出类型的偏好比较明显，即便在医疗保险增加政策下，他们也会首先选择生活必需品的消费升级或更新换代。另外，此前研究指出，医疗保险增加可提高老年人的医疗利用水平，但未能减轻医疗支出水平（赖国毅，2012）。本书也发现，老龄人口求稳避险的保守心理更重，在没有更好的开销或投资渠道的情况下，他们会选择将医疗保险增加带来的收益保留在安全储蓄账户之中，而不是以消费完全抵消掉这部分收益。

6.3.4 适宜的货币政策可在不同程度上增强居民消费意愿

（1）降低存款利率对居民消费意愿的提升具有一定的积极影响

本书研究结果表明，在存款基准利率下调的货币政策下，生活必需品、家庭建设与个人发展、享乐休闲类消费支出都会受到正向的刺激作用。这说明利率下调使得储蓄带来的收益减少，相比之下居民更愿意将金钱用于当前消费。其中生活必需品、家庭建设与个人发展前两类消费支出与居民生活息息相关，是消费类别中最基本、最重要的方面，因此居民会首先调整这两种消费类型的支出状况；而情感维系、享乐休闲等方面的消费支出虽然也有所提升，但是由于这些消费往往在居民满足基本生活需求之后才考虑，因此增幅不大。

在收入方面，城市居民收入较高，当存款利率下调，储蓄收益下降时，他们更愿意把资金投入股票、期货等收益更大的风险投资。而农村居民由于收入有限，并没有太大的能力进行风险投资。同时，在社会保障、抵御风险的能力、投资意识等方面，城市居民都优于农村居民。存款利率下调时，农村居民面对储蓄收入下降的情况，会更加保守地减少风险投资。

另外，本书研究结果还显示，青年和中年消费者对利率政策调整的反应是积极的，而老龄群组在利率政策调整的政策大环境下，其反应与前两者截然不同。这种情况的产生与不同人群可支配的资金量以及存款额有关：青年人收入比较高，但财政压力和开销也较高，存款相对较少；中年消费者收入达到顶峰，往往有可观的存款；老年人口收入相对较低，存款可多可少，但刚性通常很强（苏春红和刘小勇，2009）。

（2）降低贷款利率对居民基本需求类消费意愿的提升具有积极影响

贷款利率下调意味着消费者可用较低的成本获取更多资金，以供消费和投资。然而，本书中居民在生活必需品、家庭建设与个人发展等消费支出倾向上的显著增量表明，借贷消费中可能存在两种考量：其一，部分消费者欠缺资金（如亟待买房买车、需要加强教育培训的年轻人），因此在贷款利率下调、融资更方便时会迅速体现出极大的兴趣和热度；其二，贷款利率下调属于相对宏观且泛化的消费调节手段，因此往往激发出的是比较普遍或基础的消费需求（国胜铁和刘文勇，2011）。由此看来，我国居民目前的借贷消费理念尚未成熟，借贷消费的流向仍然比较传统，这成为贷款利率政策调节消费变动的重要制约因素。本书研究结果显示贷款利率下调对风险投资基本没有任何影响，这也从侧面印证了贷款利率下调将会主要增加居民在基本消费领域的支出。

从代际差异的比较来看，本书研究结果表明，贷款利率下调政策对家庭建设与个人发展支出的刺激效果为青年群体>中年群体>老龄群体，即消费者年龄的增加会使该政策的效果减弱。这与 Xiao（1995）对信用卡使用者年龄调查研究中所发现的结论类似，即大学生群体更喜欢使用信用卡。当然，家庭建设与个人发展在不同世代群体中都是十分重要的一部分，随着消费者年龄段的提升，其对贷款用以支持家庭建设与个人发展的依赖性降低，但没有完全消除（黄卉和沈红波，2010）。实际上，贷款是很多人年轻人唯一能够使用的买房手段，其所承受的压力往往是所有消费者群体之首；中年群体既要顾及家庭又要发展自己的事业，贷款利率调节将成为其获取运营资金的重要考量因素。

6.4 多变量对居民消费意愿的交互影响

6.4.1 消费预期和心理账户对居民消费意愿具有交互影响

本书研究结果证实，消费预期在很大程度上影响着个体心理账户的灵活性，进而对消费意愿产生影响。因此，可以将心理账户的灵活性看作消费预期对消费意愿产生影响的一个内在心理机制。具体而言，积极的宏观经济预期、收入预期和物价走势预期正向影响居民的消费意愿，其中心理账户的灵活性起着中介作用，即宏观经济预期、收入预期和物价走势预期会提升人们心理账户的灵活性，进而提升其消费意愿。然而，如本书研究表明，人们的突发事件预期却会降低心理账户的灵活性和消费意愿。此外，从消费预期的不同维度对消费意愿影响系数的绝对值可以看出，突发事件预期对消费意愿的负向影响程度要显著地高于其他消费预期维度的正向影响作用。根据展望理论（Prospect Theory），人们对损失比对获得更加敏感。突发事件预期反映的是居民对潜在损失的预期，因此，它对居民消费意愿的负向影响作用要大于宏观经济预期、收入预期和物价走势预期等带来的收益。由此可见，突发事件预期在居民消费率偏低的影响因素中具有关键性作用，它在一定程度上降低了居民心理账户的灵活性，进而抑制了居民消费意愿的增强。

6.4.2 参照群体的信息性影响、规范性影响与消费信任、消费知识对消费意愿具有交互影响作用

参照群体对居民的消费决策行为有显著影响，其间接影响路径是居民的消费信任和消费知识。具体而言，来自参照群体的信息性或规范性压力会对个体的消费知识和消费信任产生正向的影响，而消费信任和消费知识的提升会正向影响个体的消费意愿。从参照群体规范性影响、信息性影响与消费信任和消费知识之间关系的系数绝对值上可以看出，参照群体规范性影响在更大程度上影响消费者的消费信任（$\beta = 0.169$，$p < 0.001$），而参照群体信息性影响在更大程度上影响消费者的消费知识（$\beta = 0.371$，$p < 0.001$），进而以不同的方式影响消费者的消费意愿与行为。由此可见，消费者在依赖并参考参照群体以获取消费知识和形成消费信任的过程中是有所选择和侧重的。具体而言，参照群体传递的有关企业产品或服务的消费信息影响着消费者的相关消费知识的形成和积累，消费者据此做出消费决策；而参照群体传达的行为规范和消费观念则影响着消费者对特定消费品类和行业的信任度，从而左右着其消费行为。

这一研究结果表明，为了提升居民的消费意愿，可以从增强居民的消费知识和消费信任入手。一方面，相较于消费信任，消费知识在更大程度上正向影响着居民的消费意愿，而消费知识的重要获取途径是参照群体信息性影响，因此，为了提升居民消费意愿，需要特别重视和充分发挥参照群体的信息性影响作用。比如，企业或品牌商可以培养不同消费领域中的意见领袖，或者与特定领域中的意见领袖进行合作，并充分发挥他们对个体消费行为的引导作用，提升意见领袖所掌握的消费信息和消费知识的质量和水平，通过多种传播渠道扩展参照群体在不同消费群体中的影响，并提供激励以促进意见领袖在社交平台上的产品信息分享和口碑传播，为其他个体消费者提供意见参考和消费示范作用，从而丰富消费者获取的消费知识，提升其消费意愿。另一方面，除了丰富消费者的消费知识外，企业或品牌商还需要创造安全、可信赖的购物环境，从而强化消费信任和消费意愿之间的正向关系。例如，当同领域内的某家企业、品牌出现产品质量危机或安全问题时，企业可以引导作为参照群体的意见领袖发布关于自身的安全购物经验，以提升消费者对相关产品或品牌的信任，减少其对购买风险的顾虑，从而提升其购买意愿。此外，在新产品上市时，企业也可以充分发挥意见领袖的影响作用以提升其他消费者的消费信任和消费意愿。由于消费者往往对新产品有着较高的感知风险，企业可以鼓励意见领袖提前试用新产品或培训意见领袖掌握新产品

的可信度知识，进而发挥他们的信息性影响和规范性影响，提升其他消费者对新产品的了解，增强其消费信任和消费意愿。

6.4.3 参照群体影响、面子文化和物质主义倾向对消费意愿具有交互影响

参照群体、面子文化会正向提升居民的消费意愿，而物质主义倾向在这两个影响关系中起中介作用。一方面，在参照群体的影响下，消费者会更加关注自身在群体中的自我形象，为了更有效地进行自我提升和表达积极的自我形象，消费者会尽量与参照群体的主体消费价值观和消费行为保持一致，而在参照群体的信息性、规范性和价值表达性影响的作用下，个体的物质主义倾向也会得到增强，从而导致更强的消费意愿。因此，应积极引导参照群体有效地发挥影响作用，从而提升居民的物质主义消费倾向，增强其消费意愿。另一方面，面子文化也会通过正向影响个体的物质主义倾向而对其消费意愿产生间接影响。因此，在了解面子文化对居民消费意愿产生影响的内在机制的基础上，企业可以通过具体的营销实践提升消费者的消费意愿。例如，景田公司将百岁山矿泉水定位为“水中贵族”，这种定位赋予了百岁山矿泉水更高的价值和优越性，能够在很大程度上激发消费者的面子动机和自我提升动机，即消费者渴望成为参照群体——“贵族”的动机，从而增强其物质主义倾向，提升其消费意愿和购买行为。

6.5 不同人口统计特征居民的消费意愿差异

6.5.1 不同人口统计特征的居民在优先考虑的消费内容上具有差别

从人口统计特征的角度来看，人口统计指标（性别、年龄、收入和教育）与居民优先考虑的消费内容有关联。如从性别区分来看，男性在汽车、家用电器等大件消费品上的消费优先率高于女性；从年龄区分来看，年长者在医疗保健、汽车、住房等方面的消费优先率高于年轻者；从收入区分来看，高收入者在汽车、旅游等方面的消费优先率高于低收入者，而低收入者在食品、服装等方面的消费优先率高于高收入者；从受教育水平区分来看，高学历者在文化娱乐、理财服务等方面的消费优先率高于低学历者。总之，具有不同人口统计特征的居民在优先考虑的消费内容上是有差异的。

不仅如此，由于人口统计特征不同，居民优先考虑增加消费和减少消费的内容也有所差异。本书研究结果表明，在经济条件允许的情况下，居民优先考虑增加的前五种消费支出类别依次为旅游、食品、服装、住房、医疗；在出现财务困难时，居民优先考虑减少的前五种消费支出类别依次为旅游、服装、文化娱乐、家用电器、美容保健；即使出现了财务困难，也最不愿减少的消费支出类别是住房和教育培训，可见这两类消费支出对于我国居民而言是具有刚性的；旅游和服装的需求弹性最大，经济境况好时会大幅增加，反之则会出现低迷的情况。值得注意的是，就医疗而言，即使出现财务困难也不愿意减少消费支出的是年龄在61岁及以上以及收入水平和受教育水平比较低的居民。这是因为一方面，对于老年人而言，医疗支出具有很强的刚性；另一方面，对于收入水平和受教育水平较低的人而言，现有的医疗支出属于基本的生存性支出，即使财务困难时也不可能减少。

6.5.2 不同人口统计特征的居民受人情和面子文化的影响各有差异

具有不同人口统计特征的居民，受人情和面子文化影响的程度各有差异。首先是性别方面的差异，一般男性的应酬和女性相比较多，这就导致男性在服装、交通通信等方面的消费受面子文化的影响更加明显，女性则在文化娱乐、美容保健等方面的消费意愿更为突出；其次是学历方面的差异，高学历者更注重面子，低学历者更注重人情；再次是经济收入方面的差异，高收入的消费者受面子文化的影响较低收入者要大些；最后是年龄方面的差异，年长者更注重人情，年轻人则更在乎面子消费。

6.5.3 不同地理区域的居民在优先考虑的消费类别方面存在较大差异

城乡居民在优先考虑增加的消费支出类别上具有较大差异。例如，城市居民对旅游、美容保健和文化娱乐类产品的消费选择明显高于农村居民，而在家用电器、食品和医疗方面的消费选择明显低于农村居民。农村居民对于家用电器等耐用性消费品的消费热情明显高于城市居民，说明农村仍是家用电器类产品最具前景的市场；而城市居民的经济收入情况相对好于农村居民，因此休闲娱乐类产品的市场重点仍是以城市居民为中心的。

各个地域的居民在优先考虑增加的消费支出类别上也具有一定的差异。尤其是西部地区的居民对教育培训的消费选择明显高于其他地域的居民，中部地区的居民对旅游的消费选择明显低于其他地域的居民，北京和东部地区的居民在食品、住房、美容保健、交通通信、教育培训、旅游、文化娱乐、电子产品、人情支出等许多方面的消费选择倾向一致。中部地区的居民对减少食品消费支出的意愿明显高于其他地域的居民，西部地区的居民对减少美容保健消费支出的意愿明显高于其他地域的居民，北京的居民则对减少家用电器、服装消费支出的意愿要高于其他地域的居民。

6.6 我国居民消费意愿不足和消费率偏低的心理与社会成因分析

正如前文分析所指出的，居民消费意愿不足是导致我国消费率偏低的直接心理因素，而居民消费意愿又受到一系列深层心理因素以及社会文化及政策因素的影响和制约。本书通过实证分析进一步探索了若干心理因素及社会文化因素对居民消费意愿的单一影响作用和交互影响作用。以实证研究结论为基础，从我国居民的心理特征和现实消费状况出发，分析和探讨这些心理因素和社会文化及政策因素对居民消费意愿及消费行为的影响，可以更深入地认识我国消费率偏低的心理与社会成因，为政府提高政策的有效性提供理论依据和措施建议。

6.6.1 开放性不足的个性特征抑制了居民消费意愿的提升

我国居民个性中普遍具有的开放性不足的个性特征制约了居民消费意愿的增强。这种开放性不足的个性特征主要体现在两个方面：一是淡泊诚信，二是求稳内向。

（1）淡泊诚信的个性特征抑制了居民消费欲望的增强

本书实证分析究表明，淡泊诚信的个性特征对服装、美容保健、文化娱乐、医疗、汽车、住房等方面的消费意愿均呈现显著的负向影响，具有这种个性特征的居民倾向于消费得更少、更低档，在借贷消费方面更保守，购买更少的奢侈品。对于我国居民而言，由于深受传统文化中“淡泊明志”、“君子之交淡如水”、“见利思义、诚信为本”等思想的影响，因此对于物质消费生活往往表现出较为谨慎和保守的态度。体现在消费中，我国居民通常对新产品的好奇心不足，感受力不强。而西方人强烈的开拓精神、好奇心和探索欲使其总是乐于尝试消费不同的商品和选择不同的体验。因此，相较于西方人，我国居民对于新产品的采用通常比较晚，对其他一般性商品的反应也不是很敏感，往往经过慎重考虑和衡量才能做出购买决策，购买中也常常会犹豫不决，从而购买数量也比较少。

（2）求稳内向的性格不利于居民消费意愿的提高

本书实证分析表明，外向活泼的个性特征对于居民消费意愿具有正向影响，具有这种个性特征的人倾向于消费得更多，更超前，更高档；而与之相反，内向沉稳的个性特征则会对居民消费意愿产生一定的制约作用，具有这种个性特征的人在消费中会更为保守。我国居民由于深受传统文化中“中庸守常”和“知足常乐”思想的影响，在生活中奉行“过犹不及”、“稳中求胜”、“三思而后行”的保守主义。且中国人总体上是在一个相对稳定的自然环境中生存，这造就了中国人追求稳定、不愿冒险的民族性格。因此，基于中国传统文化和生存环境的影响而形成的求稳内向的性格，使得中国居民的风险容忍水平比西方人要低，在消费生活中表现出规避风险、求稳保守的态势，对居民消费意愿的提升产生较强的抑制作用。我国大多数居民对享乐型消费以及网络购物、电视购物、目录销售等新型营销活动的反应不是很热情，很大程度上就是受到这种个性特征的影响。

6.6.2 主观消费知识水平偏低制约了居民消费意愿的提高

本书实证分析表明，居民自身所具有的主观消费知识水平会对其消费意愿产生正向影响，而消费信息则是提高居民主观消费知识水平的基础。从我国现实情况来看，消费信息的不发达导致居民主观消费知识停留在较低的水平，从而对其消费意愿产生了负面影响。这种影响主要体现在以下几个方面：

（1）消费信息不对称妨碍居民主观消费知识的增加，制约其消费意愿的提高

消费信息不对称是指在消费过程中，生产经营者与消费者之间存在信息分布不均衡的状态。与经营者相比，作为个体的居民由于缺乏对商品或服务的专门知识而处于被动地位，消费信息的不对称是居民作为个体消费者的弱势性的最直接表现，消费信息不对称的状态会通过以下两个方面的作用对居民消费意愿乃至消费率的提高带来不利影响：

1）居民的交易费用提高。由于信息不对称的存在，居民为了改善其在消费过程中所处的信息劣势地位和增强讨价还价能力，往往通过学习和搜寻去获取更多的消费信息。但获取信息是需要付出时间、精力和金钱等成本的，因而消费信息的不对称直接导致了居民交易费用的提高，而这是理性的居民所不愿看到的，也就意味着交易很难达成。可见，消费信息不对称明显不利于居民消费意愿的提高和消费需求的实现。

2）居民的权益受到侵犯。信息不对称造成了交易双方的地位不均衡，而“经济人”偏好决定了信息优势方往往会利用其信息优势地位，千方百计地藏匿有关信息，转嫁本应由自己承担的成本或风险，从而产生“道德风险”问题。近年来，中国市场上由于信息不对称所导致的消费侵权现象时有发生，一些生产经

营者利用自己的信息优势，对商品或服务进行夸张甚至虚假的宣传或陈述来欺骗消费者。比如在保健品宣传中，自卖自夸并宣传神奇功效；房地产销售中，故意凸显和夸大其地理位置优越；美容服务中，大谈神奇效果，坚决不讲副作用等。生产经营者利用信息不对称牟取不正当利益的行为，不仅破坏了企业在居民心目中的良好形象，而且带来了消费中的诚信危机，居民为了避免利益受到侵害，宁愿对一些商品少消费甚至不消费，从而影响消费对经济的拉动作用，不利于我国消费率的提高。

总之，当居民由于消费信息不充分感到自己对于消费对象的认知水平较低，又无法通过有效渠道树立消费信心时，他们不得不在消费活动中斟酌再三，小心谨慎，从而会倾向于推迟原定购买的商品，其消费意愿必然大打折扣。

（2）消费信息成本的上升使居民主观消费知识获得量减少，导致消费意愿下降

有研究表明，消费信息成本（指消费过程中由于信息的收集、辨别、处置与交换所花费的成本）的上升导致了居民消费率的下降（田塑和田银华，2006）。在我国现阶段市场经济条件下，市场信息呈现出庞杂、分散和无序的特点，居民作为单独的消费个体，难以对相关信息进行全面而充分的收集、整理、分析和权衡，由此使居民获得信息的成本呈现上升趋势，消费决策的实现路径变得更为复杂。例如，在商品价格方面，我国大部分商品都采取市场定价的方式，一些生产经营者利用居民对价格信息掌握不完全的情况，通过先提价后打折、隐形涨价等方式向居民提供虚假的价格信息，而居民在面对纷至沓来、繁杂而无序的价格信息时，常常感到手足无措，无从鉴别其真伪。消费信息成本的上升影响了居民对消费商品和消费决策的信心，使抗风险能力本就不强的大多数居民把钱袋子捂得更紧，选择持币观望，从而降低了消费意愿。

（3）可靠的消费信息渠道较少，削弱了居民主观消费知识的强度，影响其消费需求的实现

根据发达国家的经验，消费者权益组织可以通过发布各类预警和指导性信息来帮助消费者识破"消费陷阱"，提高其理性消费和自我保护的能力。但我国大部分地区还没有建立起规范和完善的消费信息发布制度，相关机构和部门很少通过正式渠道和媒介工具向社会发布各类消费预警与指导性信息。并且，我国独立于企业的社会公共部门所提供的中性信息源相对较少，总体上缺乏让居民信赖的消费信息发布的权威组织。当居民无法获得可靠的消费信息以减少感知风险时，他们往往会犹豫不决而推迟消费，消费意愿相应减弱。因此，消费信息渠道的相对单一势必影响消费需求的实现。

6.6.3 消费预期的不确定性严重制约了居民消费意愿的增强

近年来，我国政府采取了以刺激消费、扩大内需为目标的多项政策措施，但居民在收入、经济形势等方面的悲观或不确定预期，在很大程度上抵消了国家宏观经济政策的作用效果，使得国内消费“启而不动”。居民消费预期的不确定性及其对消费意愿的影响主要表现在以下几个方面：

（1）收入预期的不确定性削弱了居民持续增加消费的信心

前面的实证研究说明，预期收入的提高可以正向刺激居民尽早并努力实现消费的意愿。居民对未来收入的预期比较乐观，意味着对自身未来消费能力的一种肯定。这种自我肯定将大大增加其消费信心，并使之在心理账户的管理上更加灵活、更加富于弹性，从而容易将心理账户中预期增加的那部分收入灵活地用于生活质量的提升，比如用于那些享乐型和发展型的高级消费领域，如美容、健身、旅行等，或者是增加当前消费，甚至还可能把未来的远期消费需求转化为当前的即期需求。

但是，从我国现实情况来看，居民对未来可支配收入的估计和判断并不乐观。中国人民银行每季度基于对全国城镇储户的调查来构建消费者收入信心指数，用以对居民未来的收入预期进行测量。中国人民银行发布的《2015 年第 4 季度城镇储户问卷调查报告》显示，居民当期收入感受指数为 45.3%，较上季下降 2.0 个百分点。其中，78.4%的居民认为收入“增加”或“基本不变”，较上季下降 2.4 个百分点。居民未来收入信心指数为 49.1%，较上季下降 1 个百分点。[①] 相关数据表明，近年来我国居民未来收入信心指数呈小幅上升，但总体变化比较平稳，没有明显的大幅上涨趋势。这表明居民对未来的收入预期并未呈现积极高涨、信心十足的乐观状态，而这将会大大削弱其心理账户的灵活性，导致其对收入的控制比较严格，对心理账户中资金的管理也更加谨慎，从而消费意愿无法得到强化。

目前我国居民收入预期偏低及其对消费意愿的影响主要体现在以下方面：第一，随着我国分配体制的改变，虽然城镇居民名义收入有所增长，但同时物价却以更快的速度增长，因此剔除物价增长预期后居民所感受到的收入增加预期并不明显。第二，我国经济转型、结构升级、企业转制和农村富余劳动力向非农业转移所带来的就业压力，使就业稳定性下降，再就业困难加大，居民对未来收入持续增加的信心不足，这就降低了居民的收入预期水平。居民收入预期的这些不确

① 中国人民银行. 2015 年第 4 季度城镇储户问卷调查报告［EB/OL］. 中国人民银行网，http：//www.pbc.gov.cn/goutongjiaoliu/113456/113469/2994895/index.html，2016-04-29.

定性，会大大降低其心理账户的灵活性，进而导致消费意愿不强。

(2) 消费政策预期的不确定性会降低政策对居民消费意愿的刺激效应

本书研究结果表明，居民对消费政策的积极预期能够增强其扩大消费数量的意愿，而消极预期则对其当前消费意愿具有抑制作用。以消费信贷政策为例，为适应消费结构升级的需要，我国政府颁布政策鼓励居民积极采用信贷消费的方式，但至今个人消费信贷市场却仍处于初期阶段，消费信贷占 GDP 的比重不足两成。之所以消费信贷政策效果没有取得理想的效果，是因为我国尚未建立起完备的个人信用制度，银行通常会设置很高的贷款门槛，造成居民对个人消费信贷政策的预期不够乐观，因而仍主要依靠自身积累来进行消费。而在收入一定的前提下，自我积累型的消费模式必然会对居民当前消费有明显的挤出效应。

另外，政府在制定相关消费政策时，要高度重视居民的心理预期倾向以及可能的行为反应强度，否则，各种政策调控措施可能无法达到预期的效果。比如，我国政府的多次降息虽然对拉动消费和刺激经济增长具有一定的作用，但是其效果相对有限，远远不如市场预期的那样好。这种利率杠杆调节作用失灵的现象，与成熟市场经济国家的市场反应完全相悖。究其原因，一方面在于我国社会保险程度还不高，居民基于对生老病死、失业和物价等的担忧而形成了勤俭、保守、谨慎的心理预期特点，不管利率升降，总持有较强的储蓄心理倾向。同时，很多居民也可能将降息理解为经济增长乏力、经济形势不佳的信号，因而对政策形成了逆向预期。另一方面，我国居民投资渠道匮乏、投资风险较大也是一个重要原因。居民的投资信心普遍较弱，基于“安全、求稳”的心理，即使存款在银行里缩水，他们也会义无反顾地将钱存入银行。在这些心理因素的驱动下，居民对相关降息政策的反应往往较弱，无法形成积极的政策预期，从而致使相关政策对刺激消费、促进内需的作用和效果有限，达不到预期目标。

(3) 物价走势预期的不确定性一定程度上对居民消费意愿具有抑制效应

本书研究表明，居民对于物价走势的预期会影响其消费意愿。如果居民对物价产生持续走高的预期，将会增强其在食品、旅游以及家电类耐用品方面努力实现即期消费的意愿，以求避免因为延期消费而导致消费成本增加的经济风险。1998~2014 年，我国居民消费价格指数（CPI）分别为（1978 年为100.7）：99.2、98.6、100.4、100.7、99.2、101.2、103.9、101.8、101.5、104.8、105.9、99.3、103.3、105.4、102.6、102.6、102.0。[①] 从数据来看，虽然居民消费价格自 2007 年以来有明显的上升，但是总体还是基本稳定的，这一状况使得居民对未来物价走势形成小幅波动、基本稳定的预期。中国人民银行发布的《2015 年第 4 季度城镇

① 国家统计局. 全国年度统计公报［EB/OL］. http：//www.stats.gov.cn/tjsj/tjgb/ndtjgb/.

储户问卷调查报告》也显示，未来物价预期指数为63.8%，较上季提高0.3个百分点，其中31.7%的居民预期下季物价将会“上升”，50.1%的居民预期“基本不变”，7.2%的居民预期“下降”，10.9%的居民“看不准”。[①]在这种基本稳定的物价走势预期的驱动下，居民就不会因为担忧物价上涨而进行提前购物，因此其努力实现即期消费的意愿会受到一定的抑制，这也是我国居民消费率在近十年不断走低的原因之一。

总之，当价格开始上涨时，只要预期物价还要涨，居民就会争相购物，购买当前甚至将来使用的产品，有时可能会出现抢购的场面。但是，当物价开始下跌时，居民就会储币观望或持币待购，除了日常生活必需品支出外，居民会尽量减少即期消费，延缓购买行动，期望以更低的价格购买更多更好的商品，实现有限收入的效益最大化。因此，基本稳定的物价走势预期会在一定程度上抑制居民的消费意愿，阻碍其消费需求的实现和当期消费的增长。

（4）宏观经济预期的平稳性削弱了居民对中低档产品和服务的消费意愿

本书研究结果显示，居民对宏观经济形势的乐观预期会削弱其努力实现即期消费的意愿，尤其是会削弱其对较低档次产品和服务的消费意愿，但会提升其对高档次产品和服务的消费意愿。这意味着，当居民宏观预期向好时，一方面，他们相信未来的消费环境和消费条件会更好，不会担忧出现商品短缺或市场动荡的情况，因而在内心中形成一种将来可以更容易地实现此项消费的判断，从而不会产生囤积性的消费行为，反而倾向于缩减即期低档产品和服务的消费数量。另一方面，居民心理账户的管制程度会下降，灵活性增加，这将会促进其高档品消费意愿的提升。然而，由于我国居民消费结构处于转型期，当前消费仍以中低档产品和服务为主，对于高档产品和服务的消费总量有限，因此总体上看，宏观经济形势的乐观预期会对消费数量意愿产生一定的抑制作用。反之，当宏观经济预期不景气时，居民将会增加对低档或中档产品的消费需求，但对用于高档产品和服务的心理账户的管理会更加保守和谨慎。

近几年来，我国经济发展的增速虽然有所减缓，但还是保持了持续稳定增长的势头，居民对未来宏观经济走势也表现出良好预期。由中央财经大学、首都经济贸易大学、香港城市大学、澳门科技大学和台湾辅仁大学共同完成的“2015年第四季度两岸四地消费者信心指数”调查的数据显示，2015年第四季度，中国内地消费者信心保持平稳，消费者信心总指数为101.6，比上季度回升4.4，处

① 林远. 2015年第四季度大陆消费者信心保持平稳［EB/OL］. 经济参考报，http：//jjckb.xinhuanet.com/2016-01/10/c_134995170.htm，2016-01-10.

于乐观水平线上方。[①] 国家统计局近期公布的居民预期指数和满意指数也都呈现出平稳态势，说明居民对总体经济预期的综合感受较好，持有较为乐观的态度。这种积极的宏观经济走势预期，虽然增加了居民心理账户的灵活性，对高档产品和服务的消费需求有一定的促进作用，但在消费总量提升上占比极小。并且，对于在居民生活中占主导地位的中低档产品和服务而言，是极其不利的，因为居民会认为未来会有质量更优良、价格更低廉、种类更丰富的商品供自己消费，从而削弱了即期消费意愿。

（5）突发事件预期的不确定性提高导致居民消费意愿下降

本书研究实证分析表明，如果居民对突发事件预期较强，其扩大消费数量和尽早消费的意愿会受到抑制。突发事件预期高，表示居民对于未来生活中可能的意外支出预期增强，要通过增加储蓄和减少当前消费来为未来支出提前做出准备，由此其心理账户的灵活性就会大大削弱，对消费的态度会更为谨慎和保守，从而即期消费意愿也会降低。中国人民银行 2013 年的调查显示，在居民的储蓄动机中，教育费一直独占鳌头，其次是养老、购房和预防意外，这 4 项占比为 56.5%。中国社会科学院发布的《社会蓝皮书：2013 年中国社会形势分析与预测》表示，目前城乡居民收入增速与经济发展增速不同步、劳动者报酬占 GDP 比重偏低等因素影响居民消费，居民消费倾向呈下降趋势。因此，在收入预期不稳定导致消费意愿下降的同时，由于对未来突发事件支出的不确定性增加，居民不得不进行更多的储蓄以应对未来需要，从而进一步导致了居民消费意愿下降和消费需求不足。

与此同时，随着社会发展和社会化媒体的传播，突发事件可以通过更多的传播途径更快速地到达消费者的视野中。据环境保护部的统计，截止到 2014 年 5 月 5 日，全国环境安全形势总体保持稳定，但是环境安全隐患仍然比较突出，各类突发环境事件仍时有发生。这就造成了居民的恐慌心理以及对突发事件的未雨绸缪的心理，降低了其心理账户的灵活性，进而间接削弱了消费意愿。

6.6.4 消费信任的缺失制约了居民消费意愿的提高

本书研究表明，消费信任对居民的消费意愿具有正向影响。当居民对消费环境和企业具有充分的信任感时，就会相应地增加消费数量，并倾向于提前实现消费行为。尤其是在食品、美容保健、医疗和旅游等与居民生命健康直接相关的消费领域，消费信任对于居民消费意愿的提升具有更为重要的影响。

---

① 中国人民银行. 2015 年第 4 季度城镇储户问卷调查报告［EB/OL］.中国人民银行网，http：//www.pbc.gov.cn/goutongjiaoliu/113456/113469/2994895/index.html，2016-04-29.

然而，我国目前的消费环境欠佳，假冒伪劣产品充斥于市，安全危机事件频频发生，企业诚信缺失现象严重，消费者普遍缺乏安全感。比如，有毒有害食品致人生病和死亡、劣质汽配零件引发交通事故、虚假宣传侵犯消费者的知情权、价格欺诈引诱消费者上当购买、虚设的服务承诺和较差的服务质量打击消费信心等。同时，随着各种网络通信技术和信息传播手段的不断发展，各种消费危机事件在极短的时间中就能够大量传播，从而引发大面积的消费者恐慌和不良情绪，严重打击居民的消费信心。在这种情况下，居民在购买商品时往往会十分谨慎，对消费收益和潜在的消费风险会进行反复权衡，而很多人也会因此选择观望、延迟乃至放弃消费。

因此，市场环境问题和经营者缺乏诚信所带来的交易成本过高，极大地抑制了我国居民当前的消费热情和积极性，“为安全买单”① 成为我国居民日常生活中的一个消费导向乃至消费常态。如何规范市场秩序和市场行为，从而营造一个安全放心、公平透明、和谐的消费环境，更好地保护消费者权益，培育消费者对企业和品牌的消费信任感，是提升我国居民当前消费意愿的重要任务。

6.6.5 传统消费生活方式导致居民消费意愿较低

随着人类社会的发展，现代工业文明所提供的生活方式使居民的消费观念呈现出传统与现代相互融合的特征，并对其消费意愿和消费需求产生重要影响。中国的传统消费是以单纯追求需求满足为主，而如今城市居民的消费又增添了很多时尚化的色彩，从以功能为主的耐用品诉求逐步演变为对体现个人风格和独特品位的符号化产品的消费诉求。这种传统与现代的交织、冲突到融合，一定程度上影响了居民消费意愿，主要体现在以下几个方面：

（1）家庭意识过重导致非家庭基本生活品的消费意愿不足

本书认为，居民所具有的家庭意识可能增强居民扩大家庭消费范围、尽早实现消费的意愿，但家庭意识过强也可能抑制居民在家庭消费品之外的其他消费。家庭是社会构成的基本单位，我国传统文化极其重视家庭，家庭观念在我国社会意识形态和经济生活中占有举足轻重的地位。与遵从个人主义的西方文化相比，中国人更注重以家庭为基础的家庭成员的同质性，“以家为本”的传统观念影响和支配着我国居民的行为模式。就消费领域而言，一方面，我国居民为改善家人物质和精神生活，其消费种类和数量会有所增加；另一方面，不可忽视的是，居民也会基于家庭整体利益的考虑而减少个体性消费，譬如为了将来赡养父母和给

① 2013 年中国消费趋势前瞻［EB/OL］. http：//wenku.baidu.com/link？url=-Wm.

子女更好的教育而进行更多储蓄，并放弃对个人性商品的购买，从而又对消费意愿产生负面的影响。

（2）时尚意识薄弱制约居民消费意愿的增强

本书实证研究结论表明，时尚意识对居民消费意愿具有全面的正向影响，而且影响程度在生活方式各维度中也是最显著的。时尚意识作为居民生活方式的一个重要维度，必然会受到我国传统文化的影响。从总体上讲，与西方人相比，中国人略显内敛含蓄，做事主张不偏不倚，在生活方式上主要表现为重内在修养，轻外在表现，对于时尚的追求也就不像西方文化中那么突出。中国人的兴趣和价值取向是多元化的，从整体上看居民时尚意识水平较低，时尚信息趋于由年轻人主导，市场上对于时尚商品的追逐也主要在年轻人这一群体中有明显体现。总体上对时尚较低的关注程度使得多数居民特别是购买力较强的中年居民很少主动优先购买一些新产品，选择的消费品种相对固定和保守，消费数量也比较稳定，进而导致我国居民消费意愿不强，消费需求增长不明显。

（3）个性成就意识整体不足对居民消费意愿形成约束

本书研究表明，个性成就意识对居民消费意愿具有一定程度的正向影响。诞生于中国经济起步和高速发展的25~34岁的青年一代，大都生活在三口之家的优越环境中，懂得享受生活，善于接受新的消费观念。尽管他们中的大多数仍然接受着传统教育，恪守责任与诚信，却拥有崭新的价值观和创造力，展现出与父辈截然不同的生活方式。他们追求个性成就，但却不足以改变父辈们的意识。加之几千年文化传统的潜移默化，中国居民在整体上个性成就意识不足，这在一定程度上制约了他们自身的消费意愿。

6.6.6 参照群体的影响对居民消费意愿具有一定的抑制效应

在我国的社会环境中，群体行为对于个体行为的影响是较强烈的。中国传统文化具有鲜明的集体主义特征，群体观念源远流长，“修身、齐家、治国、平天下”和“家事、国事、天下事，事事关心”等信念充分体现了中华民族的群体价值取向。尽管当今社会居民的价值观念已经发生了深刻的变化，但与以个人主义为取向的西方文化相比，居民仍有很强的群体观念，注重群体关系的和谐。这种群体观念的作用也渗透到消费领域，因而与西方相比，中国人消费行为的一个显著差异是受参照群体的影响巨大（卢泰宏，2004）。

现实生活中，对居民影响较大的参照群体是亲戚朋友、邻居同事等，居民在受群体影响的同时也会与之进行比较。在我国，居民相互之间比照的通常是谁的存款更多、谁的家底更厚，而不是像西方人那样争相消费。并且我国居民大多崇尚节俭，总体上呈现出一种减少消费的倾向和氛围，其主要参照群体所表现出的行为规范和价值标准也必然倾向于黜奢崇俭，节制消费。居民在参照群体的感染和同化下往往也会倾向于推迟和减少消费，即使有消费能力，也不愿意露富和炫耀，而是通过推迟消费时间、减少消费品种和数量来与参照群体保持一致。

另外，参照群体所带来的强烈的规范性影响和价值表达性影响，还会通过消费知识和消费信任对消费意愿产生制约作用。比如，参照群体的节俭消费行为所带来的规范性影响，会使居民的消费知识中包含更多的节俭消费知识，从而制约了我国居民消费意愿的提升；参照群体在消费结构升级方面进展缓慢所带来的价值表达性影响，会使消费者关于消费内容和质量升级方面的认知受到抑制，从而抑制其消费意愿的提升；参照群体传达的负面消费信息（如抵制日货等）也会影响个体的消费知识，从而降低后续的消费意愿；参照群体尤其是意见领袖关于假冒伪劣商品、安全危机事件、企业诚信缺失等方面的激烈言论，会对居民消费信任和信心产生严重打击，进而抑制其消费热情和积极性。因此，参照群体能否正确发挥信息性影响和规范性影响，对居民消费知识的构建以及消费信任的恢复和提升都发挥着重要的作用。

参照群体影响作用的存在原因是居民觉得与群体及他人保持一致常常是比较安全的，很多人希望在消费中得到群体与他人的承认和尊重。这样的消费动机会导致居民用于满足物质生活需要的消费比重较大，而用于满足精神文化需要的消费比重相对较小。当这种消费结构在群体之间进行扩展时，群体中的居民个体的消费结构升级也会受制于群体消费结构的变化。因此，参照群体的消费结构升级缓慢常常会限制居民的发展性消费，不利于全社会消费结构的升级，从长期来看无疑会阻碍总体消费需求的扩大。

6.6.7 心理账户收入及灵活性偏低等特征成为居民消费意愿提升的掣肘

“不要把鸡蛋放进同一个篮子”，这是投资学中著名的理财投资理论之一，其本质反映的是多种投资方向将有效对冲不可控的风险因素，从而使得投资更加稳健。用这一视角来审视收入来源数量这一心理账户特征对消费意愿的制约也同样适用。本书研究发现，收入来源的数量多少与消费数量意愿及高档品消费意愿呈强正相关关系。然而，在当代中国社会，多数居民的收入来源只有常规性的工资或农耕收入，因此收入来源数量偏少使得中国居民的家庭资产构成缺乏足够的抗风险或应急（如生病、下岗、子女教育、购房等）能力，从而导致不少人仍然是“捂着口袋过日子”，消费数量自然上不去。

而从心理账户的收入结构来看，我国居民的经营投资收入偏低，在这一对各消费支出类目都具有显著影响的因素上表现疲弱，则意味着消费缺乏强劲的推动力。另外，我国居民非常倚赖常规性收入，而研究结果表明这种收入类型恰恰无法对享乐型消费支出意愿产生足够支撑。

此外，我国居民在心理账户的灵活性、预算性和非替代性特征上表现不甚乐观，即心理账户的灵活性不足，预算性和账户之间的非替代性又过强。由此，不同收入类型以及支出类型之间的区隔过于明晰，不能很好地相互补充或调剂，从而导致消费意愿在数量增长、时间提前或档次提高方面受到阻碍，收入—消费的转化效率下降。例如，常规性收入很难用于娱乐休闲等非必需品开支，经营性收入通常会按固定比例存入储蓄账户。当然，这种心理账户特质的形成与多方面的心理和社会经济因素有关，譬如崇尚节俭的传统文化、刚刚起步的超前消费意识、收入预期不确定以及对未来风险的心理预期过高等。

6.6.8 部分家庭较重的财务压力制约了居民消费意愿的提升

本书研究结果表明，对于那些规模较大的家庭（如主干家庭、处于满巢 3 阶段的家庭），家庭成员中的老人和孩子数目相对较多，在医疗保健和教育培训方面的支出负担增大，因而导致这类家庭的居民在其他各种消费品类上的支出意愿都比较低。而当前，虽然我国呈现家庭规模小型化的趋向，可人口数较多的家庭仍然不在少数。根据《中国统计年鉴》（2015）相关数据可知，我国户规模在 5 人及以上的家庭仍占到总家庭户数的 14.84%。这说明，规模较大家庭居民的偏低的消费意愿，严重影响了我国整体消费意愿的提升。因此，要改变居民消费观念，增加消费率，提高消费质量，就应该尽力减轻主干家庭、满巢 3 阶段家庭等较大规模家庭的财务负担，增加其成员的消费意愿和消费需求。

另外，本书研究还表明，空巢 2 阶段和孤寡阶段家庭的居民，整体消费意愿较低。除了医疗保健，他们在很多消费品类方面的支出意愿都比较低，消费生活十分节俭，消费需求量少。一方面，可能是因为这类家庭的收入下降，支付能力降低；另一方面，可能是由于中国当前涉老产品和服务的发展仍处于初级阶段，供给严重不足，老年人家庭的需求欲望不能得到很好满足。当前，随着老龄化社会的加剧，我国空巢和孤寡家庭数大量增加。全国老龄委数据显示，2015~2035 年，我国将进入急速老龄化阶段，老年人口从 2.12 亿增加到 4.18 亿，且目前我国大中城市老年空巢家庭率已达到 70%。[①] 根据国家卫计委发布的《中国家庭报告（2015）》，在农村，50 岁以上及有子女的调查对象中，其子女或子女配偶均

① 老龄委. 大中城市老年空巢家庭率已达 70% [EB/OL]. 央广网，http://news.xinhuanet.com/politics/2015-11/09/c_128406523.htm，2015-11-09.

不在本户居住的空巢家庭占到40.3%。[①] 因此，要刺激消费，提升居民消费意愿，一个主要的方面就是要充分挖掘这类家庭居民的消费潜力。这包括大力扶持发展老龄服务产业；鼓励更多的企业开发适合于老年人消费的物质、精神和文化产品，保证市场供给；承担起社会公益性的老年人社会保障和服务，为老年人的消费免除后顾之忧；等等。

6.6.9 社会阶层感知偏差导致居民消费能力未能充分展现

本书研究结果表明，在社会阶层的三个关键指标中，社会阶层感知和消费阶层感知对于消费数量意愿的影响要远远大于实际社会阶层的影响作用。而前两者对消费意愿的促进作用也是十分积极的，尤其对消费数量意愿、消费档次选择及借贷消费意愿的正向影响非常显著。

然而，在比较实际社会阶层与社会阶层感知时我们发现，相当一部分居民出现了感知偏差，即对社会阶层的自我感知与实际所处的社会阶层不完全一致，而最关键的是感知偏差方向向下，这意味着许多居民低估了自身所处的社会阶层；同样的情况在实际社会阶层与消费阶层感知的比较中依然存在。此类现象可能与我国居民保守谨慎的个性特质以及受参照群体规范性影响较大有关，大多数人在看待自身社会阶层和经济状况时往往偏于悲观和低估，只有少数暴富者或非理性消费者会高估自身的消费能力和所处阶层。

结合社会阶层对消费意愿的影响不难得知，这种低估性偏差使得我国居民在消费过程中往往将自己归入到较低的社会阶层或消费阶层中，并以较低社会阶层的消费水平作为自己的消费标准，于是自然削弱了消费意愿和消费支出。从实际社会阶层的角度来看，我国相当部分居民的消费能力应当远在目前所表现出的消费意愿之上，但恰恰是这种感知偏差导致部分消费意愿和消费能力受到抑制，扩大到整个社会层面来看便是居民消费意愿不足和消费率的持续低迷。

6.6.10 中华民族传统文化特征对居民消费意愿具有一定影响

中国在漫长的历史发展中，深刻地受到儒家文化的影响，在消费中也形成了一些比较稳定的文化形态，比如黜奢崇俭、注重人情、好面子等。这些消费文化特征是中华民族智慧的结晶，对于我国居民的消费意愿和消费行为具有重要影响。

（1）节俭消费观念使我国居民的消费意愿呈现鲜明的保守性特征

本书研究表明，节俭消费观念对居民消费意愿的提升具有较强的阻碍作用。

---

① 2015年家庭发展报告：空巢老人占老年人总数一半［EB/OL］. 北京晚报，http：//news.xinhuanet.com/politics/2015-05/13/c_127796667.htm，2015-05-13.

除了医疗、人情支出和家电类消费，具有较高节俭消费观念的居民，对于所有档次其他消费品类的消费意愿都比较低。节俭消费观念是中国传统消费文化中非常重要的宗旨，被视为中华民族的道德规范和生活美德。在节俭消费观念的影响下，我国居民在消费方面一向比较谨慎和保守：重视节约和积累，讲究“勤俭持家”，反对奢华和浪费；习惯于为远期打算，讲究“居安思危”和“量入为出”，反对借钱消费和“寅吃卯粮”的消费行为。

当然，随着近年来我国居民物质生活水平的提高，居民的消费观念有了一定的发展，许多人不仅讲究吃饱穿暖，更重视生活质量的提高。特别是一些年轻人和高收入阶层，其物质主义倾向明显提高。而根据本书研究结果，具有高物质主义倾向的人倡导尽可能多地消费，尤其是对高档产品和服务的消费意愿具有较强的促进效应。但是，就大多数中国居民而言，其物质主义倾向仍然比较低；并且，本书研究也表明，物质主义对居民关于低档产品和服务的消费意愿具有明显的抑制作用。因此，从整体上而言，我国居民在消费方面仍然比较理智、保守，重视节俭和积累，这在一定程度上阻碍了我国居民消费意愿的提升。

（2）面子文化和人情文化无助于我国居民关于中低档产品消费意愿的提高

面子文化和人情文化是中国的传统特色文化，也是支配中国人消费意愿和消费行为的重要因素。本书研究表明，面子文化和人情文化对居民关于高档产品和服务的消费意愿具有促进效应。越重视面子的消费者，越会依赖于参照群体的价值表达性影响，其物质主义倾向会更加明显，非常注重产品和服务的符号意义而非其使用价值，追求名牌产品和奢侈品，看重外显性商品和服务的档次。消费比他人高档的产品和服务，被居民视为在群体中维护自身社会地位和挣面子的重要途径；而所购买的产品和服务越高档，就越能显示出“送礼人”维持人情关系的诚意。另外，基于面子的消费动机而提升的物质主义倾向，也会导致居民用于满足物质生活需要的消费比重较大，而用于满足精神文化需要的消费比重相对较小，这将会限制居民的发展性消费，不利于全社会消费结构的升级，从长期来看无疑会阻碍总体消费需求的扩大。

并且，我国居民实际经济收入水平和购买能力还不高，大多数人对高档品的消费倾向性仍然较弱。除了用来维持面子和人情关系的外显性商品和服务，居民在一般消费生活中更倾向于选择中档和低档的产品和服务。这就说明，在一般性商品和服务的消费上，面子文化和人情文化的影响并不大。本书实证研究也表明，面子文化和人情文化对中低端产品消费意愿的影响并不明显。因此，从整体上而言，面子文化和人情文化并无助于居民关于中档和低档产品和服务消费意愿的增强，这也在一定程度上影响了我国居民消费意愿的提升。

6.6.11 消费政策力度欠缺、发力点不够精准导致消费政策效应不够明显

（1）财政补贴政策惠及面偏窄、针对性不足

本书分析结果表明，财政补贴作为与居民消费关系最为密切的消费政策之一，能够对促进居民消费意愿提升起到十分显著的效果。但是，目前我国财政补贴政策在消费领域的应用还不够广泛，仅在家电产品中有比较成熟的推广，如家电下乡补贴、以旧换新补贴等；而对于其他消费品类，如亟待激发的旅游、服务类消费需求则缺乏相应的配套政策。

另外，财政补贴政策中最成熟的家电下乡补贴主要面向农村低收入群体，而研究中却发现，城镇居民对财政补贴政策的反响也比较热烈。考虑到城镇居民在同等消费品类下有着更高的消费档次及更快的更新换代速度的强烈意愿，有理由认为目前的财政补贴政策尚未充分发掘出该部分群体的消费潜力。

同时，对财政补贴政策响应最为积极的是青年及中年消费群，他们在家庭建设过程中对家电产品购置以及旅游、服务等享乐消费存在大量有待开发的潜在需求和强烈的消费意愿，但当前的财政补贴政策则未在此方面下足够功夫，不仅所涉产品区分度和针对性不够，而且覆盖范围也十分有限。

（2）减税政策形式单一、力度偏弱

在本书中，减税政策的影响效果居于四大政策之首，对诸多消费类别支出意愿都有显著的提升效果。然而当前我国税制结构冗杂，居民除需缴纳个人所得税外，在日常生活中也摆脱不了名目繁多的消费税。我国近几年对个人所得税的调整为促进居民消费带来积极影响，但调整周期偏慢，稍显滞后于经济发展速度，并且仅此单一税种的调整显然无法充分发挥居民抑制已久的消费潜能。尤其是消费税对居民消费率的影响也不容忽视，在一些中高端消费品上，偏高的税费使消费成本上升，居民的消费意愿受到抑制。

日本最近将其国内消费税率由5%调升至8%，但同时配套出台定额退税激励政策，以平抑消费下滑。反观国内则缺乏这样的政策联动机制，无法通过政策组合实现税收政策效应的最大化，居民消费意愿和社会消费率水平也就难以获得有效提升。

（3）社会保障政策尚待完善

长期以来，由于我国颇有争议的二元经济结构，社会保障在城乡之间不平衡，绝大多数农村人口的养老保障只能依靠个人和家庭，养老保障的制度缺失制约了农村居民的消费需求（田银华和龙朝阳，2008）。从本书数据分析结果来看，农村居民对情景模拟中所设计的养老金水平提升政策的反应不如城镇居民强烈，

这意味着在养老保障的需求方面，农村消费者的缺口很大，尚未达到政策刺激转化为消费意愿的临界点。这一缺失如果长期持续下去，势必会严重掣肘农村居民的消费提振。

现阶段，受经济发展程度和人口规模的限制，我国基本医疗保险的保障水平依然较低（王丹和王成富，2013），医保报销比例、涵盖的医疗项目数量、医保覆盖范围都还未能显著降低绝大多数居民的医疗风险防范预期，而医保政策推行的地域差别也使得政策效果打了一定折扣。

（4）货币政策调节居民消费时的着力点存在偏差

根据本书的数据分析结果，存款利率下调对居民消费支出的影响不够显著，这一点与我国居民储蓄的刚性较强有关。存款利率变动主要还是与宏观经济、投资融资等关联较多，直接通过降低存款利息来刺激消费的路径效果并不明显。

从这一意义上讲，货币政策对居民消费的调节功能主要应由贷款利率变动来承担。居民消费意愿在贷款利率下调时的增量十分显著，而且在生活必需品、家庭建设与个人发展支出上的表现尤其显著，代际群体消费支出差异的分析则表明青年群体存在十分强烈的借贷消费需求。但目前我国的消费信贷体制发展尚不成熟，既缺乏统一、全面的征信系统，又在信贷政策出台、信贷产品的开发上略显迟滞，尤其是未能有效满足青年群体的借贷消费诉求，因此导致巨大的消费潜能处于压抑状态，消费率的提振则缺失了重要的动力源泉。

6.6.12 居民在住房、医疗、教育等方面的刚性需求倾向抑制了整体消费意愿的提升

本书研究表明，中国居民在教育培训、住房等方面的消费意愿呈现刚性特点，即使面临财务困难时，大部分人也不愿意减少这方面的消费支出；61 岁及以上的老年人对医疗支出也缺乏弹性，虽然他们在几乎所有产品/服务类型方面的消费意愿都是最低的，但其医疗支出意愿却是最高的，而且也最不愿意降低在此方面的消费支出。另外，值得注意的是，虽然中国居民最不愿意增加的消费支出品类是人情支出，然而当出现财务困难时，大部分居民却并不会考虑减少这方面的支出，这一方面反映了人情文化与面子文化对中国居民消费支出的重大影响，另一方面也反映了居民人情消费支出的刚性特点。在收入水平一定的情况下，居民在这些项目上的刚性需求倾向很容易对其他品类的消费支出产生挤压，从而抑制我国居民整体消费水平的提高和消费结构的优化；并且，这种刚性需求也容易增加居民的消费顾虑和危机感，导致储蓄意愿强烈而消费意愿下降。

实际上，与前些年相比，虽然近年来我国居民的收入水平有所增加，但在扣除了物价上涨因素之后，其实际收入水平与发达国家相比仍存在不小的差距；

并且，我国社会保障体制还不完善，我国居民在现在或将来在相当程度上要依靠自身的收入和储蓄来应付随时而来的住房、教育、医疗、养老和人情支出等费用支出。因此，出于对自身生活和安全需要的考虑，居民产生谨慎消费心理，暂时放弃积极消费而倾向于储蓄，也是较为普遍的现象。总之，我国居民的实际收入水平和购买能力从整体上讲还比较弱，从而大大削弱了其对一般消费品的消费意愿。

以上分别对影响我国居民消费意愿的若干心理、社会文化因素及政策因素的作用机理进行了分析，同时对关键心理变量和社会文化变量的交互作用进行了深入分析，在此基础上，从开放性的个性特征、主观消费知识水平、消费预期不确定性、消费信任缺失、消费生活方式、参照群体影响、心理账户构成及特征、家庭财务压力、社会阶层感知偏差、社会文化制约、国家政策力度以及居民消费需求的刚性特点 12 个方面入手，归纳出导致我国居民消费意愿不足的原因。结果表明，这些因素往往不是单独发生作用的，而是相互结合、相互渗透，共同对居民消费意愿发生影响，并且各个因素之间也存在着相互影响和制约的关系。诸多心理、社会文化及政策因素共同作用于居民的消费意愿，构成了导致我国居民消费意愿不足及消费率偏低的心理及社会成因。

7 增强居民消费意愿、提升我国消费率水平的对策建议

7.1 国外提升居民消费意愿的经验借鉴

在大力发展本国经济的历程中，许多国家都曾面临消费低迷、内需不足的困扰。一定意义上，内需不足已成为市场经济发展过程中一个常态性经济现象。由此，刺激消费、扩大内需也就成为各国政府在促进经济增长时需要不断解决的重大问题。综览世界发达国家和发展中国家的成功经验，可以发现，虽然各国的具体政策和实施路径有所不同，但扩大内需的主要着眼点都集中在内需的根本来源——本国居民消费，即以本国居民为对象，采取各种政策措施提高消费能力，刺激消费需求，增强消费信心，改善消费环境，从而激发并维持居民较高的消费倾向和较强的消费意愿。总结世界范围内一些比较成功的经验和做法，可以为我们全方位思考提升我国居民消费意愿的对策路径、开拓刺激消费的宏观政策思路提供有益借鉴。

7.1.1 增加居民收入预期是提升居民消费意愿的基础

在通胀水平一定的情况下，收入稳定或增加的预期，将会极大增强居民的消费信心并提振其消费意愿，进而促进消费需求量的增加和消费层次的上升。同时，收入增加的预期又会加强居民对经济前景和政府调控的信心，进而有助于提高消费意愿，增加内需总量。世界各国在增加居民收入预期方面采取的政策措施可以概括为以下几点：

7.1.1.1 增加就业，提高工资，提升居民近期收入预期

（1）美国：增强劳动市场对经济波动的抵抗能力，大力促进就业

2008 年爆发的国际金融危机给美国的经济带来了巨大影响，并导致大批人员失业。面对严峻的就业形势，奥巴马政府采取多项促进就业的政策，先后出台

了《2008 年紧急失业补助办法》、《高等教育机会法》等系列法案，并提倡企业履行社会职责，尽可能少裁员。同时，美国政府还拨付专款用于低收入工人、失业者和退休人员援助，其中包括失业救济和各类人员就业培训、就业服务等方面，帮助失业人员渡过难关。

除此之外，美国各州、县（郡）、市都有相应的就业服务管理机构。比如，加利福尼亚州设立了就业发展局（EDD），EDD 通过提供服务来促进加州的经济发展，从而保持雇主、雇员和求职者的竞争力。再如，马里兰州的蒙哥马利郡设有 3 个就业服务中心，为求职者提供就业和培训服务。在美国，还有为数众多的私立就业服务机构，为盘活劳动力市场做出了不可忽略的贡献。

（2）德国：提高就业服务机构的效率和服务质量

西方国家政府除了增加政府投资兴建公共工程或扶植企业新增就业岗位外，还致力于提高就业服务机构的效率和服务质量。例如，2002 年 8 月 16 日，德国施罗德政府委托大众汽车公司负责人事事务的董事彼得·哈尔茨牵头组成了“哈尔茨委员会”，推进劳动市场上的现代化服务改革，其第一个重点是要把老式管理部门劳动局改造成以服务为中心的职业介绍网络，力争将向失业者介绍一个职业的平均时间从 33 个星期缩短到 22 个星期。

（3）泰国：创造就业机会，加强职业教育培训

发展中国家政府也通过解决失业问题来为扩大内需奠定基础。20 世纪末的亚洲金融危机导致东南亚各国经济严重衰退，失业人数剧增，市场极度疲软。泰国政府向世界银行、亚洲开发银行、日本海外就业合作基金等组织筹措了 530 亿泰铢的资金，计划为本国居民创造 48.6 万个就业机会。同时，政府把加强职业教育培训放在非常重要的地位，专门拨款用于技能培训，促进再就业。

7.1.1.2　调整税率，提高居民中长期的收入预期

税收政策可以直接影响居民收入和可支配的财富相对量，无论是个税调整还是消费税变动，其对消费意愿和实际消费行为的影响都颇具成效。而且，充分且合理利用增税手段（如开征环境税或利息税）在一定程度上也可以起到引导消费的作用。

（1）美国：灵活利用退税、减税政策，直接刺激和间接刺激双管齐下

适应收入水平差异的灵活税制是政府调节消费的一个重要手段。美国政府为了鼓励消费，推动经济增长，在历史上多次采用减税政策。减税政策的具体内容主要是退税、减免、补贴、提高起征点等，主要的事例如下：

20 世纪 40~70 年代的“艾森豪威尔停滞局面”下，美国全面推行减税并实行税收优惠政策。1962 年始，个人所得税税率从 20%~91%降至 14%~70%，个人所得税负担的降低刺激了个人消费。

20 世纪 80 年代，里根施行“供给性减税政策”，将个人所得税最低税率 14% 和最高税率 70% 分别降至 11%和 50%，显著扭转了消费颓势。

21 世纪初消费不振时，布什政府大刀阔斧重新开始降低个人所得税，并简化税率级次；增加了儿童税收抵免限额；提高遗产税的免征额，并计划于 2010 年取消遗产税等。

2008 年 2 月 13 日，为刺激日益低迷的经济，布什政府签署了“2008 经济刺激计划”。个人消费者可被提供 4000 美元的税收抵免额度，每个美国家庭可获得 800 美元的税收抵免额度。而从 2008 年 5 月开始，近 1000 亿美元将发放到美国 1.3 亿个家庭，单身家庭收到 300~600 美元，双人家庭收到 600~1200 美元。并且，家中有 17 岁以下儿童的，可以收到额外附加的 300 美元。发放形式是直接打入账户或者邮递发送。[①] 此外，政府还将以社保支票的方式向退休人员、伤残老兵及其他不需要支付工薪税的人员提供 259 美元的补贴。在可支配收入增加的情况下，扩大消费（冯文明，2011）。

需要指出的是，尽管 2008 年的退税、返税政策的效果并没有达到预期的显著程度，而且不同研究的结果也对其褒贬不一，但总体来看，在当时金融危机的背景下，其对消费信心骤降的居民所起到的刺激作用还是值得肯定的。

（2）英国：发挥个人所得税对增加可支配收入的作用

1997 年，英国调整了个人所得税的税率和免征额，并对有子女的低收入家庭进行特定的费用扣除，降低了低收入家庭的税收负担，增加其实际可支配收入。2008 年，在英国政府出台的经济刺激计划中，减税政策主要涉及个人所得税、社会保障税等税种，通过增加居民可支配收入、降低税收负担来达到刺激居民消费的目的。

（3）法国：实行有增有减的税率调整政策

法国政府对年收入在 2 万法郎以下的居民免征个人所得税，对高收入者提高税率，对 300 万法郎以上的财产要征收大宗财产税等。对高收入者多征的税主要用于社会保障和公共服务领域。有增有减的税收政策有效调节了居民收入分配，缩小了居民收入差距，增加了低收入家庭的可支配收入。

（4）韩国：调节消费税，引导消费良性增长

近几年，韩国多次下调个人购买汽车的消费税，同时还降低了一些家电产品、家具、高级服装和高级娱乐用品、化妆品等的特别消费税，鼓励居民进行消费（王石生，2012）。因此，通过调整消费税，可以改变消费者对商品的选

① Matthew D. Shapiro，Joel B. Slemrod. Did the 2008 Tax Rebates Stimulate Spending? [J]. Social Science Electronic Publishing，2009，99（2）：374-379.

择，甚至会使居民释放潜在的消费能量。消费税也成为政府调节消费行为的重要杠杆。

7.1.2 促进社会各阶层协调发展、健全福利保障机制是全面提升消费意愿的关键

7.1.2.1 关注各阶层的核心诉求，实现协调及有重点的扶持

（1）日本：实行“国民收入倍增计划”，优先扶持低收入阶层

日本于1961~1970年实行了“国民收入倍增计划”，政府不但加大公共投资，引导居民消费，而且将政策向中小企业工人和农民等低收入弱势群体倾斜，使其收入状况得以迅速改善，国民收入均衡稳定增加。这一政策刺激了日本国内需求的有效增长，推动了休闲、旅游、娱乐等方面的消费，使日本形成了“大众消费社会”，达到了释放内需活力的目的。

（2）德国：对中低收入家庭住房进行金融支持

德国的住房合同储蓄模式，是针对中低收入阶层设计的专业化住房金融支持。有购房意愿的家户签订合同后，通过分期存入“首付”资金，积累自身信用和获得低利率贷款的权利达到配贷标准后，在仅提供资产第二抵押权的基础上获得贷款。在整个合同期间，政府针对住房储蓄给予奖励，家户提前还款亦无罚金。通过一系列机制安排，既帮助家户抵御市场利率风险，控制贷款成本，又帮助为中低收入阶层融资的金融机构实现了风险控制。住房合同储蓄模式的主要特点可以概括为“先存后贷，互助低息，封闭运行，政府奖励”，其产品设计和低准入限制使其成为广大中低收入家庭住房融资的有力工具。

（3）韩国：提升中产阶层的消费能力和消费信心

在许多国家，中产阶层群体都是消费的主力军和中坚力量。韩国政府为稳固中产阶层的消费信心，进一步提升其消费意愿，特针对中产阶层家庭的失业者提供“家计资金贷款”，帮助其稳定和改善生活状态。

7.1.2.2 发展和健全社会福利及保障机制

（1）巴西：通过保障和福利计划稳固消费预期

巴西法律规定，企业与员工签订劳动合同后，需要为其提供多达13种的职业保险，而且薪金每年上浮10%。同时，巴西国内还并存多种形式的多重福利保险计划，除政府主办的社会福利保险和补充性福利保险外，还实行开放式福利保险计划，允许保险公司或银行承办福利保险。这些保障措施有助于稳定居民的消费预期，提升其消费意愿。

（2）德国：重视农村社会保障

德国农村社会保障政策值得借鉴。在德国的普通法定社会保险中，投保人缴

纳的保险费往往是与其收入相联系的。而在农业领域，由于较大的风险性和不确定性，各项保险费用的筹措不与农业收入相挂钩。德国农业养老保险实行“统一保险费”原则，不考虑农民经营规模的大小。所有保险对象应缴纳的保险费标准是一样的，领取的养老金数额也是相同的，差别只是缴纳保险费的时间长短不同。农业事故保险的缴费同样也不依据企业规模的大小，而是将一年中发生的支付在下一年分摊到有缴纳保险费义务的人身上。

（3）美国：发展住房保障体系，帮扶低收入群体

20 世纪 70 年代，美国住房供不应求的矛盾已基本得到解决，美国政府开始探索直接对中低收入群体住房进行货币补贴的方式。1974 年，福特政府通过了住房与社区发展法案，推出了货币补贴模式。补贴方式具体分为住房证（始于 1974 年）和住房券（始于 1983 年）两种。

（4）日本：“全民皆保”奠定消费繁荣基石

在力求实现国民“皆保”的前提下，日本于 1964 年推动《国民年金法》，真正步入“全民皆保”社会。与之相伴，政府还推出了一系列针对不同受保障群体的福利法令，如《儿童福利法》、《老人福利法》、《母子福利法》等，全方位、多维度地构建福利保障体系，进而最大限度地为居民放开消费消除了疑虑。

（5）智利：政企配合，优化养老保险管理体制

智利从 20 世纪 70 年代末开始改革“部分积累、形式多样的养老保险金计划”，1981 年正式实行个人养老基金账户。养老保险基金由私营的养老保险基金管理公司管理，政府只对养老保险基金管理公司的日常运营进行监管，并在某个养老保险基金管理公司破产时提供最终担保。

（6）其他国家的特殊社保政策：青年社会保障政策

有一些国家规定 21 岁以下的单身青年能够获得未成年子女福利和补助。如英国规定全日制教学下未满 19 岁的青年可以领取等额的未成年子女津贴：15~16 岁时可以领取每周 24. 75 英镑的津贴，16~19 岁时则可以领取 29. 60 英镑；欧洲一些国家将 16 岁以下的人定位为非独立者（挪威等），这些人可以享受家庭福利。有些国家则规定 18 岁以下的青年是非独立者（如德国、西班牙等），并根据青年是否工作、受教育或残疾给予相应的补助。美国政府为鼓励 18 岁左右的中学生都上大学，规定如果大学生在校成绩达到 B 以上，则其家庭可享受 1 万美元的减税优惠；低收入家庭的子女如果上大学则可免个人所得税，并可减免贷款税。

7.1.3 推动消费结构升级是提升居民消费意愿的有效手段

在新科技革命和知识经济的浪潮中，高新技术产业和服务业成为发达国家社会经济最强劲的增长点。从下述美国、德国、法国、日本等国的经验可以看出，

发达国家政府都高度重视利用政策鼓励引导企业创新，加快科技成果转化为实际生产力的步伐，不断开辟新的消费热点，充分挖掘国内居民的潜在消费需求，以发挥新兴产业对社会需求的巨大拉动作用。

7.1.3.1 扩展居民消费领域，促进居民消费意愿延伸

（1）美国：建设信息高速公路

20世纪90年代，克林顿政府提出“信息高速公路”的发展规划，计划建成一个连接到各个社会机构、团体和家庭的宽带（Gigabits）高速网络，为全社会提供大量丰富的信息，开展多样化的高级信息服务，全面挖掘并满足居民在生产生活中的信息需求。“信息高速公路”大大提高了居民的工作效率和生活质量，并催生出了以网络、信息、高新技术为象征，经济持续快速稳定增长的“新经济”（New Economy）时代。

（2）德国：以科技为先导开辟新的需求市场

20世纪90年代，德国政府面对结构性生产过剩、市场疲软的严峻现实，清楚地认识到仅靠现有的产业结构不能从根本上解决问题，必须以科技为先导寻找新的经济增长点，并以此为契机适时开辟新的需求市场。为此，德国政府决定从1994年起开始支持通信、金融、服务、环保、卫生保健等与提高居民生活质量密切相关的行业发展，开发并创造出大量科技主导型的新型消费需求。

（3）法国：为家庭消费开辟热点

在法国，家庭消费开支约占法国GDP的3/5，是国内需求的主要组成部分。为刺激家庭消费，法国政府针对近年来的消费特点，大力发展信息技术及其相关产业，不断为家庭消费开辟热点，使家庭消费开支上升。1997年7月到1998年6月，法国“休闲”电子产品销售额为330亿法郎。个人电脑和移动电话机的热销带来了信息服务和移动通信业的兴旺。

（4）日本：发展与高龄社会、环境生态、消费环境相关的产业

日本政府大力发展与高龄社会相关的老人的衣食住行、保健、医疗、生活护理、文体娱乐等新兴产业。1974年成立了官僚级环境管理的专门机构，发展环境友好型产业和生态商务，推动消费结构升级。在政府的引导下，日本购物中心协会每年都要举办服务质量竞赛，以此提高服务水平，优化购物环境，改善购物情绪，激发消费意愿。

7.1.3.2 借力财政补贴，激励居民消费结构及观念更新换代

（1）日本：通过政府补助培育节能汽车消费需求

2009年4月7日，日本政府为了进一步刺激消费，通过了一条由政府补贴促进汽车更新换代的议案。新政规定，汽车的报废年限为13年，车主如果购买新车来替换购入满13年的旧车，可获得每台最高25万日元（约合人民币1.8万

元）的奖金。如果旧车购入未满 13 年，也可获得每台最高 10 万日元（约合人民币 0.7 万元）的新车补助，前提是新购置车辆为环保节能车型。政府预计这项措施能额外创造 69 万台的国内新车需求。

（2）美国：新车购置免税、车贷免息

2009 年 4 月 3 日，美国参议院通过一项新法案，规定多数购买新车的美国居民都可享受“免税”待遇。比如，个人年收入在 12.5 万美元（夫妻年收入在 25 万美元）以下的美国人购买新车后，可在报税时向政府申报其缴纳的汽车购买税，以及他们用银行贷款买车所产生的利息。美政府将以退税形式返还上述两笔款项。

7.1.4 调整利率水平是刺激居民消费意愿提升的最直接方式

利率政策的首要目标往往是调节投资或居民消费水平，是各国政府最常见的经济干预手段之一。首先，利率下降可以直接抑制储蓄需求，减弱其对于消费需求的挤占效应，增强消费倾向。其次，消费信贷体系不完善或贷款利率过高使居民难以借助个人贷款迅速增加即期消费能力，产生所谓的“流动性约束”。而降低利率可以与信贷机制配合，激励居民信贷消费、超前消费，充分挖掘消费潜力。此外，根据宏观经济学理论，利率与股市价格之间为负相关关系。利率下降使证券市场价格提高，会使拥有有价证券的居民感到自己更加富有从而消费更多。同时，股市繁荣证明市场经济运行态势良好，可以使市场信心倍增，激发消费动机和消费行为。

（1）美国：借助利率下调引导居民储蓄转化为消费增量

2000 年初，美国经济减速后，美联储立即开始逐步下调利率，从而使部分居民储蓄从银行流出转化为消费，对经济起到良好的支持作用。

从 2007 年 9 月到 2008 年 12 月底，美联储为了应对危机连续九次降息，将联邦基金目标利率从 5.25%下调至 0.25%，共下调 500 个基点。目前，美联储联邦基金目标利率维持在 0~0.25%。这使得房贷利率和汽车贷款利率也有所下降，家庭信贷购买耐用消费品的成本降低，有效地刺激了居民耐用消费品开支的增长。

（2）日本：利用“零利率”政策在短期内刺激消费

在日本，利率政策也几乎是经济发展和消费刺激的首选举措，但在政策的参考价值方面，日本留给我们更多的是褒贬不一的政策效果。

所谓零利率政策，是指日本银行诱导银行间同业短期金融市场上的隔夜拆借利率接近零的水平，从而扩大市场资金供给规模，以配合日本政府恢复经济的努力。20 世纪 90 年代这一利率一度低至 0.05%，零利率政策实施之前为 0.10%。零利率政策的实施，客观上为日本经济复苏尤其是金融稳定做出了一定的贡献。

但与此同时，低水平的利率使得靠养老金生活的群体受到了极大的影响，反而在一定程度上对刺激消费产生了消极作用。而早在20世纪80年代中期，日本政府为维持“平成景气”、刺激国内消费维持高位运行，实行了超低的利率政策，结果导致20世纪80年代末90年代初的“泡沫经济”。进入21世纪，当再次实行该利率政策时，日本银行明确意识到，零利率政策只是为了应付异常事态而采取的紧急对策，不符合市场规律，长期实行不仅会缩小市场、产生通货膨胀，而且对日本企业的结构改革、金融市场国际化以及健全金融体制等都会带来负面影响。因此，在确认日本经济开始复苏时，就应该选择时机解除这一政策。

7.1.5 推动消费信贷发展是实现消费意愿提升的重要途径

消费信贷作为金融创新的产物，能够有效提升居民即期的消费能力，增强居民消费意愿，在发达国家已被广泛使用。

7.1.5.1 美国：多种消费信贷蓬勃发展

（1）住房信贷

美国国会于1986年通过了低收入者购房和租房税收抵扣的法案，并在1993年成为永久性的法令。需要购房的低收入者可向州政府和地方政府申请抵押信贷证书，以获得税收抵扣，从而提高自身归还贷款的能力。美国的信贷政策尤其鼓励贷款机构对低收入的家庭发放贷款，并由政府担保发行债券，以获取资金购买这些贷款。这既解决了低收入家庭的住房问题，同时也提高了贷款机构发放消费贷款的积极性，有力地推动了美国居民住房消费意愿的提升。此外，政府为了鼓励住房抵押贷款，对借款人用于偿还贷款的收入部分实行减免所得税，以减轻借款人的负担。

（2）汽车信贷

目前，美国70%的汽车用户通过消费信贷进行购车，汽车消费信贷政策为美国汽车工业的发展提供了强大动力，并使美国成为世界上最大的汽车消费市场（张先锋，2005）。而美国汽车消费信贷得以迅速发展的关键还在于其完备的法律体系。

（3）信用卡消费信贷

美国信用卡借贷消费由于方便、安全和能够保护消费者利益（邬建平，2000）而受到消费者的普遍欢迎。美国有关法律明确规定，消费者运用信用卡消费，在多种情况下可以首先保护自身权益。比如，消费者使用信用卡购买某种商品或劳务后对其不满意，可以拒付已用信用卡结账的欠款，避免劣质商品和服务的坑害等。

7.1.5.2 其他国家的消费信贷政策

(1) 住房信贷

法国政府提供一种零利率贷款政策，即利息由政府补贴，对月收入不超过2万法郎者提供不超过房价20%的贷款。收入越低，贷款期限越长，最短7年，最长17年。荷兰住房贷款的80%采用抵押贷款与保险相结合的方式发放。借款人在向银行贷款的同时，必须购买一份与贷款期相同的人寿保险。同时，借款人在按贷款额的0.36%支付担保费得到担保后，银行贷款利率相应下调0.2~0.5个百分点。

(2) 汽车信贷

汽车信贷消费在日本汽车发展史上也曾扮演过重要角色。日本的汽车信贷市场十分规范严谨，是世界上为数不多的单独制定《分期付款销售法》的国家之一，政府非常重视对分期付款销售的调控，相关法律倾向于保护消费者利益。日本汽车用户融资的方式大体有分期付款、融资租赁、后期购买三种方式，而分期付款又分直接融资（用户直接向银行贷款购车，并以购买的汽车作为贷款抵押品，然后再向银行分期付款）、间接融资和附保证的代理贷款三种。①

(3) 信用卡消费信贷

在英国，信用卡和支付卡随着电子银行业的迅猛发展而越来越普及，银行根据持卡人的信用、收入等情况为其确定信用额度、每月最少偿还额和无息信用的期限（现在一般是50天左右）。如果持卡人在信用到期日偿还所有款项，则银行不收任何利息，否则，银行将收取20%左右的利息。信用卡服务的主要收费来源于商户"折扣费"和持卡人信用透支利息，透支分为银行批准的透支和未经允许的透支。日本信用卡消费信贷主要利用信用卡透支进行，方法有两种：一种是单纯的活期透支；另一种是利用普通存款账户或综合账户透支。新加坡政府提倡建立"不用现金的社会"。在鼓励刷卡消费方面，发卡银行一般也提供个人信用贷款。客户可利用个人信用贷款额度偿还到期的信用卡借款，维护信用卡的最高用款额度。此外，新加坡本土银行的ATM取款卡具备POS转账功能，本土银行发行的具有自动提款功能的信用卡，也允许其客户在借款超额情况下，转为借记卡使用。

7.1.6 企业主动参与是消费政策有效落实的重要保障

作为重要的市场经济主体之一，企业在政府刺激国民消费的过程中扮演着不可替代的角色。各国经验和历史表明，唯有企业积极响应才能实现相关政策的效

① 日本汽车信贷消费：从痴迷到冷静 [N]. 理财周报，2011-10-19.

果最优化。与此同时，企业亦可从中获利，促进自身发展，最终达到政策效果和企业获利的双赢。

7.1.6.1 积极响应政府新技术标准，研发新产品和新技术，引导消费趋向

21世纪初，日本企业对政府关于研发新技术和新产品政策的大力响应，使得这些政策取得了较好的效果。以LED产业为例，在日本政府根据《节能法》制定了严格的产业和产品节能技术标准的大背景下，日本半导体照明产业界联合日本电灯制造协会，对LED产品标准进行了整合与修订，由此降低了买卖双方的交易成本，提高了日本厂商在全国乃至全球的竞争优势。日本电子产业（如数码相机、DVD、平板电视）的诸多知名企业积极根据政策导向寻找发展商机，革新生产技术和产品设计，引发消费新热点，在助力居民消费意愿提升的同时增强了自身可持续盈利的能力。

7.1.6.2 积极配合政府消费刺激政策，重视产品结构调整和消费新需求的满足

（1）日本：汽车制造企业根据政策导向调整车型款式

2009年日本政府节能车补贴换新政策政出台后，日产汽车企业立即推出了7款环保节能车型予以响应，同时，将现有环保节能车型予以增产。事实证明，日产汽车2009年度扭亏为盈，最终盈利达到350亿日元，业绩惊人。

（2）美国：厂商在政府相关政策的基础上积极推出优惠条款

2009年4月3日，美国参议院通过一项新法案，规定多数购买新车的美国居民都可享受“免税”待遇。比如，个人年收入在12.5万美元（夫妻年收入在25万美元）以下的美国人购买新车后，可在报税时向政府申报其缴纳的汽车购买税，以及他们用银行贷款买车所产生的利息，美政府将以退税形式返还上述两笔款项。而在美国新车购置免税免息法案施行不久，斯巴鲁（Subaru）和韩国现代分别推出了不同的优惠政策以响应这一政策号召。以现代汽车为例，其推出的12个月内“保价退车”的优惠政策吸引了很多消费者，因此销量相应上升了近14%。此外，通用汽车向其员工（须满足一定条件）提供2万美元的现金和2.5万美元的购车优惠券，以此作为支持政策的举动。克莱斯勒也将对符合退休条件的员工提供5万美元现金和价值2.5万美元的购置克莱斯勒新车的优惠券，以响应政府政策，振兴美国汽车消费市场。

（3）德国：响应政府“旧车换新车”政策，促进产品结构升级换代

自2009年1月14日起，德国政府开始施行“旧车换新车”政策，政府所提供的旧车换购补贴额约占到汽车价格的12%。为响应这一政策，以大众为代表的德国汽车企业对众多环保和低价车型实施增产计划，对于高耗能的老车型进行了升级换代。最终，这次政府和企业通力合作的政策实施，有力地刺激了居民消

费，使得德国汽车销量在经济危机中反而节节攀升。并且，这项政策还有效地促进了汽车行业产品结构的调整和优化，而参与此项消费刺激政策的汽车生产销售企业也获得了良好的经济收益。

7.1.6.3 充分利用和支持政府鼓励信贷消费的利率政策，积极提供信贷消费贷款服务业务，鼓励信贷消费

为拉动内需，墨西哥政府不断下调利率，鼓励商业银行为居民购买住房、汽车提供按揭贷款。在此政策引导下，银行与相关行业的厂商联合推出分期付款和短期无息贷款等服务项目，同时为消费者提供更加方便快捷的贷款手续。

以汽车行业为例，2004 年，墨西哥政府划拨巨额专款向消费者提供信贷购车奖励，并指示银行进一步放宽车贷申请业务，以鼓励和刺激信用卡的使用。为充分利用政府的政策，同时也随着信用卡的普及和信用体系的建立，各个厂商都开始采取鼓励使用信用卡的政策，推出一系列信用卡专享促销活动，培养消费者使用信用卡的习惯；多数商场也开始向消费者提供信用卡零利率或固定低利率的分期付款业务，鼓励消费者提高使用信用卡的频率。短短几年中，墨西哥使用信用卡产生的信贷消费总额增长了一倍以上，刷卡消费推动了墨西哥消费市场的发展，有效地拉动了内需。

7.2 增强居民消费意愿、提升我国消费率水平的对策建议

从我国的消费管理实践和影响消费意愿的诸多心理与社会文化因素来看，增强我国居民消费意愿以提升消费率水平，需要全社会各类相关主体如政府、企业、媒体、消费者组织以及居民的共同参与。只有当各类社会主体和居民共同参与到促进消费的实践中来，我国以消费增长带动国民经济发展的目标才能真正实现。为此，有必要在全社会形成提升消费意愿、促进居民消费的共识，各类社会主体在消费促进策略体系中主动发挥自身的优势和作用。为此，本书提出“充分发挥政府在提升居民消费意愿中的引导协调作用、充分发挥企业在提升居民消费意愿中的刺激推动作用、充分发挥其他社会组织（媒体及消费者组织）在提升居民消费意愿中的倡导促进作用”的总体思路，并以此为基础，从改变居民消费心理的角度，提出增强居民消费意愿、提升我国消费率水平的政策建议和对策措施。

7.2.1 把引导合理的消费预期作为增强居民消费意愿的首要基础

本书实证研究结果表明，消费预期对居民消费意愿会产生重要影响。比如，居民收入预期对于消费意愿具有显著的正向影响，消费政策预期和宏观经济预期对于高档消费选择意愿具有显著的正向影响，物价走势预期对于消费时间偏好存在正向影响，突发事件预期对于消费数量意愿具有显著的负向影响，等等。世界各国通过增加就业、提高工资、调整税率等各种政策措施来增加居民收入预期的实践也表明，居民关于收入等方面的积极预期的形成会极大增强其消费信心和消费意愿。因此，消费预期是决定消费意愿的一个重要因素，促使和引导居民形成合理的消费预期，增强其消费信心，不失为增强居民消费意愿进而提高消费率水平的首要基础。

7.2.1.1 深化收入分配制度和税制改革，实现居民可支配收入的稳定增长，提高收入预期的确定性

根据本书实证研究结论，收入预期对居民消费数量意愿、消费时间偏好和消费档次选择不仅存在直接影响，而且还会通过影响心理账户的灵活性而对消费意愿产生间接作用，从而直接或间接影响居民消费水平的提升。本书调查显示，现阶段我国居民的收入增长预期存在较明显的不确定性，从而在很大程度上抑制了居民当前的消费意愿。因此，深化收入分配制度改革，提高居民收入增加预期的确定性，是增强居民消费意愿进而提升消费率水平的基础性策略。

（1）大力促进就业，继续提升居民收入水平

政府可以以促进就业、增加收入的方式来改善居民对未来收入的预期，从而使居民在乐观的心理预期的指导下进行消费、投资、储蓄等经济行为。具体而言，应逐步提高最低工资标准，保障职工工资的正常增长和支付，创造条件增加居民财产性收入，努力实现居民收入增长和经济发展同步；同时，应将促进就业放在经济社会发展的优先位置，实施积极的就业政策，通过产业政策、金融政策重点扶持能够提供大量就业岗位的现代服务业、创新型科技企业和中小企业发展。认真落实中共中央关于大众创业、万众创新的战略决策。各级政府应完善创业政策，积极搭建创业平台，优化创业服务，营造出良好的创业气氛。努力在大众创业、万众创新的浪潮中，激发人民的创新潜能和创业活力，创造更多的就业机会，增加收入来源，提高收入水平。

（2）逐步建立综合与分类相结合的个人所得税制，实现居民可支配收入的稳定增长

以税收征管的现实情况和未来发展为前提，争取在现行分类所得税制要素保持稳定的基础上，以相对较小的征管成本引入综合制因素，尽快建立初始的“综

合与分类相结合”的个人所得税制。随着个人所得税征管条件和征管机制的逐步完善，在初始方案的基础上要继续积极创造条件不断健全“综合与分类相结合”的税制，推动个人所得税制度的持续完善。对税制的结构化调整将有助于合理化居民的所得税缴纳负担，从而为可支配收入实现稳健增长提供可靠保障。

7.2.1.2 拓宽收入来源渠道，增加居民投资性收入，形成收入增加预期

本书研究结果显示，基于心理账户的影响，居民的收入来源越多，消费意愿越强；相较于常规的工资收入，经营投资收入所占比重越大，居民越敢于消费。而且，居民更多地将非常规收入用于享乐性的需求，比如服装、美容保健、文化娱乐、旅游等方面。因此，除提高居民的整体收入外，拓宽收入来源，增加投资渠道，对居民形成收入增加预期和提升消费意愿也将起到较大作用。

第一，在政府层面，需要建立健全要素市场，使居民能够根据自己的财产数量和投资能力获得不同性质的财产收入。还应开辟和拓宽居民的投资渠道，积极鼓励互联网金融的发展，推出更多适合大众需求的互联网理财产品。

第二，在企业层面，应进一步改革企业激励制度，实行员工持股计划，使员工通过持股和企业发展获得经营投资性收入。

第三，从媒体的社会理念引导功能出发，各大主流媒体应与消费者实现良好互动，运用电视、广播、报纸、网络等平台进行宣传教育，普及投资理财知识，引导理财消费行为，并帮助居民树立理性的投资观念。

7.2.1.3 完善社会保障制度，解除居民消费的后顾之忧，降低突发事件预期

本书实证研究证明，突发事件预期会导致意外支出预期增加，降低心理账户的灵活性，从而对居民消费数量意愿等产生负向影响。而要有效降低居民对于自身和家人未来生活中不确定性因素的担忧（比如教育、医疗、养老等），弱化居民的预防性储蓄动机并提升其即期消费意愿，就应建立完善的社会保障制度。当前，我国居民在住房、教育培训以及医疗方面的消费呈现出明显的刚性特点，不同类型的人群和居民家庭的消费生活都因此而受到了巨大影响。一方面，这些刚性消费很容易对其他品类的消费支出产生挤压，从而抑制了居民整体消费水平的提高和消费结构的优化；另一方面，这些刚性消费也容易增加居民的消费顾虑和危机感，导致储蓄意愿强烈而消费意愿下降。因此，要扩大内需，提振居民消费意愿，政府就必须进一步完善相应层面的社会保障机制，减轻居民尤其是主干家庭以及农村等低收入阶层的消费负担，增加其心理账户的灵活性。具体而言可通过以下措施来实现：

第一，加大中央和地方财政支持力度。一方面，要加快完善城市居民最低生活保障制度，使符合条件的城市贫困居民都能得到最低的生活保障，并逐步将最低生活保障制度覆盖到农村；另一方面，应积极推进城镇职工基本医疗保险制度

改革，完善新型农村合作医疗制度，降低城乡居民基本医疗自费支付比例。

第二，进一步加大对教育经费的投入。政府和相关机构要全面落实义务教育，完善非义务教育的奖、贷、助、补、减的资助体系，加大资助力度，减轻家庭贫困学生的经济压力。

第三，完善住房保障体制。应建立福利住房保障体系，增加廉租房数量，解决低收入城市居民的住房问题。

7.2.1.4　政企协力调整价格结构，控制物价指数，稳定居民物价走势预期

如同本书实证研究结果所显示，物价走势预期对居民消费时间偏好存在正向影响，即居民对物价持续上涨的预期会促使其努力增加近期消费，但不利于消费意愿的持续稳定。因此，政府和相关领域的企业应重视价格结构的调整和物价指数的稳定，可以从以下几方面入手：

第一，优化消费环境，关注物价变动，实时发布指导价格，清理整顿易造成居民重点消费品（如农产品等）价格异常或不良波动的干扰因素。

第二，加强对房地产市场的调控，控制房地产价格的过快增长。城镇居民的购房、建房行为对居民消费支出增长起直接拉动作用，但过高的购房支出成本会抑制居民其他消费品类的支出意愿。应切实加强对房地产市场的调控，扩大居民的自住性购房需求，在利用经济手段对房地产市场进行调控之余，坚持利用以税费手段如开征物业税为代表的长效调控机制改变市场需求结构，加快市场流通速度，坚持“去投资化”，从而促进房价加速跌落，避免房价缓慢回落对居民消费心理的反向抑制作用，发挥好房地产业对扩大内需的积极作用。

第三，企业应努力配合政府出台的政策，调整促销策略，控制物价。尤其是那些受居民物价走势预期影响显著的食品类、旅游类和家用电器类企业，则更应多聚焦于商品价格的控制和调整，以适应居民的物价走势预期。

7.2.1.5　提高消费政策的透明度，正确引导居民消费政策预期和宏观经济预期

根据本书实证研究结论，持续向好的宏观经济预期和持续走低的消费政策预期对于居民消费意愿具有负向作用。居民对于消费政策的低预期，会使其降低消费数量和消费档次选择；居民对于宏观经济形势持续向好的预期，会使其减少对低档和中档品的消费，增加高档消费，从而提高生活品质。因此，要协调好居民对两者的预期水平。就我国目前的消费发展形势来看，稳定这两种预期可以从以下方面入手：

第一，加大政策宣传力度，提高政策方案的透明度，使居民对未来收支心中有底，以改善其支出预期。对居民开展现代消费意识的教育，转变消费观念，培养适度消费习惯，增强消费倾向。

第二，完善政府信息发布制度。尽快建立政策和经济形势信息发布制度，争取引导新闻媒体的舆论导向。通过定期或不定期的信息发布，引导居民形成合理的消费政策预期和宏观经济预期。

第三，尽量避免经济政策的较大波动，保持调控政策的可预见性和可持续性。由此，在提升政府公信力的同时，可以减少居民心理上对经济形势和经济政策的敏感性和不确定性预期，有效地稳定并正确地引导居民对未来形成合理的心理预期，以促进其消费意愿和消费水平的平稳提升。

7.2.1.6 企业应密切关注居民心理预期，适时进行促销策略和价格策略的调整

本书研究表明，当居民预期未来物价上涨时，会首先增加食品、旅游和家用电器这三类产品与服务的即期消费数量。也就是说，食品、旅游和家用电器类消费的价格敏感度更高，居民物价走势预期对于这三类商品的消费意愿的影响更为显著。尤其是在互联网时代，随着信息渠道的增多，信息更新速度的加快，商品的价格信息越来越透明，消费者的价格敏感性也越来越高，较小的价格变动都会引起消费者购买意愿的变化。因此，与这三类产品和服务相关的企业应密切关注居民物价走势预期，并据此进行合理的价格调整，尽量为居民提供性价比更高的产品。

居民的突发事件预期水平越高，其意外支出预期就会越强。随着我国经济发展和理财投资业务的全面普及，居民的理财投资观念普遍加强，主要表现在不再单纯通过增加储蓄等方式来进行货币保值，而是通过投资收益稳健的理财产品或消费类别来保值财产，提高收益。在这种情况下，那些从事具有投资价值产品和服务的企业，比如房地产企业以及与之相关的装修和家用耐用品企业，将迎来一个较好的发展机遇。对此，这类企业应努力配合政府出台的相关政策，及时调整价格和促销政策，以促进居民消费意愿的提升。

本书研究结果还显示，当居民预期未来政府将出台更为积极的消费刺激政策时，其对食品和美容保健类产品和服务的消费意愿会显著增强。换言之，居民关于这两个消费品类的消费意愿对消费政策的敏感度更高。有鉴于此，与食品和美容保健类产品和服务相关的企业应该密切关注国家相关的消费政策，合理预测居民可能的心理预期方向和水平，并据此调整自身的促销策略，以激发居民的消费意愿。

7.2.2 将心理账户特征作为提升居民消费意愿的重要策略依据

7.2.2.1 企业应根据居民心理账户特性来制定适用的促销策略

心理账户具有非替代性效应，消费者会将不同来源的财富划归到不同的账户

中，且不同消费品类的支出分属于不同的账户类型。即划分到不同心理账户中的金钱都具有不同的功能和用途，彼此之间不能替代。正如本书实证研究所显示的，心理账户的非替代性特征对居民消费意愿有着多方面的复杂影响。基于此，企业可用各种促销方式来适应或影响居民调整心理账户，进而提升其消费意愿。

（1）采用返券等形式进行促销

居民常常会将消费返券得到的钱，自动划分到意外收入的账户。而消费者对于意外所得的钱财，总是非常容易进行冲动性购买。Abeler 和 Marklein（2008）也发现，在就餐时意外获得 8 美元折扣的顾客，比起其他没有获得折扣的顾客平均多花了 3.52 美元。为此，企业可以采用多种形式的返券促销，刺激消费者增加额外购买。

（2）办理会员卡并鼓励消费者进行卡中现金预存

企业可以通过办理各种俱乐部性质的会员卡，比如健身俱乐部会员卡、读书俱乐部会员卡等，来鼓励消费者将金钱预存到卡中，然后再进行消费。对于消费者而言，存入卡中的现金相当于沉没成本，同时也是专门用于该项支出的花费，这使得消费者在该项支出上更容易花费。但是值得注意的是，这种方式容易引发消费者的过度消费，后续同类支出上的消费意愿可能因此会降低。

（3）鼓励顾客采用多种形式的付费方式

根据心理账户的预算性，如果消费者对某一类消费的预算较少，商家可以鼓励消费者分期付款，将短期的大额支出转变为小额的长期支出，以增加消费者对此类消费的预算水平。另外，应加快移动支付在餐厅、商场、超市、自动售货机、交通出行等消费环境中的普及，鼓励消费者使用微信、支付宝、Apple Pay 等支付方式，提高消费环境的便利性，优化消费体验。

（4）借力节日消费，创造全新消费时点

心理账户的三大特性中，灵活性是对居民消费支出影响作用最大的一个。而当前我国消费者心理账户的灵活性不足，制约着其消费支出的弹性。这一痼疾的形成既有其历史和文化因素，也有当前消费环境和氛围不足的原因。传统的消费市场缺乏足够活力和新的消费热点，因而无形中造成居民支出账户结构、账户间流动性及实时调整能力的弱化，心理账户的调节机制受到抑制。

有鉴于此，企业应当突破传统的营销路径和刺激时点，借助其市场策略和营销活动将市场内的消费氛围盘活，进而带动消费者支出意愿的增强或心理账户灵活性的提升。从这个角度来说，节日消费无疑是当下热度最高、极具发展潜力的市场热点。诸如淘宝、京东等互联网电商在引领节日消费方面成为先驱者，它们通过不断的市场分析和需求挖掘，创造出一个个奇迹般的“消费时点”（李克强语），譬如令世界刮目的“双十一”购物节。当然，这一趋势还有更多可发扬光大之处，如进一步深挖传统节日消费需求，有计划地为我国消费者开发新的节日消费热点，甚至打造一整套环环相扣的节日消费体系。这些举措都将对居民心理账户灵活性的提升带来潜移默化的影响，从而引导其消费理念和消费模式更新与调整。

7.2.2.2 增加居民非常规收入以提升居民关于享乐性产品和服务的消费意愿

大多数人总是将金钱花费在生活必需品上，而享乐方面的需求却没有得到满足。本书研究发现，居民的非常规收入正向影响居民在服装、美容保健、文化娱乐以及旅游等方面的消费意愿。这是因为居民会将正常收入账户与日常必需品相匹配，而将意外财富与享乐消费相匹配，这种匹配方式被称为认知匹配。White等学者也发现，在某些情况下，居民会形成一个提前预约的账户，强迫自己进行享乐消费。比如，当让居民选择年终奖是现金形式还是一次旅游时，更多的人愿意选择旅游，即使现金是一个可以更理性使用的选择。因此，增加居民的非常规收入有助于促进居民进行文化娱乐、旅游等非物质的精神文化消费。

有鉴于此，政府和相关机构（如文化娱乐、旅游景点等相关企事业单位）可通过提供一些支持性政策或意外收入来源，来促进居民享乐型消费意愿的提升。比如，为企业的福利性消费激励政策（如旅游年终奖）提供优惠和政策便利，适当尝试向居民提供旅游消费券等“意外收入”，等等。相关企业则需要进一步优化和调整其薪资、福利体系，在不降低员工整体福利的情况下，将一部分福利向“非常规额外收入”（如奖金）或“经营性投资收入”（如分红或红利）形式转化。

7.2.3 将引导生活方式转变作为促进居民消费意愿提升的核心路径

7.2.3.1 政府、媒体、企业、消费者组织多方配合，传播新生活和时尚新潮理念

本书研究表明，新生活意识和时尚新潮意识可显著促进居民消费意愿的提升，其中，新生活意识有利于居民中档品消费意愿的提升，而时尚新潮意识对所有品类的消费意愿都具有较强的拉升作用。居民新生活意识和时尚新潮意识的缔造需要政府、媒体、企业、消费者组织等多方共同努力。具体而言，应充分发挥政府的政策导向优势，增加媒体的覆盖范围和渗透能力，并利用消费者组织的独立性和亲民基础，通过消费政策发布、音像和软文宣传、公益广告及公益活动等形式搭建新生活和时尚新潮理念的传播体系。与此相对应，企业应积极设计并推行具备“新生活”、“时尚新潮”等理念的商品和服务，并通过系统的营销宣传策略来引导和促进居民新生活意识和时尚新潮意识的形成。

7.2.3.2 强调消费者的个性成就意识，强化中高收入群体的消费欲望

本书实证研究表明，在个性成就意识的支配下，消费者在家庭建设、个人发

展（如文化教育）、关系维护等方面的支出意愿都有显著增加。其中，受过良好教育的中高收入群体在该生活方式维度上表现更为明显。因此，企业可因势利导，强调商品或服务消费对其自我成就和价值认同的附加增益。比如，企业可根据目标消费者的个性成就意识的强弱或成就感的主要来源（家庭、关系资源等），对产品卖点或品牌定位进行精准化塑造，从而触动其内心最强的原始动力，增强其消费欲望。

7.2.3.3 关注和强化家庭理念的消费诉求，增强居民对家庭消费品的消费意愿

本书研究发现，消费者的家庭意识对居民消费意愿具有不可忽视的影响，而且这种影响在中老年人群中表现尤为强烈。虽然这种意识的作用相较于其他生活方式维度略显弱化，但其对食品、保健类消费的促进作用还是比较显著的。有鉴于此，企业可突出家庭共同消费的理念，如推出家庭套餐、家庭健身项目、家庭游等产品组合；也可将家庭成员感情维系、家庭关怀、家庭的磨合与发展等理念作为向消费者渗透的原动力，在产品诉求点强调家庭概念，进而提升居民在家庭消费品上的消费意愿。

7.2.3.4 培育消费热点，在消费实践中引导城乡居民转变生活方式

（1）促进农村电子商务发展，强化农村居民新生活意识

相对而言，农村居民新生活意识弱于城镇居民（3.67 vs. 4.33），这也是农村居民消费意愿和消费率更低的内在原因之一，而传统的消费方式和渠道在短期内无法实现大规模实质性的突破。在此背景下，政府和企业需要注意到我国农村电子商务市场潜力巨大，应进一步释放消费需求，开发消费潜力。

新的电子商务渠道和网络购物模式在农村市场生根壮大，必然将刺激农村居民的生活方式朝着更新、更潮以及更开放的方向转变，从而在根本上助力于消费水平和消费率的长足提升。因此，政府应大力促进农村网购的发展。随着农村网民数量的攀升和互联网的普及，农村网购市场的潜力正在被激活。阿里巴巴、京东、顺风等电子商务企业及物流企业纷纷将目光瞄准农村市场，将其作为未来发展的战略增长点。政府应大力支持电子商务及物流企业将渠道下沉至农村，在农村建立服务点，为农村居民的网络购物提供便利，同时培养农民网上购物习惯，促进农民消费。

网络购物的便利依赖于快捷的支付方式。当前，支付宝、微信、Apple Pay等最新的支付方式已经在城市得到普及，极大地促进了居民消费率的提高。而在农村，由于农民对非现金支付的信任程度较低，这些新型支付方式尚未得到认可，现金支付仍然是主流。为了提高电子商务在农村的普及度，需要增加农民对线上支付和移动支付的信任，培养新的支付习惯，加快新的支付方式在农村的普

及，进而促进消费需求。

近年来，我国农产品电子商务发展迅猛，网络交易规模翻倍增长。基层政府应在推动农产品电子商务发展的基础上，进一步将“互联网+”渗透到农业生产的各个环节，将互联网创新成果与农业生产、经营、管理、服务深度融合，提高农村信息化水平，推动农业物联网、农业信息服务等的发展。通过以上举措，为农村电子商务的发展创造良好的环境，激发农村市场的活力。

（2）加快节能环保产业发展，推动绿色消费

李克强总理在近期召开的国务院常务会议上指出，要加快发展环保产业，拉动国内有效需求，推动经济转型升级。推动节能环保需求，促进绿色消费，一方面，要拓展绿色消费市场，促进相关领域节能环保设备的升级改造和推广。各级政府应大力推广新能源汽车等新型能源工具，完善相关充电设施，同时加快政府公共用车、公共交通工具的升级换代，带动老百姓对新能源汽车的消费。另一方面，政府和企业要进一步提升居民的绿色环保意识，培养绿色消费习惯。应大力宣传绿色消费给环境带来的好处以及给人民生活带来的实惠，譬如企业扩大优惠政策的力度和覆盖面，使居民充分理解绿色消费在其消费生活中的重要地位，认同并自觉践行绿色消费生活方式，从而迸发出长远的、可持续的绿色消费需求。

（3）鼓励发展多种零售商业模式，促进消费环境的升级

政府和企业应鼓励发展多种零售商业模式，并创造良好的消费环境。例如，可提高自动售货机尤其是线上支付型自动售货机在写字楼、居民楼、宿舍楼等人口集中区域的普及，进而提高消费的便利性，增加消费可能性。同时，应推动O2O商业模式的发展，增强线上与线下的融合，从而促进线下服务业的改造，提升消费者的消费体验。

7.2.4 重视不同类型家庭消费需求偏好的差异，提高刺激居民消费意愿策略的针对性

不同类型的家庭在成员人数、家庭负担、经济收入等方面有所不同，相应地其家庭消费需求内容也不尽相同，从而使其成员呈现不同的消费偏好和意愿。因此，政府和企业应针对不同类型家庭的居民，采取差异化的刺激消费意愿的策略。

7.2.4.1 对不同类型家庭的居民应采取有针对性的消费刺激政策和措施

（1）充分发挥小型家庭居民消费的主导作用和引领作用

如同本书研究所显示的，总体上看，单身家庭、夫妇两人家庭、核心家庭（尤其是处于满巢1阶段的三口之家）等小型家庭居民的总消费支出意愿最高，对高档品、奢侈品和借贷消费的消费意愿也很高。并且，根据《中国统计年鉴》（2015）的数据，当前我国家庭结构中小型家庭数目也是最多的，三人及以下规模

家庭约占到总家庭数的69.26%。因此，单身家庭、夫妇两人家庭和核心家庭等小型家庭的居民主导着社会的整体消费趋势，是社会消费的中坚力量。政府要提升居民的消费意愿，首先应该关注这类小型家庭居民的消费需求，充分发挥其消费带动作用。并且，那些反映时代潮流、先进技术和新型体验的商品服务企业，尤其是从事高端产品和奢侈品经营的企业，以及与美容保健、文化娱乐和旅游等娱乐休闲服务相关的企业，都应该重点关注这类家庭居民的消费心理和需求特点；而媒体关于社会消费舆论的倡导，也应高度重视这些“消费领袖”的带头作用。

另外，小型家庭居民的消费观念比较开放，对汽车、住房、家电、教育甚至旅游方面的信贷消费的接受程度较高。因此，政府和相关支持信贷消费的行业企业，要尤其关注这一部分人群的需求，首先使他们了解消费信贷的内容、程序和手续，唤起这些居民的消费信贷参与意识。

（2）提升较大规模家庭的消费意愿，引导单亲家庭形成合理的消费欲求

本书研究结论显示，随着家庭规模的增加，居民关于食品、旅游、高档品、奢侈品以及借贷消费的消费意愿却显著下降。比如，主干家庭的居民在除了医疗以外的几乎所有消费品类方面的支出意愿都很低；处于满巢3阶段家庭的居民不愿意在服装、旅游、奢侈品和住房方面多花钱，也不愿意进行借贷消费，在食品、美容保健、文化娱乐方面的支出意愿最低。因此，相对而言，这类家庭的居民是整个社会消费的最薄弱力量。尤其在二胎政策放开之后，家庭规模呈现增长态势，将会出现更多的四口之家，而这些家庭的生活支出负担也会相应增加，从而在消费方面可能更为保守和谨慎。因此，要提振居民消费意愿，就要尽力减轻主干家庭居民的财务负担，增强其消费欲望。

另外，本书研究发现，尽管单亲家庭的收入水平相对比较低，其成员的消费支出意愿却并不低，甚至在许多消费品类方面都呈现很高的消费意愿。对于这一现象也要引起注意，虽然我们鼓励消费，但也要警惕这类家庭居民出现补偿性消费行为过度的现象，要引导其进行适度消费，保持健康的消费心理。

7.2.4.2　企业可以根据家庭消费偏好特征进行目标市场和产品的精准定位

企业通过对居民家庭类型特征的把握，可以对目标市场进行“精准定位”，从而提高营销效率，增强居民消费意愿。具体而言，享乐休闲服务行业，比如从事美容保健、旅游的企业，应该更为关注单身家庭、夫妇两人家庭和单亲家庭居民的需求；房地产企业应该更为关注夫妇两人家庭（尤其是新婚家庭）、满巢1阶段家庭（尤其是三口之家）和空巢阶段家庭居民的需求；从事奢侈品经营的企业应该更关注单身家庭、新婚家庭和满巢1阶段家庭居民的需求；生活必需品行业，比如食品和服装行业、母婴行业等，应该更为关注新婚家庭、满巢1阶段家庭、满巢2阶段家庭和单身家庭和空巢1阶段家庭居民的需求；对于从事家庭建

设与个人发展的行业而言，比如房产企业、教育培训机构、家用电器企业，应更为关注单身家庭、新婚家庭、满巢 1 阶段家庭和满巢 2 阶段家庭居民的需求；医疗行业应该更为关注处于空巢 2 阶段、满巢 2 阶段、满巢 3 阶段和空巢 1 阶段家庭居民的需求；汽车行业应该更为关注单身家庭、新婚家庭和满巢 1 阶段家庭居民的需求等。

7.2.4.3 引导扶持老龄产业发展，开发适合老年家庭需求的产品和服务

老年家庭居民由于收入、闲暇、精力以及家庭负担的原因，在许多消费品类上的支出意愿都相对较低。本书研究结果表明，60 岁以上老年人尤其是空巢 2 阶段家庭和孤寡老人家庭的居民，在除了医疗之外的其他所有产品/服务领域的消费意愿相对都较低，这成为导致社会消费率下降的重要因素。因此，要激发我国居民的消费潜力，就必须减轻这类家庭居民的消费负担和忧虑，设法刺激其消费意愿。

值得注意的是，当前我国已进入老龄化社会，老年家庭是一个庞大的消费者群体。根据国家统计局《中国统计年鉴》（2015）的数据，2014 年全国 60 岁以上老年人约占总人口的 15.52%，超过了 2 亿人。然而，我国当前涉老产品和服务的发展仍处于初级阶段，供给严重不足，老年人的需求不能得到很好满足。实际上，一些老年家庭在教育培训、旅游、医疗保健、食品、家用电器等方面的消费意愿是比较高的，尤其是空巢 1 阶段的老年家庭，消费需求日益向高档次、高质量方向发展，消费潜力巨大。因此，政府要刺激消费，一个主要的方面就是要充分提升老年家庭居民的消费意愿。主要的刺激措施包括大力扶持发展老龄服务产业，鼓励更多的企业开发适合老年人消费的物质、精神和文化产品，保证市场供给；制定统一的老龄行业标准和管理制度，规范市场；承担起社会公益性的老年人社会保障和服务，为老年人的消费免除后顾之忧；等等。

对于企业而言，也应充分注意到老年家庭居民的消费需求，积极参与老龄产业和老年市场的拓展。首先，要认真做好老年市场需求调查，根据老年人的消费心理和特征开发符合老年居民实际需要的产品和服务，丰富产品与服务品类，尤其是那些注重舒适、健康保健、实用便利的产品，比如适合老年人行走的旅游产品和服务、老年特殊家政护理服务、老年宠物产品、老年膳食服务等。其次，企业开发产品和服务时要注重质量和性价比。因为随着收入水平的提高，品质和实用性逐渐成为老年居民消费时的主要考虑因素。

7.2.5 深入挖掘消费政策在影响居民消费意愿中的关键作用

7.2.5.1 政府消费政策和企业的市场策略相配合，共同提升居民消费意愿

不同类型的消费者对政府消费政策的反应具有差异性，但总体来看，大多数

常规政策手段对居民消费意愿的影响并不会太过强烈。并且，诸如利率、税收等政策对居民消费意愿的刺激还具有滞后效应。另外，从动力机制而言，消费政策更多扮演的是推手的角色，而倘若此时能有一股拉力加入，将会大力提升居民的消费意愿。比如，存款利率下调对居民关于生活必需品、家庭建设与个人发展等消费类别的消费意愿的作用相对明显。因此，当存款利率下调时，企业也可以推出相应的"拉动力"举措，引导消费者进行生活必需品升级（选择更优质的高价产品），或者通过在价格、服务、产品等方面的优惠和激励措施来增强居民在家庭建设品方面的消费意愿。并且，在家居用品、电子设备等消费领域，中高收入和文化程度高的居民是主力军，企业在推出相应营销策略时应重点关注这一人群的需求情况。

7.2.5.2 兼顾长期和短期消费政策目标，提高政策对居民消费意愿刺激的总效应

本书研究结果显示，从各政策下居民消费意愿的改变方向来看，除存款利率下调使得居民储蓄意愿略微降低以外，其他消费刺激政策（财政政策、税收政策、社会保障政策（养老、医疗）、信贷政策等）都不同程度地提升了居民的储蓄倾向。也就是说在这些政策刺激的效果中，有一部分被储蓄分流，而并未投入消费领域，即我国居民的储蓄量总是倾向于上升的。这些看似令人疑惑的数据实际上反映出一些很微妙的现实：这些储蓄增量在居民心目中进入相对独立的账户，为将来更多大件耐用品的消费进行储备，也即所谓的延期效应（Neumark，1995）。由此，各项政策用以刺激居民消费的初衷未能充分实现，政策效果大打折扣。

因此，从目前的居民消费情况来看，消费政策的侧重点和当务之急可能在于将短期和长期的消费刺激目标结合起来，选择更有效的政策措施对居民消费意愿进行影响或引导。基于本书的分析结果，短期来看，要达到促进居民消费意愿提升的目的，可能较适合的是财政政策（赠券或补贴）、利率政策（包括降低存款利率和贷款利率），而若要在相对长期的阶段中充分引导和调整消费者的内在消费意愿，从而服务于消费率的长远提高，那么税收政策、社会保障政策（养老、医疗）则有较好的效应。换言之，在实施政策刺激时，各种政策措施的采用应视作用时效和目标而有所区别，而不能简单地一概而论，否则会削弱相关政策对居民消费意愿的提振作用。

7.2.5.3 适当解套信贷消费，释放"80后"群体的消费潜力

本书研究发现，居民消费对贷款利率的变动会产生比较强烈的反应，而且这种影响在"80后"青年消费群体中体现得尤为明显。随着消费观念的转变和超前消费理念的出现，"80后"消费者对借贷消费的热忱与日俱增。然而，目前我

国消费信贷政策还处于初级阶段，这在一定程度上制约了年轻消费者的消费意愿。比如，由于受限于一些严苛的收入证明条件，目前大学生信用卡的保有率仍处于比较低的水平，从而使得大学生群体的信用卡消费受到很大限制。从本书收集的资料发现，目前我国十大银行中仅有两三家推出专门针对学生的信用卡，且这些信用卡多为专项卡（如淘宝卡、京东卡等），同时还设置了很多收入要求和条件。尽管大学生群体没有固定工作收入来源，但其消费意愿和消费需求都比较高，并且相当一部分学生拥有较深厚的家庭经济实力。如果针对一些信用水平优良、教育程度较高、消费观念超前的青年消费者推出相对优惠和低约束的信贷消费政策，比如放宽信用卡的申领条件，使其通过常规渠道（非校园集团办理）便可获得适当额度的信用消费，则必将大大提升此消费群体的消费意愿，从而释放出不容小觑的消费潜力。此外，在电子商务和在线支付日渐成熟的今天，电商企业应该推出更多的互联网信用支付产品，如由京东商城推出的“京东白条”服务等就是很好的互联网信用支付的例子，同时应适当降低申请门槛，提高使用便利性，为消费者提供更多的延后支付或分期支付等支付服务，在提升客户购买体验的同时进一步挖掘消费者的购买潜力。

7.2.5.4 深化养老政策改革，调整养老账户结构，稳固中老年群体的消费意愿

本书研究结果表明，养老保障政策对老年群体的消费数量意愿、消费时间偏好及消费档次选择有着直接而显著的影响。不仅如此，社会养老保障水平的高低还直接影响中年乃至青年消费群体的消费意愿和消费行为。特别是受中国“未雨绸缪，老有所养”的传统思想影响，许多中青年消费人群会提早开始储蓄养老资金，以保障未来的老年生活水平。显然，这在一定程度上抑制了居民的当前和近期消费意愿，也阻碍了消费需求的长期稳定增长。因此，进一步完善养老保障制度应成为提升广大居民消费意愿的重要政策举措。

目前我国的养老金账户多为空账，根据《中国养老金发展报告 2013》公布的数据，2012 年中国城镇职工基本养老保险制度的个人账户空账达到 2.6 万亿元。①庞大的空账数字给一些居民带来无形的压力和忧惧，出于安全考虑，继续攒钱储蓄成了养老保障的“第二保险”。这种畸形的储蓄心态一定程度上造成了居民在受到养老保险政策刺激时仍无法放心大胆地进行消费，仍会将一部分资金留在储蓄账户中。

要为居民消费松绑，使养老金政策的刺激效果能够最大限度地显现，则必须

① 养老金个人账户空账 2.6 万亿［EB/OL］. 南方周末，http：//www.infzm.com/content/96756，2013-12-13.

要对养老金账户的结构进行调整完善，即逐步做实个人账户，将“统”与“分”的界限清晰化。一个值得考虑的路径是“名义账户制”，这一养老金操作模式只需形成“记账式管理账户”，而不需要真实的缴费注入。“名义账户制”可以加强保险缴费与未来给付之间的联系，以较高的透明度使认缴者主观上把“名义账户制”下的缴费看作一种“储蓄”或是一种“真正”的缴费，而不是一种与自己切身利益没有直接关系的税收（郑秉文，2003）。这样的养老金账户结构调整将会产生比较乐观的刺激效果，不仅可以从形式上“做实”养老金账户，打消居民尤其是中老年群体对养老金实际支付能力的不安全感，提高其消费意愿，而且能够避免社会储蓄率的进一步升高。

7.2.5.5 关注不同特征居民关于消费政策的敏感度，有针对性地进行政策刺激

本书对人口统计特征与居民消费意愿关系的分析结果表明，具有不同人口统计特征的居民，其政策敏感性并不相同。比如，当面对各种消费政策作用时，分属于不同类群的居民会产生较为明显的反应差异。因此，在制定相关政策时，对不同群体的居民应实施不同的政策组合。

（1）针对农村居民，统筹结合运用社保政策和财政（补贴）政策

一方面，在当前农村社会保障体系并不十分健全的情况下，农村居民对此类政策刺激的反应更加敏感，因此相较于城市居民而言其实际效用更大；另一方面，财政（补贴）政策作为一种十分直接的消费刺激手段，在各个年龄段、受教育程度和收入水平的消费者中都表现出较高的认可和接受度，而农村居民的积极响应性尤其强烈。这两者的结合使用会优于其中任何一种政策的单独作用，因为唯有如此才能平衡长期和短期效应，既从长远消解农村居民的不确定预期，又能即刻拉动当期消费。

所以，若要提升农村居民的消费意愿，不妨尝试有针对性地加大上述政策组合的力度。具体而言，可以考虑加大农村养老保险的政府和集体缴纳比例，拓宽集资渠道，修正农村居民“自我储蓄”的老旧模式，并充分考虑到农村居民与城镇居民的差异，实现有节有度的政策倾斜；而医疗保险政策则需要在合作医疗体系的基础上继续深化，如可以模拟城镇社会保险的办法，或者自行设置社会保险项目并制定保险的办法，积极试点社会统筹和家庭账户相结合的农民医疗保险制度，发展单项健康保险，建立健全国家医疗救助体系。

（2）贷款利率政策多向青年群体倾斜，开发专门的信贷消费产品

本书研究表明，对老年人口（大于55岁）而言，养老、医疗保险和财政（补贴）政策的影响十分突出，而存款利率、贷款利率、税收政策的影响则微乎其微，因此对该群体的消费刺激相对难以激发。除贷款利率政策以外，其他政策

对中年居民（36~55 岁）的消费意愿均有比较乐观的影响，而青年群体（18~35 岁）对政策刺激的反应是最强烈的，而且与中年居民不同，他们在贷款利率政策上的敏感性也很强。这就暗示其超前消费意识和信贷消费需求都值得特殊关注，需要政府进一步针对他们的需求开发一些专门的信贷消费产品，扩大贷款额度和覆盖的消费品类，甚至可以考虑将普通银行卡与消费信贷账户进行关联，在提高便捷性和一体化的同时加速资金运转，增加消费支出。

（3）存贷款利率政策应重点考虑高学历群体

本书研究结果显示，受教育程度较高的居民（大专及以上），在各种存贷款利率政策刺激下的表现都要强于受教育程度较低的居民（高中及以下）。因此，政府在对资本产品的开发上要有针对性，根据高知识群体居民的需求特点来制定和实施相关政策，比如，促进文化、旅游贷款消费及加大理财产品的投放力度等。高知识群体居民对于政策能够带来的利益理解得更为透彻，因此相应地政策刺激效果也最好。

（4）以财政补贴类政策推动中低收入居民的消费意愿，借助税率及贷款政策刺激高收入群体的大项支出意愿

比如在开发补贴、消费券等财政政策时，可以着重考虑中低收入消费者的消费取向，在一些常用或实用的生活用品及家居、信息通信产品（如手机、电脑）等消费品类上多推出一些符合该群体特质的产品或消费激励。而高收入群体主要在家庭建设与个人发展开支上存在消费意愿增强的趋势，针对这一特征，适当降低相应产品的消费税率并推出适合的贷款消费政策，便可使这部分人群的消费意愿上升。

7.2.6 引导居民树立合理的消费文化观念，降低传统价值观对居民消费意愿的制约作用

本书研究认为，根植于中华民族传统文化土壤之上的节俭主义在一定程度上制约了我国居民消费意愿的提升，而面子文化、人情文化虽然有利于增强居民对高档产品和服务的消费意愿，但却无助于其对一般产品和服务的消费意愿的提升。有鉴于此，降低节俭消费观念等传统消费文化对于居民消费意愿的负面影响，引导居民形成理性、适度、科学的现代消费观念，是刺激居民消费意愿提升的一个重要途径。就我国目前情况来看，调节传统消费文化对居民消费意愿所带来的制约性影响需要政府、企业、媒体以及居民个体等各方面的共同努力。

7.2.6.1 引导居民形成合理的面子消费和人情消费观念

面子消费和人情消费在中国情境下作为一种普遍的社会存在，成为多数人都难以回避的市场交易规则。虽然相当一部分学者对此持批判态度（张丽娜，2012；

杨媛，2012；戚海峰，2009），但从本书的研究结论来看，根植于中国传统文化中的面子和人情因素对促进居民关于较高档次产品和服务的消费意愿是具有重要影响的。而且，处于较高社会阶层的居民，有更强的需求和足够的实力进行面子和人情消费。因此，对于面子消费和人情消费并不宜全盘否定，正确的态度应当是因势利导，引导和鼓励居民形成合理的面子消费及人情消费观。鉴于这两者存在一定的关联，相应的对策便有一定的共通之处，具体如下：

第一，企业应努力进行产品开发和改良，尤其是应在品牌形象塑造和提炼消费品的社会功能方面做文章，使其能够在不牺牲过多产品价值的条件下充分满足居民的面子及人情诉求。具体而言，首先，企业在品牌定位时，要找到体现特定面子观和情感诉求的品牌利益点。比如对持有时尚面子观的居民营造品牌新颖、与众不同和与时俱进的个性，对偏爱成功面子观的居民凸显品牌的尊贵、体面或地位的独特形象，对身为子女晚辈的居民强调品牌所体现的晚辈与长辈之间浓厚情意的情感格调，等等。其次，在品牌宣传时，一方面应突出品牌良好的声誉和社会认同感，体现品牌形象给使用者带来的面子提升；另一方面也可突出品牌作为“礼品”的情感利益诉求，并用适宜的礼品包装为消费者挣得面子。

第二，针对面子观较重的居民，企业还应多借助个性化营销，赋予产品充分的差异化或特殊属性，引导居民从传统的价格、形式至上的面子观向借助产品进行个性化表达的新型面子观转化，从而提升其关于一般消费品的消费意愿。比如，企业可以通过“定制”或者“限量”的方式来满足居民的消费符号化诉求，也可以通过产品优良的品质和细致、贴心的“会员式服务”提高居民的感知面子，等等。另外需要指出的是，面子和人情消费不仅局限于高档品或奢侈品消费，中档产品也可以通过市场细分、采取差异化经营战略来获得一部分面子消费市场份额。并且，面子和人情消费也不仅局限于物质方面的消费，服务类、教育类、文化类消费也可以在这方面寻得商机。

第三，在企业正向刺激面子消费和人情消费的同时，政府与媒体需严格把关这两类消费文化的健康良性发展。一方面，政府可通过法规约束和道德规范，对那些流于形式、一味追求享受、奢侈或浪费的低层次、低素质的面子消费行为进行惩罚和批判，尤其是要对公务人员和事业单位人员的面子消费行为进行抑制，从而在社会大众中倡导清新、科学和文明的消费方式；另一方面，政府又应对大众喜闻乐见、欢迎认可的优质中档和高档产品提供适当的政策支持，如信贷优惠等。而社会主流媒体作为推动消费符号化的最重要的载体，则应激浊扬清，倡导中华民族“黜奢崇俭”、“精神至上”等优秀消费文化传统，通过传播与社会主流消费文化相一致的生活哲学和风尚，帮助消费者纠正面子消费和人情消费中的沉疴陋习，引导居民形成理性、适度、文明的消费观念。

7.2.6.2 突破节俭消费观念对居民消费意愿的制约，适度调节物质主义倾向，树立正确的消费观念

从本书的研究结果来看，作为特殊消费观念的节俭消费观念与物质主义倾向对居民消费意愿施加着迥然相异的影响。而正是由于其特殊性，过度节俭会在很大程度上削弱居民消费意愿，而过度崇尚物质主义不但不合国情及民俗，也会影响社会风气。因此，如何在两者之间建立平衡便成为政府、企业以及媒体引导合理消费观的关键。要尽可能减弱节俭消费观念对居民消费的掣肘，可以采取的策略主要有以下三点：

第一，将家用电器等家庭耐用消费品作为提振节俭型消费人群的消费意愿的突破口。本书研究结论指出，节俭消费观念对绝大多数消费支出品类存在负向抑制作用，但在家用电器消费方面则不甚明显。这表明即便是节俭型消费者也不会拒绝消费一些实用价值很强的家庭耐用型消费品。因此，政府和企业可在消费政策引导与相关产品设计上下功夫。比如，家电企业应进一步丰富产品实用属性，强化耐用品质，不断提高中档产品的性价比，并着力借助产品宣传向受众群植入“消费改变生活”的价值观。而政府则继续大力推行家电购置或升级补贴，并将补贴力度向中档家电倾斜。

第二，我们发现，节俭消费观念在农村居民中尤其深重，因此在政府和企业从消费市场培育角度扭转过度节俭观的同时，媒体也需适度宣扬和引导全新的消费观念，在一些实用性较强的消费领域（如服装、产品），用社会发展进步中切实存在的成功消费实例向文化、思维发展程度偏低的地区发动舆论普及攻势。尤其是可以通过激发那些保守消费者的面子意识，增强其对参照群体价值表达性影响的依赖，从而使其产生较强的物质主义倾向，并因此产生较高的消费意愿并进行更多的物质产品消费。

第三，缓解居民消费的流动性约束，弱化其过度自我控制的倾向。节俭主义文化容易使居民过度自我克制，因此从文化角度进行提升居民消费意愿的政策设计，可以通过影响居民自我控制力，纠正节俭主义文化对居民消费的过度抑制。一方面，政府可以采取措施加快资产证券化进程，完善金融市场功能，缓解居民消费的流动性约束；另一方面，政府可以通过一些技术性规定，比如对居民相关消费设置时间下限（如“黄金周”），从而刺激居民即期消费意愿的提升，防止其未来的相机抉择行为（叶德珠等，2012）。

物质主义倾向对于居民消费意愿的提升而言是把锋利的双刃剑，应当适度维护但又要谨防过度，以发挥其对消费意愿的良性促进作用。高物质主义倾向者会脱离现实需求而极力谋求最大程度的物质满足，因此政策导向应当是适当鼓励富裕人群消费优质高档商品，但同时施加合理的消费税；而对中低收入人群，则应

尽可能通过商品的差异化和功能区隔来满足普通居民日益丰富的物质需求。政府甚至还可以针对那些较符合主流消费趋向的中高价值商品给予一定的信贷优惠等。

另外，还应加强舆论宣传工作的社会效应，注重构建符合居民全面发展的消费文化。一方面要反对过度消费、奢侈消费、炫耀性消费和攀比消费等种种畸形消费观念和消费行为，提倡勤俭节约和物尽其用，提高消费资源的利用效率，充分发挥促进合理节俭消费观念的正能量；另一方面要立足现实和国情，倡导与促进社会和人的全面发展相一致的消费生活方式和消费文化，鼓励居民合理、适度地提升物质生活水平和精神生活品质。

7.2.7 把协调各阶层消费群体作为全面增强居民消费意愿的稳定器

本书研究表明，社会阶层水平对居民消费意愿具有正向影响。其中，居民的社会阶层感知与消费阶层感知在预测消费意愿方面比实际社会阶层更有意义。也就是说，居民的消费意愿与其对自身社会阶层的感知密切相关。居民自身社会阶层感知越高，其消费意愿可能越强。因此，从社会阶层感知与消费意愿之间的关系来看，增强居民消费意愿的两种基本思路为：一是创造有利于低阶层感知实现消费的条件；二是增强高阶层感知在消费方面的不满足感。

（1）政府应有针对性地引导不同收入阶层居民的消费意愿

针对我国当前消费领域中存在的各社会阶层之间消费资源分配不均、消费意愿强弱不一、消费追求热点互异的特点，要实现全社会居民总体消费意愿水平的全面提升，关键在于根据不同社会阶层消费意愿的差异，协调其共同发展。也就是说，政府在制定有关刺激消费的政策时，应充分考虑到不同阶层居民的消费心理和消费需求特点，对其分别加以引导。

从不同阶层居民收入水平和教育程度差异的角度来看，针对高收入水平、高受教育程度的居民，政策的着眼点应在于提高他们的消费层次。例如，引导和鼓励他们在高档汽车、高端理财服务、精品特色旅游等方面的消费。针对中等收入水平、中等受教育程度的居民，消费政策的关键应着眼于促进他们即期消费的实现，例如，引导他们在住房、文化娱乐和医疗保健方面的即期消费。针对低收入水平、低受教育程度的居民，消费政策则应着眼于保障他们的基本消费范围，如食品、服装、家电等方面的消费。只有通过这种在政策层面有针对性的引导，才能推动不同阶层居民的消费意愿都有所增强，进而促进社会总体消费意愿的提升。

（2）媒体应通过舆论引导各阶层居民的消费需求层次不断升级

媒体作为舆论宣传工具，对居民的消费观念、消费方式以及消费意愿的发展趋向具有强大的引导作用。过去长时期内，受到短缺经济和传统观念的制约，我国强调“吃饱穿暖”的温饱型消费，消费内容注重物质消费，忽略精神文化消费。与此相适应，媒体在舆论宣传导向上也倡导勤俭节约，引导居民黜奢崇俭，克制消费欲望，提倡低水平消费方式。近年来，随着国民经济的持续快速发展，扩大内需、转变经济增长方式已成为保持经济发展的关键所在。配合国家中长期发展战略的转变，媒体应充分发挥其舆论导向作用，通过倡导新的消费理念，推介更高水平的消费标准，宣传更时尚的消费生活方式，引导、鼓励各阶层居民实现消费层次升级。即针对各阶层居民消费现状，提出高于其现有水平的消费生活标准，以使得该阶层居民对消费生活形成更高的期望和追求，并对消费现状产生不满足感，进而通过这种不满足感来刺激居民消费意愿的增强。媒体对居民消费升级意愿方面的引导可以通过社会公益广告、不同阶层消费特征探讨、小康生活新标准、创新型消费介绍等方式来进行。

7.2.8 调节消费参照群体对居民消费意愿的影响作用

本书的实证研究结果表明，参照群体影响的三个维度均对居民消费意愿发挥了作用。其中，信息性影响与价值表达性影响对居民消费意愿的提升具有正向促进作用，而规范性影响则对居民消费意愿的提升具有抑制作用。因而，从参照群体影响的角度入手刺激居民消费意愿的提升，需要同时兼顾这两方面的作用。

（1）媒体通过引导居民消费群体内部的信息传递营造消费新热点

引导群体内部的消费信息传递，目的在于增强参照群体的信息性影响对居民消费意愿的促进作用。在完成消费结构升级的进程中，媒体可以发挥传播消费信息、引导消费潮流的作用。一般而言，各类大众媒体都有自己特殊的受众群，以特定受众为对象进行有针对性的宣传引导，可以充分发挥媒体的舆论导向作用。比如，以精品时尚生活为主题的媒体可以有效地向其受众倡导时尚生活方式；针对高收入受众的媒体可以结合高档时尚消费进行宣传；以普通居民为受众的大众媒体则可以普及一般消费信息，如新技术、新产品的介绍等。另外，媒体针对其自身受众，也就是各类消费群体所传播的信息是具有选择性的，即这类消费信息能满足某一群体受众的某种共同需求。此时，这种信息可以通过群体内部成员之间的信息性影响进行传递，而正向积极的信息性影响能够带动该群体大多数成员消费意愿的提升。总之，媒体所具有的受众特殊性和传播广泛性特点，使其能够在推动居民消费升级和营造消费新热点中发挥独特的作用。

（2）媒体和企业推动创新消费理念及消费方式，鼓励个性化消费

推动创新消费与鼓励个性化消费，目的在于增强价值表达性影响对居民消费意愿的正向影响，并弱化参照群体规范性影响对居民消费意愿的约束。推动创新消费就是要让居民体验到消费新产品、新服务给自身生活带来的利益，媒体舆论

应鼓励居民不断尝试更新消费产品，升级消费结构，从而突破节俭消费的群体规范性影响；鼓励个性化消费就是要让居民在消费时追求自身个性和独特价值，企业在产品设计、经营方式上应充分考虑到顾客的个性化价值，通过提供产品的多元化来鼓励消费者个性价值的多元化，从而进一步强化价值表达性影响。总之，推动消费创新和消费的个性化是破解参照群体规范性影响的负面效应以及强化价值表达性影响的促进作用的关键所在。

（3）充分发挥意见领袖对居民消费知识和消费信任的正向影响

意见领袖作为参照群体中的关键成员，对个体居民会产生较强的信息性影响和规范性影响，进而对其消费意愿也会产生重要影响。换言之，个体居民消费知识水平和消费信任度的提升，能够相应地增强其消费意愿，而这在很大程度上取决于意见领袖的信息与知识水平以及消费态度。因此，应注重在不同消费领域中培养意见领袖，并提升他们的消费信息和知识水平。具体而言，可以鼓励企业或品牌商提供激励来促进消费者在网络购物平台上的产品信息分享和口碑传播，从而为其他消费者提供意见参考，提升他们的购买意愿。此外，还可以有针对性地培训或引导意见领袖，使其掌握更可靠的关于企业和产品可信度的知识并积累更多的消费经验，从而更好地发挥信息性影响和规范性影响对个体居民的消费信任的作用，提升个体居民对于产品、品牌和商家的信任，进而提升个体居民的消费意愿。

7.2.9　把完善消费信息提供、提高居民主观知识水平作为增强居民消费意愿的催化剂

本书认为，居民个体所具有的主观消费知识对其消费意愿的提升具有重要影响，因而提高居民的主观消费知识水平成为增强居民消费意愿的又一重要方式。从主观消费知识的来源来看，主观消费知识的数量和质量受到客观消费信息的影响，因此，提升客观消费信息的质量和水平是增加主观消费知识的关键。

（1）政企联合加强信息产业基础设施建设，促进信息消费

网络之于信息时代正如电力之于电器时代，通信基础设施的建设是确保信息消费和信息化应用的前提。当前，全球互联网信息技术创新不断加快，信息领域新产品、新服务、新业态大量涌现，激发居民新的消费需求，信息消费成为日益活跃的消费热点。我国有着广阔的消费市场，刺激信息消费是拉动消费增长的强有力的举措，这一点与 2013 年 8 月国务院出台的内需促进文件所提的主旨不谋而合——培育信息消费需求。

为实现这一目标，就必须精准把握信息消费产业的根基。信息基础设施建设是促进一切信息消费的根本基础，无论是智能终端、移动互联网，还是农村电子

商务的发展，都依赖于通信基础设施的加强和完善。加大信息消费公共基础设施的建设和投入，不仅可以促进信息产业的升级，带动一系列中小企业的发展，对于普通消费者而言，还可以优化其信息消费环境，提高其使用信息服务的便利性，节约信息的使用成本，带动信息消费。

各级政府应努力完善升级信息基础设施，为居民提供良好的信息消费环境。我国网络信息基础设施存在定位不够明确、区域和城乡发展不平衡、应用服务不够丰富、发展环境不完善等问题，与我国当前潜在的庞大信息消费需求存在巨大的反差与矛盾，在一定程度上阻碍了消费的增长。因此，各级政府、相关领域的企业都应积极响应国家倡导的“宽带中国”战略及实施方案，加快网络宽带化升级，全面推动广播电视、电信业务双向进入以及 IP 电视、手机电视和有线电视宽带上网等三网融合相关业务，同时推动动漫等网络文化产业发展。此外，政府应努力倡导支持公用和公共设施的智能化改造，如推动图书馆、博物馆、电影院和文化馆等文化场所的数字化建设，推进集信息发布、综合查询、便民支付等服务于一体的体验和自助终端建设等。通过一系列信息消费环境升级的举措，信息消费市场可以得到有效的刺激和挖掘。

（2）企业应进一步拓展消费信息的传播渠道

居民对于消费对象的主观知识水平，能够增强其消费信心和消费意愿，从而使他们努力去尽早购买和消费所需要的物品。扩展信息传播渠道的作用在于增加消费信息量，使居民在增加客观消费知识的基础上，提升对消费对象的主观知识水平。针对我国居民目前接触消费信息的现实状况，企业在消费信息传播渠道上不仅需要充分发挥传统媒介的优势，如电视广告和平面广告，同时也要注重采用新兴媒介，如网络、移动媒介、口碑传播等。将消费对象不同属性的信息通过多方式的渠道传递给居民，这是增强居民主观消费知识的基础。

（3）企业应增强消费信息传播的针对性

主观消费知识作为居民对消费对象认知的主观反映，其水平高低受制于居民自身的认知能力。加强消费信息传播的针对性的作用在于增强信息的有效性，也就是要针对传播途径的差异和居民的认知差异对信息内容加以区分，如通过网络演示某种消费活动的全过程、通过口碑传递某种消费活动的真实体验、针对看重商品功能属性的居民传递商品如何满足他们的功能需求、针对看重商品情感属性的居民传递商品如何满足他们的情感需求等。强调针对性地传播信息是确保消费信息传递能有效增强居民主观消费知识的关键。同时，企业应充分利用大数据技术，利用人们在网络上留下的海量数据，实现对居民的消费阶层、消费习惯、消费偏好等的深入洞察，实现精准营销，为居民提供个性化、智能化的广告推送，进而提高信息传播的准确性。

（4）消费者权益保护组织应加强对消费信息质量的监控

居民主观消费知识水平的提高可促进居民消费意愿的增强，而主观消费知识水平的高低又受到居民所接触到的消费知识的准确性和可靠性的影响。消费者权益保护组织作为消费者利益的代表者和保护者，因其独立于政府和企业的中立地位，致力于保护消费者权益的宗旨理念，拥有综合运用舆论、法律工具的强大组织力量，而在广大居民消费者心目中享有较高信誉。因而，各类消费者权益保护组织可凭借其权威性和特殊影响力，向居民及时发布各种消费信息，如消费风险提示、消费活动预报、消费质量评价等，从而使居民对商品生产者和消费对象有更多的了解，增强居民把握消费对象的信心。此外，消费者保护组织定期发布的大量信息还可降低居民获取有效消费信息的成本，减少其在消费决策上的迟疑时间，从而促使居民增强尽早购买的意愿。

7.2.10 优化消费环境并培养消费信任，为提升居民消费意愿保驾护航

在目前消费环境网络化的大背景下，消费信任的建立和维护在消费者的消费决策过程中变得更加重要。而要培养消费信任，关键在于消费环境的优化，这需要政府、企业、媒体等多个主体的共同努力。

（1）政府要提供安全、有保障的市场交易环境

本书研究发现，居民的消费信任对于消费意愿的提升有重要影响，而居民的消费信任很大程度上依赖于其对整体消费环境安全性的感知。安全、有保障的交易环境可以降低消费者购物时的风险感知，促进交易的进行。尤其需要指出的是，当居民对食品、美容保健、医疗和旅游类产品或服务的信任度较高时，其相应的消费数量意愿会显著增加。由于这些行业都与消费者的生命健康有着非常密切的联系，政府要加强对这些行业的监管，采取专项整治活动，保证居民消费安全，进而提升其消费信心。

首先，应建立市场信用体系，出台企业和个人信用管理办法。具体而言，一是完善信用记录制度，金融、税务、工商、公安等职能部门相互联动，建立横向信用信息综合采集机制，规范企业信用分类台账，把企业资信履约守法等情况按照守信、基本守信、一般失信、严重失信四类录入企业经济户口，对经济户口分类分级管理；二是实施企业信用奖惩机制，通过奖励依法经营者和惩处失信者，营造公开、公平、公正的竞争环境；三是健全知识产权保护制度，加快知识产权管理体制改革，进一步整顿规范市场秩序，依法打击假冒伪劣、骗买骗卖、行业垄断、商标侵权等破坏市场公平竞争的行为。

其次，应规范政府管理行为，树立信用政府形象。应明确政府在市场经济条

件下的身份和职能，保证管理者、执法者的中立地位和行政行为的公正性、透明度，使行政、司法行为彻底与部门利益脱离。同时，政府自身在信用重建中处于导向位置，一个诚实守信、高效廉洁、公正务实的政府会起到巨大的示范作用，增强人民的信心和守法意识，为重建消费信任和社会信任奠定坚实的基础。

（2）搭建和完善以消费维权为主要内容的公益维权网络平台

随着我国市场经济的发展，市场假冒伪劣商品的生产和销售层出不穷，广大消费者真假难辨，深受其害。中央政府及各级政府职能部门应该积极指导，加强部门和协会、企业之间的协作，构建公益性质的网络平台，通过商品信息、消费知识、维权法规的采集和整理，让广大消费者一站式了解行业消费知识、法律法规及用户满意品牌，提升其自我保护和健康消费的能力。同时，通过借助平台的曝光效应，还能对触碰消费规范底线的不良行径进行监控和批判。当然，此类网络平台也可以由非政府组织或民间自发构建而成。

（3）企业要恪守诚信，树立良好的企业形象

当消费者对产品或服务的提供商具有充分的信任感时，消费者的品牌忠诚度和重复购买意愿会随之提高。因此，良好的企业信誉和企业形象对提高居民消费意愿具有非常重要的意义。尤其是对于食品、美容、医疗、旅游行业等与居民生命健康安全直接相关的消费行业而言，消费信任对居民消费意愿的影响更为突出。因此，这类企业更要严格遵守市场法规，树立信誉第一的意识，对于生产、流通、销售、售后服务等各个环节都有做到严格把关，以保证产品、服务的质量；同时，在进行产品宣传时，务必实事求是，杜绝夸大产品功能和传递虚假信息。这样，才能提升居民对于整个市场交易环境的信任，增强其消费意愿，促进市场交易进行。

（4）媒体宣传要客观准确，引导正确的消费认知

在现代信息社会和大众传播时代，人们对外界的认知和判断越来越依靠大众传媒，消费者通过媒体提供的信息形成对企业、产品、市场交易环境的认知和评价。因此，媒体对于消费者消费信任的提升具有重大的引导作用。媒体要努力宣扬社会正义、阳光、向上的一面，倡导诚信社会的建立，提高消费者的消费信心，降低其感知的社会风险；要正确发挥自身监管督促的职能，揭露市场上存在的丑恶现象，打击破坏市场秩序的行为；要杜绝滥用大众媒体在宣传方面的作用，坚守诚信谨慎的原则，坚持客观准确的报道，避免因为发布不实信息而影响消费者的消费信任；广告商在进行广告制作或名人在选择代言产品时要诚信谨慎，避免盲目疏忽而痛失大众媒体和意见领袖的权威。

7.2.11 依据居民个性特征和人口统计特征的差异性进行市场细分，提高消费促进政策和营销策略的针对性

本书认为，居民的个性特征和人口统计特征与其消费意愿之间具有一定的相关性。而个性特征和人口统计特征具有多方面的个体差异，这种差异性对居民消费意愿在数量、时间、档次以及优先考虑增加或减少的消费类别方面有着不同的影响。为此，政府和企业有必要根据居民个性特征和人口统计特征的差异，针对不同消费群体采取有针对性的消费政策和营销策略，从而提高消费意愿的激励效果。

（1）企业针对不同个性特征的居民开展特色经营

本书研究表明，居民个性中的外向活泼特征和热情豪爽特征越突出，他们在一定的消费情境中所表现出的消费意愿也越强；而淡泊诚信特征越突出，其消费意愿反而会减弱。这是由于外向活泼和热情豪爽特征体现了一种活跃、主动和积极的行为方式和态度，具有这些特征的居民在消费中也会表现得十分积极，同时他们还易受周围人和环境的感染，更容易接受和欣赏新事物；淡泊诚信特征体现的是居民在消费活动中保守、中庸以及缺乏好奇心和感受力的一面，他们倾向于运用自我价值观或标准来评价产品和服务。

具体来说，首先，企业在试图提升外向活泼和热情豪爽特征的居民对具体类别商品的消费意愿时，应主动提供各种服务和信息，尽量营造一种热情的、专业的服务氛围，突出产品和服务受欢迎、销路广等显示社会接受性的特征，渲染企业品牌的活泼、时髦、丰富的想象力、欢乐等个性特质，争取获得这类顾客的好感与信任，以促进其购买行为的完成。另外，企业还可以通过不断对商品进行技术与款式的升级和创新，刺激其消费意愿。其次，企业在面对淡泊诚信特征的居民时，应强调产品和服务的优良品质及其对个人的有用性，宣扬企业品牌的务实、简约、诚实、智慧、可信、成熟、稳重等个性特征，并在具体服务中表现得更为耐心细致、体贴周到，以消除顾客疑虑，提升其消费意愿。

（2）政府和企业针对不同人口统计特征的居民群体制定促进消费意愿的政策与营销策略

本书实证分析结果显示，具备不同人口统计特征的居民对不同类别商品的消费意愿是不同的。因而，政府在就不同消费领域进行政策引导时，应该充分考虑到消费政策的具体受众的人口特征，从而提高政策实施的针对性和有效性；企业则应当首先针对某类商品消费意愿最强的居民来进行市场拓展，也就是说要重点注意吸引具有优先消费意愿的居民实现消费。

对于食品类商品，最可能优先考虑增加消费的居民多为女性，家庭收入处于

中等或较低水平，受教育水平不高，多居住在农村。针对这类居民，刺激消费意愿的心理对策应多侧重于消费知识、消费信任、心理账户、生活方式、社会阶层感知等心理和社会因素。

对于服装类商品，最可能优先考虑增加消费的居民多为女性，年龄在18~30岁，受教育水平较高。针对这类居民，刺激消费意愿的心理对策应多侧重于消费知识、心理账户、参照群体的价值表达性影响等心理因素以及面子、物质主义倾向和节俭消费观念等文化因素。

对于住房类商品，最可能优先考虑增加消费的居民多为男性，年龄在31~40岁，家庭收入中等偏上，受教育水平处于大学层次以上。针对这类居民，刺激消费意愿的心理对策应多侧重于消费知识、消费预期、心理账户、消费信任、社会阶层感知、参照群体影响等心理因素以及面子、物质主义倾向和节俭消费观念等文化因素。

对于美容保健类商品，最可能优先考虑增加消费的居民多为城市女性，家庭收入中等或较高。针对这类居民，刺激消费意愿的心理对策应多侧重于消费知识、个性、消费信任、心理账户、社会阶层感知、参照群体的价值表达性影响等心理因素以及面子、物质主义倾向和节俭消费观念等文化因素。

对于医疗类商品，最可能优先考虑增加消费的居民多为男性，年龄在51岁以上，家庭收入中等或较低，受教育水平较低。针对这类居民，刺激消费意愿的心理对策应多侧重于消费知识、消费信任、社会方式、心理账户、社会阶层感知、参照群体影响等心理因素以及物质主义倾向和节俭消费观念等文化因素。

对于交通通信类商品，最可能优先考虑增加消费的居民多为男性，年龄在18~30岁。针对这类居民，刺激消费意愿的心理对策应多侧重于消费知识、消费预期、心理账户、社会阶层感知、参照群体的价值表达性影响等心理因素以及物质主义倾向、节俭消费观念和面子等文化因素。

对于教育培训类商品，最可能优先考虑增加消费的居民，年龄在31~40岁，家庭年收入在10万元以上或3万元以下，受教育水平较高。针对这类居民，刺激消费意愿的心理对策应多侧重于心理账户、社会阶层感知、参照群体的价值表达性影响等心理因素以及物质主义倾向、节俭消费观念等文化因素。

对于旅游类商品和服务，最可能优先考虑增加消费的居民多居住在城市，年龄在18~60岁不等，但尤以31~40岁居民的倾向性最高，收入水平较高，受教育水平也较高。针对这类居民，刺激消费意愿的心理对策应多侧重于消费知识、个性、消费信任、生活方式、心理账户、社会阶层感知、参照群体的价值表达性影响等心理因素以及物质主义倾向、节俭消费观念和面子等文化因素。

对于文化娱乐类商品，最可能优先考虑增加消费的居民年龄在45岁以下，家庭收入水平和受教育水平都比较高，大城市和东部地区较多。针对这类居民，刺激消费意愿的心理对策应多侧重于消费知识、生活方式、个性、参照群体影响、心理账户、社会阶层感知等心理因素以及物质主义倾向、节俭消费观念等文化因素。

对于家电类大件耐用消费品，最可能优先考虑增加消费的居民多为男性，年龄在 51~60 岁，受教育水平较低，多居住在农村。针对这类居民，刺激消费意愿的心理对策应多侧重于消费知识、心理账户、社会阶层感知等心理因素以及物质主义倾向等文化因素。

对于电子类商品，最可能优先考虑增加消费的居民多为男性，年龄在 18~40 岁，家庭收入水平中等或较高，受教育水平较高。针对这类居民，刺激消费意愿的心理对策应多侧重于社会阶层感知、个性、消费知识、消费预期、参照群体的价值表达性影响等心理因素以及物质主义倾向、节俭消费观念等社会文化因素。

结束语

本书致力于从中国居民的个体心理、群体心理及社会文化、政策效应等非经济角度，探讨我国消费率长期偏低现象的心理及社会成因，进而为促进我国消费率提升提出了一系列有针对性的心理对策。本书认为，居民消费意愿的不足是导致我国当前整体消费率偏低的直接心理成因。而作为一个复杂而综合的心理概念，消费意愿又受到居民个体心理因素、群体心理因素以及社会和文化因素的影响。

有鉴于此，本书创新性地透过居民消费心理视角，围绕影响居民消费意愿的各种心理和社会文化因素展开了系统研究，重点对个体的个性特质、消费知识、消费预期、消费信任、生活方式、参照群体影响、心理账户特征、社会阶层感知、消费政策、家庭因素及消费文化等变量与消费意愿之间的关系进行了实证研究，验证了前述变量对消费意愿存在的复杂影响关系。尤其是对心理账户、消费政策、家庭以及消费文化等方面的研究分析，更全面地涵盖了在消费意愿与消费率之间起着重要影响作用的内外因素，推进并深化了前人的研究体系。另外，本书还根据相关心理变量和社会文化变量对消费意愿的影响程度，以及这些变量之间可能存在的理论联系和相关关系，进一步采用结构方程模型对它们之间的交互效应进行了研究。这就更为深入地剖析了消费心理变量及社会文化变量与消费意愿之间的复杂影响关系，更加科学准确地揭示了影响居民消费意愿的内在心理机制。在此基础上，本书进一步结合我国当前的社会、经济等外围因素对消费率偏低现象进行了理论剖析与探讨，找到了导致我国居民消费意愿不足和消费率偏低的心理与社会成因。最后，根据理论分析与实证研究所得到的结论，以国际经验为借鉴，本书就如何促进我国居民的消费意愿和提升消费率水平提出了若干心理对策和政策建议，力求为相关各方提供有益参考，共同促进我国消费率的改善。

本书在研究中存在以下不足或未尽之处，需要在未来进一步加以研究和完善：

（1）应进一步探索和完善关于消费政策对居民消费意愿影响的研究方法

考虑到消费政策对居民消费意愿变动存在不容忽视的作用，而前人相关研究中并未将其纳入研究范畴，因此本书开创性地借助情境模拟实验探究了这两者之间的联系。但也正因为这一研究内容和研究方法的创新性很强，所以并没有十分充足的经验支持。未来研究中可尝试采取其他研究范式，譬如定量模型或大数据分析等，与本书所得出的结论相互印证，相互完善。

（2）样本选取应增强随机性

考虑到资金与资源限制，本书在筛选样本和发放问卷时抓住学生放假回家的时机展开调研，充分利用了大学生生源分布广泛，能够涵盖全国主要城市、乡村的特点，而且所获数据也基本可以满足本书主题的分析需要，能够得出较为可靠的结论。但作为一个针对全国范围居民消费者的研究课题，在经费及其他资源条件允许的情况下，仍可以采取严格的随机抽样或分层随机抽样等方法来增强样本选取的随机性。

（3）未来研究中可尝试多元化的分析方法

本书旨在基于丰富和扎实的文献、理论，综合全面地搭建影响我国居民消费意愿的心理、社会文化等因素体系，并对其中可能存在的诸多心理、社会文化变量与居民消费意愿的影响关系及作用路径进行实证检验。有鉴于此，本书重点采用因子分析、回归分析（多元回归分析）、方差分析等方法完成假设检验，是符合本书主题及框架之基本要求的。但作为一项重要的开拓性研究，本书也重在为未来更加深入的研究抛砖引玉。因此，在后续研究中或可对本书所提出的综合性框架进行细化和拆解，并借助实验研究、定性研究、数量模型等更有针对性且多元化的研究及分析方法，探究部分重点变量间的作用机理或因果关系，从而使本书研究体系下的研究结论更加充实、丰满。

附　录

附录1　深度访谈提纲

问题1：

总体来说，您觉得对您平时的消费或者购买产生影响的因素有哪些呢？

问题2：

在购买或消费时，您是如何收集与此次消费相关的信息的呢？请谈谈您在这方面的情况。您能给我们举个例子吗？

问题3：

您对未来的生活和消费状态可能有一种预期，这种预期会对您现在的购买与消费有什么样的影响呢？请谈谈您在这方面的情况。您能给我们举个例子吗？

问题4：

在消费或购买时，您有没有过自觉不自觉地希望与某些群体或个人保持一致？如果有，请谈谈他们是哪些人，他们是如何影响您的。您能给我们举个例子吗？

问题5：

您的生活方式是怎样影响您平时消费的呢？您能给我们举个例子吗？

问题6：

您的职业、地位和教育背景对您的消费/购买会产生什么样的影响呢？您能给我们举个例子吗？

问题7：

您在消费时会否重点考虑商家信誉？您觉得哪一类的交易信息更值得信赖？您如何评论当前我国消费环境？

问题8：

日常生活中，居民常会对自己的可支配资金进行归类，以作为对未来支出的规划，如根据收入来源、支出项目等都可以划分到不同的部分中去。您平时会将自己的可用资金做怎样的分类？大体比例如何分配？平常的一些消费支出会动用哪些分类里的资金？

问题9：

您觉得国家消费政策的变动会对您的消费行为及生活产生怎样的影响？影响有多大？您更关心或更期待国家出台怎样的消费政策？能给我们举个例子说明吗？

附录2 正式调查问卷

居民消费调查问卷

访问时间：____月____日　　访谈地点：______省______市（县）
问卷调查员：__________　　班级：________

您好！我们是中国人民大学的学生，正在进行有关居民消费状况及意愿的调查研究。这项调查旨在了解我国居民的消费意愿以及影响其消费意愿的心理因素，以便为政府制定消费政策、改善消费环境和提高居民消费质量提供参考依据。本调查问卷答案没有对错之分，所获得的数据仅为课题研究使用。希望能得到您的配合和支持，谢谢！

** 请注意尽可能不要遗漏任何一题 **

第一部分

1. 请问您的收入来源有哪些？（请在相应的选项上打“√”，可根据实际情况多选）

A. 常规收入（包括工资、农业收入、每月奖金、上浮工资、节假日奖金、福利和业务提成等）

B. 非常规收入（意外之财，比如亲戚朋友资助、人情收入、遗产、彩票中奖、礼品等）

C. 经营投资收入（包括经营投资收入、固定资产增值、分红等）

2. 在您的收入来源中，各项来源的收入占总收入的百分比约是多少？（请在相应选项的下划线处填写百分比）

A. 常规收入________%

B. 非常规收入________%

C. 经营投资收入________%

3. 请问，在您对收入的支配中，多少用于储蓄，多少用于消费？（请在以下选项的下划线处填写百分比）

A. 消费____________%

B.储蓄____________%

4. 以下描述与您在现实生活中的实际消费行为是否相符，请根据您的实际情况在 1 和 7 之间给出分数，并在相应的数字上打“√”。(1 分代表非常不符合，7 分代表非常符合)

	非常不符合	不符合	有点不符合	中立	有点符合	符合	非常符合
(1) 我对每个月的生活开支、特定开支和存款都有预算	1	2	3	4	5	6	7
(2) 我每年都有预定的存款计划	1	2	3	4	5	6	7
(3) 我会提前预算每个月的花销	1	2	3	4	5	6	7
(4) 我一般会根据预算把固定工资的部分存起来	1	2	3	4	5	6	7
(5) 对于心仪已久的物品，哪怕超出预算我都会购买	1	2	3	4	5	6	7
(6) 一般来说，来得快的钱也容易花掉	1	2	3	4	5	6	7
(7) 我的各项开支根据经济状况灵活变化	1	2	3	4	5	6	7
(8) 有时候我购物完全是一种冲动	1	2	3	4	5	6	7
(9) 我经常根据不同的开支项目单独做计划	1	2	3	4	5	6	7
(10) 我会每年、每月或者每周计算我的收支状况	1	2	3	4	5	6	7
(11) 我对各个方面开支的钱计划得很准确，极少变化	1	2	3	4	5	6	7
(12) 赌博赢来的钱和辛苦赚来的钱不是一回事	1	2	3	4	5	6	7

第二部分

1. 政府将实行家电补贴政策，凡购买节能产品的，在享受以旧换新补贴的同时再给予补贴。其中，凡购买 1 级能效电视机、电冰箱、洗衣机、空调的，再给予 300 元/台的补贴；凡购买 2 级能效电视机、空调的，再给予 100 元/台的补贴；凡购买节能电脑（配有 1 级和 2 级能效显示器）的，再给予 200 元/台的补贴。

在该政策的影响下，你购买家电的可能性是（　　）。

不可能	不太可能	维持不变	有可能	极有可能
1	2	3	4	5

2. 个税起征点将从现行的 2500 元提高到 3500 元。

在此政策的影响下，对于你而言下面的消费预算将有何变化？(请在相应的选项上打“√”)

	剧烈降低	明显降低	小幅降低	维持不变	小幅提升	明显提升	剧烈提升
(1) 生活必需品开支（食品、服装）	1	2	3	4	5	6	7
(2) 家庭建设与个人发展开支（住房、教育培训）	1	2	3	4	5	6	7

续表

	剧烈降低	明显降低	小幅降低	维持不变	小幅提升	明显提升	剧烈提升
(3) 情感维系开支（人情支出）	1	2	3	4	5	6	7
(4) 享乐休闲支出（文化娱乐、美容化妆）	1	2	3	4	5	6	7
(5) 安全保障储蓄	1	2	3	4	5	6	7
(6) 风险投资（股票、期货）	1	2	3	4	5	6	7

3. 政府将分别提高企业退休人员基本养老金水平和农村居民养老金标准，提高幅度按 2011 年人均基本养老金的 10%左右确定，这些领养老金的居民月收入将增加 140 元左右。

在此政策的影响下，对于你而言下面的消费预算将有何变化？（请在相应的选项上打“√”）

	剧烈降低	明显降低	小幅降低	维持不变	小幅提升	明显提升	剧烈提升
(1) 生活必需品开支（食品、服装）	1	2	3	4	5	6	7
(2) 家庭建设与个人发展开支（住房、教育培训）	1	2	3	4	5	6	7
(3) 情感维系开支（人情支出）	1	2	3	4	5	6	7
(4) 享乐休闲支出（文化娱乐、美容化妆）	1	2	3	4	5	6	7
(5) 安全保障储蓄	1	2	3	4	5	6	7
(6) 风险投资（股票、期货）	1	2	3	4	5	6	7

4. 2012 年 8 月 30 日国家发改委联合卫生部、财政部等部门正式公布《关于开展城乡居民大病保险工作的指导意见》指出，今后城乡居民大病保险报销比例不低于 50%。

在此政策的影响下，对于你而言下面的消费预算将有何变化？（请在相应的选项上打“√”）

	剧烈降低	明显降低	小幅降低	维持不变	小幅提升	明显提升	剧烈提升
(1) 生活必需品开支（食品、服装）	1	2	3	4	5	6	7
(2) 家庭建设与个人发展开支（住房、教育培训）	1	2	3	4	5	6	7
(3) 情感维系开支（人情支出）	1	2	3	4	5	6	7
(4) 享乐休闲支出（文化娱乐、美容化妆）	1	2	3	4	5	6	7
(5) 安全保障储蓄	1	2	3	4	5	6	7
(6) 风险投资（股票、期货）	1	2	3	4	5	6	7

5. 中国人民银行决定，将金融机构人民币存款基准利率由 3.50%下调至 3.25%。

在此政策的影响下，对于你而言下面的消费预算将有何变化？（请在相应的选项上打“√”）

	剧烈降低	明显降低	小幅降低	维持不变	小幅提升	明显提升	剧烈提升
（1）生活必需品开支（食品、服装）	1	2	3	4	5	6	7
（2）家庭建设与个人发展开支（住房、教育培训）	1	2	3	4	5	6	7
（3）情感维系开支（人情支出）	1	2	3	4	5	6	7
（4）享乐休闲支出（文化娱乐、美容化妆）	1	2	3	4	5	6	7
（5）安全保障储蓄	1	2	3	4	5	6	7
（6）风险投资（股票、期货）	1	2	3	4	5	6	7

6. 央行决定将 1 年期人民币贷款基准利率由 6.56%下调至 6.29%。

在此政策的影响下，对于你而言下面的消费预算将有何变化？（请在相应的选项上打“√”）

	剧烈降低	明显降低	小幅降低	维持不变	小幅提升	明显提升	剧烈提升
（1）生活必需品开支（食品、服装）	1	2	3	4	5	6	7
（2）家庭建设与个人发展开支（住房、教育培训）	1	2	3	4	5	6	7
（3）情感维系开支（人情支出）	1	2	3	4	5	6	7
（4）享乐休闲支出（文化娱乐、美容化妆）	1	2	3	4	5	6	7
（5）安全保障储蓄	1	2	3	4	5	6	7
（6）风险投资（股票、期货）	1	2	3	4	5	6	7

第三部分

1. 您平均每月在以下各项消费支出项目上愿意消费的金额是多少？（请在相应的选项上打“√”）

	100 元以下	100~299 元	300~499 元	500~799 元	800~999 元	1000~1999 元	2000~3999 元	4000~6999 元	7000~9999 元	10000 元及以上
（1）食品（包括烟酒饮料）	1	2	3	4	5	6	7	8	9	10
（2）服装	1	2	3	4	5	6	7	8	9	10

续表

	100元以下	100~299元	300~499元	500~799元	800~999元	1000~1999元	2000~3999元	4000~6999元	7000~9999元	10000元及以上
(3) 居住（房费，住房维修，水电燃料等）	1	2	3	4	5	6	7	8	9	10
(4) 美容保健	1	2	3	4	5	6	7	8	9	10
(5) 交通通信	1	2	3	4	5	6	7	8	9	10
(6) 文化娱乐	1	2	3	4	5	6	7	8	9	10
(7) 医疗	1	2	3	4	5	6	7	8	9	10
(8) 杂项	1	2	3	4	5	6	7	8	9	10

2. 您每年在以下各项消费支出项目中愿意消费的金额是多少？（请在相应的选项上打“√”）

	无此项支出	300元以下	300~599元	600~999元	1000~1999元	2000~3999元	4000~6999元	7000~9999元	10000~29999元	30000元及以上
(1) 教育培训	1	2	3	4	5	6	7	8	9	10
(2) 旅游	1	2	3	4	5	6	7	8	9	10
(3) 人情支出	1	2	3	4	5	6	7	8	9	10
(4) 电子产品（手机、电脑等）	1	2	3	4	5	6	7	8	9	10
(5) 家用电器（冰箱、空调、电视等）	1	2	3	4	5	6	7	8	9	10

3. 针对以下问题，请根据您的实际情况进行选择，并在相应的选项上打“√”。

	非常不同意	不同意	有点不同意	中立	有点同意	同意	非常同意
(1) 我愿意更多地购买所需要的商品	1	2	3	4	5	6	7
(2) 我愿意尽早购买所需要的商品	1	2	3	4	5	6	7
(3) 我倾向于购买高档产品	1	2	3	4	5	6	7
(4) 我倾向于购买中档产品	1	2	3	4	5	6	7
(5) 我倾向于购买价格便宜的商品	1	2	3	4	5	6	7
(6) 我愿意向银行等第三方进行借贷来支付我的消费费用	1	2	3	4	5	6	7
(7) 在未来3年里我会购买住房	1	2	3	4	5	6	7
(8) 在未来3年里我会购买汽车	1	2	3	4	5	6	7
(9) 我愿意购买奢侈品	1	2	3	4	5	6	7

4. 每月您愿意承担的住房按揭以及其他一些个人银行贷款的额度为多少？（请在相应的选项上打“√”）

A. 没有此项消费支出　B. 500元以下　C. 500~999元
D. 1000~1999元　E. 2000~2999元　F. 3000~3999元
G. 4000~4999元　H. 5000元及以上

5. 在经济条件允许情况下，您会优先考虑增加以下哪些商品的消费？（请在相应的选项上打“√”，最多不超过3项）

A. 食品　B. 服装　C. 住房/租房　D. 美容保健
E. 医疗　F. 交通通信　G. 教育培训　H. 旅游
I. 文化娱乐　J. 家用电器（电视机、空调、冰箱、洗衣机等）
K. 电子产品（手机、电脑、相机等）　L. 人情支出

6. 出现财务困难时，您最可能控制哪些方面的消费支出？（请在相应的选项上打“√”，最多不超过3项）

A. 食品　B. 服装　C. 住房/租房　D. 美容保健
E. 医疗　F. 交通通信　G. 教育培训　H. 旅游
I. 文化娱乐　J. 家用电器（电视机、空调、冰箱、洗衣机等）
K. 电子产品（手机、电脑、相机等）　L. 人情支出

第四部分

针对以下问题，请您根据您的实际情况在1和7之间给出分数。请在您认为可以表达您本人观点的数字上打“√”。

	非常不同意	不同意	有点不同意	中立	有点同意	同意	非常同意
1. 根据我的观察，国家实行的刺激消费的政策已经有了明显效果	1	2	3	4	5	6	7
2. 我认为未来国家还将出台一些刺激消费的政策	1	2	3	4	5	6	7
3. 我觉得未来我国社会将会更加安定和谐	1	2	3	4	5	6	7
4. 国家经济形势未来会越来越好	1	2	3	4	5	6	7
5. 我国的综合国力未来将获得逐步提高	1	2	3	4	5	6	7
6. 我认为未来国家的社会保障和福利制度改革最终将给人民带来比以前更大的好处	1	2	3	4	5	6	7
7. 我认为未来物价上涨速度会加快	1	2	3	4	5	6	7
8. 我觉得未来物价还会逐步上涨	1	2	3	4	5	6	7
9. 我认为未来物价将会保持平稳	1	2	3	4	5	6	7
10. 我觉得我个人和家庭可能会发生一些意外情况	1	2	3	4	5	6	7
11. 我认为我将来会有一些额外的支出	1	2	3	4	5	6	7

续表

	非常不同意	不同意	有点不同意	中立	有点同意	同意	非常同意
12. 我相信我的家庭生活水平会越来越高	1	2	3	4	5	6	7
13. 我个人及家庭的未来收入状况可能要比目前更好	1	2	3	4	5	6	7
14. 我相信我的工资或收入在未来会有较大幅度的增长	1	2	3	4	5	6	7
15. 我对自己未来生活充满信心	1	2	3	4	5	6	7
16. 我觉得我个人和家庭的就业情况能都得到保障	1	2	3	4	5	6	7
17. 吸引异性的注目是我很喜欢的感觉	1	2	3	4	5	6	7
18. 我向往发达国家的生活方式	1	2	3	4	5	6	7
19. 我追求浪漫安逸的生活	1	2	3	4	5	6	7
20. 我喜欢流行、时髦与新奇的东西	1	2	3	4	5	6	7
21. 流行与实用之间我比较喜欢流行	1	2	3	4	5	6	7
22. 我不会因为经济原因而牺牲自己的品位	1	2	3	4	5	6	7
23. 如果东西坏了，我会更换而不是修理	1	2	3	4	5	6	7
24. 我往往是最早购买最新技术产品的人	1	2	3	4	5	6	7
25. 我容易对原有事物产生厌倦	1	2	3	4	5	6	7
26. 我做事一向都有计划	1	2	3	4	5	6	7
27. 我做事一向果断，不会犹豫不决	1	2	3	4	5	6	7
28. 我渴望有很大的成就	1	2	3	4	5	6	7
29. 对我来说，家人认为我做得成功是很重要的	1	2	3	4	5	6	7
30. 我通常选择购买最便宜的产品	1	2	3	4	5	6	7
31. 购物前我通常会比较几家商店同类商品的价格	1	2	3	4	5	6	7
32. 我对自己的花销非常谨慎	1	2	3	4	5	6	7
33. 有时候我会买一些不需要的东西自娱	1	2	3	4	5	6	7
34. 我经常会很冲动地做些事情	1	2	3	4	5	6	7
35. 我喜欢花时间与家人待在一起	1	2	3	4	5	6	7
36. 对我来说，家庭比事业更加重要	1	2	3	4	5	6	7
37. 对我来说，股票和股份的风险太大	1	2	3	4	5	6	7
38. 如果有富余的钱，我更愿意把它存入银行	1	2	3	4	5	6	7
39. 穿什么档次的衣服，表明了一个人不同的身份和地位	1	2	3	4	5	6	7
40. 为使别人看得起，手头不宽裕我也会消费	1	2	3	4	5	6	7
41. 我感觉我比周围其他人的消费经验更丰富	1	2	3	4	5	6	7
42. 我能比周围其他人掌握更多的消费信息	1	2	3	4	5	6	7
43. 我觉得凭借自己的能力和经验完全能够选购好一件商品	1	2	3	4	5	6	7
44. 我通常对我要购买的商品有充分的了解	1	2	3	4	5	6	7
45. 我会从专家或专业人士那里寻求同类产品下不同品牌的有关信息	1	2	3	4	5	6	7
46. 我会从生产或销售该类产品的业内人士那里寻求有关信息	1	2	3	4	5	6	7

续表

	非常不同意	不同意	有点不同意	中立	有点同意	同意	非常同意
47. 我会从亲朋好友、邻居或同事那里寻求有关产品知识或使用体验的信息	1	2	3	4	5	6	7
48. 在挑选商品时，我会受到一些独立机构专业报告的影响（如质量检测部门的证明）	1	2	3	4	5	6	7
49. 专业人士的消费行为会影响我对品牌的选择（如看到懂电脑的人使用某品牌的电脑，我也会倾向于选择该品牌的电脑）	1	2	3	4	5	6	7
50. 在购买商品时，我会受到周围同事偏好的影响	1	2	3	4	5	6	7
51. 在购买商品时，我会受到与我有社交关系的人的影响	1	2	3	4	5	6	7
52. 家庭成员对某种商品的偏好会影响我的选择	1	2	3	4	5	6	7
53. 他人对我购买某种商品的期望可能会影响我的购买决策	1	2	3	4	5	6	7
54. 我感觉购买或使用某种特定品牌的商品会影响他人对我的印象	1	2	3	4	5	6	7
55. 我认为购买某个特定品牌可以帮助我在大家面前更好地展现真正的我或我希望成为的人	1	2	3	4	5	6	7
56. 我购买或使用某款商品是因为该商品具有我所希望拥有的某些特质	1	2	3	4	5	6	7
57. 我觉得能成为某类产品广告中的那类人挺好	1	2	3	4	5	6	7
58. 我购买某个特定品牌是因为会得到其他人的艳羡和尊敬	1	2	3	4	5	6	7
59. 买名牌是有面子的体现	1	2	3	4	5	6	7
60. 送礼和宴请与面子有关	1	2	3	4	5	6	7
61. 不懂时尚会被人看不起	1	2	3	4	5	6	7
62. 面子是有钱人需要考虑的事情	1	2	3	4	5	6	7
63. 人都爱面子，在外人面前会更舍得花钱	1	2	3	4	5	6	7
64. 我认为人情是中国五千年文明的体现	1	2	3	4	5	6	7
65. 我感觉世态日益炎凉	1	2	3	4	5	6	7
66. 我认为不能为人情违背自己的原则	1	2	3	4	5	6	7
67. 我认为对陌生人也要讲人情	1	2	3	4	5	6	7
68. 我认为人情是人与人之间的感情	1	2	3	4	5	6	7
69. 随着城市的发展，我感觉人与人之间越来越疏远	1	2	3	4	5	6	7
70. 我觉得人情讲究的是互惠互利	1	2	3	4	5	6	7
71. 我认同滴水之恩当涌泉相报的思想	1	2	3	4	5	6	7
72. 能够最大限度地做到物尽其用，让我感觉很好	1	2	3	4	5	6	7
73. 如果能够重新使用已有的物品，就没有必要再买新的	1	2	3	4	5	6	7
74. 我认为我在花钱方面非常谨慎	1	2	3	4	5	6	7
75. 我训练自己能够将钱花到最有用的地方	1	2	3	4	5	6	7
76. 拥有奢侈品是快乐人生的重要方面	1	2	3	4	5	6	7
77. 我很看重拥有名车豪宅、漂亮的衣服等	1	2	3	4	5	6	7
78. 我喜欢购买能够影响地位和声望的新产品	1	2	3	4	5	6	7

续表

	非常不同意	不同意	有点不同意	中立	有点同意	同意	非常同意
79. 当我购买昂贵的商品时，我感觉很棒，他人会认为我是个成功人士	1	2	3	4	5	6	7
80. 我喜欢购买奢侈品，因为这让我与众不同	1	2	3	4	5	6	7
81. 我的物品都很重要，因为它们能让我鹤立鸡群	1	2	3	4	5	6	7
82. 我认为大多数企业和产品是值得信任的	1	2	3	4	5	6	7
83. 我认为市场上大多数产品都是非常安全的	1	2	3	4	5	6	7
84. 我认为不能相信大多数企业和产品都会信守承诺	1	2	3	4	5	6	7
85. 我发现在和企业打交道时有必要小心谨慎	1	2	3	4	5	6	7
86. 我相信大多数企业和产品是诚实可信的	1	2	3	4	5	6	7

第五部分

请根据下面的形容词与您个性的相符程度，在相应的数字上打“√”。(1 代表非常不符合，6 代表非常符合)

题号	题项	非常不符合	相当不符合	有点不符合	有点符合	相当符合	非常符合
1	暴躁	1	2	3	4	5	6
2	善交际	1	2	3	4	5	6
3	有勇气	1	2	3	4	5	6
4	敬业	1	2	3	4	5	6
5	自制力强	1	2	3	4	5	6
6	积极	1	2	3	4	5	6
7	诚实	1	2	3	4	5	6
8	强悍	1	2	3	4	5	6
9	孜孜不倦	1	2	3	4	5	6
10	刻苦耐劳	1	2	3	4	5	6
11	外向	1	2	3	4	5	6
12	易迁怒	1	2	3	4	5	6
13	孤僻	1	2	3	4	5	6
14	处事周到	1	2	3	4	5	6
15	纯朴	1	2	3	4	5	6
16	主动	1	2	3	4	5	6
17	善解人意	1	2	3	4	5	6
18	谈吐合宜	1	2	3	4	5	6
19	认真	1	2	3	4	5	6
20	威猛	1	2	3	4	5	6
21	粗犷	1	2	3	4	5	6

续表

题号	题项	非常不符合	相当不符合	有点不符合	有点符合	相当符合	非常符合
22	急躁	1	2	3	4	5	6
23	诚恳	1	2	3	4	5	6
24	宽宏大量	1	2	3	4	5	6
25	爱责怪人	1	2	3	4	5	6
26	爽快	1	2	3	4	5	6
27	脾气好	1	2	3	4	5	6
28	内向	1	2	3	4	5	6
29	健谈	1	2	3	4	5	6

第六部分

(一) 个人信息 (请在相应的选项上打“√”)

1. 您的性别：

A. 男　　B. 女

2. 您的民族：(　　)

3. 您的年龄：

A. 18~25 岁　　B. 26~30 岁　　C. 31~35 岁

D. 36~40 岁　　E. 41~45 岁　　F. 46~50 岁

G. 51~55 岁　　H. 56~60 岁　　I. 61~65 岁

J. 66 岁及以上

4. 您的户口：

A. 城市户口　　B. 农村户口

5. 您的文化程度：

A. 小学及以下　　B. 初中　　C. 高中/中专/技校

D. 大专　　E. 本科　　F. 研究生及以上

6. 您的平均年总收入：

A. 5000 元及以下　　B. 5001~10000 元　　C. 10001~30000 元

D. 30001~50000 元　　E. 50001~100000 元　　F. 100001~150000 元

G. 150001~200000 元　　H. 200001~300000 元　　I. 300001 元及以上

7. 您所从事的工作属于下列职业中的哪一种？

A. 国家与社会管理者　　B. 经理人员　　C. 私营企业主

D. 专业技术人员　　E. 办事人员　　F. 个体工商户

G. 商业服务业人员　　H. 产业工人　　I. 农业劳动者

J. 城乡无业、失业、半失业者　　K. 学生

8. 在您看来，您本人的社会经济地位属于哪一阶层？

A. 下层　B. 中下层　C. 中层

D. 中上层　E. 上层

9. 在您看来，您本人的消费地位属于哪一层次？

A. 下层　B. 中下层　C. 中层

D. 中上层　E. 上层

（二）家庭背景信息（请在相应的选项上打“√”）

10. 目前与您一起生活的家人共有几个人（包括您自己）？

A. 1 人　B. 2 人　C. 3 人

D. 4 人　E. 5 人　F. 6 人及以上

11. 请问您的家庭结构属于下列哪种？

A. 单身家庭（目前独自一人生活，包括大学生）

B. 夫妇两人家庭（尚没有子女；或者虽有子女但已经都离家，平时没有一起生活）

C. 核心家庭（夫妇两人+仍与您一起生活的子女，并且子女必须是未婚的）

D. 主干家庭（夫妇两人+仍与您一起生活的已婚子女，包括孙子女在内）

E. 单亲家庭（父亲或母亲一方+子女）

F. 其他家庭（不符合以上情况的其他类型家庭）

12. 请问下列那一项符合您的情况？

A. 未婚，平时独自一人生活（包括大学生）

B. 已婚，但是还没有孩子

C. 已婚，有孩子，但最小孩子的年龄不到 7 岁

D. 已婚，有孩子，但最小的孩子还未离家，平时仍与您生活在一起

E. 已婚，有孩子，且孩子已经结婚但仍跟您生活在一起

F. 夫妇两人生活，其中一人还在工作，孩子都已经离开家

G. 夫妇两人生活，两人都不再工作，孩子都已经离开家

H. 老伴去世，独自一人生活

13. 您家庭中收入最高者的平均月收入大约是多少？

A. 少于 1000 元　B. 1000~1999 元　C. 2000~2999 元

D. 3000~3999 元　E. 4000~4999 元　F. 5000~5999 元

G. 6000~7999 元　H. 8000~9999 元　I. 10000~19999 元

J. 20000 元及以上

占用您这么长时间，非常感谢您的配合！

参考文献

[1] Abdel-Ghaffar, Khaled Ahmed Sabry. An Information and Coding-theoretic Study of Bursty Channels with Applications to Computermemories [EB/OL]. http: // resolver. caltech.edu/CaltechETD: Etd-03252008-093415, 1986-04-23.

[2] Abdel-Ghany M., Silver J. L., Gehlken A. Do Consumption Expenditures Depend on the Household's Relative Position in the Income Distribution? [J]. International Ijc, 2002, 26 (26): 2-6.

[3] Abeler J., Marklein F. Fungibility, Labels and Consumption. IZA Discussion Papers, 2008.

[4] Abosag Ibrahim, Joong-Woo Lee. The Formation of Trust and Commitment in Business Relationships in the Middle East: Understanding Et-Moone Relationships [J]. The International Business Review, 2012, 22 (3): 1-13.

[5] Agarwal Sumit, Liu, Souleles S. Nicholas. The Reaction of Consumer Spending and Debt to Tax Rebates-Evidence from Consumer Credit Data [J]. Journal of Political Economy, 2007, 115 (6): 986-1019.

[6] Ahmed S. Temporary and Permanent Government Spending in an Open Economy: Some Evidence for the United Kingdom [J]. Journal of Monetary Economics, 1986, 17 (2): 197-224.

[7] Ajzen I. The theory of Planned Behavior [J]. Organizational Behavior and Human Decision Processes, 1991 (50): 179-211.

[8] Ajzen I., Fishbein M. Attitudes and Normative Beliefs as Factors Influencing Behavioral Intentions [J]. Journal of Personality & Social Psychology, 1971, 21 (1): 1-9.

[9] Alba J. W., Hutchinson J. W. Dimensions of Consumer Expertise [J]. Journal of Consumer Research, 1987, 13 (4): 411-454.

[10] Alba J. W., Hutchinson J. W. Knowledge Calibration: What Consumers Know and What They Think They Know [J]. Journal of Consumer Research, 2000 (27): 123-156.

[11] Anderson James C., James A. Narus. A Model of Distributor Firm and Manufacturer Firm Working Partnerships [J]. Journal of Marketing, 1990, 54 (1): 42-58.

[12] Anoruo E., Bajtelsmit V. L., Ramchander S., et al. The Effect of Consumer Expectations on Portfolio Asset Allocation [J]. Journal of Financial Planning, 2003, 16 (9): 64.

[13] Anthony J. Capraro, Susan Broniarczyk, Rajendra K. Srivastava. Factors Influencing the Likelihood of Customer Defection: The Role of Consumer Knowledge [J]. Academy of Marketing Science, 2003 (2): 164-175.

[14] Antzoulatos A. Angelos. Consumer Credit and Consumption Forecasts [J]. International Journal of Forecasting, 1996 (12): 439-453.

[15] Aric Rindfleisch, James E. Burroughs, Frank Denton. Family Structure, Materialism, and Compulsive Consumption [J]. Journal of Consumer Research, 1997, 23 (3): 312-325.

[16] Aron O'Cass, Hmily McEwen. Exploring Consumer Status and Conspicuous Consumption [J]. Journal of Consumer Behaviour, 2003 (4): 25-39.

[17] Arun K. Jain. A Method for Investigating and Representing Implicit Social Class Theory [J]. Journal of Consumer Research, 1975 (6): 53-59.

[18] Attanasio O. P., Goldberg P. K., Kyriazidou E. Credit Constraints in the Market for Consumer Durables: Evidence from Micro Data on Car Loans. Working Paper [J]. International Economic Review, 2008, 49 (2): 401-436.

[19] Auke S.V. General Versus Product-specific Life Style Segmentations [J]. Journal of Advertising, 1998 (7): 31-35.

[20] Aurier P., Ngobo P. V. Assessment of Consumer Knowledge and Its Consequences: A Multi-component Approach [J]. Advances in Consumer Research, 1999 (26): 569-575.

[21] Ausubel L. M. The Failure of Competition in the Credit Card Market [J]. The American Economic Review, 1991, 81 (1): 50-81.

[22] Balassa B. Policy Responses to Exogenous Shocks in Developing Countries [J]. Palgrave Macmillan UK, 1989, 76 (76): 75-78.

[23] Bart Yakov, Venkatesh Shankar, Fareena Sultan, Glen L. Urban. Are the Drivers & Role of Online Trust the Same for All Web Sites and Consumers? A Large-scale Exploratory Empirical Study [J]. Journal of Marketing, 2005, 69 (4): 133-152.

[24] Baumgartner H. Toward a Personality of the Consumer [J]. Journal of Con-

sumer Research, 2002, 29 (2): 286-292.

[25] Bearden William O., Michael J. Etzel. Reference Group Influence on Product and Brand Purchase Decisions [J]. Journal of Consumer Research, 1982, 9 (1): 183-194.

[26] Bearden William O., Richard G. Netemeyer, Jesse E. Teel. Measurement of Consumer Susceptibility to Interpersonal Influence [J]. Journal of Consumer Research, 1989, 15 (4): 473-481.

[27] Bellon Vela Manzano. A Family Life Cycle Model Adapted to the Spanish Environment [J]. European Journal of Marketing, 2001, 35 (5-6): 612-638.

[28] Bernanke B. S. Japanese Monetary Policy: A Case of Self-induced Paralysis? [C]. Japan's Financial Crisis and Its Parallels to US Experience, 2000: 149-166.

[29] Bettman J. R., Sujan M. Effects of Framing on Evaluation of Comparable and Noncom Parable Alternatives by Expert and Novice Consumers [J]. Journal of Consumer Research, 1987, September (1): 141-154.

[30] Bettman J.R., Park C.W. Effects of Prior Knowledge and Experience and Phase of the Choice Process on Consumer Decision Processes: A Protocol Anonym [J]. Journal of Consumer Research, 1980, 7 (12): 234-248.

[31] Blinder A S. Temporary Income Taxes and Consumer Spending [J]. Journal of Political Economy, 1981, 89 (1): 26-53.

[32] Blinder A. S., Morgan J. Are Two Heads Better than One? Monetary Policy by Committee [J]. Journal of Money Credit & Banking, 2005, 37 (5): 789-811.

[33] Boskin Michael J. What Do We Know About Consumption and Saving, and What Are The Implications for Fiscal Policy? [J]. American Economic Review, 1988, 78 (2): 401-407.

[34] Brinberg David, Linda Plimpton. Self-monitoring and Product Conspicuousness on Reference Group Influence [J]. Advances of Consumer Research, 1986, 13 (1): 297-300.

[35] Brown A., A. Deaton. Surveys in Applied Economics: Models of Consumer Behavior [J]. The Economic Journal, 1972 (82): 1145-1236.

[36] Brown P., Levinson S. C. Politeness: Some Universals in Language Usage [M]. London: Cambridge University Press, 1978.

[37] Browning M., Lusardi A. Household Saving: Micro Theories and Micro Facts [J]. Journal of Economic Literature, 1996, 34 (4): 1797-1855.

[38] Brucks M. The Effects of Product Class Knowledge on Information Search

Behavior [J]. Journal of Consumer Research, 1985 (12): 1-16.

[39] Calem P. S., Mester L. J. Consumer Behavior and the Stickiness of Credit-card Interest Rates [J]. The American Economic Review, 1995, 85 (5): 1327-1336.

[40] Capraro A. J., Broniarczyk S., Srivastava R. K. Factors Influencing the Likelihood of Customer Defection: The Role of Consumer Knowledge [J]. Journal of the Academy of Marketing Science, 2003, 31 (2): 164-175.

[41] Chaudhuri A., Holbrook M. B. The Chain of Effects from Brand Trust and Brand Affect to Brand Performance: The Role of Brand Loyalty [J]. Journal of Marketing, 2001, 65 (2): 81-93.

[42] Cheema A., Soman, et al. Malleable Mental Accounting: The Effect of Flexibility on the Justification of Attractive Spending and Consumption Decisions [J]. Jounral of Consumer Psychology, 2006, 16 (1): 22-44.

[43] Chen R., He F. Examination of Brand Knowledge, Perceived Risk and Consumers' Intention to Adopt an Online Retailer [J]. Total Quality Management and Business Excellence, 2003, 14 (6): 677-693.

[44] Chen Y. H., Hsu I. C., Lin C. C. Website Attributes that Increase Consumer Purchase Intention: A Conjoint Analysis [J]. Journal of Business Research, 2010, 63 (9-10): 1007-1014.

[45] Cheng C. Y. The Concept of Face and Its Confucian Roots [J]. Journal of Chinese Philosophy, 1986 (13): 329-348.

[46] Cheung F. M., Kwong J. Y., Zhang J. X. Clinical Validation of the Chinese Personality Assessment Inventory [J]. Psychological Assessment, 2003, 15 (1): 89-100.

[47] Chou S. Y., Liu J. T., Hammitt J. K. National Health Insurance and Precautionary Saving: Evidence from Taiwan [J]. Journal of Public Economics, 2003, 87 (9-10): 1873-1894.

[48] Cohen Joel, Ellen Golden. Informational Social Influence and Product Evaluation [J]. Journal of Applied Psychology, 1972, 56 (1): 54-59.

[49] Cole C. A., Gaeth G., Singh S. N. Measuring Prior Knowledge [J]. Advances in Consumer Research, 1986, 13 (1): 64.

[50] Comrey A. L., Lee H. B. A First Course in Factor Analysis [M]. Hillsdale, NJ: Erlbaum, 1992.

[51] Conchar M.P., Zinkhan G. M., Peter C. An Integrated Framework for the Conceptualization of Consumers'Perceived-risk Processing [J]. Journal of the Academy

of Marketing Science, 2004 (32): 418-436.

[52] Corbitt B. J., Thanasankit T., Han Y. Trust and E-commerce: A Study of Consumer Perceptions [J]. Electronic Commerce Research & Applications, 2003, 2 (3): 203-215.

[53] Cosmas S.C. Life Style and Consumption Patterns [J]. Journal of Consumer Research, 1982, 8 (4): 453-455.

[54] Costa P., McRae R. R. Personality Inventory: Neuroticism, Extraversion and Openness: Professional Manual [M] . Odessa, FL: Psychological Assessment Resources, 1992.

[55] Dale Fodness. The Impact of Family Life Cycle on the Vacation Decision-making Process [J]. Journal of Travel Research, 1992, 31 (2): 8-13.

[56] Danko W. D., Schaninger C. M. An Empirical Evaluation of the Gilly-Enis Updated Household Life Cycle Model [J]. Journal of Business Research, 1990, 21 (1): 39-57.

[57] Darby M. R. The Financial and Tax Effects of Monetary Policy on Interest Rates [J]. Economic Inquiry, 1975, 13 (2): 266-276.

[58] David Yau-fai Ho. On the Concept of Face [J]. American Journal of Sociology, 1974 (81).

[59] Dean M. Maki. The Growth of Consumer Credit and the Household Debt Service Burden [R] . Washington, D.C: Board of Governors of The Federal System, 2000.

[60] Deaton A., et al. The Influence of Household Composition on Household Expenditure Patterns: Theory and Spanish Evidence [J]. Journal of Political Economy, 1989 (97): 179-200.

[61] Derrick F. W., Lehfeld A. K. The Family Life Cycle: An Alternative Approach [J]. The Journal of Consumer Research, 1980, 7 (9): 214-217.

[62] Devaraj S., Easley R. F., Crant, J. M. Research Note-How Does Personality Matter? Relating the Five-factor Model to Technology Acceptance and Use [J]. Information Systems Research, 2008, 19 (1): 93-105.

[63] Dolde W. Capital Markets and the Short Run Behavior of Life Cycle Savers [J]. The Journal of Finance, 1978, 33 (2): 413-428.

[64] Doney, Patricia M., Joseph P. Cannon. An Examination of the Nature of Trust in Buyer-Seller Relationships [J]. Journal of Marketing, 1997, 61 (2): 35-51.

[65] Donna Weaver McCloskey. The Importance of Ease of Use, Usefulness, and Trust to Online Consumers: An Examination of the Technology Acceptance Model with Older Consumers [J]. Journal of Organizational and End User Computing, 2006, 18 (3): 47-65.

[66] Dotson. M. J. Formal and Informal Work Group in Fluencies on Member Purchasing Behavior [D]. Dissertation for D.B.A., Mississippi State University, 1984.

[67] Eagly A. H., Chaiken S. The Impact of Attitudes on Behavior [C] // Eagly A. H. & Chaiken S. (Eds.) The Psychology of Attitudes. Harcourt Brace Jovanovich College Publishers. USA, 1993.

[68] Easwar S. Iyer, Rajiv K. Kashyap. Consumer Recycling: Role of Incentives, Information and Social Class [J]. Journal of Consumer Behaviour, 2007 (6): 32-47.

[69] Ekinci Y., Dawes P. L. Consumer Perceptions of Frontline Service Employee Personality Traits, Interaction Quality, and Consumer Satisfaction [J]. The Service Industries Journal, 2009, 29 (4): 503-521.

[70] Englis Basil G., Michael R. Solomon. To Be and Not to Be: Lifestyle Imagery, Reference Groups, and "The Clustering of America" [J]. Journal of Advertising, 1995, 24 (1): 13-28.

[71] Escalas Jennifer Edson, James R. Bettman. Self-Construal, Reference Groups, and Brand Meaning [J]. Journal of Consumer Research, 2005, 32 (3): 378-389.

[72] Escalas Jennifer Edson, James R. Bettman. You Are What They Eat: The Influence of Reference Groups on Consumer Connections to Brands [J]. Journal of Consumer Psychology, 2003, 13 (3): 339-348.

[73] Eugene Sivadas, A Preliminary Examination of the Continuing Significance of Social Class to Marketing: A Geodemographic Replication [J]. Journal of Consumer Marketing, 1997, 14 (6): 463-479.

[74] Fan J. X., Abdel-Ghany M. Patterns of Spending Behavior and the Relative Position in the Income Distribution: Some Empirical Evidence [J]. Journal of Family & Economic Issues, 2004, 25 (2): 163-178.

[75] Flavin Marjorie A. The Adjustment to Consumption to Changing Expectat ions about Future Income [J]. Journal of Political Economy, 1984 (89): 974-1009.

[76] Ganesan Shankar, Ron Hess. Consumer Trust, Value, and Loyalty in

Relational Exchanges [J]. Marketing Letters, 1997, 8 (4): 439-448.

[77] Garbarino Ellen, Mark S. Johnson. The Different Roles of Satisfaction, Trust, and Commitment in Customer Relationships [J]. Journal of Marketing, 1999, 63 (2): 70-87.

[78] Gatignon Hubert, Thomas S. Robertson. Innovative Decision Processes [M] // Handbook of Consumer Behavior. Englewood Cliffs, NJ: Prentice-Hall, 1991.

[79] Gayler H. J. Social Class and Consumer Spatial Behaviour: Some Aspects of Variation in Shopping Patterns in Metropolitan Vancouver, Canada [J]. Transactions of the Institute of British Geographers, 1980, 5 (4): 427-445.

[80] Gefen D. E-Commerce: The Role of Familiarity and Trust [J]. International Journal of Management Science, 2000, 28 (6): 725-737.

[81] George P. Moschis and Gilbert A. Churchill. Consumer Socialization: A Theoretical and Empirical Analysis [J]. Journal of Marketing Research, 1978, 15 (4): 599-609.

[82] Gilbert Dennis, Joseph A. Kahl. The American Class Structure: A New Synthesis [J]. Journal of Consumer Research, 1982 (3): 265-280.

[83] Goldberg M. E., Gorn G. J., Peracchio L. A., Bamossy G. Understanding Materialism among Younth [J]. Journal of Consumer Psychology, 2003, 13 (3): 278-288.

[84] Goldsmith R. W., Brady D. S., Mendershausen H. A Study of Saving in the United States [M]. Princeton: Princeton University Press, 1956.

[85] Gonzalez A.M., Bello L. The Construct "Lifestyle" in Market Segmentation: The Behavior of Tourist Consumers [J]. European Journal of Marketing, 2002 (36): 51-85.

[86] Goode W. F. World Revolution and Family Patterns [M]. New York: The Free Press, 1963.

[87] Gourville J. T., Soman D. Payment Depreciation: The Behavioral Effects of Temporally Separating Payments from Consumption [J]. Journal of Consumer Research, 1998 (9): 160-174.

[88] Graham J. F. Materialism and Consumer Behavior: Toward a Clearer Understanding [J]. Journal of Social Behavior and Personality, 1999 (14): 241-258.

[89] Grnhaug K. Subjective and Objective Measures of Product Knowledge Contrasted [J]. Advances in Consumer Research, 1986 (13): 67-71.

[90] Gross D. B., Souleles N. S. Do Liquidity Constraints and Interest Rates

Matter for Consumer Behavior? Evidence from Credit Card Data [R]. NBER Working Paper Series, 2001.

[91] Gulati Ranjay. Does Familiarity Breed Trust? The Implications of Repeated Ties for Contractual Choice in Alliances [J]. The Academy of Management Journal, 1993, 38 (1): 85-112.

[92] Gülden ülkümen, Vicki G. Morwitz. New Advances in Mental Accounting: Underlying Mechanisms and Resultant Biases [J]. Advances in Consumer Research, 2006 (33): 632-637.

[93] Gutman J., Mills M. K. Fashion Life Style, Self-Concept, Shopping Orientation, and Store Patronage: An Integrative Analysis [J]. Journal of Retailing, 1982, 58 (2): 64-86.

[94] H. J. Gayler. Social Class and Consumer Spatial Behaviour: Some Aspects of Variation in Shopping Patterns in Metropolitan Vancouver, Canada [J]. Transactions of the Institute of British Geographers. New Series, 1980, 15 (4): 427-445.

[95] Harry L. Davis. Decision Making within the Household [J]. Journal of Consumer Research, 1976, 2 (4): 241-260.

[96] Hayashi Fumio. The Effect of Liquidity Constraints on Consumption: A Cross-sectional Analysis [J]. Quarterly Journal of Economics, 1985, February (100): 183-206.

[97] Heath, Soll. Mental Budgeting and Consumer Decisions [J]. Journal of Consumer Research, 1996 (2): 26-46.

[98] Hitt M. A., Ahlstrom D., Dacin M. T., et al. The Institutional Effects on Strategic Alliance Partner Selection in Transition Economies: China vs. Russia [J]. Organization Science, 2004, 15 (2): 173-185.

[99] Hollingshead August B., Redlich Fredrick C. Social Class and Mental Illness: Community Study [M]. Hoboken, NJ, US: John Wiley & Sons Inc, 1958.

[100] Horton S., Hafstrom J. Income Elasticity for Selected Consumption Categories: Comparison of Single Female-Headed and Two-Parent Families [J]. Home Economics Research Journal, 1985, 13 (3): 292-303.

[101] Houthakker H. S. An International Comparison of Household Expenditure Patterns, Commemorating the Centenary of Engel's Law [J]. Econometrica, 1957, 25 (4): 532-551.

[102] Ian R., F. David, M. Ruth. Brand Knowledge Management: Growing Brand Equity [J]. Journal of Knowledge Management, 1998, 2 (1): 47-54.

［103］ Iyer E. S., Kashyap R. K. Consumer Recycling: Role of Incentives, Information, and Social Class [J]. Journal of Consumer Behaviour, 2007, 6 (1): 32-47.

［104］ Jacoby J., Troutman T., Kuss A., et al. Experience and Expertise in Complex Decision Making [J]. Advances in Consumer Research, 1986, 13 (1): 469-472.

［105］ Jacqueline K. Eastman Ronald E. Goldsmith, Leisa Reinecke Flynn Reviewed. Status Consumption in Consumer Behavior: Scale Development and Validation [J]. Journal of Marketing Theory and Practice, 1979, 7 (3): 41-52.

［106］ James M. Hunt, Jerome B. Kernan, Deborah J. Mitchell. Materialism as Social Cognition: People, Possessions, and Perception [J]. Journal of Consumer Psychology, 1996, 5 (1): 65-83.

［107］ Jarcenpaa S., Tactinsky N., Vitale M. Consumer Trust in an Internet Store [J]. Information Technology and Management, 2000, 1 (1-2): 45-71.

［108］ Jiaqin Yang, Xihao He, Huei Lee. Social Reference Group Influence on Mobile Phone Purchasing Behavior [J]. International Journal of Mobile Communications, 2007, 5 (3): 319-328.

［109］ John Y. Campbell, N. Gregory Mankiw. Consumption, Income and Interest Rates: Reinterpreting the Time Series Evidence [R]. NBER Macroeconomics Annual, 1989.

［110］ John Y. Campbell, N.G. Mankiw. The Response of Consumption to Income: A Cross-country Investigation [J]. European Economic Review, 1991, 35 (4): 723-756.

［111］ Jones Gareth R., Jennifer M. George. The Experience and Evolution of Trust: Implications for Cooperation and Teamwork [J]. The Academy of Management Review, 1967, 23 (3): 531-546.

［112］ Joseph W. Alba, J. Wesley Hutchinson. Dimensions of Consumer Expertise [J]. Journal of Consumer Research, 1987, 7 (1): 411-454.

［113］ Joseph W. Alba, J. Wesley Hutchinson. Knowledge Calibration: What Consumers Know and What They Think They Know [J]. Journal of Consumer Research, 2000, 27 (2): 123-156.

［114］ Jsang Audun, Roslan Ismail, Colin Boyd. A Survey of Trust and Reputation Systems for Online Service Provision [J]. Decision Support Systems, 2007, 43 (2): 618-644.

[115] Kahneman D., Tversky A. Psychology of Preferences [J]. Scientific's American, 1982 (246): 136-142.

[116] Kandil M., Mirzaie I. A. Consumption and Macroeconomic Policies: Theory and Evidence from Developing Countries [J]. Trade & Economic Development, 2006, 15 (4): 469-491.

[117] Kandil M., Mirzaie I. A. The Effects of Exchange Rate Fuctuations on Output and Prices: Evidence from Developing Countries [J]. Journal of Developing Areas, 2005, 38 (2): 189-219.

[118] Kantamneni S. P., Coulson K. R. Measuring Perceived Value: Scale Development and Research Findings from a Consumer Survey [J]. Journal of Marketing Management, 1996 (2): 72-63.

[119] Kanwar R., Olson J. C., Sims L. S. Toward Conceptualizing and Measuring Cognitive Structures [J]. Advances in Consumer Research, 1981, 8 (1): 122-127.

[120] Karlsson N., Gärling T., Selart M. Explanations of Effects of Prior Income Changes on Buying Decisions [J]. Journal of Economic Psychology, 1999, 20 (4): 449-463.

[121] Kassarjian H. H. Personality and Consumer Behavior: A Review [J]. Journal of Marketing Research, 1971, 8 (4): 409-418.

[122] Kasser T., Sheldon K. M. Of Wealth and Death: Materialism, Mortality Salience, and Consumption Behavior [J]. American Psychological Society, 2000 (11): 348-351.

[123] Kassim S. H., Manap T. A. A. Consumer Credit and Monetary Policy in Malaysia [J]. International Journal of Consumer Studies, 2008, 32 (3): 188-193.

[124] Kelman H. C. Process of Opinion Change [J]. Public Opinion Quarterly, 1961, 25 (1): 57-78.

[125] Kenneth R. Lord, Myung-Soo Lee, Peggy Choong. Differences in Normative and Informational Social Influence [J]. Advances in Consumer Research, 2001, 28 (1): 280-285.

[126] Keppel G., Saufley W. H., Tokunaga H. Introduction to Design and Analysis: A Student's Handbook [M]. New York: WH Freeman, 1992.

[127] Keynes J. M. The General Theory of Interest, Employment and Money [M]. London: Macmiuan, 1936.

[128] Kim H. W., Gupta S., Koh J. Investigating the Intention to Purchase

Digital Items in Social Networking Communities: A Customer Value Perspective [J]. Information & Management, 2011, 48 (6): 228-234.

[129] Kivetz R. Advances in Research on Mental Accounting and Reason-based Choice [J]. Marketing Letters, 1999, 10 (3): 249-266.

[130] Kormendi R. C., Meguire P. G. Macro-economic Determinants of Growth: Cross-Country Evidence [J]. Journal of Monetary Economics, 1985, 16 (2): 141-163.

[131] Kotlikoff L. J. What Determines Savings? [M]. MIT Press, 1989.

[132] Kotlikoff Laurence J., William Samuelson, Stephen Johnson. Consumption, Computation Mistakes and Fiscal Policy [J]. American Economic Review, AEA Papers and Proceedings, 1988, 78 (2): 408-412.

[133] Koufaris Marios, William Hampton-Sosa. The Development of Initial Trust in an Online Company by New Customers [J]. Information & Management, 2004, 41 (3): 377-397.

[134] Kramer Roderick M. Trust and Distrust in Organizations: Emerging Perspectives, Enduring Questions [J]. Annual Review of Psychology, 1999, 50 (1): 569-598.

[135] Krishna A. The Effect of Deal Knowledge on Consumer Purchase Behavior [J]. Journal of Marketing Research, 1994, 31 (1): 76-91.

[136] Lanjouw P., Ravallion M. Poverty and Household Size [J]. Economic Journal, 1995, 105 (433): 1415-1434.

[137] Lansing J. B., Morgan J. M. Consumer Finances over the Life Cycle [C] // Lincoln H. Clark. (ed.) Consumer Behavior. New York: New York University Press, 1955: 36-50.

[138] Lastovicka J. L., Bettencourt L. A., Renée Shaw Hughner, and Ronald J. Kuntze. Lifestyle of the Tight and Frugal: Theory and Measurement [J]. Journal of Consumer Research, 1999, 2 (1): 85-98.

[139] Lazer W. Life Style Concepts and Marketings toward Scientific Marketing [C]. Chicago: American Marketing Association, 1963: 196-197.

[140] Linnemann L., Schabert A. Can Fiscal Spending Stimulate Private Consumption? [J]. Economics Letters, 2004, 82 (2): 173-179.

[141] Lisa Ryan and Suzanne Dziurawiec. Materialism and Its Relationship to Life Satisfaction [J]. Social Indicators Research, 2001, 55 (2): 185-197.

[142] Lo Huiyi, Harvey Nige. Shopping without Pain: Compulsive Buying and

the Effects of Credit Card Availability in Europe and the Far East [J]. Journal of Economic Psychology, 2011 (32).

[143] Loewenstein G., Thaler R. H. Anomalies: Inter-temporal Choice [J]. The Journal of Economic Perspectives, 1989, 3 (4): 181-193.

[144] Lu W., Mingxin Z. The Third Digital Divide: The Knowledge Gap on the Internet [J]. Journalism & Communication, 2006, 4 (5).

[145] Lu Yaobin, Ling Zhao, Bin Wang. From Virtual Community Members to C2C E-commerce Buyers: Trust in Virtual Communities and Its Effect on Consumers' Purchase Intention [J]. Electronic Commerce Research and Applications, 2010, 9 (4): 346-360.

[146] Lynn R.Kahle, Sharon E.Beatty, Pamela Homer. Alternative Measurement Approaches to Consumer Values: The List of Values (VOL) and Values and Life Style (VALS) [J]. The Journal of Consumer Research, 1986, 13 (12): 405-409.

[147] Maclnnis D. J., Chun H. E. Are Marketers Purveyors of Hope? [J]. Foundation and Trends in Marketing, 2006, 1 (2): 152-160.

[148] Manchester Alden C. Household Consumption Behavior: Understanding, Measurement, and Applications in Policy-oriented Research [J]. American Journal of Agricultural Economics, 1997 (2): 150-154.

[149] Mandel N., Johnson E. J. When Web Pages Influence Choice: Effects of Visual Primes on Experts and Novices [J]. Journal of Consumer Research, 2002, 29 (2): 235-245.

[150] Mangleburg T.F., Grewal D. and Bristol T. Family Type, Family Authority Relations, and Adolescents'Purchase Influence [J]. Advances in Consumer Research, 1999 (26): 379-384.

[151] Marsha L. Richins, Scott Dawso. A Consumer Values Orientation for Materialism and Its Measurement: Scale Development and Validation [J]. Journal of Consumer Research, 1992, 19 (3): 303-316.

[152] Marsha L. Richins. Special Possessions and the Expression of Material Values [J]. Journal of Consumer Research, 1994, 21 (3): 522-533.

[153] Martineau P. Social Classes and Spending Behavior [J]. Journal of Marketing, 1958, 23 (2): 121-130.

[154] Mayer R. C., Davis J. H., Schoorman F. D. An Integrative Model of Organizational Trust [J]. Academy of Management Review, 1995, 20 (20): 709-734.

[155] Mayer Roger C., James H. Davis, F. David Schoolman. An Integrative Model of Organizational Trust [J]. The Academy of Management Review, 1995, 20 (3): 709-734.

[156] McConocha D. M., Tully S. A., Walther C. H. Household Money Management: Recognizing Nontraditional Couples [J]. The Journal of Consumer Affairs, 1993, 27 (2): 258-283.

[157] McKay A., Pal S. Relationships between Household Consumption and In equality in the Indian States [J]. Journal of Development Studies, 2004, 40 (5): 65-90.

[158] McKnight D. Harrison, Vivek Choudhury, Charles Kacmar. The Impact of Initial Consumer Trust on Intentions to Transact with a Web Site: A Trust Building Model [J]. Journal of Strategic Information Systems, 2002, 11 (3-4): 297-323.

[159] Merrie Brucks. The Effects of Product Class Knowledge on Information Search Behavior [J]. Journal of Consumer Research, 1985, 12 (1): 1-16.

[160] Mick David Glen. Are Studies of Dark Side Variables Confounded by Socially Desirable Responding: The Case of Materialism [J]. Journal of Consumer Research, 1996, 23 (2): 106-119.

[161] Mishkin F. S. Symposium on the Monetary Transmission Mechanism [J]. The Journal of Economic Perspectives, 1995, 9 (4): 3-10.

[162] Mishkin S. Frederic. Illiquidity, Consumer Durable Expenditure, and Monetary Policy [J]. The American Economic Review, 2001, 66 (4): 642-653.

[163] Mitchell A. A., Dacin P. A. The Assessment of Alternative Measures of Consumer Expertise [J]. Journal of Consumer Research, 1996, 23 (3): 219-239.

[164] Mohamed Abdel-Ghany, F. N. Schwenk. Difference in Consumption Patterns of Single-Parent and Two-parent Families in the United States [J]. Journal of Family and Economic Issues, 1993, 14 (4): 299-315.

[165] Moneesha Pachauri. Consumer Behavior: A Literature Review [J]. The Marketing Review, 2002 (2): 319-355.

[166] Moore D. L., Hutchinson J. W. The Influence of Affective Reactions to Advertising: Direct and Indirect Mechanisms of Attitude Change [C] // Linda F. Alwitt, Andrew A. Mitchell. Psychological Processes and Advertising Effects. Hillsdale, NJ: Lawrence Erlbaum Associates, 1985: 65-87.

[167] Moorman Christine, Gerald Zaltman, Rohit Deshpandé. Relationships between Providers and Users of Market Research: The Dynamics of Trust within and

Between Organizations [J]. Journal of Marketing Research, 1992, 29 (3): 314-328.

[168] Moorman Christine, Rohit Deshpandé, Gerald Zaltman. Factors Affecting Trust in Market Research Relationships [J]. Journal of Marketing, 1993, 57 (1): 81-101.

[169] Moreau C. P., Markman A. B., Lehmann D. R. "What Is It?" Categorization Flexibility and Consumers' Responses to Really New Products [J]. Journal of Consumer Research, 2001, 27 (4): 489-498.

[170] Morgan Robert M., Shelby D. Hunt. The Commitment-trust Theory of Relationship Marketing [J]. Journal of Marketing, 1994, 58 (3): 20-38.

[171] Moschis G. P. Social Comparison and Informal Group Influence [J]. Journal of Marketing Research, 1976, 13 (3): 237-244.

[172] Moutinho L. Consumer Behavior in Tourism [J]. European Journal of Marketing, 1987, 21 (10): 5-44.

[173] Neumark D. Are Rising Earnings Profiles a Forced-saving Mechanism? [J]. The Economic Journal, 1995, 105 (428): 95-106.

[174] Newberry C. Robert, Bruce R. Klemz, Christo Boshoff. Managerial Implications of Predicting Purchase Behavior from Purchase Intentions: A Retail Patronage Case Study [J]. Journal of Services Marketing, 2003, 17 (6-7): 609-618.

[175] Newman Joseph W., Richard Staelin. Information Sources for Durable Goods [J]. Journal of Advertising Research, 1973, 9 (8): 249-257.

[176] Niklas Karlsson, Tommy Gärling, Marcus Selart. Effects of Mental Accounting on Intertemporal Choice [M]. GOTEBORG, 1997.

[177] Okun A. M., Hymans S., Taylor L., R. Eisner. The Personal Tax Surcharge and Consumer Demand [J]. Brookings Papers on Economic Activity, 1971, 2 (1): 167-211.

[178] Oliver H. M. Yau. Consumer Behavior in China: Customer Satisfaction and Cultural Values [M]. T. J. Press, 1994.

[179] Ou Carol Xiaojuan, Choon Ling Sia . Consumer Trust and Distrust: An Issue of Website Designs [J]. International Journal of Human-computer Studies, 2010, 68 (12): 913-934.

[180] Park C. W., V. Parker Lessing. Familiarity and Its Impact on Consumer Biases and Heuristics [J]. Journal of Consumer Research, 1981, 8 (2): 223-231.

[181] Park C. Whan, Mothersbaugh David L., Feick Lawrence. Consumer Knowledge Assessment [J]. Journal of Consumer Research, 1994 (21): 71-82.

［182］ Park C. Whan, V. Parker Lessig. Students and Housewives: Difference in Susceptibility to Reference Group Influence ［J］. Journal of Consumer Research, 1977, 4 (3): 102–110.

［183］ Patrick E. Murphy, William A. Staples. A Modernized Family Life Cycle ［J］. Journal of Consumer Research, 1979, 6 (6): 12–22.

［184］ Peter S.K. Chi. Family Structure and Housing Consumption: A Study of Chinese Families in Taiwan ［J］. Journal of Family and Economic Issues, 1988, 9 (1): 55–72.

［185］ Pieroni L., Aristei D. Testing Separability of Public Consumption in Household Decisions ［J］. International Review of Applied Economics, 2005, 19 (2): 199–218.

［186］ Pierre Martineau. Social Classes and Spending Behavior ［J］. The Journal of Marketing, 1958, 23 (2): 121–130.

［187］ Plummet J. T. The Concept and Application of Life–style Segmentation ［J］. Journal of Marketing, 1974, 38 (1): 33–74.

［188］ Poterba J. M. Taxation and Housing: Old Questions, New Answers ［R］. National Bureau of Economic Research, 1992.

［189］ Prendergast G. P., Tsang A. S. L., Chan C. N. W. The Interactive Influence of Country of Origin of Brand and Product Involvement on Purchase Intention ［J］. Journal of Consumer Marketing, 2010, 27 (2): 180–188.

［190］ Punj G. N., Staelin R. A Model of Consumer Information Search Behavior for New Automobiles ［J］. The Journal of Consumer Research, 1983, 9 (4): 366–380.

［191］ Rao Akshay R., Wanda A. Sieben. The Effect of Prior Knowledge on Price Acceptability and the Type of Information Examined ［J］. Journal of Consumer Research, 1992, 19 (9): 256–270.

［192］ Ratchford B. T. The Economics of Consumer Knowledge ［J］. Journal of Consumer Research, 2001, 27 (4): 397–411.

［193］ Razzouk, N., Seitz V., Capo K. P. A Comparison of Consumer Decision–making Behavior of Married and Cohabiting Couples ［J］. Journal of Consumer Marketing, 2007, 24 (5): 264–274.

［194］ Richard P. Coleman. The Continuing Significance of Social Class to Marketing ［J］. Journal of Consumer Research, 1983, 10 (3): 265–280.

［195］ Richins M. L. Valuing Things: The Public and Private Meanings of Material Possessions ［J］. Journal of Consumer Research, 1994, 21 (3): 504–521.

[196] Richins M. L., Dawson S. A Consumer Values Orientation for Materialism and Its Measurement: Scale Development and Validation [J]. Journal of Consumer Research, 1992, 19 (3): 303-316.

[197] Rotter Julian B. A New Scale for the Measurement of Interpersonal Trust [J]. Journal of Personality, 1967, 35 (4): 651-665.

[198] Russell W. Belk. Materialism: Trait Aspect of Living in the Material World [J]. Journal of Consumer Research, 1985, 12 (3): 265-280.

[199] Russell W. Belk. Possessions and the Extended Self [J]. Journal of Consumer Research, 1988, 15 (2): 139-168.

[200] Russell W. Belk. The Double Nature of Collecting: Materialism and Anti-Materialism [J]. Etnofoor, 1998, 11 (1): 7-20.

[201] Salina Hj. Kassim, Turkhan Ali Abdul Manap. Consumer Credit and Monetary Policy in Malaysia [J]. International Journal of Consumer Studies, 2008, (32): 188-193.

[202] Selnes Fred. Antecedents and Consequences of Trust and Satisfaction in Buyer-seller Relationships [J]. European Journal of Marketing, 1997, 32 (3): 305-332.

[203] Shapiro D. Matthew, Slemrod Joel. Did the 2008 Tax Rebates Stimulate Spending? [J]. American Economic Review: Papers & Proceedings, 2009, 99 (2): 374-379.

[204] Shapiro M. D., Slemrod J. B. Did the 2008 Tax Rebates Stimulate Spending? [R]. National Bureau of Economic Research, 2009.

[205] Shefrin H. M., Thaler R. H. The Behavioral Life-Cycle Hypothesis [J]. Economic Inquiry, 1988, 26 (4): 609-643.

[206] Shefrin H.M., Thaler R. The Behavior Life-cycle Hypotheses [J]. Economic Inquiry, 1988, 26 (4): 609-644.

[207] Sheth, Jagdish N. A Theory of Family Buying Decisions in Models of Buyer Behavior: Conceptual, Quantitative, and Empirical [M]. New York: Harper and Row, 1974.

[208] Sirdeshmukh Deepak, Jagdip Singh, Barry Sabol. Consumer Trust, Value, and Loyalty in Relational Exchanges [J]. International Journal of Human-computer Studies, 2002, 66 (1): 15-37.

[209] Sirgy M. J. Matherialism and Quality of Life [J]. Social Indicators Research, 1998, 43 (3): 227-260.

[210] Skoufias E., Quisumbing A. R. Consumption Insurance and Vulnerability to Poverty: A Synthesis of the Evidence from Bangladesh, Ethiopia, Mali, Mexico and Russia [J]. European Journal of Development Research, 2005, 17 (1): 24-58.

[211] Smith A. H. Chinese Characteristics [M]. New York, 1894.

[212] Smith J. B., Barclay D. W. The Effects of Organizational Differences and Trust on the Effectiveness of Selling Partner Relationships [J]. Journal of Marketing, 1997, 61 (1): 3-21.

[213] Soman Dilip, Lam Vivian M. W. The Effects of Prior Spending on Future Spending Decisions: The Role of Acquisition Liabilities and Payments [J]. Marketing Letters, 2002 (4): 359-373.

[214] Spencer-Oatey Helen. Managing Rapport in Talk: Using Rapport Sensitive Incidents to Explore the Motivational Concerns Underlying the Management of Relations [J]. Journal of Pragmatists, 2002 (34): 21-39.

[215] Spiro Rosann L. Persuasion in Family Decision Making [J]. Journal of Consumer Research, 1983, 9 (3): 393-402.

[216] Srinivasan N., Ratchford B. T. An Empirical Test of a Model of Extended Search for Automobiles [J]. Journal of Consumer Research, 1991, 18 (2): 233-242.

[217] Staelin Richard. The Effects of Consumer Education on Consumer Product Safety Behavior [J]. Journal of Consumer Research, 1978, 5 (7): 30-41.

[218] Sujan Mita.Consumer Knowledge: Effects on Evaluation Strategies Mediating Consumer Judgments [J]. Journal of Consumer Research, 1985, 12 (7): 31-46.

[219] Svensson Groan. Extending Trust and Mutual Trust in Business Relationships towards a Synchronized Trust Chain in Marketing Channels [J]. Management Decision, 2001, 39 (6): 431-440.

[220] Swaminathan V. The Impact of Recommendation Agents on Consumer Evaluation and Choice: The Moderating Role of Category Risk, Product Complexity, and Consumer Knowledge [J]. Journal of Consumer Psychology, 2003, 13 (1): 93-101.

[221] Swinth, Robert L. The Establishment of the Trust Relationship [J]. The Journal of Conflict Resolution, 1967, 11 (3): 335-344.

[222] Tang T. C. Directions of Banks'Lending and Malaysia Economic Development: An Empirical Study [J]. International Journal of Management, 2003, (20): 342-345.

[223] Tax S. S., Brown S. W., Chandrashekaran M. Customer Evaluations of Service Complaint Experiences: Implications for Relationship Marketing [J]. Journal

of Marketing, 1998, 62 (2): 60–76.

[224] Thaler R. H. Mental Accounting Matters [J]. Journal of Behavior Decision Making, 1999 (12): 183–205.

[225] Thaler R. Mental Accounting and Consumer Choice [J]. Marketing Science, 1985, 4 (3): 199–214.

[226] Ting–Toomey S. Intercultural Conflict Styles: A Face–negotiation Theory [J]. Theories in intercultural communication, 1988 (13): 34–46.

[227] Tversky A., Kahneman D. The Framing of Decisions and the Psychology of Choice [J]. Science, 1981 (211): 453–458.

[228] Wang C. L., Lin X. H. Migration of Chinese Consumption Values: Traditions, Modernization, and Cultural Renaissance [J]. Journal of Business Ethics, 2009, 88 (3): 399–409.

[229] Warner W. Lloyd, Paul S. Lunt. The Social Life of a Modern Community [M]. New Haven, CT: Yale University Press, 1941.

[230] Warrington Traci B., Nadia J. Abgrab, Helen M. Caldwell. Building Trust to Develop Competitive Advantage in E–Business Relationships [J]. Competitiveness Review: An International Business Journal Incorporating Journal of Global Competitiveness, 2000, 10 (2): 160–168.

[231] Webster Cynthia, James B. Faircloth III. The Role of Hispanic Ethnic Identification on Reference Group Influence [J]. Advances in Consumer Research, 1994, 21 (1): 458–463.

[232] Wells W. D., Tigert D. J. Activities, Interests, and Opinions [J]. Journal of Advertising Research, 1971, 11 (4): 27–35.

[233] Wells William D., George Gubar. Life Cycle Concept in Marketing Research [J]. Journal of Marketing Research, 1966, 11 (3): 355–363.

[234] White Katherine, Darren W. Dahl. Are All Out–groups Created Equal? Consumer Identity and Dissociative Influence [J]. European Advances in Consumer Research, 2008 (8): 459–460.

[235] Wilcox D. W. Income Tax Refunds and the Timing of Consumption Expenditure [R]. Board of Governors of the Federal Reserve System (US), 1990.

[236] Wright C. Some Evidence on the Interest Elasticity of Consumption [J]. The American Economic Review, 1967, 57 (4): 850–855.

[237] Xu G., Dai L., Zhong J. Why Has China's Final Consumption Rate Declined Since 1978? Causes and Implications [J]. Journal of Family & Economic

Issues，2010，31（3）：338–352.

［238］ Yoo B.，Lee S. H. Buy Genuine Luxury Fashion Products or Counterfeits?［C］. Advances in Consumer Research，2009（36）：280–287.

［239］ Yorburg B. The Changing Family［M］. New York：Columbia University Press，1973.

［240］ Zant W. Social Security Wealth and Aggregate Consumption：An Extended Life–cycle Model Estimated for The Netherlands［J］. De Economist，1988，136（1）：136–153.

［241］ 阿修维亚，阳翼．"生活方式"研究综述：一个消费者行为学的视角［J］. 商业经济与管理，2005（8）：32–38.

［242］ 安体富．对税收若干重要问题的思考［J］. 税务研究，2009（1）：7–11.

［243］ 奥尔格·齐美尔．时尚的哲学［M］. 北京：文化艺术出版社，2001.

［244］ 蔡华兴．试论消费文化建设的内涵［J］. 工业技术经济，1989（Z1）.

［245］ 曹海林．村庄红白喜事中的人际交往准则［J］. 天府新论，2003（4）：77–79.

［246］ 车红敏．不同生活方式下的涉入与感知风险对使用意愿的影响研究——以移动增值业务中的彩铃为例［D］. 浙江大学硕士学位论文，2007.

［247］ 陈芳．我国不同阶层人群体育消费行为的比较研究［J］. 体育消费，2008（4）：75–80.

［248］ 陈宏，潘海岚．对消费率的深层思考［J］. 北京工商大学学报（社会科学版），2005，20（2）：18–24.

［249］ 陈家瑶，刘克，宋亦平．参照群体对消费者感知价值和购买意愿的影响［J］. 上海管理科学，2006，28（3）：25–30.

［250］ 陈建文，王滔．关于社会适应的心理机制、结构与功能［J］. 湖南师范大学教育科学学报，2003（4）：90–94.

［251］ 陈静．西方消费行为影响因素模型的解构与前瞻［J］. 商业时代，2008（2）.

［252］ 陈俊杰．实行个税退税款用于消费拉动内需政策的探讨［J］. 现代经济：现代物业（中旬刊），2009，8（9）：17–18.

［253］ 陈乾鑫，孙晓敏．心理账户对消费者消费行为的影响研究［J］. 心理研究，2011（4）：65–70.

［254］ 陈巧林．基于人格特质的城市居民出游行为偏好研究［D］. 湖南师范大学硕士学位论文，2010.

［255］ 陈文沛，刘伟，李忆．消费者创新性、消费者特性与新产品采用行为

关系的实证研究［J］. 管理评论，2010，22（5）：35–41.

［256］陈宪. 中国奢侈品消费行为分析：从儒家文化影响的角度［J］. 市场营销导刊，2007（1）：42–45.

［257］陈新年. 当前我国居民消费意愿持续下降的主要原因及其对策［J］. 中国物价，2006（4）：45–46.

［258］陈盈盈. 中国人人情观的探索与研究［D］. 西南大学硕士学位论文，2011.

［259］陈咏媛，许燕，张姝玥. 初中生"大七"人格与幸福感的结构模型研究［J］. 中国特殊教育，2008（8）：86–91.

［260］陈章龙，周莉. 价值观研究［M］. 南京：南京师范大学出版社，2004.

［261］邓向阳. 论社会主义市场经济消费文化建设［J］. 理论月刊，2002（12）：46–48.

［262］邓小英，刘养斌，李静. 试论我国社会阶层的新变化［J］. 赣南医学院学报，2004（4）：33–34.

［263］邓亚平，任小江. 实证分析：美国的消费信贷［J］. 现代商业银行，2000（6）：49–52.

［264］丁晓东. 浅谈税收的作用［J］. 时代金融，2011（3）：26–27.

［265］董藩，厉召龙. 利率政策对房价影响的实证研究：1998~2009［J］. 重庆理工大学学报（社会科学版），2011（25）：62–71.

［266］董寿昆. 消费信贷及其与储蓄的关系［J］. 湘潭大学社会科学学报，1983（3）：2.

［267］董天策. 消费文化的学理内涵与研究取向［J］. 西南民族大学学报（人文社科版），2008，29（10）：47–50.

［268］杜婕，黄国妍. 欧洲中央银行与美联储利率政策实践及效果评价与分析［J］. 东北亚论坛，2003（2）：21–24.

［269］杜伟强，于春玲，赵平. 参照群体类型与自我——品牌联系［J］. 心理学报，2009（2）：156–166.

［270］段炳德. 当前我国消费率偏低的原因与对策［J］. 发展研究，2009（6）：21–23.

［271］段先盛. 2000~2005 年城镇不同消费阶层的消费特征及比较［J］. 消费经济，2007（5）：16–21.

［272］凡勃伦. 有闲阶级论［M］. 蔡受百译. 北京：商务印书馆，1997.

［273］樊纲. 大幅提高国民消费尚属奢望［J］. 新华文摘，2007（4）：45–46.

［274］费孝通. 三论中国家庭结构的变动［J］. 北京大学学报（哲学社会科学

版），1986（3）：3-7.

［275］冯建英，穆维松，傅泽田. 消费者的购买意愿研究综述［J］. 现代管理科学，2006（11）：7-9.

［276］冯小双. 面子文化的位置——农村妇女消费观调查［J］. 21 世纪，1995（3）：10-13.

［277］高鸿业. 西方经济学（第 1 版）［M］. 北京：中国人民大学出版社，2001.

［278］高梦滔，毕岚岚. 家庭人口学特征与农户消费增长——基于八省微观面板数据的实证分析［J］. 中国人口科学，2010（6）：70-78.

［279］高培勇. 个人所得税改革的内容、进程与前瞻［J］. 理论前沿，2009（6）：5-7.

［280］高欣. 中美利率政策差异性比较［J］. 异域撷英，2011（7）：89-90.

［281］高玉成，赵庆光，张群. 心理预期对我国城镇居民消费支出影响的实证研究［J］. 金融理论与实践，2007（3）：19-21.

［282］龚振，李菡. 中国奢侈品消费的参照群体效应研究［J］. 商业时代，2007（11）：20-21.

［283］顾国祥，俞仁龙. 消费者行为学［M］. 上海：复旦大学出版社，1990.

［284］顾建蓉. 刺激居民消费的税收政策研究［D］. 浙江大学硕士学位论文，2010.

［285］顾文钧. 顾客消费心理学［M］. 上海：同济大学出版社，2002.

［286］郭慧，周伟民. 个人消费信贷：中美比较与借鉴［J］. 金融论坛，2007（8）：17-22.

［287］郭庆松. 家庭生命周期与家庭消费行为［J］. 消费经济，1996（2）：27-29.

［288］韩海燕，高昂. 改革开放三十年来中国居民消费率偏低的原因分析［J］. 生产力研究，2009（22）：132-134.

［289］韩睿，田志龙. 促销类型对消费者感知及行为意向影响的研究［J］. 管理科学，2005，18（2）：85-91.

［290］韩树军. 转型期中国的社会分层与平等意识［J］. 学术论坛，1999（5）：18-22.

［291］韩笑. 贫富分化对中国最终消费率影响的实证研究［J］. 经营管理者，2009（9）：42-43.

［292］韩占兵. 扩大内需背景下我国消费率决定因子的实证分析［J］. 兰州商学院学报，2010，26（4）：71-76.

［293］何建新，刘视湘．消费者生活形态研究［C］．2001 市场研究论文集（下册），2001：150–155.

［294］何立新，封进，佐藤宏．养老保险改革对家庭储蓄率的影响：中国的经验证据［J］．经济研究，2008（10）：117–130.

［295］何清涟．当前中国社会结构演变的总体性分析［J］．书屋，2000（3）：21–25.

［296］何显明．当前社会阶层分化趋势及其社会效应［J］．中共浙江省委党校学报，1998（4）：22–26.

［297］胡保玲，云乐鑫．网络顾客购买意愿影响因素实证研究［J］．消费经济，2009，25（4）.

［298］胡菲菲．实施消费退税对我国经济的有益影响［J］．中国市场，2011（39）：111–112.

［299］胡杨玲．青年农民工公共图书馆消费的实证分析［J］．图书馆学研究，2008（4）：82–86.

［300］黄光国，胡先缙．面子——中国人的权力游戏［M］．北京：中国人民大学出版社，2004.

［301］黄国石．有关我国国民总需求模型及其控制的探讨［C］．中国控制会议论文集，1997：1210–1214.

［302］黄绍琪．西方物质主义研究述评［J］．商业时代，2008（16）：12，28.

［303］贾鹤，王永贵，刘佳媛，马剑虹．参照群体对消费决策影响研究述评［J］．外国经济与管理，2008（6）：51–58.

［304］江林，马椿荣．我国最终消费率偏低的心理成因实证分析［J］．中国流通经济，2009，23（3）：57–60.

［305］江林．消费者心理与行为［M］．北京：中国人民大学出版社，2011.

［306］江林．消费者预期—— 一种应当予以高度重视的消费心理现象［J］．成人高教学刊，2004（4）：4–14.

［307］江世银．凯恩斯主义以前的预期理论述评［J］．云南财经大学学报，2010（1）：23–30.

［308］江世银．预期的性质、特征及其对经济运行的影响［J］．内蒙古师范大学学报（哲学社会科学版），2006，35（3）：76–81.

［309］姜凌，王成璋，姜楠．消费行为中参照群体影响研究述评［J］．商业经济，2009（8）：25–27.

［310］金川．我国低消费率的成因探析［J］．经济视角，2010（6）：39–40.

［311］金颜，雷国红．略论节俭观的时代性［J］．重庆三峡学院学报，2007，4

(23)：37–38，64.

[312] 井虹，傅春寿. 试论理性预期理论与我国消费预期的改善 [J]. 山西广播电视大学学报，2001 (3)：26–27.

[313] 景跃军，张景荣. 社会分层研究与中国社会分层现状 [J]. 人口学刊，1999 (5)：22–29.

[314] 李爱梅，凌文辁. 心理账户的非替代性及其运算规则 [J]. 心理科学，2004，27 (4)：952–954.

[315] 李爱梅. 心理账户与非理性经济决策行为的实证研究 [D]. 暨南大学博士学位论文，2005.

[316] 李春玲. 建构社会阶层分类体系的几个问题 [J]. 复印报刊资料 (社会学分册)，2001 (6)：8–15.

[317] 李广众. 政府支出与居民消费：替代还是互补 [J]. 世界经济，2005 (5)：38–45.

[318] 李昊，王少平. 我国通货膨胀预期和通货膨胀黏性 [J]. 统计研究，2011 (28)：43–46.

[319] 李军，冉志. 我国贫富差距的社会原因分析——以社会转型为背景的解析 [J]. 西南师范大学学报 (社会科学版)，2004 (4)：46–47.

[320] 李明志，余佳. 利息税对消费刺激作用的经济学分析 [J]. 数量经济技术经济研究，2000，17 (7)：25–27.

[321] 李培林，李强，孙立平. 中国社会分层 [M]. 北京：社会科学文献出版社，2004.

[322] 李强. 当前中国社会的四个利益群体 [J]. 学术界，2000 (3)：5–19.

[323] 李石凯，刘昊虹. 美国超宽松货币政策的失灵 [J]. 经济研究参考，2012 (71)：36.

[324] 李实，赵人伟. 我国居民收入分配再研究 [J]. 经济研究，1999 (4)：3–17.

[325] 李婷. 中国消费信贷现状研究 [J]. 经济研究导刊，2011 (30)：63–64.

[326] 李炜. 我国消费信贷的发展现状和对策 [J]. 经济经纬，2004 (4)：40.

[327] 李晓玲. 中国人情：本土化的社会资本来源 [J]. 长春理工大学学报 (社会科学版)，2007，20 (2)：42–45.

[328] 李晓玉. 消费者信心的测量方法解析 [J]. 统计与决策，2008 (4)：141–143.

[329] 李洋. 面子文化视角下时尚消费的实证研究 [D]. 东北财经大学硕士学位论文，2010.

[330] 李一平. 构建转型期利益群体分化的整合机制 [J]. 中共浙江省委党校学报，2000 (2)：26-29.

[331] 李正东. 试论中国中产阶层 [J]. 广东社会科学，2001 (2)：16-19.

[332] 梁东黎. 中国转轨时期总需求形成的分析框架 [J]. 江海学刊，2005 (6)：52-59.

[333] 林毅夫. 过度反应：中国经济"缩长"之解释 [J]. 经济研究，2007 (4)：53-65.

[334] 刘国光. 促进消费需求提高消费率是扩大内需的必由之路 [J]. 财贸经济，2002 (55)：5-9.

[335] 刘静. 促进居民储蓄存款转化的税收政策研究 [D]. 山东大学硕士学位论文，2006.

[336] 刘军. 农村人情消费的经济学思考 [J]. 消费经济，2004，20 (4)：17-20.

[337] 刘钧. 论社会保障在消费启动中的作用 [J]. 消费经济，2000 (2)：33-36.

[338] 刘敏. 基于生活方式和心理账户的消费行为研究——以宁夏城乡居民为例 [D]. 宁夏大学硕士学位论文，2009.

[339] 刘瑞. 日本走出萧条过程中的货币政策——近年来的零利率政策与数量宽松政策分析 [J]. 日本学刊，2007 (1)：42-54.

[340] 刘世峰，许永兵. 中国区际消费率差异研究 [J]. 经济与管理，2009，23 (7)：24-27.

[341] 刘树枫，毛维靖，袁海林，杨志俊，赵娟. 中国社会阶层变迁对金融服务业的影响和对策 [J]. 统计与决策，2006 (5)：36-39.

[342] 刘伟. 社会阶层与不同社会阶层消费者行为差异的分析 [J]. 甘肃农业，2004 (6)：66.

[343] 刘文斌. 收入差距对消费需求的制约 [J]. 经济学动态，2000 (9)：13-16.

[344] 刘欣. 城市住户的家庭生命周期与消费结构 [J]. 华中理工大学学报 (社会科学版)，1994 (1)：43-53.

[345] 刘艳彬，王明东，袁平. 家庭生命周期与消费者行为研究——国际进展与展望 [J]. 中国管理信息化，2008，11 (4)：103-105.

[346] 刘艺. 论农村人情消费 [J]. 湖南社会科学，2008 (5)：198-201.

[347] 刘勇. 关于当前我国收入差距的思考 [J]. 广西教育学院学报，2003 (4).

［348］卢泰宏. 中国消费者行为报告［M］. 北京：中国社会科学出版社，2005.

［349］陆建华，杨帆. 关于中国社会分层问题——经济学家与社会学家对话［J］. 生产力研究，1996（3）：26–32.

［350］陆学艺. 当代中国社会阶层研究报告［M］. 北京：社会科学文献出版社，2002.

［351］罗昌财. 减税与刺激消费的中美税制比较［J］. 现代经济探讨，2010（6）：45–49.

［352］罗金华. 社会分层与旅游产品的消费和开发［J］. 哈尔滨学院学报，2008，29（10）：52–57.

［353］罗强，刘刚，俞菊生等. 我国居民消费水平和生活保障权与利率波动的关系研究［J］. 现代农业科技，2010（3）：379–381.

［354］马光秋. 理性理论和预期理论的演进［J］. 商业研究，2004（19）：4–6.

［355］马海涛，和立道. 税收政策、居民消费潜力与扩大内需［J］. 山东经济，2011（3）：15–21.

［356］马家驹，李胜宏. 我国个人消费信贷的现状分析及其对策研究［J］. 技术经济与管理研究，2004（5）.

［357］马强. 我国居民消费需求不足的成因与对策［J］. 宏观经济管理，2004（5）：46–48.

［358］马姝，夏建中. 西方生活方式研究理论综述［J］. 江西社会科学，2004（1）：242–247.

［359］梅洪常，王田. 将我国消费率提高到正常水平的探讨［J］. 中国流通经济，2004，18（10）：56–60.

［360］苗丽娜. 中美消费信贷比较研究［J］. 科技创业月刊，2007，20（8）：31–32.

［361］明恩溥. 文明与陋习：典型的中国人［M］. 舒扬等译. 太原：书海出版社，2004.

［362］［美］莫温，迈纳. 消费者行为学［M］. 黄格非，束玉婷译. 北京：清华大学出版社，2003.

［363］潘煜，高丽，王方华. 生活方式、顾客感知价值对中国消费者购买行为影响［J］. 系统管理学报，2009，18（6）：601–607.

［364］潘煜，高丽，王方华. 中国消费者购买行为研究——基于儒家价值观与生活方式的视角［J］. 中国工业经济，2009（9）：77–86.

［365］蒲艳萍，陈仲常. 现代西方利率理论、货币政策及其对我国的启示

[J]. 重庆工学院学报，2012，16（1）：57-59.

[366] 戚海峰. 中国人消费行为中的面子问题探究 [J]. 湖北大学学报（哲学社会科学版），2009，36（1）：120-125.

[367] 齐卫平. 社会阶层分化是当代中国又一次深刻的社会变革 [J]. 探索与争鸣，2002（3）：8-16.

[368] 乔臣. 建立扩大内需的理性消费预期机制 [J]. 江汉论坛，2010（5）：75-79.

[369] 秦广强. 农村人情及人情消费的变迁——鲁西北 A 村调查 [J]. 青岛农业大学学报（社会科学版），2006，18（3）：14-18.

[370] 秦敬云. 我国居民消费率变动趋势的实证研究 [J]. 重庆工商大学学报（社会科学版），2008，25（3）：51-54.

[371] 秦熠群，赵玉玲. 论提高边际消费倾向与扩大内需 [J]. 社会科学辑刊，2003（3）：82-85.

[372] 让·德雷兹，阿玛蒂亚·森. 饥饿与公共行为 [M]. 苏雷译. 北京：社会科学文献出版社，2006.

[373] 冉净斐. 农村社会保障制度与消费需求增长的相关性分析 [J]. 贵州财经大学学报，2004（1）：13-16.

[374] 冉霞. 生活方式对消费行为的影响研究——以信用卡消费为例 [D]. 西南大学硕士学位论文，2010.

[375] 容晓华. 消费心理学 [M]. 大连：东北财经大学出版社，2000.

[376] 盛美琴. 促进居民消费的税收政策选择 [D]. 华中科技大学硕士学位论文，2009.

[377] 石文典，肖余春. 消费心理预期与股票涨跌关系的初步研究 [J]. 心理科学，2004，27（4）：986-989.

[378] 石文典. 消费心理预期、消费观与消费需求之关系的理论与实证研究 [D]. 华东师范大学博士学位论文，2001.

[379] 史昭乐，黄勇. 社会分层结构变化与城市贫困问题 [J]. 贵州社会科学，1999（6）：18-22.

[380] 宋柏良. 居民消费不足的原因及启动方式的思考 [J]. 咸宁师专学报，2001，21（5）：64-65.

[381] 宋成华. “家电下乡”政策的经济学思考 [J]. 黑龙江社会科学，2009（4）：64-66.

[382] 苏雪串. 对我国近年来消费率及其变动的分析 [J]. 中央财经大学学报，2000（1）：8-11.

［383］孙国锋. 中国居民消费行为演变及其影响因素研究［M］. 北京：中国财政经济出版社，2004.

［384］孙杭生，沈忠泉. 对我国居民消费增长的利率弹性的实证分析［J］. 南京农业大学学报（社会科学版），2004，4（1）：43–46.

［385］孙洁，周荣滋. 消费政策浅议［J］. 经济师，2007（11）：41–42.

［386］孙元明. 影响消费行为的消费者预期——消费者预期水平对消费意向和购买行为的影响分析［J］. 消费经济，2001，17（4）：39–40.

［387］谭华青. 大学生的消费决策风格及其与人格的关系研究［D］. 江西师范大学硕士学位论文，2004.

［388］谭延敏，张铁明，刘志红，董启林. 小城镇不同社会阶层居民体育消费特征及发展对策研究［J］. 南京体育学院学报，2007（6）：48–56.

［389］唐慧敏，苗元江，杜夏华. 大学生“大七”人格与幸福感的结构模型研究［J］. 中小企业管理与科技（下旬刊），2010（5）：135–136.

［390］唐玲. 我国消费结构的比较分析［J］. 宏观经济管理，2003（8）：13–15.

［391］田堃，田银华. 提高居民消费率必须降低消费信息成本［J］. 消费经济，2006，22（6）：12–15.

［392］田青，高铁梅. 政府支出对居民消费的动态影响研究——基于可变参数模型的实证分析［J］. 社会科学辑刊，2008（6）：97–101.

［393］田银华，龙朝阳. 论公共养老金计划对个人消费和储蓄的影响［J］. 消费经济，2008（1）：35–38.

［394］万朝林. 完善社会保障体系是启动居民消费需求的关键［J］. 青海社会科学，2003（5）：21–25.

［395］万广华，张茵，牛建高. 流动性约束、不确定性与中国居民消费［J］. 经济研究，2001（11）：35–44.

［396］汪凤炎，郑红. 中国文化心理学［M］. 广州：暨南大学出版社，2004.

［397］王安正. 对中国传统节俭消费观的重新认识［J］. 兰州交通大学学报（社会科学版），2004，23（5）：59–63.

［398］王财玉，孙天义，何安明，惠秋平，崔磊. 社会地位感知与地位消费倾向：自尊的恐惧管理［J］. 中国临床心理学杂志，2013（1）：74–80.

［399］王丹，王成富. 基本医疗保险对居民消费的促进效应研究［J］. 中国卫生经济，2013（6）.

［400］王登峰，崔红. 中国人人格量表（QZPS）的编制过程与初步结果［J］. 心理学报，2003（1）：127–136.

[401] 王登峰，崔红. 中西方人格结构差异的理论与实证分析——以中国人人格量表（QZPS）和西方五因素人格量表（NEOPI-R）为例［J］. 心理学报，2008（3）：327-338.

[402] 王光玉. 中国消费信贷发展的理论研究与实践分析［D］. 西南交通大学硕士学位论文，2004.

[403] 王建平. 存在与困惑：中国城市中产阶级的消费张力［J］. 学术交流，2006（10）：140-146.

[404] 王剑锋. 减税政策在“扩内需、促消费”中的局限性［J］. 税务研究，2011（309）：33-37.

[405] 王蕾. 扩大居民消费需求的税收政策研究［D］. 东北财经大学硕士学位论文，2006.

[406] 王敏. 我国当前通货膨胀的基本特征与治理对策［J］. 商业时代，2011（6）：42-45.

[407] 王启云. 改善消费预期　促进消费和谐［J］. 消费经济，2007，23（2）：19-20.

[408] 王石生. 关于扩大内需促进消费问题的研讨综述［J］. 经济研究参考，2012（30）：34-44.

[409] 王雅林. 生活方式研究述评［J］. 社会科学研究，1995（4）：41-45.

[410] 王颖星. 我国汽车消费信贷发展对策［J］. 合作经济与科技，2011（409）：59-60.

[411] 王云，辛萍. 试论社会保障制度对居民消费的影响［J］. 软科学，2001，15（1）：16-17.

[412] 尉秀琴，马林丽. 居民住房消费信贷存在的问题及其对策［J］. 时代经贸，2010（32）：9-10.

[413] 魏杰. 启动需求与积极的宏观经济政策［J］.天津社会科学，2001（5）：95-98.

[414] 邬建平. 国外开展信用卡消费信贷的经验及启示［J］. 中国信用卡，2000（7）：13-17.

[415] 吴航，寿徽. 个税减、消费增——用模型反映个税调整与消费变动的关系［J］. 中国统计，2007（2）：49-51.

[416] 吴申耀. 当代中国社会阶层分化及其政治影响［J］. 学术季刊，2000（3）：18-22.

[417] 吴垠. 关于中国消费者分群范式（China-VALS）的研究［J］. 南开管理评论，2005，8（2）：9-15.

[418] 吴垠. 关于中国消费者分群范式（China-VALS）与应用研究［C］. 第四届中国经济学年会，2004.

[419] 吴忠民. 怎样看待中国现阶段社会阶层结构的变化？如何分析阶层问题？[J]. 中国党政干部论坛，2001（11）：18-26.

[420] 肖焕禹，申亮. 上海市不同社会阶层居民体育消费趋向探析 [J]. 上海体育学院学报，2006 (3)：56-62.

[421] 谢志强. 现阶段中国社会阶层结构研究 [J]. 中共中央党校学报，2002 (4)：18-22.

[422] 辛小莉. 扩大居民消费需求的税收政策选择 [J]. 税务与经济，2009 (2)：97-99.

[423] 熊承庆. 日本央行实施"零利率政策"的利弊探析 [J]. 世界经济与政治论坛，2001 (3)：38-41.

[424] 徐萍. 消费心理学教程 [M].上海：上海财经大学出版社，2005.

[425] 徐燕. 个人储蓄行为 [M] // 厉以宁. 中国经济实证分析. 北京：北京大学出版社，1992.

[426] 许思安，郑雪，和秀梅."大七"人格结构模型下的汉族、纳西族人格结构比较 [J]. 心理学探新，2007 (2)：73-76.

[427] 许思安，郑雪. 汉族与壮族青年人格结构的比较 [J]. 中国组织工程研究与临床康复，2007（30）：5955-5957，5961.

[428] 许永兵. 对我国居民消费率下降原因的再认识——兼评关于居民消费率下降原因的几种流行观点 [J]. 财贸经济，2005（12）：52-54.

[429] 闫锐. 我国现阶段开征环境税的经济风险 [J]. 经济研究参考，2009 (60)：17-18.

[430] 严寒冰. 论消费心理预期 [J]. 江苏经贸职业技术学院学报，2000 (1).

[431] 严先溥. 中国消费市场运行现状与发展趋势分析 [J]. 金融与经济，2006 (2)：3-7.

[432] 杨国枢. 本土心理学的开展 [M]. 台北：桂冠图书股份有限公司，1993.

[433] 杨宏，刘红. 消费预期的群体效应分析 [J]. 云南财经大学学报（社会科学版），2010，25 (2)：33-34.

[434] 杨晓燕. 中国消费者行为研究综述 [J]. 经济经纬，2003 (1)：56-58.

[435] 杨学燕，金海龙. 居民出游决策行为与家庭结构的关系探讨——以宁夏回族自治区为例 [J]. 旅游学刊，2004，19 (4).

[436] 杨永华. 1978~2006：消费率和消费结构变动趋势的实证分析 [J]. 广东

商学院学报，2007，92（3）：4–8.

[437] 杨媛. 传统文化影响下的当代中国人“面子”消费分析［J］. 发展，2012（2）：93–94.

[438] 杨震林，王亚柯. 中国企业养老保险制度再分配效应的实证分析［J］. 中国软科学，2007（4）：39–48.

[439] 叶德珠，连玉君等. 消费文化、认知偏差与消费行为偏差［J］. 经济研究，2012（2）：80–92.

[440] 叶君，田淑慧. 美国减税政策的历史演变及启示［J］. 工业技术经济，2010（12）：1–5.

[441] 叶志坚. 现阶段我国社会阶级阶层及其利益格局变化与社会稳定问题探析［J］. 中共福建省委党报学报，1998（9）：26–35.

[442] 于洪彦，刘艳彬. 中国家庭生命周期模型的构建及实证研究［J］. 管理科学，2007，20（6）：45–53.

[443] 余祖伟，孙配贞. 中学生网络游戏成瘾倾向与大七人格关系研究［J］. 宁波大学学报（教育科学版），2012（1）：39–44.

[444] 於鼎丞，李坤. 从我国税收收入结构探讨税制结构的合理性［J］. 统计与决策，2005（5）.

[445] 喻占元. 我国居民消费率偏低的原因及对策分析［J］. 武汉工业学院学报，2005，24（3）：85–88.

[446] 约翰·梅纳德·凯恩斯. 就业、利息和货币通论［M］. 高鸿业译. 北京：商务印书馆，1999.

[447] 岳树民. 运用财政税收政策扩大居民消费需求［J］. 税务研究，2009（1）：18–22.

[448] 岳远斌. 养老保险基金对储蓄和投资的影响分析［J］. 保险研究，1997（2）：50–52.

[449] 臧旭恒，李燕桥. 消费信贷、流动性约束与中国城镇居民消费行为［J］. 经济学动态，2012（2）.

[450] 臧旭恒，刘大可. 我国消费需求态势分析及政策选择［J］. 南开经济研究，1999（1）：21–26.

[451] 翟学伟. 人情、面子与权力的再生产［M］. 北京：北京大学出版社，2005.

[452] 张继海. 社会保障养老金财富对城镇居民消费支出影响的实证研究［J］. 山东大学学报（哲学社会科学版），2008（3）：105–112.

[453] 张继焦. 中国社会分层与流动的三个层面［J］. 中南民族学院学报，

1996（5）：8-15.

［454］张兰. 利息课税对居民储蓄倾向的影响［J］. 经济论坛，2003（20）：61-62.

［455］张丽娜. 当前我国农村人情消费研究［J］. 南方论刊，2012（11）：38-40.

［456］张敏娜，王琴梅. “大社会福利”概念下对低消费率的认识与解决［J］. 西安财经学院学报，2009，22（3）：117-120.

［457］张世良. 试论当代中国社会阶层分化的意义［J］. 天府论坛，1997（3）：7-16.

［458］张宛丽. 中国社会阶级阶层研究二十年［J］. 社会学研究，2000（1）：46-51.

［459］张伟伟，张晓晖. 浅析利率政策作用下的我国居民经济行为［J］. 长春金融高等专科学校学报，2010（1）：4-7.

［460］张先锋，李伟，李敦瑞. 中美汽车消费信贷比较研究［J］. 华东经济管理，2005，19（3）：57-59.

［461］张晓萌，郝蕴. 我国汽车消费信贷发展面临的问题及对策［J］. 中国商贸，2010（14）：110-111.

［462］张兆亮. 我国居民消费率影响因素探析［J］. 内蒙古农业大学学报（社会科学版），2010，12（4）：97-99.

［463］张振卿. 个人所得税、城镇居民收入与消费关系实证研究［J］. 税务与经济，2010（2）：90-94.

［464］赵冬梅，纪淑娴. 信任和感知风险对消费者网络购买意愿的实证研究［J］. 数理统计与管理，2010，29（2）.

［465］赵航萱. 消费信贷浅析［J］. 辽宁行政学院学报，2011（2）：87-88.

［466］赵科，尹可丽. 大学生性态度的理论构建及其与“大七”人格的关系［J］. 楚雄师范学院学报，2011（5）：84-88.

［467］赵娜. 我国宏观消费率的变动过程：1952~2005［J］. 改革，2007（10）：23-28.

［468］赵尚梅. 利率政策有效性研究［M］. 北京：经济科学出版社，2001.

［469］赵新安，程义全. 启动消费需求的关键是完善社会保障体系［J］. 天津商业大学学报，1999（5）：33-35.

［470］郑秉文. OECD 国家社会保障制度改革及其比较［J］. 经济社会体制比较，2004（5）：111-123.

［471］郑晨. 阶层归属意识及其成因分析［J］. 浙江学刊，2001（3）：18-22.

[472] 郑红娥. 新节俭观与节约型社会的创建 [J]. 科学探索，2006 (2)：66-71.

[473] 郑湘萍. 试论节俭的基本内涵及其当代价值 [J]. 湖南第一师范学报，2003，3 (1)：86-88.

[474] 郑幼锋. 促进消费的税收政策研究 [J]. 税务与经济，2009 (5)：85-89.

[475] 周静，徐富明，刘腾飞，张军伟，蒋多. 心理账户基本特征的影响因素 [J]. 心理科学进展，2011 (1)：124-131.

[476] 周应恒，霍丽玥，彭晓佳. 食品安全：消费者态度、购买意愿及信息的影响——对南京市超市消费者的调查分析 [J]. 中国农村经济，2004 (11)：53-59.

[477] 周昭雄，陈乐，王沛. 国内外汽车消费信贷模式比较分析 [J]. 工业技术经济，2005，24 (9)：157-158.

[478] 朱光磊. 贫富差距与当代中国阶层关系 [J]. 南开学报 (哲学社会科学版)，1999 (6)：18-22.

后 记

本书是国家社会科学基金项目“影响我国消费率偏低的心理与社会因素及对策研究”（20110059）的主要研究成果，其顺利出版得益于项目组全体成员的努力；本书也是我学术生涯的一个重要节点，从构思到完稿的过程，伴随着4年来的无数个不眠之夜。

近年来，我一直非常关注从消费心理视角探析中国消费率偏低的成因这一重要理论和现实问题。因为，中国经济发展正处于艰巨的转型期，其成败在很大程度上取决于经济增长新动力——消费需求拉动机制的形成。从微观层面看，消费需求增长的关键在于能否有效提升居民的消费意愿，而消费意愿又受到一系列心理因素及社会文化及政策因素的影响和制约。基于此，本书致力于从居民个体心理和社会文化视角来探索揭示我国消费率偏低的深层次原因，以期弥补现有消费率研究偏重宏观和经济学角度而缺少微观和心理学探索的理论不足，提出促进我国居民消费意愿进而提升消费率水平的有效建议与对策。

本书的有幸问世得益于很多人的帮助，我深深感怀于心。

首先，在本书的写作过程中，我和研究团队参阅了大量研究文献和资料，获得了很多灵感和有益启示，在此表示真诚的谢意。

其次，感谢我的同事、同行们——北京大学经济研究中心的张黎教授、中国人民大学商学院的陈冠教授，你们的渊博学识和深刻见地以及无私支持为本研究的顺利推进提供了助力。

再次，特别感谢我的学生——作为项目组成员的博士研究生和硕士研究生们，李志兰、李凯、卢健飞、张博、徐磊、王苗苗、陈刚、李宁、张雅丹、樊亚凤、宫秀双、张勇强……。在漫长而艰辛的学术研讨、文献查阅、问卷调查、数据分析、撰写修改等过程中，他们承担了重要而具体的工作，提出了许多独特的见解和中肯的意见。没有他们，仅靠我一己之力几乎不可能完成如此浩大的研究。可以说，本书是由项目组全体成员的智慧与心血成就的。

最后，我要感谢经济管理出版社杨雪编辑给予的支持和鼓励，没有她的倾心付出就没有本书的顺利面世。

江 林

2016年8月于人大明德楼